TEZONTLE

Traducción de
Víctor Goldstein

Carmen Bernand

Historia de
Buenos Aires

Fondo de Cultura Económica

México - Argentina - Brasil - Colombia - Chile - España
Estados Unidos de América - Perú - Venezuela

Primera edición en francés, 1997
Primera edición en español, 1999

Título original: *Histoire de Buenos Aires*
© 1997, Librairie Arthème Fayard
ISBN de la edición original: 2-213-59865-7

D.R. © 1999, FONDO DE CULTURA ECONÓMICA DE ARGENTINA S.A.
　　　　El Salvador 5665; 1414 Buenos Aires, Argentina
　　　　Av. Picacho Ajusco 227; 14200 México D.F.

ISBN: 950-557-282-4

Impreso en Brasil – *Printed in Brazil*
Hecho el depósito que marca la ley 11.723

*A los Nocturnos,
a Moreno 350,
todavía y siempre.*

PREFACIO

Una mañana de marzo de 1995, un ómnibus bamboleante se detiene en la esquina de Belgrano y Paseo Colón, la avenida paralela al puerto. Bajo la luz de fines del verano, los sospechosos hoteles de antaño, poblados de marineros y chicas, parecen tugurios sin gracia. Atravieso el Paseo Colón y me interno resueltamente en la calle que bordea la plaza de la aduana y lleva a los docks. Algunos barcos de poco tonelaje están en el muelle; un vagabundo anda dando vueltas. La línea roja de los depósitos de ladrillo, cuya arquitectura recuerda las orillas del Támesis, se destaca, separando el puerto artificial de la ciudad. Las construcciones en desuso fueron vendidas y transformadas en "lofts" de lujo. Un cartel inmenso propone jacuzzi con vista al río, pero el acceso a los edificios sigue siendo incómodo, y el lugar es solitario.

Ahora vuelvo la espalda al terreno ribereño de Puerto Madero y los silos *Molinos Río de la Plata;* el paseo de plátanos de mis recuerdos sigue ahí, y lleva a la Costanera Sur. Las malezas crecen entre las fisuras de la calzada, mezcla de guijarros, asfalto y tierra. "En cuanto se rasca un poco aparece la pampa": el viejo dicho sigue teniendo actualidad. A mi derecha, una construcción de paredes blanqueadas a la cal donde se adivina una inscripción en grandes caracteres: *Comedor Obrero General Manuel Belgrano.* Al acercarme, me doy cuenta de que ya no hay ventanas y que el refectorio no es más que un espacio devastado. Unos candados inmensos cierran un pórtico que da sobre una morada vacía. Han desaparecido los obreros, los responsables de la Confederación General del Trabajo (CGT), los corpulentos empleados de labios rojizos y cejas renegridas. Algunos metros más lejos, la pérgola "fin de siècle" del viejo balneario municipal, convertido en un agradable lugar de esparcimiento cuando la polución del río prohíbe el baño. Allí iba la gente las noches de verano para esperar la "fresca", tomándose un balón en la vereda del *Munich.* En momentos más críticos, estudiantes exaltados, apoyados contra la balaustrada, concebían utopías revolucionarias.

Esos lugares anticuados, que desde hacía tiempo no había vuelto a ver, debido al temor, un poco supersticioso, de enfrentar el pasado, ocupaban un sitio junto a mi corazón. Un Museo de las Telecomunicaciones de horarios complicados reemplazó la cervecería, cuyos camareros bávaros de piedra tallada, emblemas del establecimiento, fueron conservados. Y, a través de una ventana, si mis ojos no me engañan, creo descubrir los cuernos de ciervo que decoraban la sala. La ausencia de mesas y glorietas, el deterioro de los caminos, el abandono del parque dan al lugar un aspecto irreal. En vano busco el reflejo plateado del agua, el olor a tierra mojada, el aliento húmedo y embriagador exhalado por el río: también la ribera ha desaparecido. La pérgola no fue demolida, aunque el desgaste del tiempo ya atacó las farolas y carcomió las escaleras por las que se bajaba hasta la playa. Ahora, los escalones se detienen ante malezas tropicales –"Reserva ecológica", como lo indica pomposamente un letrero– en las cuales se pierden inquietantes senderos. Las cabinas en desuso, ocupadas durante años por los travestis, en una época en que el río había empezado a alejarse, fueron vaciadas, evacuadas y rodeadas por barreras improvisadas. Al extremo de la escollera, donde ningún pescador habrá de volver, un monumento de 1928 recuerda la proeza del *Plus Ultra*. Erguido sobre la rotonda majestuosa, el marino de bronce que conmemora el "naufragio e incendio del vapor *América*", lanza su salvavidas ya inútil a la jungla desordenada y hostil que se ha engullido una parte de la ribera sur del Río de la Plata. Aunque el agua sea invisible hasta donde alcanza la vista, algunos escasos porteños se pasean en malla.

Fue a partir de los años sesenta que se modificó la ribera. Mientras el país era sacudido por la guerrilla y el terrorismo de Estado, camalotes arrastrados por el río se adosaban a los detritus arrojados deliberadamente al agua para "ganar terreno", aun cuando el campo seguía ofreciendo espacios ilimitados. La metamorfosis del dique del sur ilustra la lucha sin cuartel en que se debatieron la ciudad y el río, el orden y el desorden, el rigor y la marginalidad desde la fundación de la ciudad. Un año después de mi visita, cuando los "lofts" del puerto acababan de ser inaugurados, era posible vagabundear lejos del estrépito de los autos, hacer jogging a lo largo de las dársenas, o incluso degustar el famoso asado argentino delante de la fragata *Sarmiento*, con todas las velas al viento, definitivamente atracada. El más bello barco-escuela del mundo se había convertido en un museo. En cuanto al dique, por el momento es la última muralla contra la invasión del Matto Grosso: "Esto es el trópico, che, hasta el clima cambió".

La desaparición del Balneario y la mutación de la playa en selva son la manifestación superficial de las desapariciones y los olvidos que jalonaron la historia de Buenos Aires. Ese enredo de las fronteras geográficas, esas superposiciones sucesivas de edificios, calles, empedrados, mármoles, chatarras, basuras, parques, hubieran podido conducir a una historia hecha de rupturas tan violentas que todo esfuerzo por encontrar una continuidad habría parecido vano. Y sin embargo, realmente hay una permanencia de Buenos Aires. Nacida de la nada al borde de un estuario abierto como el mar, la ciudad tejió su propio mito desde su primera fundación. Con el correr de los siglos, el campamento miserable se convirtió en una guarida de contrabandistas y comerciantes, marginales y notables. Nuevas formas urbanas se superpusieron a las viejas, olvidando o negando las huellas del pasado. La naturaleza se unió a esa voluntad de borramiento, ya que hasta los arroyos desaparecieron, entubados, secados o desviados, transformando la matriz geográfica de la ciudad. Hombres, mujeres y niños también desaparecieron, sin alcanzar realmente la eternidad de los muertos. Por falta de referencias materiales estables, la historia de Buenos Aires siempre rozó lo fantástico: la leyenda o la poesía colmaron los agujeros de la historia hasta confundirse con ella. Este libro está dedicado precisamente a esa "verdad ficcional".

Viví en Buenos Aires los primeros veinticinco años de mi existencia. Allí aprendí lo esencial. Necesité todavía otros veinticinco años, por lo menos –años de plomo allá, años de vida aquí–,* antes de que pudiera volver a inclinarme sobre esa ciudad para tratar de bosquejarla. Pido disculpas por querer añadir a las múltiples fuentes consultadas mi modesto testimonio, mirada subjetiva sobre esa ciudad ignorada, desacreditada, deshonrada, rechazada, cantada, soñada, sobre esa ciudad amada.

---

* Recuérdese que este libro fue escrito en Francia. *Allá* significa Buenos Aires. (N. del T.)

I

FUNDACIONES

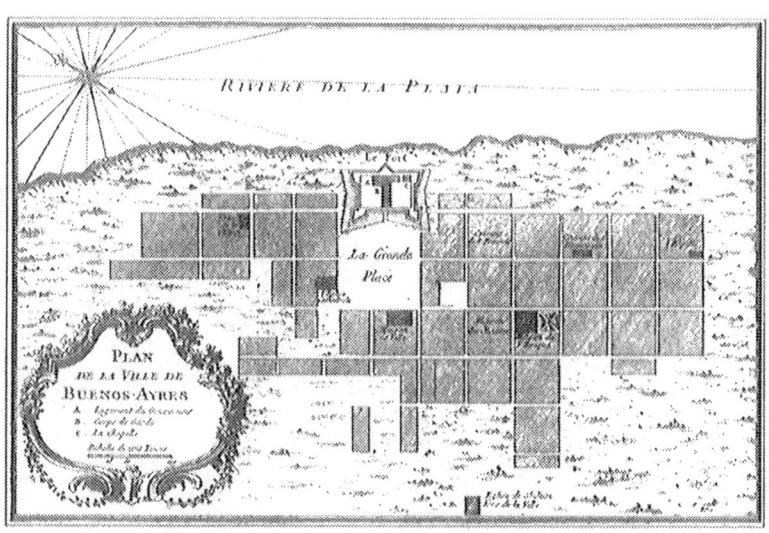

Plano de Buenos Aires (1756) dibujado por Francisco Xavier de Charlevoix.

1. UN CAMPO EN MEDIO DEL CATACLISMO UNIVERSAL

> A mí se me hace cuento que empezó Buenos Aires: la juzgo tan eterna como el agua y el aire.
>
> JORGE LUIS BORGES,
> Fundación mítica de Buenos Aires.

Al comienzo no había más que la inmensa llanura que se perdía en el horizonte, y un río de barro grande como el mar, en lucha contra el cierzo austral para abrirse una salida al océano. Nada más que vientos portadores de tormenta y calor cuando se desencadenaban de la tierra y del sudeste. En esos tiempos originales, los cazadores perseguían a los *guanacos* y los *ñandúes*, las llamas y los avestruces de la Patagonia. La *pampa* todavía no existía: ese nombre peruano le será dado por los españoles, que designarán todo cuanto no tiene equivalente en Europa mediante términos tomados de las lenguas indígenas. El Río de la Plata no era más que un "paisaje amorfo y anodino, uniforme y aburrido, algo así como la representación de la nada", donde Ernesto Sabato ve el origen de la orientación metafísica de la literatura argentina.[1] Allí vivían pueblos nómades que pertenecían a la gran familia tehuelche: sobre la ribera sur, los querandíes, cuyo territorio se extendía hasta el río Samborombón; sobre la otra, los charrúas cazaban en las llanuras herbosas que se convertirán en el Uruguay. Esos dos pueblos nómades no conocían el arte de la navegación. Cada uno seguía su destino sin tener en cuenta al otro.

Antes del laberinto de la ciudad, está el de los innumerables arroyos, canales y ríos del delta, infatigablemente modelado por los aluviones

---

[1] Sabato, 1973, p. 16.

del Paraná. Con el correr del tiempo, nuevas islas se forman, y otras se deshacen como balsas quebradas. En esos entrelazamientos encontraron refugio los indígenas pescadores de lengua guaraní, muy diferentes de sus vecinos de las llanuras. El Paraná, "pariente del mar" de los guaraníes, se origina en el Brasil, llega al Iguazú, se desliza hacia el poniente y, bruscamente, empujado por las aguas del Paraguay, cambia de orientación para bajar lentamente hacia el sur, arrastrando nenúfares y ramajes a lo largo de bosques suntuosos. Antes de verterse en el estuario se divide en varios brazos: el Paraná Guazú, tan ancho que desde una orilla apenas se divisa la otra; el Paraná Miní que, por contraste, parece casi pequeño; el Paraná de las palmeras *pindó*, llamado por los españoles Paraná de las Palmas. La belleza salvaje del delta permaneció intacta durante mucho tiempo. Hoy, pese a la polución, los guindados, los fuera de borda, los mosquitos y los limones podridos que flotan sobre el agua, esos lugares siguen siendo únicos.

El paraje de Buenos Aires linda con los confines del mundo, aquel que los europeos, desde el siglo XVI, no han dejado de explorar y conocer. Entre el Río de la Plata y el estrecho de Magallanes no habrá otra ciudad antes del siglo XIX, sino un "desierto", término impropio, por lo demás, ya que la llanura está atravesada por ríos y poblada por tribus de indios. Ante todo, Buenos Aires será una isla perdida en la *wilderness*, umbral de ninguna parte, donde la sensación de alejamiento extremo es contrabalanceada por la apertura del puerto sobre Europa. A diferencia de la mayoría de las ciudades del Nuevo Mundo que podrán contar con un interior indígena, con su mano de obra y su tributo, Buenos Aires deberá imponer sus propios límites "a los vientos y las auroras" y construir su entorno. Más que los hombres, son los rebaños, de origen europeo, los que "humanizarán" el espacio.[2]

¿Cuándo fue fundada Buenos Aires? Hubo dos fundaciones, una en 1536, la otra en 1580. La primera está asociada a un padre fundador, el *adelantado* don Pedro de Mendoza, proveniente de una casa ilustre de grandes de España, cuya empresa terminó en fracaso. La segunda a Juan de Garay, llegado del Paraguay, a la cabeza de colonos hispano-guaraníes. Resulta difícil imaginar a Juan de Garay de otro modo que a través del pincel de José Moreno Carbonero. El pintor andaluz lo representó vestido de terciopelo y raso, con la espada desenvainada,

---

[2] Borges, 1993, "Fundación mítica", p. 81.

plantado ante el árbol de la Justicia, rodeado de indígenas de rodillas, a medias desnudos y cubiertos con una tiara de plumas. A la izquierda del cuadro, robustos labradores se disponen a sacar sus herramientas de trabajo de unos canastos: las armas y picos ilustran la conquista y el trabajo; tanto unas como otros serán necesarios para realizar el plan de Garay.

La ciudad agradecida dio a cada uno de los dos antepasados una calle en el barrio popular de La Boca, cuna de su mitología. La que lleva el nombre de Pedro de Mendoza bordea el Riachuelo y enlaza las casas de chapa ondulada de la "República de los genoveses", inmortalizada por los pintores y los poetas. Y fue en una morada de la Juan de Garay donde Jorge Luis Borges, en el sótano de Beatriz Viterbo, descubrió el Aleph, ese "sitio donde, sin confundirse, se encuentran todos los lugares del universo".

Para el dramaturgo Enrique Larreta, esos dos comienzos, tan diferentes, debían marcar la ciudad con un doble cuño. El destino de la ciudad expresaba el conflicto o la armonía entre dos cualidades, la despreocupación andaluza de Mendoza y la sabiduría vizcaína de Garay.[3] La índole dramática de la primera fundación inspiró su obra *Las dos fundaciones de Buenos Aires,* inscribiéndose en la conmemoración del cuarto centenario de Buenos Aires en 1936. Para señalar ese aniversario, se demolió una parte del perímetro dibujado por Garay en 1580 y se abrió "la avenida más ancha del mundo", la avenida 9 de Julio. Esa operación simbólica también fue la ocasión para festejar una tercera fundación, la de la independencia de las Provincias Unidas del Río de la Plata, proclamada el 9 de julio de 1816. Entonces, un obelisco consagrado a la gloria de Mendoza se levantó en la esquina de Corrientes, la avenida de la bohemia porteña. Ese inmenso monumento sigue encarnando a Buenos Aires: indisociable de la ciudad, acompaña inevitablemente en la iconografía popular la sonrisa resplandeciente de Carlos Gardel, el gran cantor de tangos que había muerto algunos meses antes.

Muchas voces se alzaron contra dichas celebraciones. Polémicas apasionadas opusieron a las autoridades y los historiadores, guardianes del patrimonio y de la memoria nacionales. Los adversarios políticos del presidente Agustín P. Justo le reprocharon celebrar un acontecimiento

---

[3] Larreta, p. 81.

que jamás había existido: el acta de fundación de don Pedro de Mendoza seguía siendo inhallable. La gente se lanzó a hacer elucubraciones sobre los primeros nombres que habían sido dados a la ciudad: Ciudad del Espíritu Santo, Trinidad, Santa María del Buen Aire. Muy pronto, el uso dio carácter definitivo al último, en su forma abreviada y laica. El cronista hispano-guaraní Ruy Díaz de Guzmán refiere que el cuñado de Mendoza, Sancho del Campo, habría exclamado, al fondear en el Riachuelo: *¡Qué buenos aires los de esta tierra!*[4] Algunas interpretaciones más serias afirman que la ciudad fue consagrada a la Virgen del Buen Aire, protectora de los marinos, pero la mayoría de los porteños ven en esa exclamación una alabanza a la pureza del aire, aunque lo más probable es que se refiera a la brisa que sopla en el estuario.

El Río de la Plata

La primera fundación de Buenos Aires se arraiga en la mitología y el sueño que rodean el descubrimiento del Río de la Plata. La versión oficial hace de Juan Díaz de Solís –portugués o andaluz– el primer europeo que surcó las aguas del estuario, en febrero de 1516. Otros antes que él, como Vicente Yáñez Pinzón o Américo Vespucio, sin duda habían llegado a esta región. El propio Solís se habría aventurado en 1512 y dio el nombre de *Mar Dulce*[5] a esa vasta extensión de agua cenagosa, pensando que comunicaba con el Pacífico, descubierto en 1513 por Balboa. El navegante dejó tres navíos cerca de las costas de la isla Martín García; luego, con un puñado de hombres, llegó hasta la ribera sobre un barco. Apenas habían puesto pie en tierra cuando los charrúas los diezmaron, con excepción de un joven grumete, Francisco del Puerto, a quien llevaron consigo. Luego, los cronistas afirmarán que Solís y sus compañeros fueron devorados por antropófagos. Al enterarse del drama, los hombres de Solís que habían quedado en mar abierto pusieron proa a España, pero la flota fue dispersada en el golfo de Santa Catalina, famoso por sus tempestades. Algunos sobrevivientes fueron

[4] Ruy Díaz de Guzmán, I, p. 114.
[5] Durante más de un siglo, el Río de la Plata fue considerado ya como "el golfo de Buenos Aires" (ibíd., p. 9, p. 186) o como una ensenada, un río o un estuario.

recibidos por los guaraníes y se instalaron en Los Patos. Fue uno de ellos, el portugués Alejo García, quien debía estar en el origen de la leyenda argentina.

Alejo García y sus compañeros vivieron largos años junto a los indígenas de Santa Catalina. Aprendieron su lengua y sus costumbres, y, probablemente, tuvieron la ocasión de divisar, en mar abierto, la flota de Magallanes. Habiendo partido en 1519 en busca del pasaje entre el Atlántico y el Pacífico, el portugués llegó ante la desembocadura del mar Dulce, donde puso proa hacia el sur. Sus hombres divisaron sobre la orilla a algunos indígenas de gran estatura, a quienes tomaron por gigantes. Antonio de Pigafetta, un lombardo que formaba parte de la tripulación, refiere: "Junto a un río encontramos a hombres llamados Caníbales, que comen carne humana; uno de esos hombres grande como un gigante vino a la nave del capitán para cerciorarse y solicitar que los otros pudieran venir"; tenía la voz "como un toro". Los indios, sin duda espantados por los extranjeros, se escaparon al verlos.[6]

Mientras la expedición de Magallanes y Elcano revelaba el mundo, Alejo García y sus compañeros se dejaban acunar por las profecías milenaristas de los chamanes guaraníes. Éstos narraban que en dirección del poniente existía una "Tierra sin Mal", y exhortaban a los indios a abandonar sus pueblos para alcanzar ese país donde se librarían de la muerte y de todo sufrimiento; este país se hallaba sobre el territorio del Imperio inca, desconocido aún por los españoles, ya que sólo fue conquistado en 1532, y se confundía con el reino del Rey blanco donde se erguía la sierra de la Plata. Alejo García, que soñaba con descubrir esa comarca mítica, reclutó un ejército de indios y los condujo más allá de las cataratas del Iguazú y el río Paraguay, hasta los confines del Chaco y las estribaciones de la cordillera de los Andes. Los guerreros no atacaron a los Incas, contentándose con saquear un depósito donde encontraron algunos objetos de oro y plata. En el camino de regreso, Alejo García fue muerto en una escaramuza. Los sobrevivientes lograron llegar a la costa de Santa Catalina alrededor de 1526; allí encontraron a los dos compañeros de García y les narraron sus aventuras. El botín que traían de su expedición anunciaba la riqueza del reino.[7]

[6] Pigafetta, pp. 50-51.
[7] Bernand y Gruzinski, II, 1993, pp. 447-449.

La noticia de la proeza de Alejo García fue divulgada a lo largo de la costa del Brasil y llegó hasta el navegante veneciano Sebastián Gaboto, en ruta hacia las Molucas, que fondeaba en Pernambuco. Soñando a su vez con la sierra de la Plata, olvidó sus proyectos y decidió dirigirse hacia la comarca fabulosa. Echó el ancla en el cabo de Santa María –la actual Punta del Este–, donde hizo construir un barquito para remontar el mar Dulce. Aquí recibió la visita del ex grumete, Francisco del Puerto, que mientras tanto se había vuelto un mozo corpulento, conocedor de toda la región y experto en la lengua guaraní.[8]

Ante los europeos, Francisco del Puerto se vanaglorió de conocer la ruta que llevaba a la sierra de la Plata y se ofreció a conducirlos. Gaboto se internó en los laberintos, remontó el Paraná hasta la confluencia del Carcarañá –al norte de la actual ciudad de Rosario– y construyó el fuerte de Sancti Spiritus. Este sitio debía servir como punto de partida para tres expediciones que, por diferentes caminos, permitirían llegar a la sierra de la Plata. Los pantanos y los indígenas pudieron más que tales proyectos: únicamente la columna conducida por Francisco César volvió a Sancti Spiritus. Los hombres estaban extenuados pero exaltados por los rumores recogidos entre los indígenas acerca de la existencia de una ciudad fabulosa, a la que los conquistadores apodaron "la ciudad de los Césares". El milagro de la sierra de la Plata, así, fue nuevamente lanzado por el lado de la cordillera de los Andes, durante varias décadas.

Seguido de cerca por Diego García, un traficante de esclavos de San Vicente, cerca de Santa Catalina, también él subyugado por el atractivo de las riquezas, Gaboto remontó hasta la embocadura del Paraguay. Francisco del Puerto, concertado con los indígenas, parece haber tendido una emboscada en la que una gran cantidad de europeos encontraron la muerte. Sancti Spiritus, río abajo, fue incendiado, y Gaboto y García tuvieron que decidirse a volver a España; no habían encontrado la mina inagotable del Rey blanco, pero traían esclavos indios que les confiscó la Corona. Educados en monasterios, algunos de esos cautivos servirían de intérpretes en nuevas expediciones. Pese a su fracaso, Gaboto soñaba con emprender un nuevo viaje hacia las islas fabulosas de Tarsis y de Ofir. La muerte le impidió volver a intentar fortuna. En cuanto a Francisco del Puerto, su huella se pierde en el Paraguay.

---

[8] Sobre este intérprete, véase Arnaud, pp. 39-41.

Primera fundación de Buenos Aires

En 1532, Francisco Pizarro conquista el Imperio inca. Tras él, cuantiosas expediciones descubren las regiones de Chile. El Río de la Plata y el Paraná son ya la puerta de entrada del continente, la senda que conduce hacia la fortuna. La Corona española trata de controlar el acceso a la sierra de la Plata y frenar el avance de los portugueses que, según el tratado de Tordesillas, no deben alejarse de la costa de Brasil. Por tanto, es de su interés construir un puerto a la entrada del mar Dulce.

Dos años más tarde, don Pedro de Mendoza, que posee los favores de la corte y una fortuna considerable, amasada durante el saqueo de Roma, es nombrado adelantado del Río de la Plata (decreto del 22 de agosto de 1534).[9] Aunque está consumido por el "mal de Nápoles", fácilmente recluta hombres de tripulación y conquistadores: Hernando Pizarro acaba de deslumbrar a Sevilla al exhibir el oro de los Incas que trajo del Perú. Carlos V autoriza al adelantado a llevar doscientos esclavos originarios de las islas de Cabo Verde o de la costa de Guinea para poblar la región;[10] otros dos conquistadores, Hernando de Jerez y Juan Núñez, habitantes de Sevilla, reciben la misma autorización.

La flota de Mendoza transporta a 2.500 españoles y 150 extranjeros –portugueses, alemanes, flamencos y holandeses– que se embarcan en un navío fletado por Sebastián Neithard y Jacobo Welser, miembro de la familia de los banqueros de Augsburgo.[11] Entre los pasajeros se cuentan por lo menos una veintena de nobles con títulos, dos o tres caballeros de una orden militar, varios capitanes de los *tercios* de Italia, hijos menores de linajes nobles y algunas mujeres –el nombre de algunas se salvó del olvido: María Dávila, amante del adelantado, María de Angulo, Isabel de Guevara, Elvira Hernández, Catalina Pérez, que se embarcó en Tenerife, Elvira Pineda, Mari Sánchez y Catalina Vadillo–. También catorce monjes –jerónimos y religiosos de la orden de la Merced–, un médico, Hernando de Zamora, y el hermano de Teresa de

---

[9] *Documentos históricos y geográficos*, II, p. 69.
[10] Ibíd., p. 139.
[11] Los autores no siempre se ponen de acuerdo sobre la cantidad de españoles que vinieron en la flota de Pedro de Mendoza. Konetzke, 1952, pp. 17-18, da la cifra mínima de 1.500 pasajeros y señala que cierta cantidad de nobles acompañaron a don Pedro: 20 hidalgos, 200 nobles, oficiales, funcionarios, capitanes. También extranjeros: 22 holandeses, 4 alemanes, 4 ingleses, 5 franceses, 4 italianos y 33 portugueses.

Ávila, Rodrigo de Cepeda, que perecerá poco tiempo después en el Paraguay. Las bodegas están repletas de mercancías, entre ellas tejidos y ropa de seda, y también llevan setenta y dos caballos y yeguas.

La flota gobernada por don Pedro de Mendoza alcanza el Paraná Guazú en la Epifanía del año 1536, gracias a la habilidad del piloto Gonzalo de Acosta,[12] que conoce bien a las poblaciones ribereñas y la región por haber recorrido las costas de Brasil con Diego García. Al divisar cerca de 2 mil indígenas charrúas reunidos en la ribera, Mendoza, temiendo padecer la misma suerte que Solís, decide desembarcar en la orilla sur. Allí, el 3 de febrero, funda el puerto de Nuestra Señora Santa María del Buen Aire, en el borde de un río, bautizado Riachuelo. Los españoles están decepcionados de encontrarse en una tierra poco hospitalaria, aunque los querandíes les parecen más acogedores que los charrúas de la otra orilla. Los indígenas son cuantiosos: tres mil según Ulrich Schmidl, un bávaro que llegó con Welser, que es el primer cronista del Río de la Plata; los salvajes vestidos con cueros de animales le recuerdan los gitanos de su tierra natal. Es el verano austral y los indígenas aplacan su sed con la sangre de los animales que cazan en la pradera.[13] Les traen peces y carne, y renuevan sus presentes durante catorce días. Luego, al decimoquinto, dejan de venir.

Don Pedro de Mendoza envía entonces a Gonzalo de Acosta y a una veintena de hombres al campamento de los querandíes, cerca de las islas del delta, para reclamar provisiones. Pero la tropa es atacada por los indígenas en pie de guerra. Mendoza prepara una réplica violenta: trescientos mercenarios lansquenetes y treinta jinetes caen sobre los querandíes, que arrojan sobre los extranjeros una lluvia de flechas y hacen caer a sus caballos lanzando piedras atadas a cuerdas hechas con tripas,* que se enrollan alrededor de sus piernas. La mitad de los hombres es diezmada: en recuerdo de esta matanza se llamará a este lugar

---

[12] Gonzalo de Acosta representó un considerable papel en la conquista del Paraguay y del Río de la Plata. Casado con una hija del capitán portugués Duarte Coelho, organizó con Diego García un enorme tráfico de esclavos indios destinados a los puertos ibéricos. Muy ligado con los caciques tupí-guaraníes, sirvió de guía a diferentes conquistadores. Él fue quien condujo a Álvar Núñez Cabeza de Vaca a través del Matto Grosso, de la costa de Santa Catalina al Paraguay, pasando por las cataratas del Iguazú. Sobre este personaje, véase Arnaud, pp. 29-31.

[13] Schmidl, p. 139.

* Se refiere a las *boleadoras*. (N. del T.)

La Matanza, y allí será construido el aeropuerto internacional de Ezeiza. Tres meses más tarde, el hermano y el sobrino de Mendoza encuentran la muerte en otra escaramuza.

Apenas desembarcados, los hombres comienzan a construir una plaza rodeada de una empalizada de tierra, "de un metro de alto, con la espada en la mano".[14] Algunas cabañas circulares recubiertas de hojas de palma son dispuestas rápidamente alrededor de una morada más importante donde se alojan Mendoza, su amante y sus allegados. El río es abundante en peces y Domingo Martínez, "estudiante" según las fuentes, improvisado conquistador, fabrica anzuelos para pescar. Los indios, atraídos por tales herramientas, terminan por dar su consentimiento de ayudar a los intrusos.[15] Los lugares de pesca están alejados, pero la caza abunda. Además, deben evitar el ser sorprendidos por los indígenas o los jaguares. Bartolomé García es el encargado de cazar perdices y codornices con la ballesta para el adelantado. La crónica refiere que se arrastraba por los zarzales, con las rodillas y las manos ensangrentadas, para sorprender a los ciervos.[16]

En mayo de 1536, Mendoza despacha a Juan de Ayolas río Paraná arriba con la esperanza de encontrar víveres, es decir, pueblos de agricultores que podrían aprovisionarlos. La situación en Santa María del Buen Aire se torna cada día más difícil. Los indígenas parecen decididos a echar a los extranjeros y cuatro tribus –¡que Schmidl estima en 23 mil hombres!– sitian el campamento y prenden fuego a los techos de las casas, salvo a la de Pedro de Mendoza, recubierta de un techo de tejas, así como a cuatro barcos que fondeaban cerca. Los cañonazos de los conquistadores hacen huir a los indígenas. Pero los españoles deben abandonar el fuerte y refugiarse en las naves.[17]

La carta de una mujer, Isabel de Guevara, da fe de estos días de desconcierto. Con sus compañeras de infortunio, ella se ocupa de los hombres agotados, cuidando a los heridos, lavando la ropa, ingeniándose para preparar una comida; también debe turnarse como centinela, vigilar los fuegos, armar las ballestas, recorrer el campo exhortando a los

---

[14] Ibíd., p. 141.
[15] "Carta de Domingo Martínez al Emperador don Carlos", en *Cartas de Indias*, II, pp. 622-623.
[16] "Carta de Bartolomé García al Real Consejo de Yndias, Asunción, 24 de junio de 1556", ibíd., p. 602.
[17] Schmidl, p. 144.

soldados.[18] Mendoza despacha una carabela a la isla de Lobos, a la altura de Punta del Este, pero la tripulación se amotina y la nave pone proa hacia Brasil, dejando en tierra a los hombres fieles al adelantado, quien debe entonces rendirse a la evidencia: el lugar es inhabitable. En espera de los refuerzos de Brasil o España, una parte de los españoles se repliega al interior de las tierras, río Paraná arriba, con Ayolas, de regreso de una primera exploración fluvial en cuyo transcurso había fundado el fuerte de Corpus Christi, en el norte del antiguo Sancti Spiritus. Los otros, bajo las órdenes de Francisco Ruiz Galán, cuidarán el puerto.

Es el comienzo del invierno. Isabel de Guevara y sus compañeras siguen vendando las heridas de los hombres; los alientan, "con palabras viriles", para que no se dejen morir sobre el terreno, y los arrastran hasta los bergantines, "con tanto amor como si fueran sus hijos".[19] Finalmente los españoles remontan el río, dando más la impresión de seguir un cortejo fúnebre que de partir en expedición. Los peces del Paraná los salvan del hambre, pero el clima es tan húmedo que Mendoza, paralizado a medias por la sífilis, debe volver al campamento de Buenos Aires. Ayolas sigue hacia el Paraguay con todos sus hombres. Animado por el deseo de encontrar la sierra de la Plata, toma la ruta del norte tras haber confiado el mando de las tropas del Paraguay a Martínez de Irala. Este vasco, famoso por su bravura y su ascendiente sobre las tropas, es en adelante el jefe de los conquistadores. Muy pronto establece alianzas con los guaraníes, cuya antropofagia tolera, dándoles objetos de hierro a cambio de mujeres; él mismo preside un verdadero harén; con algunos jefes indios ataca a otros pueblos de la región, que son diezmados o reducidos a la esclavitud. En poco tiempo, gracias a las uniones con las indias, el Paraguay se convierte en la primera sociedad mestiza del continente, a tal punto que los conquistadores lo apodan el "puerto de la Cópula" o el "Paraíso de Mahoma".[20]

Abandono de Buenos Aires

Alertado de los peligros que corre Ayolas, Mendoza envía en su ayuda a Juan de Salazar de Espinosa, que en 1537 funda la ciudad de Asunción en

---

[18] "Carta de doña Isabel de Guevara", ibíd., p. 619.
[19] Ibíd., p. 620.
[20] "Relación escrita por el escribano Pedro Hernández", p. 397.

el Paraguay. Dos meses más tarde, socavado por la enfermedad, se embarca para España, con la esperanza de conseguir refuerzos. Se lleva todos sus bienes, entre ellos su biblioteca: las obras de Erasmo y de Virgilio iluminaron los primeros tiempos del campamento de Santa María del Buen Aire. El adelantado casi no podrá aprovechar las ciento cincuenta codornices y perdices cazadas por Bartolomé García y cargadas en la nave capitana para alimentarlos, a él y su comitiva: morirá a la altura de Brasil.

En la aldea de Buenos Aires aún se ignora la muerte de don Pedro cuando llegan tres naves, bajo las órdenes del conquistador Gonzalo de Mendoza. Entre los hombres de la tripulación hay marinos de la expedición de Sebastián Gaboto y ex desertores que habían quedado en Santa Catalina; algunos conocen la región, hablan el guaraní y los acompañan indios, con sus mujeres e hijos.[21] La desaparición del adelantado, el primer gobernador de la provincia del Río de la Plata, abre una crisis de sucesión. Irala, plebiscitado por sus hombres, sostiene que Ayolas le dejó el mando antes de desaparecer en el bosque. Ruiz Galán reivindica la confianza que le testimonió Mendoza y se convierte en el gobernador de hecho. Trata de mantener el orden en el campo, donde el hambre es endémico: manda cortar las orejas de un hombre sorprendido merodeando una lechuga y de otro que robó un rábano. Las acciones de cada día se vuelven difíciles. Los jaguares y leopardos son tan numerosos que los conquistadores deben ir con los hombres armados fuera de la empalizada para satisfacer sus necesidades naturales.

Mucho más tarde, el cronista Ruy Díaz de Guzmán describirá la vida de las primeras generaciones de los conquistadores del Río de la Plata. Todo es bueno para comer: sapos, culebras, carroñas y hasta la carne humana; Diego González Baytos y dos de sus compañeros recortan jirones de carne de un colgado, a quien ejecutaron por robar un caballo, y las comen a escondidas. Schmidl, sin duda por irrisión, afirmará que eso ocurre el día de Corpus Christi. Otro testigo de tales hechos, Luis Miranda de Villafañe, se inspirará en ellos en un poema escrito en el estilo de Jorge Manrique, donde comparará la tierra del Río de la Plata con una viuda que mata a sus maridos españoles y que necesita un esposo fuerte y animoso. La literatura se adueña ya de Buenos Aires.[22]

[21] Zavala, 1977, p. 125.
[22] El poema es citado en Esteve Barba, pp. 569-570: *"las cosas que allí se vieron, no se han visto en escritura: comer la propia asadura de su hermano, ¡oh!, juicio soberano."* Schmidl, p. 141; Díaz de Guzmán, pp. 122-123.

Después de Isabel de Guevara, otra mujer excepcional entra en la leyenda, la Maldonada –el artículo que precede el nombre de familia feminizado traduce una extracción humilde y puede que también costumbres disipadas–. No figura en ningún documento oficial, pero Ruy Díaz de Guzmán afirma haberla conocido. Su historia es ejemplar. Atenazada por el hambre, abandona el campamento, pese a la prohibición del gobernador, y llega hasta el de Punta Gorda, rodeado por los bosquecillos de Monte Grande –hoy San Isidro, suburbio encopetado de Buenos Aires–. Al caer la noche, busca refugio en una depresión del talud que domina la ribera, donde descubre a una leona que está dando a luz. La Maldonada la asiste, se ocupa de los dos cachorritos y se queda en compañía de los animales varios días, alimentándose de las presas traídas por la leona. Un día, unos indios que recorrían la playa la advierten y capturan. Pero los hombres de Francisco Ruiz Galán la encuentran en el transcurso de una batida y la vuelven a llevar al fuerte. Para dar el ejemplo, el gobernador la hace atar a un poste, plantado a una legua de las casas, para entregarla a las fieras. Pero cuando éstas aparecen, una de ellas –la leona de Monte Grande– se interpone. Tres días después, los soldados encuentran a la mujer con vida y, a sus pies, a la leona y sus dos cachorros.[23] Este relato inaugura un género típicamente rioplatense; el tema de las villas aisladas en un entorno hostil y de las mujeres raptadas por indígenas salvajes será explotado hasta en el siglo XX por los escritores, en particular por Jorge Luis Borges.

Ruiz Galán, que había partido para Asunción en busca de víveres, vuelve con un poco de maíz. De paso, diezmó a los indígenas caracaraes de Corpus Christi y capturó a las mujeres y los niños, que distribuye entre sus soldados como esclavos.[24] Finalmente, la suerte sonríe a los habitantes del puerto un día de mayo de 1538, cuando el *Santa María* se atasca en el estuario,[25] con sus bodegas repletas de mercancías. Su capitán, León Pancaldo, es un comerciante de Savona. Habiendo partido con la ambición de llegar al Perú, debió replegarse sobre Buenos Aires tras el naufragio de una de sus dos naves. Él ignora que el Río de la Plata apenas supera los 10 metros de profundidad en algunos sitios, y no conoce sus peligrosos bancos de arena. Antes que él,

---

[23] Ibíd., p. 123, pp. 128-129.
[24] *Documentos históricos y geográficos*, II, p. 228.
[25] Ibíd., p. 175.

otros ya naufragaron. Con el correr de los siglos, el lecho del río se convertirá en un verdadero cementerio de restos; la más famosa nave de ese curioso museo naval, sin discusión, será el submarino alemán *Graf Spee,* hundido durante la Segunda Guerra Mundial.

Sin quererlo, pues, Pancaldo se encuentra en ese pequeño puerto inhospitalario donde el gobernador de la plaza se apodera de sus dos esclavos negros, así como de todo su cargamento. La aldea, que carecía de todo, de pronto dispone de cantidad de mercancías: toneles de vino, herramientas, agujas de coser, plumas para escribir, y camisas de Ruán, que desde esa época se llaman en toda la América española *ruanas.* Todo esto hace la felicidad de cada cual y la fortuna de algunos; no obstante, otros deploran que la capilla no sea embellecida.[26] La abundancia sólo es provisional: algunos meses más tarde, Francisco Ruiz Galán va en contra de sus privilegios y escarda la tierra para sembrar maíz, como sus soldados.

En octubre, Alonso Cabrera desembarca en Buenos Aires. Enviado por la Corona con la misión de nombrar un gobernador en el Río de la Plata, confirma a Irala, muy popular en Asunción. Cabrera trae armas y municiones, ropa y mercancías adelantadas por los comerciantes sevillanos, que se han convertido en los verdaderos amos de la región. Con el correr de los meses, empero, la situación de los primeros porteños es cada vez más difícil. Juan de Ortega, el jefe nombrado por Irala en Buenos Aires, ejerce su poder con tal rigor que varios españoles huyen y llegan a Brasil. De acuerdo con el caudillo del Paraguay, Cabrera da la orden de abandonar el puerto. A fines del mes de junio de 1541, la aldea es incendiada. Irala deja una carta en la entrada del Riachuelo, bajo un asta, con instrucciones para los futuros conquistadores, invitándolos a remontar el río hasta Asunción.[27]

Asunción, madre de Buenos Aires

Por casi medio siglo, Buenos Aires vuelve al ciclo del agua y los vientos. Las ballenas azules bordean las costas abandonadas del Río de la Plata, mientras los animales que soltaron los españoles comienzan a

---

[26] Ibíd., p. 228, pp. 258-260.
[27] Ibíd., pp. 205-208; Zavala, 1977, p. 44.

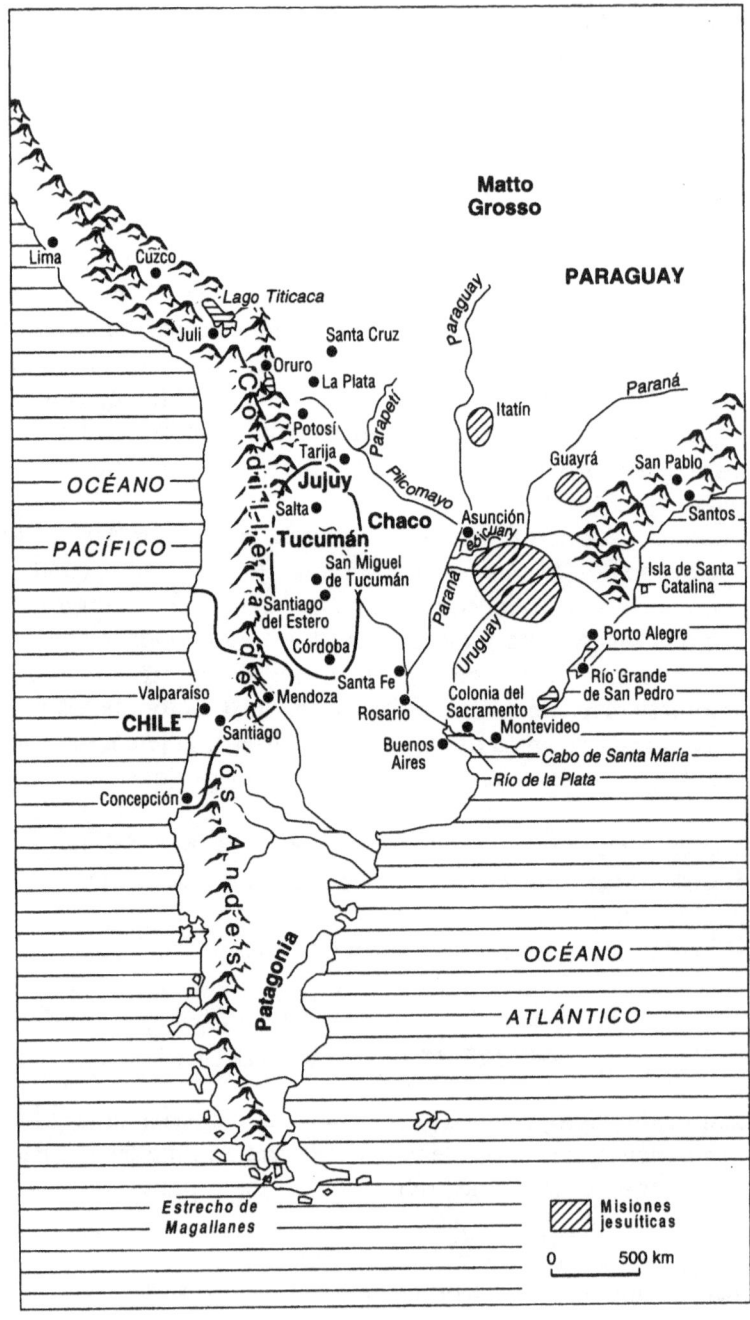

multiplicarse en la llanura. Nuevamente en manos de los querandíes y los charrúas, las riberas del estuario del Río de la Plata quedan al margen de la colonización del territorio noroeste de la futura Argentina. "Es posible que la eternidad no sea más que un río, un caballo olvidado, y el arrullo de una paloma extraviada." Estos versos de Rafael Alberti sobre el Paraná de San Pedro evocan la larga detención de una historia que continúa en otra parte, en el Paraguay.

En efecto, tras sus aventuras en Florida y el norte de México, llega a Asunción un nuevo adelantado, Álvar Núñez Cabeza de Vaca, quien atravesó la selva de Brasil y, por lo tanto, no vio la carta de Irala, pero encontró a los españoles que habían huido del gobernador Juan de Ortega. Pese a la mala reputación del lugar, Cabeza de Vaca piensa en volverlo a poblar; en todo caso, hace venir de España yeguas y caballos, los que se añaden a aquellos que se reproducían en libertad en el Río de la Plata. En Asunción, el adelantado tropieza con una sociedad hispano-guaraní cuyas reglas lo sorprenden. El canibalismo de los indios es tolerado, incluso por los religiosos; del mismo modo que el tráfico de esclavos indígenas por intermedio de jefes guaraníes, so pretexto de que pertenecen a pueblos insumisos, y el desenfreno, la fornicación y los excesos de todo tipo acompañan un estado de guerra permanente. Cabeza de Vaca no logra dominar la situación. Incapaz de desbaratar las intrigas tramadas por Irala, es detenido en Asunción en 1544 y enviado a España. Ahora, Irala es libre de dirigir el destino de la colonia hispano-guaraní del Paraguay; allí permanecerá hasta su muerte, en 1556.

Luego del fracaso de Pedro de Mendoza, el Perú fue conquistado y pacificado, y comenzó la explotación de las minas de plata de Potosí. Finalmente se encontró la sierra de la Plata, y el mineral que de ellas se extrae encandila a las potencias europeas. La creación de un puerto en el estuario permitiría controlar el paso de las naves extranjeras. Si bien la orilla izquierda está naturalmente mejor protegida –Montevideo será fundada a comienzos del siglo XVIII, y todavía no es más que una ensenada al pie de una colina–, pertenece a un territorio disputado por España y Portugal, y, además, está habitado por los charrúas, famosos por su ferocidad; la "orilla oriental", o el Uruguay, permanece virgen de establecimientos europeos hasta fines del siglo XVII. La existencia de esa *no man´s land* del otro lado del río influirá sobre el destino de Buenos Aires.

A comienzos de la década de 1550, la Corona nombra un nuevo adelantado del Río de la Plata, Juan de Sanabria, con la misión de llevar a cincuenta mujeres españolas, casadas y célibes. Pero muere antes de haber dejado España, y su viuda, María Calderón, preside la expedición, tras negociar el cargo de adelantado para su hijo Diego. Una gran cantidad de esas mujeres, a pesar de una estadía forzada en San Vicente, sobre la costa del Brasil, logran atravesar a pie la selva y llegar a Asunción. María Calderón –la leyenda le adjudica amores con Irala– no tiene la dicha de ver gozar a su hijo de su título de adelantado del Río de la Plata: Diego de Sanabria desaparece en el estuario, probablemente en el curso de un naufragio. Pero engendra a otros hijos de los que salieron varias familias patricias de Buenos Aires, que van a desempeñar un papel político hasta el siglo XX.[28]

Se requieren una serie de circunstancias para que Juan de Garay haga resurgir a Buenos Aires. Este conquistador, que llegó muy joven al Nuevo Mundo, participó en las guerras civiles del Perú, así como en la fundación de Santa Cruz de la Sierra y en la vida municipal de Asunción. Allí, el sucesor de Sanabria, Juan Ortiz de Zárate, le da como misión repoblar el viejo Sancti Spiritus, el fuerte de Sebastián Gaboto. Garay deja Asunción con 80 soldados –la mayoría mestizos– y despacha el ganado y los caballos por vía terrestre, "descubriendo una tierra que jamás había sido hollada por los españoles". En 1573 funda Santa Fe a orillas del Paraná, la primera colonia desprendida de Asunción.

Juan Ortiz de Zárate, así como tampoco Juan de Sanabria, no debía ejercer su nuevo cargo. Tras haber ido a España para que lo confirmaran en sus funciones, vuelve a Asunción con 500 hombres y mujeres, dispuestos a colonizar los nuevos territorios, y eclesiásticos, y pronto sucumbe a una disentería.[29] Deja como heredera de su cargo y su título a doña Juana, la hija legítima que tuvo de una princesa inca, a condición de que desposara a un hombre digno de su rango. Juan de Garay descarta a los pretendientes impuestos por el virrey del Perú y su entorno, y luego escoge a Juan de Torres de Vera y Aragón. Pero el virrey Francisco Toledo, que sometió a las elites de Cuzco,[30] aprecia poco esa unión y prohíbe que el nuevo adelantado abandone el Perú. Éste debe delegar

---

[28] La historia rocambolesca de María Calderón fue resumida por Lucía Gálvez, 1990. Véase también "Carta de Juan de Salazar al Consejo de Indias" [1556], en *Cartas de Indias*, III, pp. 579-582. Acerca de la relación eventual con Irala, véase Otárola, p. 136.

[29] Torre Revello, 1943, p. 55.

[30] Las reticencias de Toledo se explican por la agitación que reina en el Perú, fomentada por las familias incaicas y los mestizos. Véase Bernand y Gruzinski, 1993, pp. 53-78.

sus poderes a Juan de Garay, para que represente su autoridad como teniente gobernador. El intermedio de Asunción vuelve a cerrarse.

Segunda fundación de Buenos Aires

En 1580, Juan de Garay reúne en Asunción a un grupo de sesenta soldados, entre ellos cincuenta mestizos y criollos.[31] Son los futuros colonos de la ciudad y puerto de Buenos Aires. Allí recibirán tierras para sí mismos y sus descendientes y así se convertirán en *hidalgos,* ligados a un terreno conocido, *"hijosdalgo de solar conocido".* A estas ventajas se añade la autorización, prometida por Juan de Torres de Vera y Aragón, de atrapar en su provecho los caballos y vacas que viven en libertad en las llanuras herbosas del Río de la Plata.

Entre estos hijos americanos se encuentra Hernando Arias de Saavedra, más conocido con el nombre de Hernandarias. Con otros jóvenes, está encargado de conducir por vía terrestre las manadas de vacas hasta las orillas del estuario; estas manadas se encuentran en el origen de una de las ganaderías más ricas del mundo. Hernandarias es el nieto de María Calderón, que atravesó la selva con otras mujeres, entre ellas la suegra de Juan de Garay. Algunos años más tarde desposará a doña Jerónima, la hija de Garay. Luego de los primeros mestizajes guaraníes, los descendientes de los conquistadores tejen lazos de alianza, que engendrarán los linajes patricios del Río de la Plata. Al lado de Garay también está el eclesiástico Martín del Barco Centenera, que adquirirá cierta fama gracias a un largo poema que celebra el mítico país de la plata, *La Argentina.* La epopeya, pálida preparación de la *Araucana* de Ercilla, prefigura el nombre del país que verá la luz del día en el siglo XIX.

¿Debe construirse la ciudad sobre los escombros de la fortificación de Mendoza, al borde del Riachuelo? Antonio Tomás, un veterano de la primera fundación, aconseja a Garay que la edifique más al norte y la separe del puerto: se respetarán así las condiciones recomendadas por los urbanistas españoles. El emplazamiento es regado por cursos de agua, y temperado por la brisa, ya que se encuentra en una meseta

---

[31] Este término, frecuentemente traducido [en francés (N. del T.)] por *"créole",* designa en la época a los españoles nacidos en el Nuevo Mundo. Luego de la independencia, el criollo será el hombre del campo, por oposición al porteño.

que no supera una treintena de metros –hoy, a pesar de los trabajos de nivelación del suelo, la pendiente subsiste a la altura del Parque Lezama–. Bosquecillos floridos, plantas trepadoras y ombúes, esos árboles-raíces majestuosos típicos de la región, siguen cubriendo los taludes, y, de noche, pumas y jaguares sacian su sed en los ríos y los arroyos. Todo eso fue borrado desde hace décadas de la memoria de la ciudad, y uno se ve reducido a adivinar el curso del Zanjón de Matorras bajo el trazado sinuoso e inhabitual de la calle Tres Sargentos, o el del Manzo, sepultado bajo las escaleras de la calle Austria. Garay evitará construir en el linde de los ríos, pues la menor tormenta los transforma en torrentes, como el Riachuelo al sur, o el Maldonado al norte.[32]

El 11 de junio de 1580, Juan de Garay planta el árbol de la Justicia sobre un terreno desbrozado y delimita la Plaza Mayor, que será el lugar de reunión de los poderes religiosos y civiles, el centro de la sociabilidad urbana, del mercado y las fiestas, que se encuentra en toda ciudad hispánica. En un pergamino indica el emplazamiento de la catedral, del consejo municipal y del fuerte, los tres pilares del orden urbano. Sobre uno de los costados del plano se reserva dos parcelas para construir allí su vivienda. Ésta desapareció hace mucho tiempo y fue reemplazada por la estatua de bronce del fundador, a la sombra de un roble ofrecido por la colectividad vasca, que es un retoño del de Guernica. Según la costumbre, ratificada en 1573 por una ordenanza de Felipe II, la plaza cuadrada es el centro donde convergen ocho calles,[33] que constituyen la trama en damero de la ciudad. Este plano regular se inspira en el plano antiguo de Vitrube que España redescubrió a fines del siglo XV: el modelo, Santa Fe de Granada, fue retomado en todas las fundaciones urbanas desde las de Santo Domingo. En Buenos Aires, como en el Caribe, la razón urbanista puede aplicarse sobre un terreno virgen, pues no existe ciudad indígena en el Río de la Plata, como tampoco en México o Cuzco. Los espacios marginales se formarán a orillas del "desierto" y en las zonas equívocas del puerto.[34]

Así, pues, la Plaza Mayor es el punto de partida de la ciudad. Cada islote por construir está dividido en cuatro parcelas cuadrangulares,

---

[32] Taullard, p. 16.

[33] Buenos Aires, como la mayoría de las ciudades hispanoamericanas, se contenta con ocho calles, mientras que el plano de Vitrube contaba con doce.

[34] Sobre la ciudad colonial y su estructura, véase Solano, 1990; Konetzke, 1974, pp. 34-79.

o *solares,* llamándose *cuadra* el lado; aquel término puede ser traducido aproximativamente por "bloque", o "manzana", aunque estas expresiones no contienen la idea de medida exacta asociada al damero. Garay distribuye los terrenos a todos los miembros de la expedición. Cada propietario recibe el status de *vecino,* ciudadano de pleno derecho. Entre ellos hay una sola mujer, Ana Díaz, propietaria de un terreno situado en lo que en el siglo XX será uno de los lugares más famosos de la ciudad, Florida y Corrientes. En principio, los loteos son idénticos y extraídos al azar. De hecho, la cantidad de solares atribuido a cada uno está determinado tanto por la calidad como por la distancia que separa la parcela de la Plaza Mayor. En la periferia, los terrenos son cuatro, pero no todos tienen aún un propietario asignado.

El plano de la ciudad concebido por Garay se extiende entre las avenidas actuales de Córdoba e Independencia, en el eje norte-sur, y las calles 25 de Mayo, Salta y Libertad, desde la ribera hasta el límite oeste; incluye ciento cuarenta y cuatro cuadrados, regularmente dispuestos. La residencia del adelantado –en la actual Casa Rosada– y el palacio presidencial están previstos alrededor de la Plaza Mayor. Las órdenes religiosas –San Francisco, Santo Domingo, Santa Úrsula, Once Mil Vírgenes, el hospital de San Martín– reciben cuadrados de cuatro o dos solares también en la proximidad del centro. Ninguno de tales monumentos subsiste, pero la cuadrícula de Garay sigue formando la trama de las calles de la City del Río de la Plata.

La plaza linda entonces con la ribera del Río de la Plata. Para acceder más fácilmente a ella se toma un camino bastante escarpado, hoy sepultado bajo el asfalto de la avenida Belgrano. Dos barrios más se hallan en el estado de proyecto al norte y el sur de la catedral. Al norte, hasta el Zanjón de Matorras; al sur, otro arroyo separa el casco urbano de los suburbios y el puerto, situado al borde del Riachuelo. Con el tiempo se construyen casas a lo largo de esta ruta, que se convierte en una verdadera ruta en el siglo XVIII; hoy se llama Defensa.

Además de los loteos, Garay delimita la superficie del terreno municipal, el *ejido,* o sea dieciséis cuadras, a lo largo de la orilla, sobre nueve de fondo. Según las leyes españolas referentes a las fundaciones de ciudades, este espacio no cultivado servirá al mismo tiempo de sitio de recreación de los habitantes y de pastoreo. Está también previsto que la ciudad conserve el usufructo de terrenos y dominios, los *propios,* cuyas

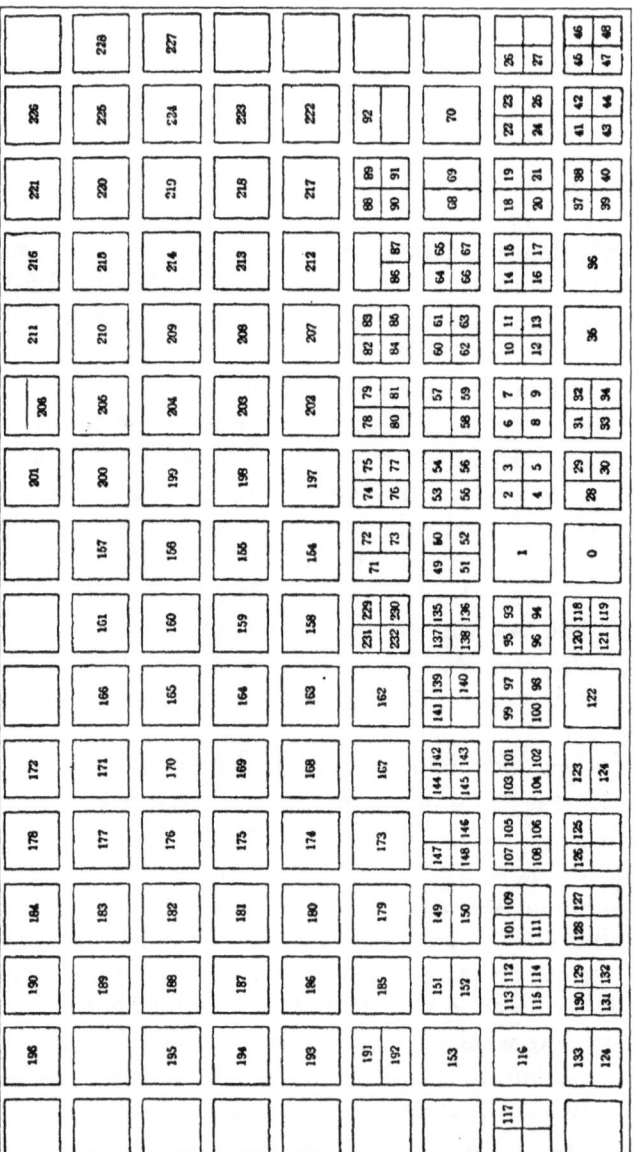

Plano de Buenos Aires concebido por Juan de Garay (1580).

0: residencia del Adelantado; 1: Plaza Mayor; 2: Catedral; 51: Cabildo (consejo municipal) y prisión; 122: San Francisco; 35: Santo Domingo; 123: Santa Úrsula; 124: Once Mil Vírgenes; 36: Hospital de San Martín.

rentas y alquileres servirán para financiar los gastos públicos, administrados por el consejo municipal.[35]

Fuera del perímetro de la ciudad, Garay reserva amplias extensiones de terreno para la ganadería y la agricultura: son las primeras *estancias*. Los alrededores, los *pagos* –surgidos del *pagus* romano–, se desarrollan lentamente a causa de las incursiones de los indígenas. Los documentos de Juan de Garay mencionan algunos suburbios porteños, como La Matanza, San Isidro y Monte Grande, así designado en virtud de su frondosa vegetación.[36] Esta flora costera tan particular casi ha desaparecido, pero aún pueden verse en Acasusso –pese a los estragos de la polución– los vestigios de lo que fueron los accesos de las riberas en esos tiempos de fundación.

Un comienzo modesto

Así, pues, la ciudad existió sobre un pergamino antes de convertirse en un espacio de vida. Antes incluso de la construcción de viviendas durables, se dotó de un consejo municipal *(cabildo)* –compuesto de dos jueces *(alcaldes)* y consejeros *(regidores)*–; contrariamente a la tradición urbana hispánica, sólo representa los intereses de los poderosos: fundador, parientes, gobernadores. Los cargos municipales pasan rápidamente a manos de un patriciado urbano. Sólo en circunstancias excepcionales el conjunto de los vecinos es convocado en asamblea o *cabildo abierto*. Desde el inicio, pues, el pueblo es excluido de los asuntos políticos.

En algunos años, la ciudad viva desborda el trazado geométrico de Garay hacia el oeste. Rutas poco seguras todavía unen el Río de la Plata con las minas de Potosí, al norte, y con Chile. Parten de *El Alto de Carretas*, en el emplazamiento de la actual Plaza Dorrego, donde se reagrupan las carretas. Durante mucho tiempo la aldea es poco acogedora. Los habitantes viven en cabañas improvisadas, *ranchos* sin duda poco diferentes de las actuales casillas de los barrios miserables, pues los esfuerzos recaen ante todo sobre las fortificaciones, que se terminaron a

---

[35] El *ejido* de Buenos Aires se extendía de la actual calle Arenales hasta San Juan, y del río hasta Almagro.

[36] Luqui Lagleize, p. 257: para este autor, La Matanza lleva dicho nombre en virtud de los mataderos que allí se encontraban. Taullard, pp. 12-15.

fines del siglo XVI; pero habrá que reconstruirlas unos diez años más tarde. La distribución de las parcelas, definida por Juan de Garay, provoca conflictos, alentados por la índole imprecisa del trazado, que llevan al consejo municipal a prohibir toda construcción duradera mientras la agrimensura de los terrenos no esté terminada. Se planta un mojón al cabo del arroyo que corre delante de la propiedad de Ruy Díaz de Guzmán. Sobre este primer catastro, donde están registrados los terrenos situados en el exterior del perímetro urbano y su orientación respecto del río, aparece el Riachuelo con su canal y sus dos embocaduras, una de ellas correspondiente a La Boca.[37]

Hasta los edificios oficiales parecen austeros. El *cabildo*, con sus muros de adobe, es bien modesto. Una parte del edificio puede servir de depósito, pero los arriendos son demasiado elevados para que los habitantes se lancen a realizar actividades comerciales, y los rincones desocupados se utilizan como letrinas.

La construcción arranca lentamente debido a la escasez de mano de obra indígena. El cabildo no esperó la autorización de la Corona española para introducir esclavos de Angola en el Río de la Plata; el costo de estas "piezas", sin embargo, es demasiado elevado para los habitantes del puerto. Los querandíes siguen siendo rebeldes a la sedentarización, y los guaraníes de las islas, poco numerosos, suministran una ayuda relativa. Equivocadamente se los cree pacificados, porque Juan de Garay es muerto por sorpresa en Baradero por una de esas tribus del Paraná, tres años después de la fundación de la ciudad. La musa de Barco Centenera, Ana Valverde, cuya belleza, según los decires del poeta, era reconocida por las "ninfas argentinas",[38] perece en el mismo ataque.

A menudo, los colonos son obligados a trabajar con sus manos "como si vivieran en un pobre pueblito de España" –Ruiz Galán había dado el ejemplo en la primera fundación–, y las mujeres de calidad deben llenar ellas mismas sus cántaros en la orilla de los ríos. ¡Por la misma época, Potosí puede enorgullecerse de sus 160 mil habitantes, su teatro y sus catorce escuelas de danza! Nada comparable en las orillas del Río de la Plata, donde las sesenta familias se contentan con ropa de

---

[37] Ibíd., pp. 22-23, se reproduce la copia del catastro de 1608 hecha en 1792 por Manuel de Ozores. Este plano, el primero que conocemos, dio lugar a una larga serie de procesos.
[38] Gandia, en Díaz de Guzmán, pp. 46-47, al citar el poema de Barco Centenera, piensa que se trata de Ana Díaz.

sarga. Algunos, para escapar de la mediocridad, intercambian su terreno por ropa usada, o una guitarra.[39] En noviembre de 1608, don Fernando Álvarez Texero instala la primera fábrica de ladrillos en los Altos de San Pedro, al borde del Riachuelo, lo que permite construir las primeras casas sólidas. Por el momento, Asunción sigue siendo la ciudad más poblada del Río de la Plata.

A los criollos y mestizos del Paraguay, la capa más antigua de la población urbana, poco a poco van a agregarse una gran cantidad de extranjeros. Pese a la prohibición de la Corona, vienen del Brasil artesanos y albañiles, sobre todo fabricantes de tejas, que abren hornos en la periferia de la aldea. El consejo municipal intercede ante el gobernador Hernandarias para dejar entrar a herreros, sastres, zapateros y otros artesanos de los que tiene gran necesidad la población, ya que los hijos de los conquistadores sólo ejercen actividades manuales obligados por la necesidad,[40] y sus salarios se pagan en productos de la tierra. Asimismo, la población reclama maestros, médicos, boticarios y barqueros para la navegación fluvial.

La proposición de don Francisco Montesdoca, maestro de señoritas, de instalarse para enseñar gratuitamente los rudimentos de la lectura a los hijos de los pobres, pues, es bien recibida.[41] En 1611 se funda el primer hospital, bajo el patronazgo de San Martín de Tours, en la esquina de las actuales Defensa y México. Algunos hombres hábiles ejercen el arte de la medicina sin tener el título oficial; en cambio, existen cirujanos a quienes también se retribuye con productos de la tierra.

Los hostigamientos de los indios no son los únicos peligros que temen los habitantes de Buenos Aires. Los rumores sobre los piratas ingleses son incesantes. Bajo la bandera de Francis Drake y Richard Hawkins, los ingleses pasan revista a las naves españolas, aventurándose hasta los bosques del istmo de Panamá, y saqueando los puertos del Pacífico. El geógrafo Richard Hakluyt aconseja a la reina Elizabeth que ocupe San Vicente y el estrecho de Magallanes. En 1582, una flota de cuatro naves comandada por Edward Fenton fondea en la isla Martín García, donde John Drake, primo del "dragón de Inglaterra", es capturado por los charrúas. No obstante, el corsario logra escapar y, con tres camaradas,

---

[39] Zavala, 1977, pp. 436-437; Bernand y Gruzinski, 1993, pp. 282-283; Taullard, p. 20.
[40] Zavala, 1977, p. 562.
[41] Bossio, p. 110.

llega hasta Santa Fe. De allí es conducido a Lima, ante el tribunal de la Inquisición, como hereje, donde abjura y se vuelve católico. Pero no vuelve a su país natal, y Buenos Aires tiembla ante la idea de un desembarco de los piratas; para vigilar el río, algunos hombres recorren las orillas a caballo al despuntar el día. Al fin de cuentas, la mejor protección de la ciudad está constituida por los bancos de arena del Río de la Plata, que entorpecen la navegación. Barco Centenera denuncia el peligro de dejar ese "postigo" abierto a los extranjeros, con la impresión de predicar en el desierto.[42]

Colonos, indios y vacas

Hernandarias se convierte en gobernador del Paraguay y del Río de la Plata en los últimos años del siglo XVI. Desalentado por las dificultades, se siente tentado de volver a Asunción, su tierra natal, con los colonos. En varias oportunidades escribe a la Corte para pedir nuevos inmigrantes, pues los antiguos conquistadores están muertos, los buenos modales peninsulares se pierden, las hijas de los conquistadores requieren maridos castellanos, para alejarlas de los malos hábitos. En estas cartas, el gobernador alaba la fertilidad de la tierra, que no espera más que brazos para dar frutos; pone en guardia a la Corona contra las intrigas de los españoles y fustiga a los *"mozos perdidos"*, los jóvenes mestizos que prefieren vagabundear por los campos y atrapar vacas más que cavar surcos. Sus cartas expresan la oposición, ya muy marcada, entre mestizos y criollos, más cerca de las realidades americanas que los españoles metropolitanos, a quienes se llama con desprecio *chapetones*.[43]

El gobernador también se opone al tráfico negrero clandestino, y prefiere los colonos a los esclavos, esforzándose por reglamentar el trabajo de los indígenas. Ya en el Paraguay, muchas excepciones se hicieron a la prohibición de la Corona de reducir a los indios a la esclavitud. En Buenos Aires se practica el *rescate* –remisión de un cautivo indígena a cambio de objetos de metal u otras mercancías–, y el capitán Francisco

---

[42] Cummins, pp. 128-130; "Carta de Barco Centenera" [1587], *Documentos históricos y geográficos*, I, pp. 87-89: *"el Río de la Plata es un postigo abierto para el Piru"*. Juan de Garay había justificado la fundación de Buenos Aires en términos análogos: *"puse calor en decir que abriésemos puertas a la tierra"* (Tijeras, p. 45).

[43] Zavala, 1977, pp. 556-557.

Muñoz, representante de la justicia, trata de prohibir las idas y vueltas de los vecinos entre los indios del delta. Hernandarias se preocupa por pacificar las orillas del Paraná reagrupando a los indios en "reducciones"; la más cercana al puerto sólo está a unas quince leguas.

Los indígenas del delta declinaron a comienzos del siglo XVII, y los nómades de las llanuras, a quienes en adelante se denomina los "pampas", escapan al servicio personal.[44] Para suplir la ausencia de mano de obra se hace venir indios de las lejanas *encomiendas* –del Tucumán, de Chile, hasta del Perú–. Estos abusos son denunciados por Pedro López Maldonado, el "Protector de los naturales", y el consejo municipal intenta controlar las *yanaconas,* según la expresión quechua utilizada en todo el Perú para designar a los indios expatriados de su pueblo de origen. Se les prohíbe superar un radio de un cuarto de legua sin autorización de su propietario y desplazarse en cuanto cae el sol. Pese a tales medidas, indígenas provenientes de las regiones del interior se instalan en la ciudad como trabajadores libres.[45]

A comienzos del siglo XVII, un viajero, Reginaldo de Lizárraga, se sorprende de la abundancia de ganado y caballos en la pampa. Los rebaños son tan grandes que los *chapetones* recién desembarcados de España los toman por bosquecillos que se destacan en el horizonte.[46] Los habitantes de Buenos Aires cazan desde los primeros tiempos de la fundación; en 1585 hay por lo menos 80 mil cabezas de ganado en libertad en el campo circundante. Pero el gobernador quiere echar mano a esas manadas salvajes y los caballos son declarados propiedad de la Corona y vendidos a accionistas en subastas públicas, yendo los beneficios a manos del propio gobernador.

Se "va a las vacas" para extraerles la grasa, abandonando el resto, que se pudre al sol. Muy pronto se reglamenta la matanza del ganado. Se autoriza seis meses por año, de enero a junio, para permitir que los rebaños se regeneren, y los *vaqueros* no pueden matar más de ciento cincuenta animales, permitiéndose el derecho de matanza sólo a los propietarios de animales que se escaparon. Pese a la vigilancia de Hernandarias, tanto unos como otros no vacilan en apropiarse de los cueros con el acuerdo tácito del consejo municipal. La escasez del metal y la moneda lleva

---

[44] *Documentos históricos y geográficos,* I, p. 231.
[45] Zavala, 1977, p. 126, p. 155, p. 565, p. 586.
[46] Lizárraga, cap. LXIX, pp. 192-193.

a la Corona a autorizar, para un período de seis años, la exportación por Buenos Aires, y sólo en sus propias naves, de los productos de la región: grasa, cueros y harina, en cantidades determinadas, con destino al Brasil, Guinea y otras islas vecinas donde pasan las naves de la Corona española; de regreso, las naves traen ropa, paños, calzados, hojas de acero, pero ninguna de tales mercancías puede salir de la provincia.[47]

Durante décadas, los portugueses hicieron incursiones en territorio español en busca de esclavos indios. Para protegerlos de los *bandeirantes*, Hernandarias confía a los jesuitas la tarea de abrir misiones en el Paraguay. Pero resulta difícil gobernar dos ciudades tan distantes como Asunción y Buenos Aires y controlar una provincia tan vasta. En 1617, Hernandarias propone a la Corona que divida la provincia del Río de la Plata en dos distritos, o gobernaciones, cuya frontera pasa por Corrientes. Si Asunción conserva el rango de capital, durante tres cuartos de siglo el puerto del Río de la Plata se convierte, a partir de 1618, en la residencia oficial de las autoridades políticas y eclesiásticas.[48] El Paraguay va a cerrarse sobre sí mismo bajo la férula de la Compañía de Jesús. Buenos Aires, nacida como una colonia de Asunción, se separa definitivamente para volverse hacia el comercio clandestino con Europa.

---

[47] Zavala, 1977, p. 584.
[48] Socolow, 1987, p. 7 y ss.

2. VAQUEROS, CONTRABANDISTAS, MISIONEROS
(1618-1777)

> Aquí sólo llegaban segundones agriados, para tentar fortuna en ese gigantesco territorio vacío, en ese paisaje desolado y abstracto.
>
> ERNESTO SABATO,
> *Sobre el acento metafísico en la literatura argentina.*

En 1660, un francés del Languedoc desembarca en Buenos Aires al término de un viaje movido. Barthélemy de Massiac, hermano menor del señor de Sainte-Colombe, intendente de las fortificaciones en Brest, prefirió la carrera de las armas a la de eclesiástico. Buscó fortuna en Portugal y acompañó al general Rodrigo de Miranda Henríquez al África, donde vivió ocho años. Luego, al tratar de volver a Francia, subió a una nave holandesa que transportaba esclavos para los mercados del Río de la Plata. Pero otros barcos neerlandeses los precedieron. El resultado fue una cañonada en el estuario, a cuyo término todo el mundo fue desembarcado y retenido en Buenos Aires. Los africanos son confiscados y los capitanes puestos tras las rejas de las prisiones del fuerte. En cuanto a Barthélemy de Massiac, hombre de labia y de mundo, al parecer se conquista la simpatía del gobernador. En todo caso, le solicita la autorización de mantener una "casa de conversación", es decir, animar su salón con el brillo de su espíritu y sus talentos de jugador. Tan bien lo hará que volverá a Francia con la bolsa llena.

Los primeros contrabandistas

Barthélemy de Massiac era uno de los cuantiosos extranjeros que llegaban a las orillas del Río de la Plata pese a la prohibición de España.

Además de los franceses, holandeses, genoveses y portugueses –muchos de ellos judíos– frecuentaban el puerto. Los europeos contaban con la corrupción de los gobernadores para comerciar; otros venían provistos de falsos papeles, como Accarette, también francés, que se había hecho pasar por vizcaíno para llegar a Potosí por vía terrestre.

Buenos Aires dependía del virreinato del Perú, y todas las mercancías provenientes de España debían transitar en principio por Lima en virtud del monopolio impuesto por la Corona. Pero desde el inicio del siglo XVI, los galeones que traían la plata del Perú y México eran atacados por los piratas de las potencias europeas, de tal modo que la Casa de Contratación de Sevilla muy pronto debió instalar un sistema de tren de naves que atravesaban el Atlántico, luego ponían proa ya fuera sobre Veracruz, en México, o sobre Portobelo, en el istmo de Panamá. De allí, las mercancías eran encaminadas por vía terrestre hasta el Pacífico, luego cargadas nuevamente en naves que bordeaban la costa hasta el Callao, el puerto de Lima, de donde se organizaban caravanas para conducirlas hasta Buenos Aires, donde alcanzaban precios exorbitantes. En los primeros años de la gobernación, pues, Buenos Aires no tenía derecho a comerciar con España sin pasar por Lima. León Pinelo, un jurista famoso, entonces procurador de la ciudad, lo reclamó sin éxito. Algunos años más tarde, sin embargo, la Corona terminó por autorizar algunos intercambios entre Cádiz y Buenos Aires, al tiempo que prohibía a los capitanes que se detuvieran en otros puertos. A comienzos de la década de 1660, una cédula permitió la exportación hacia el Perú, y sobre todo hacia Potosí, de mercancías llegadas directamente a Buenos Aires; pero quedaba prohibido cargar las barras de plata extraídas en las minas.

Esto no impedía que los aventureros consiguieran clandestinamente lingotes de plata de Potosí, y que luego los transportaran a lomo de mula a través de Tucumán y Córdoba hasta Buenos Aires, de donde los despachaban hacia países extranjeros. Accarette refiere que, de regreso de Potosí con una caravana, depositó sus fardos sobre el río Luján, donde su compadre vino a esperarlo durante la noche con "un barquito, que resolvimos utilizar para enviar secretamente a nuestra nave la mayor parte de la plata".[1] Se instituyó un tribunal para hacer respetar la ley –la *Audiencia* de Buenos Aires–, pero pronto se vio que el presi-

---

[1] Accarette, pp. 94-95.

dente elegido, don Alonso de Mercado y Villacorta, el anfitrión de Massiac, había hecho contrabando él mismo cuando ejercía las funciones de gobernador.

El tribunal, debilitado por el escándalo, denunció en vano las trabas a la libertad de comercio. ¿Cómo podía vivir en tales condiciones un puerto de mar?

Buenos Aires necesitaba un régimen particular, a semejanza de las reglas en vigor para Cartagena, Margarita, Santo Domingo y otras islas del Caribe.[2] Accarette y Barthélemy de Massiac, secundado éste desde Francia por su hermano Sainte-Colombe no se contentaron con comerciar con las poblaciones de la América meridional. Dirigieron informes a Luis XIV alabando las cualidades del emplazamiento. Le aconsejaban instalar allí una colonia, trayendo "herramientas para labrar y cultivar las tierras en cantidad proporcional a la gente que hubiese, trigo y toda suerte de legumbres para sembrar". La conquista, según los cálculos de Accarette, insumiría menos de 300.000 libras. Además de los beneficios de la venta de los cueros, daría a Francia el dominio de la ruta de la plata. Por otra parte, la invasión no presentaba grandes dificultades, pues las defensas de la ciudad eran insignificantes, y la población, "incluso para gozar del comercio, estará muy contenta de restaurarlo por su unión con los franceses, sin esperar los insultos y hostilidades de la guerra". El proyecto era tentador; Colbert lo estudió y hasta envió al señor de Sainte-Colombe y a su hermano un cuestionario detallado. La operación no llegó más lejos, pues Francia se hallaba comprometida en Flandes y el Franco Condado y acababa de firmar con España el tratado de los Pirineos (1659). El informe redactado por Accarette, *Para la conquista de Buenos Aires en el río de la Plata en América meridional,* fue traducido al inglés y tuvo tal fortuna que lo volvieron a editar en 1716.[3]

Un pueblo "totalmente abierto"

Apenas medio siglo había transcurrido entre el fin del gobierno de Hernandarias y la llegada de Accarette y Massiac. Desde 1617, Buenos Aires

---

[2] Torre Revello, 1943, pp. 10-11.
[3] Duviols, en Accarette, pp. 25-27; ibíd., p. 125; Roussier, p. 228 y p. 243.

figuraba en los mapas de Johannes Blaue. El Río de la Plata también era mencionado en su *Atlas* de 1630, señal del interés que se tenía por la región: la orilla sur era bastante bien conocida, desde el río Luján hasta el cabo San Antonio. Los peces abundaban, pero también las ballenas, los cazones y las nutrias, "que son apenas negras, cuyas pieles sirven para cubrir a los salvajes".[4] El estuario seguía siendo considerado la desembocadura del Paraná, incluso la prolongación del río Paraguay, de tal modo que se creía que el Paraná era el río más largo del mundo. Sainte-Colombe y su hermano pensaban que llegaba hasta Potosí, y que sus aguas eran utilizadas en los molinos donde se lavaba el mineral. "A decir verdad –escribía Sainte-Colombe–, la fuente de ese gran río y sus primeros manantiales están ocultos para los mismos indios, a tal punto penetra en tierras desconocidas." Un siglo y medio después de las exploraciones de Alejo García y Sebastián Gaboto, la geografía del Río de la Plata permanecía impregnada de mitología. Ésta inspiró a Bernini, quien, a mediados del siglo XVII, esculpió un manantial que representaba en forma alegórica los cuatro ríos más grandes del mundo. En la Piazza Navona, en Roma, siempre puede admirarse el Paraná, la vía que conducía a la comarca de la plata.

El comercio de los cueros era una de las grandes actividades del puerto, sobre todo ilegal. En efecto, las cacerías de vacas salvajes, reglamentadas por Hernandarias, ocupaban a una población superior a la de los "accionistas" autorizados por el consejo municipal. Los rebaños se multiplicaban, máxime cuando los indígenas no las cazaban. Únicamente los caballos les interesaban, porque les daban una movilidad que jamás habían tenido antes.

Se distinguían varias categorías de animales: los *cimarrones*, sin propietario ni marca; los *alzados,* que se habían escapado y habían vuelto al estado salvaje pero conservaban su marca; los *teatinos*, domesticados y marcados, cuyo propietario se desconocía; los *chúcaros,* nacidos salvajes y nunca domesticados. Durante su estancia en la ciudad, Accarette asistió al cargamento de catorce mil cueros de toros, sobre veintidós naves holandesas, con destino a Europa. Los rebaños eran tan abundantes que, cuando los barcos enemigos lograban acercarse a las

---

[4] Accarette, pp. 39-40; Roussier, p. 224; *Documentos históricos y geográficos,* I, memorial de Martín Ignacio de Loyola, p. 167. También había ballenas azules cerca de la embocadura del río Luján en 1872, y a fines del siglo XIX se vieron otros especímenes en San Fernando y Punta Indio; véase Pirelli, p. 454.

costas, los porteños soltaban a los animales, que formaban una muralla con sus cuernos.[5]

A pesar de tales actividades, Buenos Aires seguía siendo una aldea rural y un puerto miserable. El canal del Riachuelo ya estaba casi colmado, y los navíos de gran tonelaje lanzaban el ancla a algunos cables de la costa, en Ensenada de Barragán, o en la ensenada de Montevideo, donde estaban expuestos a los vientos y a los corsarios. Se transbordaba las mercancías sobre chalanas o barcazas de quilla poco profunda, que podían atracar en Buenos Aires sin riesgo de hundirse en los bancos de arena. Massiac estimó la cantidad de viviendas en poco menos de quinientas –por lo tanto, se habrían casi triplicado desde 1580–, pero siempre presentaban un aspecto inacabado debido a la rusticidad de los materiales, pues la región carecía de piedras y madera. Eran viviendas espaciosas, de planta baja, paredes de adobe y techos de caña. Estaban rodeadas por un corral, un establo y jardines interiores donde crecían toda suerte de legumbres, de tal modo que la ciudad se asemejaba a un "pueblo totalmente abierto". Las calles, o más bien los caminos, se perdían en la campiña. Como no estaban pavimentadas, la menor lluvia las transformaba en marismas. Cuando se llegaba por mar se distinguían algunos modestos campanarios y residencias más acomodadas, cuyos techos de teja se destacaban, luego el fuerte con muros de adobe, rodeado de fosos, que al mismo tiempo funcionaba como palacio del gobernador y cuartel para tres compañías. A fines del siglo XVII se edificó un fuerte para defender el puerto contra los ataques de los portugueses; la guarnición comprendía una cincuentena de militares criollos (pero ningún mestizo o mulato, porque desconfiaban de ellos). La mayoría aprovechaba la situación para dedicarse al comercio, contrariamente a las recomendaciones de la Corona: tres capitanes, incluso, poseían tiendas.[6]

A lo largo del Riachuelo, algunas cabañas con paredes de cuero servían de talleres de secado de los cueros. Esas *barracas* dieron su nombre a un barrio, que primero se convertirá en lugar de veraneo, luego en centro industrial y uno de los territorios míticos del tango. A comienzos de la década de 1970, en un mirador de Barracas, perdido entre las chimeneas de las fábricas, la misteriosa Alejandra, protagonista de un libro de culto de Ernesto Sabato, decide darse muerte, al término

---

[5] Accarette, p. 53 y pp. 94-95; Roussier, p. 240.
[6] Konetzke, 1962, III-1, pp. 51-55.

de una corta existencia donde el recuerdo de las luchas de los caudillos, el derrumbe de las tradiciones, se mezclan con la angustia metafísica y el psicoanálisis.[7] La heroína vive al borde de una alcantarilla cuyos efluvios impregnan los rincones más alejados. En la época de nuestros viajeros franceses, el Riachuelo es un río límpido, y puede beberse su agua a condición de dejarla decantar en un ánfora en la tierra. Ni bien llueve, las riberas se inundan y de inmediato aparecen miles de sapos y ranas; su cantidad sorprende a Accarette. Los batracios, los pantanos y las inundaciones atravesarán más de dos siglos de crecimiento urbano, hasta 1938, año en que se modificará el curso del río; a partir de entonces, la población sospechosa del siniestro barrio de las Ranas se calmará poco a poco.

Porteños de todas las condiciones

En esta aldea invadida regularmente por ejércitos de ratones, las casas de los ricos comerciantes se destacan de las otras, aunque no alcancen la magnificencia de las moradas de Lima o de México. Su lujo son las puertas de madera del Paraguay, allí donde, por lo general, los tabiques son sencillos cueros curtidos. También los muebles, "bastante honestos", al decir de Massiac, cuadros y tapicerías de Bérgamo o de tafetán distinguen las viviendas de los negociantes. Los comerciantes comen carne, como la gente del pueblo, pero servida en vajilla de plata por esclavos negros. Los porteños de todas las condiciones comparten la misma pasión por la yerba mate *(Ilex paraguayensis),* una bebida hecha a partir de una hierba cultivada en el Paraguay y que se consume en toda América del Sur. Se bebe en compañía, pasándose el recipiente donde se halla la infusión y aspirándola por un tubo de plata o caña: es un ritual cotidiano tanto para los amos como para los esclavos, igual para los ricos que para los pobres.

[7] En 1622, el Gobernador Diego de Góngora daba cifras más importantes: 212 vecinos más 103 indígenas, además de otros 668 que vivían en reducciones (Zavala, 1977, 561). En 1639, el padre jesuita Durán mencionaba 400 hombres y 600 mujeres, que correspondían a familias de 210 *vecinos*, entre los cuales había una quincena de *encomenderos*, y 60 personas acomodadas, sin duda comerciantes. Roussier, pp. 238-239; Accarette, p. 51; Deffontaines, 1959, p. 479. El libro de culto de Ernesto Sabato, *Sobre héroes y tumbas,* fue publicado en 1975 y traducido al francés con el título *Alejandra*.

Los europeos que desembarcan en el Río de la Plata se maravillan por la naturaleza circundante y la abundancia de animales. "Allí se vive muy cómodamente", escribe Accarette, atiborrado de carne de vaca pero también de otro tipo, pues las perdices no cuestan casi nada. La caza se ha convertido en un pasatiempo. El francés no tiene mucho aprecio por las avestruces de la pampa y sus inmensos huevos, "de dura digestión", aunque todo el mundo los consume.[8] Se sorprende por la falta de interés de los habitantes de Buenos Aires por la agricultura. Fuera de la explotación de los jardines domésticos, en efecto, los porteños miran con mala cara el cultivo de cereales. Las vacas invaden los terrenos, que es imposible cercar por falta de madera. Por lo demás, ¿para qué desvelarse escardando, sembrando y segando cuando el alimento está al alcance de todos?

El tiempo de las hambrunas ha pasado. Aunque no todos los porteños gozan del desahogo de los comerciantes, los "pobres son raros en este país". Ser pobre no significa ya no poder alimentarse –recuérdense los antropófagos del sitio de Buenos Aires– sino carecer de dinero para comprar mercancías cuyos precios siguen siendo exorbitantes: paños, muebles, vajilla y hombres. En 1632, un esclavo cuesta tan caro como un lote en el interior de la ciudad; treinta años más tarde, un negro de cuarenta años es valuado en 500 pesos, es decir, el precio de una estancia de bellas dimensiones, con chanchos y vacas. Sin embargo, Massiac considera que hay por lo menos trescientos esclavos africanos en Buenos Aires. Menos de un siglo después de su fundación, ya existen fortunas.[9]

Las elites comerciantes y criollas, muchas de las cuales originalmente poseían sangre guaraní en las venas, no se mezclaron con los indios de las pampas y se parecen, físicamente, a los españoles. ¿Cómo no sentirse seducido por la belleza de las mujeres, en ausencia de sus maridos negociantes, "blancas y bien torneadas, y tan fieles a sus amigos que cuando una vez se abandonaron a alguien, no lo cambian por nada, y con frecuencia es cosa de veneno y puñal para aquellos que las abandonan con demasiada ligereza"?[10] Sin duda, Accarette habla con conocimiento de causa, e indudablemente Barthélemy de Massiac no es insensible

---

[8] Roussier, p. 240; Accarette, p. 51; Deffontaines, 1959, p. 480.
[9] Accarette, p. 55; Ensinck, p. 32.
[10] Accarette, pp. 54-55.

a las mujeres bien formadas, él que, en su informe a Luis XIV, escribe que ellas prefieren los extranjeros a los criollos.

Las familias de los comerciantes se distinguen de los chapetones no sólo por sus modales y su cocina sino también por su manera de hablar. Su acento es más suave que el de Castilla. Los que vienen de España observan la propensión de los porteños a utilizar el vocablo *che*. ¿Se trata de una alteración fonética de la vieja interjección castellana *ce*? ¿O bien –pero no se excluyen entre sí– un préstamo guaraní que indica, para el locutor, la posesión? Esta palabra es indisociable de la lengua de Buenos Aires, y le confiere un sabor particular.[11]

A partir de 1580, más de 20 mil esclavos negros fueron introducidos legalmente en el Río de la Plata, a los cuales debe añadirse el tráfico clandestino. Originarios sobre todo de Guinea y de Angola, eran vendidos en Córdoba, Tucumán o incluso el Alto Perú. Cambiados por cueros o metal en barras, algunos centenares de africanos permanecieron en Buenos Aires, donde fueron comprados por comerciantes. También se encuentran mestizos, "todos diferentes de color y pelo": los mulatos, nacidos de español y de negra; los mestizos, de español y de "salvaje"; los *cabras*, mezcla de mulato y de "salvaje"; y los *zambos*, de "salvaje" y mestiza. Son servidores, trabajan en las alquerías, cazan o "desuellan" las vacas. Los esclavos, negros y mulatos, pero también los peones mestizos, gozan aquí de cierta libertad, contrariamente a otras regiones de la América hispana.[12]

Otra diferencia con las ciudades españolas del Nuevo Mundo: Buenos Aires prácticamente carece de *encomiendas*: menos de cuatrocientos indios son atribuidos en teoría a los conquistadores pero siguen viviendo como nómadas. Si algunos indios pampas sirven en casas de particulares a cambio de un sueldo, la mayoría de ellos permanecen en el campo. Vienen a la ciudad para las cosechas y reciben un salario por su trabajo. Esas treguas no engañan. Los indígenas son insumisos: Massiac refiere que durante su estadía, un español fue muerto por los indígenas de las llanuras. Siguen teniendo la reputación de ser antropófagos y de engordar a sus cautivos como chanchos para devorarlos. Habrá que esperar la época de

---

[11] Morínigo (1966) atestigua el uso del *che* hacia el fin del siglo XVII en los suburbios de Buenos Aires y señala los dos orígenes probables de esta interjección, ubicada "a la guaraní", antes del sustantivo: *che patrón*, o bien, después de un verbo: *dame che*.

[12] Accarette, p. 52. Acerca de la introducción de los negros en el siglo XVII, véase Studer, sobre todo pp. 87-101.

las Luces para poner en duda esas ideas ampliamente propagadas por los jesuitas.[13] Sobre la ribera izquierda del Río de la Plata, los charrúas no deponen las armas, cosa que dificulta los fondeos y la navegación. Hacen prisioneros a niños y mujeres, a quienes guardan o intercambian por hojas de metal, perros, hachas o collares con los guaraníes del delta.[14]

Pocos años después de la estadía de los franceses, los rebeldes diaguitas, que hostigaban a los españoles en la provincia de Tucumán, son vencidos, y el gobernador Mercado y Villacorta deporta a la mayoría de las tribus: los montañeses quilmes son llevados a Buenos Aires, donde los encierran en la reducción que lleva su nombre; exiliados en una comarca chata, al borde del río, se negarán a procrear y se extinguirán en el curso del siglo XVIII. En 1811, cuando el Triunvirato de las Provincias Independientes del Sur cerró la *reducción de la Exaltación de la Cruz,* los quilmes habían dejado de existir ya desde hacía tiempo.

"Obedecer sin ejecutar"

Más que en otras regiones de la América hispánica, el Río de la Plata fue el teatro de un conflicto permanente entre las autoridades civiles y la Iglesia, o por lo menos ciertas órdenes religiosas. Muy al comienzo del siglo XVII, el gobernador Hernandarias denunciaba sin mucho éxito la corrupción del clero: la de los mercedarios, los religiosos de la orden de la Merced, entregados al comercio, la de los dominicanos, que olvidaban sus obligaciones para con la Corona, finalmente la de los jesuitas, que poseían una considerable cantidad de indígenas. Únicamente los franciscanos, los primeros que desembarcaron en Buenos Aires, gozaban de su favor. En el momento de la constitución de la gobernación, Hernandarias había sugerido al rey que economizara a los misioneros, que fácilmente se podían reemplazar por criollos que conocieran las lenguas indígenas. Cuatro años más tarde, un gobernador más conciliador recibía al primer obispo de Buenos Aires, Pedro Carranza, celebrando corridas de toros y juegos de bastón en su honor. El eclesiástico, impactado por

---

[13] Vázquez de Espinosa, II, pp. 907-908. Acerca de los pampas aliados de los araucanos, véase Roussier, p. 239. Sobre el cuestionamiento de la antropofagia de los pampas y los charrúas, véase Azara, 1973, *Descripción...,* p. 100.

[14] Vázquez de Espinosa, II, p. 907. Roussier, Accarette.

la cantidad de judíos de origen hispánico que residían en la ciudad portuaria, instituyó un tribunal dependiente de la Inquisición de Lima. También se indignó por el tráfico negrero, destinado sobre todo a las minas de Potosí, y obtuvo que la Corona, por un decreto de 1625, declarara libres a todos los negros que pisaran el suelo de Buenos Aires. No obstante, en virtud de su falta de recursos y del "poco gusto de los africanos por la libertad", la Iglesia se contentó con suavizar las cadenas de la servidumbre más que de quebrarlas.[15]

Luego de la llegada de un nuevo gobernador, Francisco de Céspedes, las relaciones con el obispado se irritaron. Céspedes tenía la ambición de desmantelar el contrabando, organizado por un "cartel" dirigido por Juan Vergara y otros consejeros del cabildo, a quienes sus cargos conferían cierta impunidad. Las necesidades de la ciudad, el prestigio y la fortuna de los comerciantes obligaron al gobernador simplemente a controlar mejor las transacciones financieras. Pero Vergara quería librarse de él y lo acusó de haber nombrado a su hijo en el consejo municipal, cosa que le estaba prohibida por sus funciones. El gobernador encarceló a Vergara. Pero como éste también era escribano del Santo Oficio, rápidamente fue liberado por el obispo, que excomulgó a Céspedes. La ciudad no esperaba más que esta ocasión para rebelarse contra la autoridad civil. Los vecinos, armados con espadas y puñales, recorrían las calles en busca de los enemigos de Vergara para matarlos. Céspedes y el obispo terminaron por reconciliarse y los ánimos se calmaron por un tiempo.

Otros escándalos opusieron a la Iglesia y los representantes de la Corona en el curso del siglo XVII. Luego del de Vergara, el más resonante tuvo como protagonista al gobernador Agustín de Robles, acusado por el obispo de haber constituido, con los jesuitas, una sociedad que se beneficiaba del contrabando con los holandeses y los portugueses. Robles echó la responsabilidad sobre la Compañía, a la que acusó de organizar el tráfico de cueros, paños, tabaco y yerba mate. Los jesuitas se defendieron explicando que los indígenas de las reducciones tenían necesidad de metálico. Los bienes de Robles fueron incautados: se encontraron en su casa más de 22.000 pesos, prueba de la prosperidad de su negocio. No obstante, el gobernador, que contaba con amigos en la corte de España, fue absuelto y rehabilitado por Carlos II.[16]

---

[15] Egaña, pp. 157-158.
[16] Ibíd., pp. 159-163 y pp. 168-169; Teschauer, p. 263.

Los comerciantes y sus cómplices no eran los únicos en "obedecer las órdenes sin ejecutarlas", según la expresión en uso en América colonial. Los jesuitas escapaban a la autoridad del obispo y suscitaban sentimientos mezclados. Llegados a Buenos Aires en la primera década del siglo XVII, habían establecido una residencia para recibir a los misioneros de paso para el Paraguay y las provincias del interior. Barthélemy de Massiac fue invitado a escuchar a los músicos guaraníes y observó que "también les hacían bailar ballets en la iglesia". La misión de Yapeyú se había convertido en una verdadera academia de música y enviaba orquestas a Buenos Aires en ocasiones excepcionales. Los guaraníes de las reducciones eran utilizados para otros fines. En 1657, poco tiempo antes de la llegada de Massiac y de Accarette, una gran cantidad de ellos vinieron a defender a Buenos Aires contra las incursiones de una flota francesa. Algunos años más tarde, elevaron muros defensivos y construyeron un fuerte sobre la orilla izquierda del río Luján, para vigilar el tráfico clandestino.[17]

Desde su llegada, los jesuitas habían fustigado las costumbres de los porteños y denunciado la bigamia. Hernandarias no les tenía mucho aprecio, lo hemos visto, y el desarrollo de sus reducciones en el Paraguay, como en el Guayrá, había suscitado muchos celos. Mientras las otras órdenes religiosas y el clero secular del Río de la Plata carecían cruelmente de recursos, los miembros de la Compañía habían organizado una verdadera empresa agrícola con los guaraníes. Algunos años después del escándalo de Vergara, el gobernador Pedro Esteban Dávila dio crédito a un rumor que circulaba en toda la región, según el cual los jesuitas habían encontrado minas de oro que explotaban sin rendir cuentas a la Corona. Un indígena, Buenaventura, educado en la religión cristiana, afirmó que conocía el emplazamiento de los yacimientos: sin saberlo, retomaba las elucubraciones de Francisco del Puerto y los sueños argentinos de los primeros conquistadores.

Se organizó una expedición, que volvió a Buenos Aires con las manos vacías. En cuanto a Buenaventura, se escapó a los bosques, llegó a una reducción en Uruguay, donde trató de hacerse pasar por un ferviente católico. Pero los misioneros se percataron de su superchería, pues quiso seducir a una mujer casada, y lo entregaron al colegio de los jesuitas de Buenos Aires. Un indígena denunció a los padres ante el gobernador, acusándolos de haberlo hecho trabajar como un esclavo en

---

[17] Carbonell de Masy, p. 356.

las minas. Tales rumores, que se añadían a muchos otros, minaban la credibilidad de la Compañía en la ciudad. Tras el mito del oro, el de las fuentes inagotables de plata ocultas en el territorio de las reducciones alimentó los sueños de los aventureros porteños y suscitó varias exploraciones.[18]

Facetas del cristianismo

Buenos Aires se hallaba bajo el patronazgo de San Martín de Tours, al que se asociaron San Sabino y San Bonifacio, a quienes se invocaba contra el flagelo de las hormigas. Estos santos fueron echados a suerte por Juan de Garay y sus hombres. Durante largo tiempo fueron objeto de un culto, organizado por el consejo municipal, cuyas magras finanzas descansaban sobre las tasas y el arriendo de terrenos. Si los comerciantes construían fortunas personales, el dominio público seguía careciendo de dinero. A fines del siglo XVII, los cargos municipales habían disminuido, en cantidad y en prestigio. Quienes los habían recibido en herencia debieron renunciar a ellos, sobre todo los *regidores,* pues no podían ya proveer a los gastos vinculados con sus funciones, en particular la organización de las fiestas barrocas, aunque bastante limitadas en la región. Seis lugares permanecían vacantes. El consejo solicitó a los notables de la ciudad; entre ellos, Diego de Vega, que sin duda fue el primer banquero de Buenos Aires, y su yerno, Juan Vergara, o incluso el navarrés Miguel de Riglos, que había amasado una bella fortuna. El cabildo, institución en principio democrática y electiva, pudo así beneficiarse con una suerte de prebenda patricia.[19]

Además de los comerciantes más ricos, otros grupos fueron llevados a participar en los fastos de la ciudad, como los propietarios de las tabernas. Hasta los indígenas quilmes tuvieron que pagar su tributo al consejo.[20] Al público le encantaba asistir a representaciones teatrales ofrecidas al aire libre sobre la Plaza Mayor y en las calles aledañas. El momento más esperado era, por cierto, Corpus Christi, con sus corte-

---

[18] Teschauer, p. 263; Egaña, p. 642.
[19] Konetzke, 1962, III, pp. 47-48.
[20] Torre Revello, 1943, pp. 4-5; Zavala, 1977, p. 601. Cuantiosas referencias a esta pobreza del cabildo se encuentran en Ensinck.

jos, sus gigantes y sus tarascas. Ese día, las diferentes "naciones" desfilaban y danzaban según su costumbre: indígenas, mestizos y mulatos vestidos con sus trajes tradicionales hacían música. Todas las corporaciones que componían la sociedad marchaban en procesión. También había fuegos de artificio, y las calles se cubrían de puestos donde se vendían golosinas y bebidas.

Desde la época del gobernador Hernandarias, los conventos casi no se habían enriquecido. El primer convento dominicano, San Pedro González Telmo, que muy pronto se convirtió en Altos de San Telmo, data de comienzos de siglo, pero no se sabe en qué fecha adquirió la estatua de Santiago Matamoros que aún hoy puede admirarse. Los franciscanos, los más numerosos, habían construido una pequeña capilla consagrada a San Roque, famoso por sus poderes terapéuticos; los indígenas de la ciudad iban a la parroquia de San Juan, cerca del centro.[21] Pero aún no existían los peregrinajes, a ejemplo del que los agustinos habían creado en Copacabana, al borde del lago Titicaca, o en Pacasmayo, sobre la costa del Pacífico. Nuestra Señora de Luján cumplió esa función en la segunda mitad del siglo XVII y se convirtió en la protectora de la gente perdida en la pampa y de los desamparados. Hoy, la Virgen comparte con las estrellas de fútbol el Panteón de los porteños; su imagen acompaña a todos los choferes de colectivos y de camiones, y a muchos automovilistas.

La historia de este culto se parece al de muchas Vírgenes de América, descubiertas por indígenas o personas muy humildes y cuya reputación supera ampliamente los límites de la región. Según la leyenda, una caravana de carretas que transportaba, entre otras cosas, estatuas religiosas, atravesó el río Luján por el vado del Árbol Solo, internándose luego por la ruta del oeste. Una noche, los hombres se detuvieron cerca de la propiedad de un tal don Rosendo de Oramás. Al día siguiente, los paisanos quisieron seguir el camino, pero los bueyes no lograron hacer avanzar la carreta donde se encontraba la Virgen, y comprendieron que ésta quería detenerse en ese lugar. Allí se quedó. La Virgen de terracota no tardó en ser famosa por sus milagros. La gente iba a adorarla a una cabaña cuidada por un negro, Manuel, que decía ser esclavo de la madre de Dios: él recibía a los peregrinos, les pedía que construyeran un templo para poner a cubierto la piadosa estatua, recorría las estancias

---

[21] Luqui Lagleyze, p. 253.

en busca de limosnas, al tiempo que ejercía sus dotes de curandero despertadas por la Virgen: frotaba a los enfermos con grasa de las lámparas del culto, les preparaba tisanas de cardo, de espino, añadiéndoles un poco del barro que había quedado pegado al manto de su señora.

En 1670, al morir Rosendo de Oramás, su heredero, el rector de la Catedral de Buenos Aires, reclamó los servicios del esclavo. Pero éste se dirigió a la ciudad para iniciar un proceso, porque sólo se consideraba esclavo de la Virgen. Una devota, doña Ana de Mattos, ofreció entonces al cura la suma de 100 pesos para que pudiera quedarse al servicio de la Virgen. Como la casa de Rosendo se hallaba prácticamente en ruinas, Ana de Mattos quiso transportar la estatua a su estancia, al borde del río Luján. En dos ocasiones, la Virgen volvió a su antigua capilla, donde vivía su fiel esclavo. Doña Ana terminó por llevarla a su casa en una procesión solemne, conducida por el gobernador de Buenos Aires, don José Martínez de Salazar.[22] Dos siglos más tarde, en 1887, comenzó a construirse una basílica neogótica en Luján para resguardar a la Virgen, que fue terminada en 1932; desde entonces, se suceden los peregrinajes.

En otoño del año 1694 se presentó en Buenos Aires un curioso personaje que enarbolaba una larga barba. Era un sacerdote griego originario de Samos, a quien una tormenta había desviado del Brasil; había recorrido la Europa occidental para escapar de los turcos, y le pareció oportuno poner el océano entre ellos y él. Tuvo que instalarse entre los dominicanos, donde permaneció enclaustrado durante mucho tiempo. Entre sus cosas, el pope conservaba papeles escritos en caracteres árabes que nadie supo descifrar. Un día, el nuncio de Madrid envió la orden de expulsar al griego, pero mientras tanto el obispo había simpatizado con él y decidió conservarlo en Buenos Aires, permitiéndole incluso ejercer su ministerio en una casa situada al lado de la Merced. Sin duda, ésta fue la primera señal de tolerancia religiosa en el Río de la Plata.[23]

Un lento despegue

Fue a fines del siglo XVII, precisamente en 1695, cuando Buenos Aires adquirió el rango de capital. Esta medida se imponía desde que los por-

---

[22] Lanuza, p. 23-25.
[23] Egaña, pp. 172-173.

tugueses, en 1680, habían fundado la ciudad de Colonia del Sacramento en la Banda Oriental, a algunos cables del puerto. Los contrabandistas podían atravesar fácilmente el río con su cargamento, y en poco tiempo Colonia se convirtió en la puerta de salida de los productos del Río de la Plata. Fue allí también donde llegaban las mercancías inglesas y los esclavos. España fue obligada a reaccionar a la amenaza que representaba Colonia para su comercio. Como réplica a la intrusión portuguesa, en 1726 fundó Montevideo, del otro lado del estuario. En adelante, esta nueva ciudad española compartiría una gran parte del destino de Buenos Aires.[24]

Las actividades comerciales repercutían sobre la fisonomía de la ciudad, aunque la modernización fuera muy lenta. Pueblo inacabado, hecho de construcciones mediocres y precarias, Buenos Aires era todavía una aldea polvorienta y sucia. Las instalaciones del puerto seguían siendo precarias. El Río de la Plata era apodado "el Infierno de los pilotos", a causa de su poca profundidad y de sus bancos de arena, siendo el más peligroso aquel donde había naufragado una nave británica. Para evitar los bajíos se adoptaban unas balsas formadas por dos canoas; fabricadas con troncos de árboles huecos y unidos por vigas ligeras, estaban recubiertas por una plancha de bambúes, y una pequeña cabaña de esteras permitía que los pasajeros se resguardaran.[25]

El puerto se animaba en el momento de la matanza de los rebaños. En ocasiones había que cargar más de cien mil cueros sobre las naves que zarpaban para España o destinos ilegales. Únicamente los extranjeros, como el padre Boucher, se sorprendían por la amplitud de la matanza. Dos o tres días después, de los restos abandonados no quedaban más que las osamentas, pues jaurías de perros vagaban por los suburbios de la ciudad y venían a participar en la carnicería.[26] Los porteños se alarmaban del día en que los perros, no pudiendo ya satisfacerse con los animales, se arrojaran sobre los hombres. La noche era atravesada de ladridos interminables que se respondían unos a otros. Para ponerle término, el gobierno organizó una batida. Pero los soldados, de regreso de la caza, fueron recibidos por los niños de los suburbios, que se burlaban de los "vencedores de los chuchos". Tocados en su amor

---

[24] Socolow, 1978, p. 12.
[25] *Cartas edificantes y curiosas...*, 1993, p. 62, p. 65.
[26] Ibíd., p. 176.

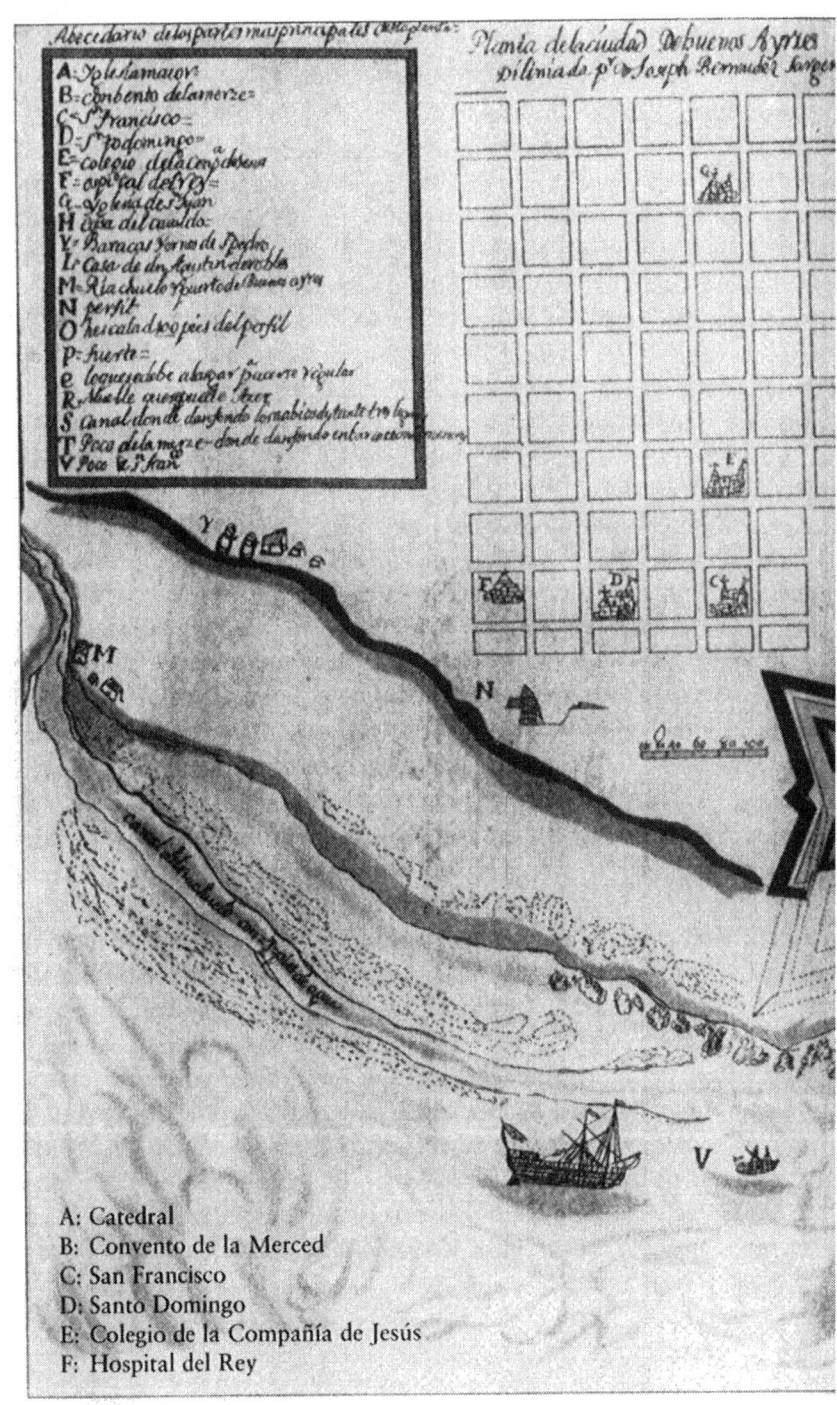

A: Catedral
B: Convento de la Merced
C: San Francisco
D: Santo Domingo
E: Colegio de la Compañía de Jesús
F: Hospital del Rey

Plano de la ciudad de Buenos Aires

(Bermúdez, 1708).

propio, ya no volvieron a la caza,[27] y los perros siguieron inquietando a la población y amenazando las caravanas durante décadas.

Buenos Aires no tenía iglesia, ni siquiera una catedral capaz de rivalizar con las de Lima, Cuzco o Potosí. Las iglesias eran edificadas con materiales precarios, y éstos se derrumbaban al cabo de cierto tiempo; la catedral había sido reconstruida cuatro veces; las goteras arruinaban los pisos y los murciélagos encontraban en ella un refugio, mancillando los muros con sus deyecciones. Pero Buenos Aires se había convertido en capital, y un jesuita, Giovanni Andrea Bianchi, culminó la obra de sus predecesores, Johan Krauss, Josef Schmidt y Gian Battista Primoli, dibujantes y arquitectos de la Compañía. Sus edificios, concebidos en un estilo neoclásico muy sobrio, fueron reformados en varias oportunidades con el correr de los siglos. Únicamente la iglesia del Pilar –revocada en tonos lila y gris–, construida en La Recoleta, un barrio alejado y peligroso, subsiste prácticamente sin añadidos, pero con colores luminosos más acordes con la sensibilidad actual. Edificio austero a imagen de las iglesias de las misiones jesuíticas, fue decorado por orfebres anónimos, probablemente indígenas originarios del Alto Perú, que representaron un sol inca sobre el altar de plata.

Sobre la Plaza Mayor, la catedral, en construcción desde fines del siglo XVII, fue terminada en 1730. La ciudad casi no la aprovechó: treinta años más tarde, una parte del edificio se derrumbó. Durante más de un siglo las obras fueron retomadas, abandonadas, olvidadas; sólo culminaron en 1911; desde entonces, la catedral no se modificó. Luego de terminar la construcción de la iglesia San Ignacio, en 1720, Giovanni Andrea Bianchi emprendió la renovación de la de San Francisco y la de Santo Domingo, al sur de la catedral. A algunos metros de la Plaza Mayor, la iglesia de la Merced, en el mismo estilo neoclásico y sobre el mismo eje que San Francisco y Santo Domingo, pero en el barrio norte, completaba el espacio reservado a las principales órdenes religiosas. Más alejada del centro, San Nicolás de Bari, concebida por el mismo arquitecto, se convirtió en el núcleo del barrio del "Talón verde", así llamado en virtud del estiércol de caballo que ensuciaba las botas y botines de los caminantes.

En virtud de la multiplicación de las iglesias, la vieja circunscripción parroquial de la catedral, que servía la ciudad y las villas de los alrede-

---

[27] Ibíd., p. 65.

dores –La Matanza, Areco, Luján– fue dividida en seis parroquias: San Nicolás, Socorro, Concepción, Montserrat, Piedad y Catedral.[28] Las órdenes religiosas y las actividades parroquiales crearon nuevos lazos de sociabilidad: así, poco a poco, las calles, conocidas hasta entonces por los vecinos que en ellas vivían, fueron llamadas con nombres escogidos en la lista de los santos. La población se había vuelto demasiado importante y las referencias de la tradición oral ya no podían permitir que uno se orientara en la ciudad.

Entre 1740 y 1770, la población de Buenos Aires había pasado de 10 mil habitantes, de los cuales una aplastante mayoría eran europeos, a un poco más de 20 mil.[29] Seguía siendo modesta en comparación con las grandes ciudades del imperio colonial, México, Lima, Cuzco y Santiago de Chile.

Fue en esta época cuando una nueva plaza, simple espacio vacío y cenagoso –*hueco*–, llamada Plaza Nueva, fue despejada hacia el oeste: allí se instaló un mercado que, con el tiempo, se convertiría en el Mercado del Plata, el más rico de todo el continente, para la felicidad de los inmigrantes y los refugiados de todas partes. Esos mercados, suntuosos, desaparecieron en la década de 1950, víctimas de una primera restructuración que prefiguraba el éxito de los supermercados de hoy. De momento, regularmente se instalaban las ferias. Fue también en esa plaza donde estacionaban las carretas, que llegaban de la costa norte del barrio de San Isidro cargadas de frutas.

A lo largo de la ribera, el gobierno proyectó el acondicionamiento de un paseo, la Alameda, que sólo culminó bajo el virreinato. La playa, bastante amplia, era una vía de circulación de las carretas que unía el puerto con la ciudad. Los ribereños arrojaban allí los desechos y las basuras, que la corriente terminaba por llevarse. Pese a la hediondez de las carroñas y el tufo del río, las lavanderas negras venían a lavar la ropa al borde del agua, donde en las primeras horas de la mañana se elevaban canciones de ritmos africanos, gritos, peleas y risas.[30]

Otras mejoras visibles aparecieron. Se pintaron con cal las paredes de las casas, pero los extranjeros que desembarcaban en Buenos Aires

---

[28] Taullard, pp. 52-53.
[29] En 1744, el censo daba 10.056 personas, de las que 8.068 eran españoles y criollos, 99 mestizos, 188 indígenas, 180 mulatos, 123 *pardos* –mezcla de mestizos y mulatos– y 327 negros. Concolorcorvo, p. 43, da las cifras del censo de 1770.
[30] Taullard, p. 47. Lafuente Machain, 1978, pp. 21-22.

deploraban la ausencia de vidrios en las ventanas, que de noche se cerraban con postigos de madera.[31] La ciudad conservaba un carácter rural. Los árboles frutales prosperaban en los huertos de las quintas. Las carretas se aventuraban a lo largo de las orillas del río Las Conchas para aprovisionarse de leña menuda sin temer los ataques de los indios, cosa que permitió abandonar poco a poco los fuegos de cardos, cuyo humo era tan desagradable.

El barrio residencial se extendía al norte de la Plaza Mayor, alrededor de los conventos de San Francisco y Santo Domingo. Los monjes poseían terrenos que llegaban hasta el río, entorpeciendo la circulación. Allí, al lado del palacio del gobernador, se extendían jardines y majadas de corderos, cuidados por esclavos; el barrio de Santo Domingo se prolongaba hacia el sur y estaba separado del puerto por un pequeño río, el Zanjón Granados, que se podía atravesar por un puente desde mediados de siglo.[32]

Cuando un nuevo gobernador llegaba a las orillas del Riachuelo, primero hacía un alto en la entrada del barrio. Allí, bajo una enramada, los miembros del consejo municipal, vestidos con su ropa de gala, le entregaban la llave de la ciudad. El cortejo remontaba luego la calle hasta la Plaza Mayor. Los porteños la llamaban calle Mayor, calle Real o calle del Puerto, pero oficialmente llevaba el nombre del patrono de Buenos Aires, San Martín. La iglesia de los dominicanos daba sobre una placita, apodada la Plaza Chica, centro de las grandes casas de exportación y de los depósitos de vinos de España. Los comerciantes más ricos, como Diego Vera, así como su yerno, el famoso Juan Vergara, habían fijado domicilio en el barrio. Allí se encontraban las viviendas de los burócratas españoles que habían desposado a hijas del país salidas de las familias más prestigiosas; como los Saavedra, descendientes de Hernandarias, o incluso Pedro Medrano, secretario del gobernador Cevallos, padre de una familia numerosa y dueño de una casa donde trabajaban veintiséis servidores mulatos y negros. La calle de Santo Domingo, perpendicular al río –hoy avenida Belgrano–, era una de las preferidas de las familias patricias: allí habitaba el muy afortunado don Domingo de Basavilbaso. Su vivienda de pesados pórticos de madera, y de ventanas cerradas por rejas de hierro forjado, adornadas de

---

[31] Paucke, I, p. 107.
[32] Lafuente Machain, 1978, pp. 9-18.

fiorituras, o "flores", fue la primera de Buenos Aires que poseía un pozo. Adquirida por la familia Azcuénaga, luego se convirtió en la sede de la aduana.[33] A fines del siglo XVIII, el cronista Concolorcorvo evocará la riqueza de algunos comerciantes y las tiendas de ropa, cuatro veces más numerosas que en Lima, sin embargo más floreciente; también las había en las calles alejadas del centro, signo del interés de los porteños por los negocios.[34]

Las alegrías de la ciudad

Pese a los conflictos seculares entre la Iglesia y los poderes civiles, la población permanecía muy apegada a las fiestas religiosas, que constituían la principal diversión. Las cofradías y las órdenes terceras reagrupaban a las familias, los grupos sociales, los clanes. Las mujeres acomodadas revestían el hábito de las religiosas y hacían las mismas devociones. Fuera de tales fiestas, que jalonaban el año, y las corridas de toros organizadas en la Plaza Mayor, las primeras décadas del siglo XVIII trajeron nuevas distracciones. La primera representación teatral en Buenos Aires, sin duda, se remonta a 1723. Es sabido que en 1747, en ocasión del acceso al trono de Fernando VI, frente al atrio del hospital, en el barrio de Santo Domingo, se dieron varias obras barrocas, *La vida es sueño* y *Las armas de la hermosura* de Calderón de la Barca, así como *Primero es la honra*, de Agustín Moreto y Cabaña. Los actores fueron escogidos entre los soldados de la guarnición del fuerte de San Baltasar de Austria. Las mujeres de España habían sido las primeras que subieron a escena, pero no se encontraban actrices. En 1756 se hicieron venir comediantas del Brasil. Ese mismo año, Francisco Vandemer se convirtió en maestro de música de la catedral.[35]

El arte barroco, triunfante en otros lugares, aquí era muy modesto. En ocasión de acontecimientos excepcionales, como el coronamiento de Carlos III, efímeras construcciones daban cierto brillo a la capital. Una pintura anónima salvó la imagen de un inmenso monumento de madera de treinta arcadas sobre dos pisos que representaba el edificio del consejo

---

[33] Ibíd., 28; Socolow, 1987, pp. 196-198.
[34] Concolorcorvo, pp. 39-53.
[35] Torre Revello, 1943, p. 200, pp. 211-217.

municipal, salvo algunos detalles. Sobre el arco central podían verse los retratos del rey y de la reina ante el balcón, y sobre la parte superior cuatro figuras alegóricas: España, América –simbolizada con un sol radiante–, el Amor y la Fidelidad; como sobre el altar de la iglesia del Pilar, el astro, emblema de los Incas del Perú, representa el Nuevo Mundo.[36]

El carnaval era la ocasión de fiestas públicas y privadas. Se lo celebraba a lo largo del camino que bordeaba la ribera, hasta San Isidro, donde se jugaba a las bochas y al balón. En 1746, el obispo de Buenos Aires, José de Peralta Barnuevo y Rocha, un dominicano, prohibió los bailes de disfraces, pero el edicto quedó en letra muerta. Una considerable multitud de hombres y mujeres seguían tomando parte en los regocijos, "danzas infames, distracción de gente del pueblo", *fandangos,* según el decir de los cronistas. Varios autores contemporáneos verán en esto los lejanos orígenes del tango.[37] Según la política liberal de Carlos III, el gobernador Juan José de Vértiz y Salcedo autorizó los bailes de disfraces en el teatro de la Ranchería, pero los abusos provocaron su prohibición.

Las tabernas, o *pulperías,* como se las llamaba en el Río de la Plata, eran establecimientos donde se vendían todo tipo de bebidas, y sobre todo vino y aguardiente. Francisco Fernández había abierto la primera en 1612, y desde entonces se habían multiplicado. Como se encontraban en el ángulo de las calles, se tomó la costumbre de llamarlas *esquinas*. Muchos encargados eran extranjeros, en particular genoveses, presentes sobre las orillas del Río de la Plata desde los comienzos de la colonización; los franceses también eran cuantiosos, seguidos por los portugueses. Uno podía quedarse horas en las pulperías, tomando vino, jugando a los dados y a las cartas –el juego más apreciado era el *truco,* un juego de astucias que implicaba el entendimiento entre los participantes, mentiras y rimas variadas para anunciar las figuras–, y siembre había un guitarrista. Para evitar los sablazos o machetazos de los borrachos, los encargados se resguardaban tras unas rejas o un mostrador de más de un metro de ancho. La clientela era conocida y había libretas de crédito. Se remediaba la escasez del cambio chico por el trueque. El cabildo fabricaba fichas, discos de plomo con la marca

---

[36] Furlong, I, pp. 415-416.
[37] Torre Revello, 1943, pp. 198-199. Pero en México, en 1775, se organizan en Ixtacalco "cantidad de fandangos con todo tipo de gente", Gruzinski, 1996, p. 319.

de la ciudad, y esas monedas podían ser intercambiadas por plata en las cajas municipales.³⁸

En el transcurso del siglo XVIII, esas pulperías, donde la gente blasfemaba y se batía a duelo, con el cuchillo que servía para degollar los animales, fueron considerados como lugares de perdición para los mestizos y mulatos que a duras penas vivían de la caza de vacas. Se prohibió la venta de bebidas alcohólicas a los mestizos, pero la prohibición quedó en agua de borrajas. Se denunció a los pulperos que reducían objetos robados por los esclavos. En 1739, un misionero jesuita que había desembarcado poco tiempo antes, el padre Cat, se enteró por uno de sus conocidos que éste había vendido un barril de aguardiente a un indio por ocho caballos de buen aspecto. En una noche de julio, en 1750, un zapatero portugués, Ángelo Acosta, acechó tras una carreta la partida del pulpero Joseph del Castillo, con quien se había peleado, y lo mató de un escopetazo; finalmente encontró refugio con los jesuitas. A pesar de los ataques del gobierno, la cantidad de pulperías no dejaba de aumentar; en 1748 se contaban más de doscientas en la ciudad.³⁹

Otros marginales eran atraídos por la ciudad de los confines que seguía siendo Buenos Aires. En 1774, bajo el gobernador Vértiz, se vio por primera vez en las calles a buhoneros gitanos. Los ribereños elevaron una queja al cabildo, por intermedio del procurador del Pozo. Éste, en nombre de los ciudadanos, recordó que los "egipcios" no estaban autorizados a instalarse en América y pidió a las autoridades que los encerraran en la ciudadela de Montevideo, en espera de la siguiente nave para España. El gobernador no sentía urgencia por seguir tales pareceres, ya que dos herreros gitanos trabajaban para él en el fuerte. Pero la presión popular fue tal –se acusó a los herreros de fabricar ganzúas para desvalijar las residencias– que tuvo que ceder.⁴⁰

Tráfico de esclavos en el Río de la Plata

Fuera de la ciudad, hacia el norte, sobre la costa, el gobernador Agustín de Robles había adquirido una propiedad, bautizada el Retiro, donde

---

³⁸ Bossio, pp. 175-176.
³⁹ Ibíd., pp. 124-129, pp. 194-196; *Cartas edificantes y curiosas...*, 1993, p. 64.
⁴⁰ Torre Revello, 1943, p. 297.

había construido una casa de treinta habitaciones, siguiendo así la tendencia que comenzaba a desarrollarse entre los criollos de dejar la ciudad, sus olores y su suciedad para instalarse en una vivienda más campestre. El sitio era apacible y su nombre le venía de una ermita puesta bajo el patronazgo de San Sebastián; también la llamaban Cruz Grande. Poco tiempo después, esa quinta, rodeada de tunas y arbustos, fue adquirida por la Compañía francesa de Guinea, que, a comienzos del siglo XVIII, había conseguido de la Corona española la concesión de importar y vender negros en las colonias americanas. Para luchar contra el contrabando negrero de la Banda Oriental, los esclavos eran marcados con un hierro sobre la mejilla o los brazos.

A comienzos de siglo, el *Opiniâtre* desembarcaba los esclavos negros a media legua de la ciudad, sobre las tierras del "Señor Obispo". Pero la instalación carecía de agua. El Retiro era más conveniente. Además de su edificio, que podía alojar a varios centenares de esclavos, incluía extensos terrenos, donde se criaban caballos y cerca de un millar de chanchos. Considerando sin duda que el precio era demasiado elevado, la Compañía decidió construir un edificio al sur de la catedral, a la altura del Parque Lezama, sobre la actual avenida Brasil.[41]

Los acontecimientos políticos europeos tuvieron repercusiones sobre la población africana del Río de la Plata. Como consecuencia del tratado de Utrecht, la concesión francesa fue transferida a los ingleses, que en 1713 instalaron la South Sea Company.[42] El Retiro fue comprado por los ingleses, que también abrieron establecimientos cerca del Riachuelo. Lo que comúnmente se llama el Asiento de los Ingleses tuvo muchos altibajos, en virtud de problemas financieros y de contrabando al capricho de los conflictos y los reglamentos de paz entre España e Inglaterra. Entre octubre de 1715 y enero de 1731, más de 8 mil esclavos fueron introducidos legalmente en el Río de la Plata. Buenos Aires se convertía en una plaza importante en el tráfico negrero, y se beneficiaba además con el aporte de una mano de obra servil considerable. Tras el fin de la concesión, el Retiro fue arrendado como depósito para esclavos introducidos en Buenos Aires por empresas particulares. Pero a mediados del siglo XVIII, los locales se habían degradado y las casas del Asiento se hallaban en un estado lamentable, con puertas rotas, aguje-

---

[41] Studer, pp. 118-128.
[42] Taullard, pp. 47-51.

readas por las ratas, vestigios irrisorios de la antigua residencia del gobernador Agustín de Robles.[43]

En forma paralela al tráfico negrero, las naves inglesas transportaban, entre mercancías diversas, productos exóticos. Una pareja de guanacos, esos camélidos de la Patagonia más grandes que las llamas, fue así embarcado para ser exhibido en Londres, en 1725. Dichos animales, en sí mismos curiosos, presentaban una extraña particularidad, la de fabricar bezoares que pesaban más de 2 libras, y que, al parecer, tenían virtudes médicas. El responsable del envío fue probablemente el doctor John Mylam, médico de la Compañía y apasionado por la botánica. Éste ocupaba su ocio constituyendo un herbario de la flora de la región, y envió semillas a Inglaterra, que fueron replantadas en el jardín de Eltham; gracias a este naturalista, algunas especies *bonariensis* figuran en la obra de Linneo.[44]

En el siglo XVIII, la esclavitud en el Río de la Plata estaba en pleno desarrollo. Pero aquí no había ninguna plantación, donde tantos africanos consumían sus vidas, y los esclavos empleados en la cría y la caza de las vacas gozaban de cierta libertad de acción. En las estancias encontraban amigos y compadres, y empezaban a formar una sociedad al margen de las instituciones. Otros se destinaban al servicio doméstico, sobre todo las mujeres.

Los amos podían alquilar a sus esclavos como jornaleros y tenían la obligación de alimentarlos, vestirlos y tratarlos con humanidad. En caso contrario, podían pedir que los volvieran a comprar o incluso, si habían amasado un peculio, libertarse ellos mismos. El matrimonio de esclavos era alentado, ya que el propietario de una negra conservaba su descendencia. Cuando la pareja pertenecía a diferentes amos, el marido era autorizado a pasar tres noches por semana con su mujer. Varias declaraciones de los esclavos revelan reacciones pasionales. Como esa María Antonia que, tras su casamiento con otro esclavo, padeció las afrentas de su amo, quien comienza "a tomarle ojeriza a su esposo" y termina por venderlo fuera de Buenos Aires.[45]

El padre Ignacio Chomé, que había desembarcado en la primavera de 1730, en espera de llegar a las misiones del Paraguay, se ocupó de

---

[43] Studer, pp. 228-233.
[44] Craviotto, 85-97; Lozano, 1941, pp. 50-51.
[45] AGN, Gobierno, IX-13-1-5, 1771.

la instrucción de los negros: "Había en Buenos Aires –escribe– más de veinte mil negros o negras que carecían de instrucción, por no saber la lengua española. Como la mayor cantidad era de Angola, del Congo y de Loango, se me ocurrió aprender la lengua de Angola, que se halla en uso en esos tres reinos".[46] Las cartas de Gervasoni dejan constancia de los bienes de los colegios de la Compañía a fines de la década de 1720: entre otros, trescientos esclavos negros. Los albañiles negros eran famosos por su habilidad.[47]

Los esclavos tenían sus capillas, su cofradía –establecida por los dominicanos– y sus patronos: San Benito y la Virgen. El día consagrado a su culto elegían dos reyes, uno de los cuales representaba al monarca de España, el otro al de Portugal, con sus respectivas reinas. Ambos grupos desfilaban en procesión con sus banderas e instrumentos. Se cantaba, se bailaba y se hacía el simulacro de combates entre cada partido. Era una versión porteña del enfrentamiento ritual entre moros y cristianos.[48] Al lado de los africanos había muchos mestizos. En los hechos, la gente del pueblo "estaba del lado del Inca, o bien del dios de los negros: 'O es del ynga o es del mandinga'".[49]

Esbozo de una frontera

Desde décadas atrás, los pampas, servidos por los caballos que habían aprendido a montar, habían hecho alianza con las confederaciones insumisas del Oeste, en particular los araucanos. Su lenguaje y costumbres se transformaban. Cazaban caballos y los intercambiaban a sus amigos de Chile por mantas y ponchos. También les traían espadas, hojas de hierro y otras armas que conseguían en Buenos Aires. Los porteños temían que se volvieran contra ellos y los tomaran entre dos fuegos. Para poner fin a los hostigamientos y proteger a Buenos Aires con un cordón de pueblos dirigidos por misioneros, el gobierno trató de cortar su nomadismo y asentar algunas familias. Primero pensó en establecerlos sobre la orilla norte, en una reducción de dominicanos don-

---

[46] *Cartas edificantes y curiosas...*, 1993, pp. 84-85.
[47] Lanuza, p. 29.
[48] Bougainville, pp. 32-33.
[49] Dobrizhoffer, II, p. 408.

de se encontraban algunos charrúas, luego se decidió a instalarlos sobre las orillas del río Las Conchas, cerca de un fortín construido por los guaraníes.[50] Allí los indios llevaron una existencia oscura. Un siglo más tarde, cuando visita la región el cronista Félix de Azara, comprobará que habrán perdido todas sus costumbres, convirtiéndose en campesinos mestizos.

En principio, las reducciones debían servir de contención entre la ciudad y sus alrededores y la barbarie india, más allá del río Salado. A una centena de kilómetros al sur de Buenos Aires, los franciscanos, luego los dominicanos, intentaron vanamente reunir a algunas familias indias en el pago de la Magdalena. Trabajo inútil. En 1734, los pampas atravesaron el río e invadieron las tierras de los españoles, saqueando las casas y robando el ganado. Se requirió una campaña militar de cerca de cinco años para lograr que se asentaran. Entonces, los jesuitas organizaron dos reducciones pampas en el sur: Nuestra Señora de la Concepción y Nuestra Señora del Pilar. Pero el ataque a una caravana muy cerca de Buenos Aires puso fin a sus ambiciones. La población se llenó de pánico y acusó a los jesuitas de proteger a los bárbaros: algunos escaparon por poco a su ira.

En esa época, Buenos Aires no es una "ciudad india", pero regularmente puede verse –sobre todo alrededor del convento de los jesuitas– a familias indígenas, como esos "bárbaros patagones" que habían venido a buscar ayuda y asilo entre los padres, que finalmente no los encontraron tan gigantescos como su fama lo hizo creer.[51] Los pampas, descendientes de los querandíes de la conquista, tienen mala reputación, y de tanto en tanto algunos rumores anuncian su llegada. De inmediato salen hombres en armas para rechazarlos pero vuelven sin haberlos encontrado. Algunos años más tarde, Bougainville, de paso por Buenos Aires en ruta hacia las Malvinas, observa: "Es un mal sin remedio. ¿Cómo domar a una nación errante en un país inmenso e inculto, donde hasta sería difícil encontrarla?" Ya se puede ver la obsesión de la "conquista del desierto".[52]

---

[50] Zorraquín Becú, p. 74; Zavala, 1977, p. 561; "Carta del cura de españoles de la Catedral de Buenos Aires Gregorio Suárez Cordero..." [1673], en *Documentos históricos y geográficos*, I, pp. 286-289; "Copia del padrón...", [1677], ibíd., pp. 304-305.
[51] Dobrizhoffer, II, p. 22.
[52] Ibíd., 400; Bougainville, pp. 35-36.

La expulsión de los jesuitas

El desarrollo de las reducciones guaraníes atrajo al Río de la Plata a misioneros jesuitas, que evangelizaron a los nómades de la región del Litoral, el Chaco, Santa Fe, Corrientes y Entre Ríos. Los sacerdotes desembarcaban en Buenos Aires, donde se quedaban algunas semanas para aclimatarse. Varias vocaciones religiosas se habían despertado de ese modo, como la del protestante Thomas Falkner, discípulo de Isaac Newton, que entró en la Compañía en 1732, participó en la organización de las reducciones entre los pampas y fue profesor en Córdoba, ciudad cuyo brillo intelectual superaba entonces de lejos las débiles luces de Buenos Aires. No obstante, algunos religiosos se quedaban en el puerto y enseñaban humanidades en los colegios de San Carlos y San Telmo.[53] Jesuitas ilustres, que redactaron gramáticas indígenas y crónicas etnográficas, pasaban por Buenos Aires, como Pedro Lozano, José Sánchez Labrador o Ignacio Chomé. Misioneros alemanes se instalaron entre los nómades de Santa Fe, de Corrientes y del Chaco, como Martín Dobrizhoffer y Florian Paucke, que dejaron una documentación etnográfica e iconográfica preciosa. Para todos, el gobernador Cevallos era un verdadero bienhechor.

De hecho, la prosperidad de los jesuitas y su autonomía provocaban celos. Luego de un tratado entre Portugal y España firmado en 1750, la línea de Tordesillas fue corrida hacia el oeste. La Compañía debió entonces abandonar las reducciones de la Banda Oriental y replegarse del otro lado del río Uruguay, sobre el territorio de la actual Argentina. En cuanto a los indios, tuvieron la opción de seguir a los misioneros y abandonar sus tierras o bien caer entre las manos de los portugueses. Por la voz de uno de ellos, hicieron saber al gobernador de Buenos Aires que "perecerían con los padres". Así comenzó la guerra guaraní, de la que los españoles saldrán vencedores en 1756, haciendo correr el rumor de que eran los mismos jesuitas los que habían vendido las tierras a Portugal. 10 mil indios fueron desplazados en el campo, donde, soñando con sus siete pueblos destruidos, sobrevivieron mal que bien.[54]

Diez años más tarde, tras el advenimiento de Francisco de Paula Bucareli, la suerte abandona a la Compañía. El nuevo gobernador detes-

---

[53] *Cartas edificantes y curiosas...*, 1993, p. 155; Furlong, I, pp. 238-239; II, p. 167.
[54] Egaña, pp. 700-705.

ta a los jesuitas y se dedica a poner en marcha el decreto de expulsión, en todo el Río de la Plata. Los misioneros establecidos en las reducciones del Chaco y del litoral son intimados a partir, siéndoles notificada esta orden por los soldados. En la desesperación más profunda –por lo menos es lo que se transparenta en los relatos– se dirigen bajo escolta hasta Buenos Aires. El misionero Florian Paucke dejó el relato de su llegada a la ciudad. Una muchedumbre compacta está reunida para asistir a su entrada, "como si fueran a ejecutar a maleantes".[55] La violencia de la campaña llevada a cabo por el gobernador hace pensar en las diatribas de Voltaire contra las misiones. ¿Realmente fue él quien inspiró al filósofo para convertirlo en el amante de la bella Cunegunda? Las fechas no corresponden totalmente, ya que ésta desembarca en Buenos Aires, con su amigo Cándido, probablemente en la época de las guerras guaraníes del Uruguay.

Bougainville, que había venido por orden de Luis XV a entregar las Malvinas francesas al gobernador español, asiste a los últimos meses del reino de la Compañía de Jesús. Algunos caciques indios, que habían partido de sus pueblos antes de la aplicación del decreto de expulsión, llegan a Buenos Aires y son conducidos a la sede del gobierno. "Entraron a caballo en número de ciento veinte y se formaron en media luna sobre dos líneas." Bucareli les desea la bienvenida y les informa que viene a "sacarlos de la esclavitud y ponerlos en posesión de sus bienes". Con el rostro impenetrable, los jefes indios escuchan sus palabras. Luego son conducidos a una morada que poseen los padres, donde se quedan cierto tiempo. Sus talentos musicales decepcionan al francés, que comenta, con "el tono de la cosa" que le reprocha Diderot, "esa estúpida tonada de animales agarrados en la trampa". Para el marino fascinado por las islas del Pacífico, no todos los salvajes son "buenos".[56]

Los bienes que la Compañía posee en Buenos Aires también son confiscados: los esclavos, las casas y la farmacia del colegio –en la esquina de las calles Perú y Alsina–, la más importante de la ciudad, cuyo valor es tasado en más de 800 pesos, el equivalente del costo de un

---

[55] Paucke, III, 1, pp. 96-97.
[56] Bougainville, pp. 69-70. Diderot, en el *Supplément au voyage de Bougainville*, dice que "su estilo carece de afectación; el tono de la cosa, de la simplicidad y la claridad, sobre todo cuando se posee la lengua de los marinos" (Gallimard, col. "Bibliothèque de la Pléiade", 1994). La Compañía de San Maló para la colonización de las Malvinas fue fundada en 1763.

terreno de diez cuadras. Constreñidos a un régimen severo, los jesuitas son encerrados en el colegio hasta su partida. Las autoridades también actúan con rigor contra los amigos de los misioneros: varios son deportados a Montevideo o a las Malvinas. En Santa Fe, los indios mocovitas abandonan las misiones y vuelven a la selva. A una legua de Buenos Aires, en la reducción Magdalena, los pampas matan a los españoles adultos y se llevan a los niños, pero son atrapados más lejos por los soldados, cuando se creían en lugar seguro, y diezmados. Más de un millar de vecinos de Buenos Aires son enviados a someter la rebelión.

Los jesuitas embarcan para Europa sin conocer el resultado de la operación. Mientras tanto, una nave que transporta nuevos misioneros llega a Montevideo tras una travesía de diez meses. Los sacerdotes, enfermos de escorbuto, ignoran la orden de expulsión. Puede imaginarse su sorpresa cuando desembarcan en la Banda Oriental. La mayoría son llevados por la fuerza a Buenos Aires, donde la población no tiene derecho a hablarles so pena de muerte; mueren por la enfermedad y son enterrados sin ceremonia, por orden de Bucareli. Finalmente, el 1º de abril de 1767, Florian Paucke y sus compañeros pueden acomodarse en una fragata, a la hora de la siesta. Dejan la ciudad bajo una tempestad, enfermos por el cabeceo de la nave, amontonados en la bodega, donde la pesadez del aire y el calor prolongan sus sufrimientos. Así culmina el proyecto de evangelizar "Paracuaria", la región misionera que engloba el valle del río Uruguay, el Chaco y las llanuras australes.[57]

Tras la expulsión de los jesuitas, una ola de misticismo se adueña de los porteños, galvanizados por Antonia de La Paz y Figueroa, que retoma los ejercicios espirituales de la Compañía. Ella moviliza a vecinos piadosos y en poco tiempo convence a más de seis mil personas a seguir su ejemplo. Esta piadosa mujer se dirige luego al interior del país para llevar a buen término su misión.

Algunos años más tarde, bajo el virreinato, un escrito atribuido a Juan Josafat Ben Ezra –pero redactado por un ex jesuita de Chile, Manuel Lacunza–, es difundido en Buenos Aires. Anuncia el retorno inminente de Jesús, denuncia a los numerosos anticristos en la persona de los impíos y proclama que el reino de Dios se encuentra no en el cielo sino sobre la tierra. En los primeros años del siglo XIX el libro es puesto en el *Índex*, pero la Inquisición española agoniza y la violencia de

---

[57] Paucke, III, 1, pp. 107-117; Furlong, II, pp. 325-326.

los acontecimientos políticos que sacuden el continente americano hace olvidar las profecías.[58]

Francisco de Paula Bucareli llevó adelante otras campañas que compensaron las repercusiones que había tenido sobre la población la expulsión de los jesuitas. Tras haber vuelto a comprar a Francia la Malvina de Bougainville, echó a los ingleses de las Falklands en 1771. Su triunfo fue de corta duración, pues debió restituirlas "por orden del rey de España, para evitar que por una pequeña chispa estallara una gran guerra".[59] Este temor sólo se concretará dos siglos más tarde. Pero la ruptura con los ingleses estaba consumada.[60]

---

[58] Ibíd., I, p. 96; Donoso, pp. 31-35.
[59] Dobrizhoffer, I, pp. 255-256.
[60] Solano, 1991, pp. 116-117.

3. LUCES DE UNA GRAN ALDEA
(1777-1804)

> Las costumbres de Buenos Aires, de una manera general, son buenas y racionales [...]. Nadie ignora que el aire de la corte tiene mucha afición por las cualidades perversas.
>
> JUAN FRANCISCO AGUIRRE, marino español.

Queriendo insuflar una nueva energía al imperio colonial, la monarquía de los Borbones reorganizó sus reinos de América. La Nueva Granada y su capital, Bogotá, fueron los primeros en despegarse del Perú como virreinato a comienzos del siglo XVIII: los contornos de la futura Colombia ya habían empezado a dibujarse. El Río de la Plata se liberó de la tutela de Lima en 1778. Buenos Aires se convirtió entonces en la capital de un virreinato que reagrupaba las provincias de Cuyo y de Tucumán, el Paraguay y el Alto Perú con Charcas, Santa Cruz de la Sierra y las minas de Potosí. El honor de ocupar el cargo de representante del rey recae en el gobernador Pedro Cevallos, que había vuelto victorioso de una campaña militar que permitió incorporar a Colonia del Sacramento a la Corona española.

España no se contenta con redefinir las fronteras. Su objetivo es también instalar, en cada una de tales divisiones políticas, instituciones administrativas mejor adaptadas, para alejar del poder a las elites locales, cuya corrupción ha dejado de ser un secreto. Un año después del establecimiento del Virreinato del Río de la Plata, el tratado de Libre Comercio *(auto de Libre Internación)* autoriza a Buenos Aires a comerciar con Perú y Chile. En adelante, la capital controla la exportación de la plata de Potosí, así como los circuitos de la yerba mate. El rígido sistema de las embarcaciones fletadas gracias a autorizaciones especiales y poco numerosas ya es caduco. Ahora, cualquier nave puede hacerse a la mar sin esperar la autorización de la metrópolis. El contrabando con el Brasil, por mar o por tierra, no cesa por ello, pues España conserva el monopolio del comercio con sus colonias y sólo otorga a los extranjeros algunas concesiones, sobre todo a naves negreras. Buenos Aires va camino de convertirse en el principal puerto mercante de la América del Sur, mientras que Lima, alejada de la ruta atlántica, declina. El arnés comercial impuesto por España se afloja lentamente.[1]

Administradores y negociantes

Pronto, funcionarios ilustrados llegan de la península, eliminando a los criollos que heredaron las prebendas y los cargos desde los primeros tiempos de la gobernación.[2] Por supuesto, los más prestigiosos son los virreyes. La Corona va a escogerlos sobre todo por sus capacidades militares, y les designará un intendente adjunto, para temperar sus ambiciones políticas. De hecho, las dos funciones se superponen, cosa que no dejará de acarrear fricciones. El Río de la Plata sólo conoce tres intendentes, y el cargo quedará vacante de 1786 a 1804.

Alrededor de estos dos representantes de la Corona gravitan los funcionarios, que sesionan en las *juntas* (comisiones), encargadas de modernizar las instituciones existentes. Como las personas competentes son pocas, es frecuente que se encuentren las mismas en varias asambleas.[3] Poco a poco, una multitud de empleados ligados al ejercicio del derecho se instala en Buenos Aires. La Corte Suprema del Río de la Plata –*Audiencia*–, que sólo había existido algunos años a mediados del siglo XVII, es restablecida. Los procesos ya no se desarrollan en Charcas, en el Alto Perú, sino en Buenos Aires.

Pese al veto de la Corona, se producen alianzas matrimoniales entre funcionarios metropolitanos e hijas de comerciantes criollos. El aislamiento de Buenos Aires respecto de la península, en efecto, favoreció el desarrollo de elites locales que no tienen lazos con la nobleza, contrariamente a lo que había ocurrido en Lima y México. Más que en otra parte, el dinero es el principal motor de ascenso social. La mayoría de

---

[1] Socolow, 1978, pp. 4-11.
[2] Ibíd., pp. 1-6; Romero, I.L. y L.A., 1983a, p. 32.
[3] Socolow, 1987, pp. 7-40.

las mujeres de los negociantes españoles nacieron en Buenos Aires, lo cual permite a los metropolitanos consolidar su posición en la sociedad porteña.[4] Uno de ellos, Cecilio Sánchez de Velazco, ilustra la potencia de esta clase. Llegado de España en 1771, se casó con una rica heredera, viuda de uno de los comerciantes más acaudalados de la ciudad, y administró a partir de entonces una fortuna no desdeñable. Poseía una casona señorial cerca de la Plaza Mayor, una propiedad en San Isidro, así como una residencia de verano en lo que aún era la campiña, en la Recoleta. Su posición le significó ser nombrado *alcalde de primer voto* en el consejo municipal —el cargo más prestigioso— y luego alcalde de barrio, segundo cónsul y administrador del hospicio de los Niños Expósitos. Sánchez de Velazco daba recepciones en los salones de su casa principal, situada en la actual Florida, donde se reunía la *intelligentsia* porteña. Su hija, Mariquita, debía representar un papel social e intelectual eminente.

Con el desarrollo del comercio, una nueva ola de españoles, dispuestos a enriquecerse, desembarca en las costas del Río de la Plata: catalanes, poco presentes hasta entonces en el Nuevo Mundo, y sobre todo vascos y gallegos. En adelante, Buenos Aires es el centro de tres circuitos comerciales que absorben el tránsito del sur del continente. Al norte y al oeste de la capital se encuentran las dos regiones más grandes de estancias: el litoral —Entre Ríos— y la Banda Oriental, con Montevideo. Desde mediados del siglo XVIII los charrúas de Entre Ríos, entre el Paraná y el río Uruguay, fueron vencidos, y los contrabandistas de la orilla oriental no tienen que temer ya las razzias. En el interior, y pese a la presión de las tropas indias, la cría se desarrolla lentamente, sobre todo en los pagos menos expuestos del norte.[5]

En el corazón del comercio está la exportación de cueros, que se intercambian por metálico o textiles, europeos o locales; también se exportan cuchillos, ponchos u otra ropa, yerba y tabaco. La red fluvial del Paraná facilita el transporte, pero las embarcaciones son inseguras: la más común, la *pelota,* está hecha de una piel de vaca anudada en las extremidades para formar una suerte de bolsa; un hombre y algunas mercancías, así como un animal, pueden mantenerse en un equilibrio precario. Esta barca singular, propulsada a remos, está en uso sobre

---

[4] Socolow, 1978, pp. 25-37.
[5] Mayo, pp. 767-769.

todo en el Paraná y sus afluentes. El jesuita Martín Dobrizhoffer conoció a un español buscador de oro que hacía la travesía de Buenos Aires a Colonia en un "cuero flotante", para transmitir noticias referentes al movimiento de las tropas españolas al gobernador portugués.[6]

Una segunda ruta comercial remonta hacia el norte y une las ciudades de Santa Fe, Corrientes y Asunción, a lo largo del Paraná. Asunción, principal exportadora de yerba, importa textiles europeos y locales, esclavos y especias. Grandes dominios se constituyeron en toda la región, y en adelante Corrientes y Santa Fe producen más cueros que Buenos Aires. La tercera ruta, la de la plata, va de Buenos Aires a Potosí, y atraviesa las provincias de Córdoba, Santiago del Estero, Tucumán, Salta, Jujuy. Al sur de Córdoba, un ramal bifurca hacia la cordillera y llega a San Luis, Mendoza y, más allá, Santiago de Chile; la otra vía conduce a San Juan, La Rioja y Catamarca. Gracias a tales redes, las mercancías porteñas pueden ejercer su hegemonía en toda la economía del virreinato, máxime cuando manejan el consejo municipal.

Para alojar a esta numerosa burocracia se requieren locales. Sin embargo, las construcciones de Buenos Aires distan mucho de ser lujosas o siquiera confortables. El fuerte, donde ahora residen los virreyes, se halla en mal estado, y deben emprender enormes trabajos de reacondicionamiento. Los diversos ministerios y oficinas están reunidos alrededor de la plaza, lugar simbólico del poder de los virreyes. El tratado de *Libre Internación* mencionaba la creación de una aduana, institución capital por ser la primera fuente de los ingresos fiscales de la ciudad. En un primer tiempo, las oficinas se instalan en los locales de la Ranchería, una construcción con techo de paja, ocupada antaño por los jesuitas y que, nominalmente, pertenecía a los indios guaraníes. En 1783 la aduana se muda a la antigua casa de Basavilbaso, que había sido la sede del tráfico negrero.[7]

Los comerciantes viven principalmente alrededor de la plaza y en el barrio de Santo Domingo. Sus moradas albergan por lo menos a una docena de personas, y con mucha frecuencia el doble: niños, padres, sobrinos, huérfanos, clérigos, *agregados,* esclavos, sirvientes, en algunas de ellas vivían hasta cuarenta ocupantes. Los artesanos viven en los

---

[6] Dobrizhoffer, II, p. 123.
[7] Socolow, 1987, pp. 44-48.

barrios periféricos donde las pequeñas fábricas alternan con las quintas. Oficialmente, las calles siguen llevando nombres de santos, aunque el uso persista en designarlas según una característica, o por referencia a las personalidades que allí tienen una vivienda: se prefiere calle Nueva a Santo Cristo, calle de don Pablo Thompson a San Pedro (Chacabuco), calle de las Catalinas más que Santa Catalina.[8]

Luminarias y empedrados

Antes de ser virrey, Juan José de Vértiz y Salcedo ejerció la función de gobernador. Nacido en Mérida, en el Yucatán, donde su padre era gobernador, había sido nutrido con las ideas de las Luces. Es enviado a Buenos Aires y descubre con consternación una ciudad mediocre de 24 mil habitantes, de los cuales más de la mitad son españoles y criollos.[9] Todo le parece intolerable: la fealdad de las construcciones, la suciedad de las calles, las dificultades de la circulación provocadas por los carriles encenagados y los pantanos, y sobre todo los peligros que todos esos inconvenientes representan para la salud pública. Las carroñas de las vacas abandonadas sobre la calzada atraen a un verdadero ejército de roedores. Algún tiempo antes, el jesuita Dobrizhoffer también se sintió estupefacto de ver hordas de ratas saliendo todos los días de viejos edificios; más grandes que las ardillas alemanas, se desplazaban en columnas de más de cincuenta animales.[10]

El primer gesto de urbanista del virrey Vértiz es prohibir la circulación de las grandes carretas sobre los ejes de la ciudad pero no a lo largo de la playa. Les asigna límites exactos: la Plaza Monserrat y la Plaza Nueva, al oeste; al sur, el arroyo que separa la ciudad de la ruta del puerto. El intendente Francisco de Paula y Sanz lleva a cabo una política similar: prohíbe arrojar basura, papeles y trapos sobre la vía pública, obliga a los esclavos, o a los hombres libres, a depositar los detritus sobre las orillas, en emplazamientos previstos; en adelante se prohíbe librarse de las carroñas. Ningún encargado de pulpería tiene derecho a cortar leña menuda

---

[8] Socolow., 1978, pp. 71-75; Taullard, pp. 58-59.
[9] Dobrizhoffer, II, p. 354.
[10] Taullard, p. 55; Lanuza, p. 28, da cifras que concuerdan poco más o menos con las de Concolorcorvo, salvo en la evaluación de los negros, 7.269 para Lanuza contra 4.163 para Concolorcorvo. AGN, IX-8-10-5, Bando del 23 de diciembre de 1783.

delante de su establecimiento, y esto "para no estropear el suelo ni incomodar a los caminantes". Del mismo modo, el intendente exhorta a los artesanos a entrar sus mesas, bancos, instrumentos o muebles diversos para no entorpecer la circulación. En suma, los porteños no son ya libres de ocupar los espacios públicos a su antojo.[11]

Se comienza a nivelar y empedrar las calles y a construir veredas, hasta entonces inexistentes, a rellenar los agujeros y los terrenos baldíos; también se decide quitar los setos de tunas en la proximidad de la Plaza Mayor, que daban a la ciudad un aspecto rústico, y de liberar los pasajes, arbitrariamente cerrados por los propietarios. La piedra, material que faltó durante tanto tiempo, ahora es extraída de las canteras de Colonia, y mejora la calidad de las construcciones. A pesar de tales cambios, la campiña sigue estando cerca: los pájaros, las plantas trepadoras y la maleza invaden las terrazas de las casas, y en ocasiones nubes de langostas caen sobre la ciudad. Ni los empedrados de Vértiz ni el asfalto de la época moderna podrán con ellas: las langostas harán irrupción regularmente en la ciudad, hasta la década de 1940, en que provocarán accidentes de circulación.

A comienzos del decenio de 1780, una verdadera nube de vinchucas se descarga sobre la ciudad durante cuatro noches. Estos insectos nocturnos, que se parecen a cochinillas grandes, vivían por lo común en las pajas, y las casas con techos de tejas no las sufrían.[12] De noche se dejaban caer sobre los durmientes y chupaban su sangre. Hubo que barrer balcones y patios para librarse de esas bestezuelas que lo habían invadido todo. Entonces se ignoraba que sus mordeduras transmiten el mal de Chagas, una enfermedad mortal a largo plazo, contra la cual no se ha encontrado remedio alguno hasta el día de hoy.

Finalmente, las calles, verdaderas trampas, fueron provistas de faroles iluminados con velas de grasa de vaca. La iluminación era gravada y teóricamente producía ingresos suplementarios al cabildo. En los hechos, muchos usuarios eran difíciles de localizar. Había individuos sin residencia fija, que todos los días cambiaban de barrio y vivían al capricho de la caridad pública; otros permanecían en la ciudad durante el tiempo de un proceso o una gestión administrativa, antes de desaparecer sin pagar un centavo. Otros cambiaban de nombre para escapar

---

[11] Ibíd., 1784.
[12] Azara, 1943, *Descripción...*, p. 77.

al fisco. Regularmente, los faroles eran destruidos o robados. Los porteños tenían ya una tendencia a considerar como bien propio lo que hoy nosotros llamamos el "mobiliario urbano".[13]

La Plaza Mayor y las orillas

Las mejoras no sólo concernían a las calles adyacentes a la Plaza Mayor. A comienzos del siglo XIX, la misma plaza fue atravesada de norte a sur, de la fortaleza al cabildo, por arcadas, la Recova; la planta baja fue ocupada por tiendas; el primer piso por depósitos y habitaciones. La construcción destinaba cuarenta piezas al comercio. Al lado de estas tiendas y depósitos, la plaza ofrecía todo tipo de mostradores y de puestos, las *bandolas:* allí se vendían peines, alfileres, baratijas y bisuterías. Los *bandoleros* –término de doble sentido ya que también significa "pillo"– formaban una corporación muy unida. Sus clientes eran sobre todo gente de color y paisanos, llegados a la ciudad para hacer sus compras. Con sus puestos al aire libre que ofrecían menudillos, pollos, carne seca, quesos, galletas y dulces, la futura Plaza de Mayo tenía entonces un aspecto abigarrado y ruidoso, como tantos mercados de la América hispánica, con su tributo de moscas y de olores.[14]

La Plaza Mayor se transformaba en ocasiones en escena de espectáculo, y recibía las corridas de toros. También allí se exponía a los criminales: a fines del verano de 1802 colgaron en ese lugar a nueve malhechores, entre los cuales se hallaba el terrible Martín Ferreyra; sus cadáveres fueron cortados en trozos y sus cabezas y manos arrojados a los lugares del crimen.[15]

Entonces, la ciudad comienza a extenderse. Hacia el norte, zona hasta ese momento ocupada por propiedades y pastoreos, una larga calle lleva a la Recoleta y a la iglesia del Pilar: es el trazado de la futura avenida Quintana, que en el siglo XX será la arteria más elegante y parisina de Buenos Aires. En cuanto a la calle Chavango, futura Las Heras, los jardines, los huertos, las murallas de adobe le dan todavía un aspecto campestre. El trazado ordenado del centro allí se deshace, a merced

---

[13] Ensinck, pp. 335-336.
[14] Wilde, p. 38.
[15] Taullard, p. 72.

de los contornos caprichosos de las propiedades y de los meandros de los arroyos. Los agujeros cenagosos son colmados en parte con basura, pero allí se siguen tirando carroñas.[16]

Los virreyes que suceden a Vértiz, a su vez, se esfuerzan por sancionar a los que arrojan detritus. Lo cual no impide que los chanchos se paseen por la vía pública, y que las calles de la periferia estén regularmente inundadas. Hoy siguen existiendo calles de tierra en Avellaneda, y otras mal pavimentadas. A fines del siglo XVIII el canal del Riachuelo termina por colmarse. Pero el río había abierto más lejos otra boca, que se llamó la Boca del Trajinista, porque un buhonero fue el primero en utilizarla para transportar sus mercancías. Con esta nueva entrada se formó una isla, Isla del Pozo. El viejo lecho del Riachuelo, casi a seco, tomó el nombre de "arroyo del Piojo".[17]

En la época de Vértiz, la parte más pobre de la ciudad se extendía hacia el oeste, donde se encontraban quintas de contornos fantasiosos, pero también muchos espacios vacíos, los *huecos*. Aunque Buenos Aires ya fuera una "ciudad de primer orden", como lo escribía don Juan Francisco Aguirre, un marino español, llevado por un entusiasmo excesivo, ningún edificio era notable y el conjunto ofrecía a la mirada una homogeneidad cansadora. No se encontraban ni opulencia ostensible ni miseria patente. Sigue siendo un bosquejo de ciudad que, décadas más tarde, consagrará el triunfo de las clases medias.[18]

Los mataderos ya atraían a una población sospechosa y marginal: los del norte formaban el núcleo de un barrio marginal y peligroso, Tierra del Fuego, delimitado por la Recoleta y las actuales avenidas Las Heras y Pueyrredón. A partir de 1778, el virrey, preocupado por el mantenimiento del orden, dividió a Buenos Aires en seis circunscripciones militares, o *cuarteles*. La cantidad de pulperías se había incrementado considerablemente, tanto en la capital como en los arrabales y la campiña circundante. Todos los días estallaban peleas que culminaban con una o varias muertes. Los esclavos, so pretexto de efectuar un mandado para su amo, iban a tomar vino o aguardiente, jugaban a las cartas o rasgaban la guitarra. Los propietarios de las pulperías instalaban su mostrador en la puerta, pues eran responsables de los desórdenes suscitados

---

[16] Lafuente Machain, 1978, p. 8; Wilde, pp. 18-20.
[17] Taullard, p. 72.
[18] Ibíd., pp. 64-66.

por la embriaguez de sus clientes. El intendente Francisco de Paula y Sanz tomó medidas para prohibir la música y las reuniones. Otros virreyes también las tomarán a su vez.[19] Pero ni las reuniones, ni los *fandangos* que se prolongaban hasta tarde en la noche desaparecieron, para la "perdición de los hijos de familia y los esclavos".

También se emprendió una campaña de moralización de los pobres. Algunos protestan, como María de la Candelaria Santillana, cuya casa es invadida por el alcalde del barrio de San Miguel, "sin orden escrita". Le quitaron a su hija, so pretexto de entregarla a una casa más decente –le reprochan ser la amante de un llamado "Pelado", apodo típicamente porteño que designa a un calvo, cuando éste está casado– pero la encontró en casa de una mujer a quien "sirve como una esclava, porque a mi hija bienamada la envían a lavar a la playa, planchar y hacer la cocina sin tener un trapo para vestirse"; tendrá que pagar a su amo para recuperarla.[20]

La modernización de la ciudad suponía una mejor zonificación, único medio de garantizar un control eficaz. Buenos Aires es dividida en cuatro *cuarteles,* divididos a su vez en veinte barrios, siendo puesto cada uno de ellos bajo la autoridad de un alcalde de barrio, cargo no remunerado, pero prestigioso. Quienes lo poseen son reconocibles por su ropa, el sombrero de copa y el bastón de mando. Acompañados de vecinos hacen la "ronda", velando por la recolección de la basura, que es amontonada en terrenos baldíos. Además, el alcalde debe mantener el registro de los habitantes.

Se toman varias medidas que muestran el amor de los porteños por la vida nocturna. Nadie está autorizado a circular a caballo de noche si no tiene un motivo suficiente, y, en tal caso, debe llevar una lámpara. Los negros y los mulatos, esclavos o libertos, no tienen derecho a salir tras la puesta del sol, salvo si están acompañados por su amo o si pueden justificar que él los despachó para ejecutar un asunto indispensable. El pueblo común de los suburbios –aguateros, artesanos, peones, carreteros y otros gremios– debe abandonar el centro de la ciudad antes de caer la noche. Las pulperías son intimadas a cerrar, así como los albergues y las casas de juego, a las 10 de la noche en invierno, a las 11 en verano.[21]

---

[19] AGN, IX-8-10-5, Bando de don Francisco de Paula y Sanz, 1788, f. 95; Bando de don Nicolás Arredondo, 1790, fs. 134-135.

[20] Ibíd., Solicitudes civiles, IX-12-9-10, 1789, f. 255.

[21] Ibíd., IX-8-10-5, Bando de don Francisco de Paula y Sanz, 1786, fs. 74-76.

Las luces de la modernidad pasan por la construcción de instituciones que se ocupen de los individuos más desprovistos. Se edifica un hospicio para los mendigos, un hospital para las mujeres, así como un establecimiento para los niños expósitos para evitar que sean expuestos a los perros. La educación toma un nuevo impulso gracias al Real Colegio de San Carlos, un colegio instalado en edificios que habían pertenecido a los jesuitas. Se reservan dos becas para los hijos o descendientes de militares, otras cuatro para jóvenes de familias pobres, a condición sin embargo de que provengan de uniones legítimas, que no tengan ninguna "mancha racial" (es decir, ninguna ascendencia mora, judía o negra) ni ningún antepasado castigado por la Inquisición. Los hijos de los artesanos pueden ser admitidos, si sus padres son "limpios" y honestos; si ellos mismos se hallan en buena salud y no presentan ni deformidad física, "porque los alumnos estarían expuestos a las burlas de sus condiscípulos", ni costumbres "viciosas".[22] La primera imprenta de la ciudad se instala en 1780. Su primer libro es una austera compilación, las *"Ordenanzas, Actas primeras de la moderna provincia del San Agustín de Buenos Aires, Tucumán y Paraguay del orden de Predicadores"*.[23]

En su inquietud por el saneamiento general, Vértiz fue ayudado por los consejos de un médico de origen irlandés, don Miguel O'Gorman. Nombrado en 1780 *protomédico*, tras haber introducido en el Río de la Plata la inoculación de la vacuna, es el primer médico titulado de la ciudad. La vacuna, descubierta por Jenner a fines del siglo XVIII, llega a Buenos Aires en 1805 en los brazos de dos esclavos negros inoculados a tal efecto, y poco después el virrey Cisneros la declara obligatoria para todos los niños. Los entierros en las iglesias, fuente de contaminación, son suprimidos, y se acondicionan los primeros cementerios.

El interés por la higiene y la salud públicas es tanto más vivo cuanto que, con el crecimiento de la población, los olores deletéreos que se derraman por la ciudad al capricho de los vientos son cada vez más fuertes. La brisa del sur arrastra las miasmas de las curtiembres; la del oeste las humaredas de las fábricas de ladrillos, cuyos hornos son alimentados por osamentas y otros detritus; la que sopla del río está cargada con la resaca y el pescado podrido arrojado sobre la playa. El espectáculo de los pescadores sorprende a Félix de Azara; entraban de a

---

[22] Konetzke, 1962, III-1, pp. 710-711.
[23] Berenguer Carisomo y Muñoz, p. 130.

dos en el agua, a caballo, hasta que sus monturas no hacían más pie y empezaban a nadar. Entonces se paraban sobre el lomo del animal, tendían una red que luego era tensada por los caballos; los peces que no eran suficientemente grandes se arrojaban sobre la arena.[24]

Los esfuerzos del virrey Vértiz, continuados mal que bien por sus sucesores, casi no superan el centro de la ciudad. Más allá, en la zona intermedia entre el orden urbano y el desorden de la campiña, las calles no son mantenidas; se las atraviesa siempre al galope y se sigue atando los caballos a la puerta de las casas. A comienzos del siglo XIX, las veredas llenas de baches, entorpecidas por canastos, hornos y objetos diversos, dan a esos barrios un aspecto poco "conveniente para una capital".[25]

La urbanización de los esparcimientos

La campaña de modernización emprendida por el virrey Vértiz apunta también a las costumbres de los porteños. Por un decreto de 1784, Francisco de Paula y Sanz prohíbe los juegos con agua, harina y huevos durante los tres días de carnaval, so pretexto de que estorban la circulación y no son distracciones "honestas". La fiesta de Navidad debe desarrollarse en familia y en la iglesia. Las reuniones de hombres y mujeres a la puerta de la iglesia, punto de partida de paseos ruidosos por las calles, donde se golpean puertas y ventanas, quedan prohibidas. Los ruidos, que hasta entonces expresaban la alegría de los ciudadanos, se convierten en alboroto. Las costumbres antiguas deben ser reemplazadas por otras celebraciones, como la fiesta de San Martín de Tours, patrono de la ciudad; en esta ocasión, el intendente exhorta a la población a asistir a la misa en la catedral y a seguir la procesión.[26]

Las autoridades se esfuerzan por "urbanizar" la alegría popular. Un decreto prohíbe los fuegos artificiales, los castillos de pólvora, los petardos y otras manifestaciones de alborozo a que se entregan los porteños alrededor de las iglesias los días de fiesta.[27] El baño en la playa, donde hombres y mujeres se codeaban libremente, es reglamentado. En

---

[24] Azara, 1943, *Descripción...*, p. 38.
[25] AGN, IX-8-10-8, Bando del virrey Sobremonte, 1804, f. 190; fs. 189-194.
[26] Ibíd., Bando de don Francisco de Paula y Sanz, 1784, fs. 21 y 38; Bando de diciembre de 1789, f. 104.
[27] Ibíd., 1784, f. 34.

adelante, las mujeres tienen su propia playa, que se extiende desde la costa de Santo Domingo (donde se encuentra un establecimiento de la South Sea Company) hasta la altura de la Merced. Los hombres se encuentran ya sea al sur de Santo Domingo, hacia el Riachuelo, o al norte de la Merced hasta las Catalinas. Entre cada grupo de bañistas debe dejarse un espacio de una cuadra. Las infracciones son castigadas severamente: para los españoles, un año de prisión y 100 pesos de multa; para los negros y los mestizos, trabajos forzados y latigazos.[28]

Las elites comerciantes aprecian el clave, la flauta, el arpa, la viola, el violín, mientras que la guitarra es tocada sobre todo por los mulatos y la gente del campo. Las mujeres hacen costura, se reúnen alrededor del mate; amas y esclavas se pasan largas horas juntas charlando. La costumbre hispánica de la *tertulia*, reunión que no implica una cena, está arraigada en la ciudad. Pero a las familias acomodadas también les gusta recibir, y los extranjeros descubren a su mesa los productos del país, regados por excelentes vinos producidos a orillas de la cordillera, en San Juan y Mendoza. A comienzos de siglo ya existe un verdadero empresario gastronómico, don Ramón, que trae todo cuanto se necesita para una comida de fiesta, incluyendo los servidores. Fuera de ese establecimiento, donde puede tomarse cerveza, en botella o suelta, frente al Colegio San Carlos hay una casa-café con "mesa de billar, confitería y despacho de bebidas"; también dispone de una bodega donde se conserva agua fresca, muy apreciada durante la canícula. Es el antepasado del café *El Querandí,* donde generaciones de estudiantes de la universidad vecina han hecho y deshecho el mundo hasta nuestros días. En la calle de San Francisco (Alsina), el público elegante se encuentra en la *Confiserie française* para degustar su café y sus pastas.[29]

El gusto por el teatro, tímido en el siglo XVIII, se acentúa. En 1783, Vértiz funda la Casa de Comedias en los locales de la *Ranchería,* para la gran condenación de los tradicionalistas, que ven con mala cara la apertura de lugares de reunión y discusión. El lugar es modesto, con su techo de paja y sus paredes de adobe. Pese al decorado austero, el público escucha en un silencio respetuoso los dramas de Calderón de la Barca. Los porteños se ríen mucho durante las comedias de Rojas y

---

[28] Ibíd., 1785, f. 45.
[29] Porro, Astiz y Rospide, pp. 286-289.

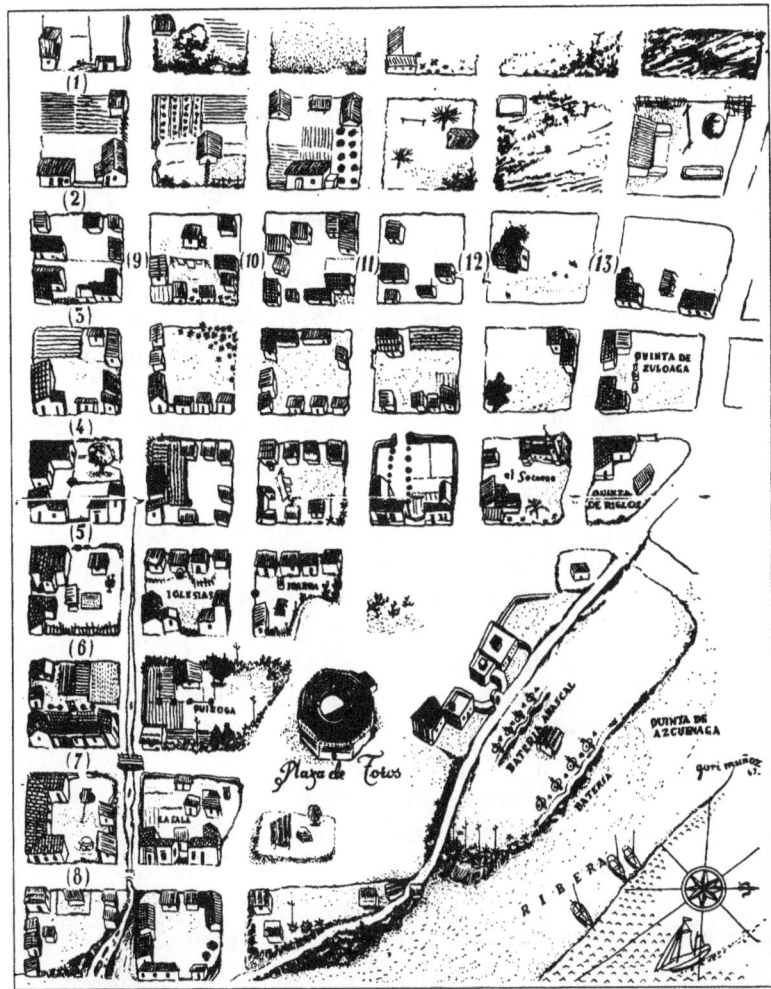

Los barrios que rodean la plaza de toros en el siglo XVIII, dibujo de Gori Muñoz (1970)

1. Monserrat............................ Libertad
2. San Cosme y San Damián.... Carlos Pellegrini
3. San Miguel .... Cerrito
4. San Juan .... Suipacha
5. San Pedro .... Esmeralda
6. San José .... Maipú
7. Santísima Trinidad .... Florida
8. San Martín .... San Martín
9. Santo Tomás...................... Paraguay
10. Santa María .... Charcas
11. San Gregorio .... Santa Fe
12. .... Arenales
13. .... Juncal

Moreto y los sainetes criollos, donde encuentran realidades conocidas por todos, como *El amor de la estanciera*.

Esta obrita anónima es representada hacia 1787, en una época en que los recuerdos de la guerra entre Portugal y España, en la Banda Oriental, siguen vivos. Pone en escena a un extranjero vanidoso –en este caso un portugués– que trata de deslumbrar por sus modales y su dinero a una joven hija del país. Ésta, llamada Chepa –un nombre de origen guaraní–, prefiere a un gaucho del país. Tras estas apariencias anodinas este divertimento tiene un alcance político; el público no se equivoca, y aplaude ruidosamente cuando el padre de Chepa condena a todos los que "vienen de España", lo que sobreentiende a los lusitanos, y prefiere a "un hombre del país, aunque no tenga nada que ponerse".[30]

El año de la Revolución francesa, Manuel José Lavardén ofreció la primera tragedia argentina, *Siripo*. Ésta presenta la vida de Lucía Miranda, narrada por Ruy Díaz de Guzmán, el cronista que en los primeros tiempos de Buenos Aires había inmortalizado a la Maldonada. Lavardén habla de una española, capturada por un indio que se enamora de su belleza. Será censurada por sus ideas de vanguardia, inspiradas en Jean-Jacques Rousseau.

Esta primera casa del teatro fue cerrada el 15 de agosto de 1792, cuando un fuego de artificio incendió el techo. Un segundo teatro del puerto fue construido en tiempos del virrey Sobremonte, el *Coliseo Chico*, situado en la actual calle Reconquista frente a la iglesia de la Merced, conocido más tarde con el nombre de *Teatro Argentino*. Fue inaugurado en mayo de 1804 con una obra de Voltaire, *Zaire*. Cerró sus puertas en 1806 y sólo las reabrió después de 1810.[31]

En cuanto al arte de torear, había adquirido características particulares en el Río de la Plata, donde los gauchos eran expertos en la domesticación de los animales cimarrones. Uno de los números más apreciados por los porteños consistía en montar al toro como si fuera un caballo. El torero más famoso, Mariano Ceballos, según algunos era un indio, según otros un negro. Acostumbrado a los toros salvajes, lanzaba su lazo sobre los cuernos del animal, lo llevaba hasta el centro de

---

[30] Ghiano: *"Mujer, aquestos de España / son todos medio bellacos; más vale un paisano nuestro / aunque tenga cuatro trapos"*. En este sainete, los acentos diferentes añaden comicidad a la escena. El portugués se expresa en "portuñol", mezcla de castellano y portugués, mientras que el pretendiente criollo habla como la gente del campo.

[31] Berenguer Carisomo y Muñoz, pp. 145-146; Romero, I. L. y L. A., 1983b, p. 34.

la plaza, donde se había instalado un poste, y lo cabalgaba, cortando entonces las cuerdas. Cuando el toro, tras haber intentado librarse de su jinete, daba señales de fatiga, Ceballos lo dirigía hacia un segundo animal, al que mataba desde su montura. Hecho lo cual, lo despachaba. En 1775 el mulato fue a España, donde exhibió su curiosa técnica. Goya, fascinado por ese torero del Río de la Plata, le consagró cinco dibujos. Ceballos pereció corneado algunos años después.[32]

Al oeste de la ciudad se construyó una verdadera plaza de toros a la española, sobre la Plaza de Monserrat; el terreno fue donado por los habitantes del barrio un poco antes de 1785. La callejuela adyacente del Pecado alojaba los vallados de los toros. La plaza de toros estaba rodeada de puestos y tienditas donde se podían comprar marmitas de terracota, yerba mate, huevos, ponchos, velas, gallinas y chanchos. Los días de espectáculo, el mercado se desplazaba sobre lo que hoy es la avenida Belgrano. La plaza de toros, que podía contener hasta dos mil espectadores, se inauguró en agosto de 1793.

Rápidamente, el barrio se convirtió en una guarida de truhanes y gente de mala vida; de las pulperías y tabernas que proliferaban alrededor de la plaza se alzaban gritos, y las prostitutas se exhibían sin vergüenza. Los olores del mercado se confundían con los de la basura; los restos de los toros atraían a los tábanos y las moscas. Los habitantes del barrio terminaron por quejarse y pedir que no se renovara la concesión de la plaza de toros, cuya duración era de cinco años. Todavía se celebraron quince corridas en homenaje al virrey Pedro Melo de Portugal. Luego se ordenó la demolición de la plaza en 1799.

La segunda y última plaza de toros se construyó sobre los terrenos de la South Sea Company, en el Retiro, en la antigua propiedad del gobernador Robles. Debía desaparecer en 1819, cuando las corridas, demasiado marcadas por su carácter hispánico, serían suprimidas.[33] Monserrat recuperaría entonces su animado mercado, atrayendo en las calles vecinas una capa popular formada por ex esclavos libertos; éstos se reagrupaban aparte de los blancos para cantar y bailar al ritmo de los tambores, sobre todo en la *Casa y Sitio de tango*.[34] La callejuela del Pecado y

---

[32] Muñoz, 1970, pp. 53-55. Al final de su vida, Goya realizó una serie de cuatro litografías conocidas con el nombre de *Toros de burdeos*. Una de ellas inmortaliza a Mariano Ceballos, toreando a la manera "americana".
[33] Ibíd., pp. 41-49.
[34] Rodríguez Molas, 1961, p. 112, señala la existencia de dicho centro en 1802.

su arco sólo serán demolidos en 1871, el año de la fiebre amarilla. El diario *El Nacional* reclamará un farol para iluminar esos sitios lúgubres.

Reivindicaciones negras

La población negra y mulata había comenzado a aumentar a mediados del siglo XVIII. Como los españoles y los criollos no crecían al mismo ritmo, las cuarenta y cinco mil almas que contaba la población de color, a comienzos del siglo XIX, daban a la ciudad una fisonomía particular. El término *castas* designaba los matices que separaban los grupos de mestizos, de los cuales un décimo era de condición libre. Las familias más ricas señalaban su status poseyendo bajo su techo una cantidad considerable de esclavos, cuyo porte y vestimenta testimoniaban la munificencia del amo. El intendente del virrey Loreto, don Francisco de Paula y Sanz, se rodeaba de una gran compañía de lacayos. Puede verse su retrato en el museo histórico del Parque Lezama,[35] donde un cuadro lo representa al lado de un esclavo negro, muy elegante, con zapatos de hebilla, calzón corto, redingote y cuello de encaje, con una mano en el bolsillo, sosteniendo la otra una carta.

Para un mulato resultaba más fácil libertarse que para un africano *bozal*, aquel que todavía se expresaba con torpeza en español. En las casas se preferían las mujeres, porque ellas educaban a los niños y se ocupaban de las cosas domésticas. Los hombres eran empleados más bien como jornaleros: barberos, panaderos, albañiles. También trabajaban en las quintas o en los hornos de ladrillos.[36] Varios de ellos enseñaban dibujo, como Fermín Goyoso, que pertenecía a una familia de origen francés, los Pueyrredón. Sobre todo tenían la reputación de destacarse en la música, como Joseph Atanacio, que pidió ser comprado por su propio padre, él mismo libre; su amo se opuso, arguyendo ante el tribunal que le había hecho aprender el oboe y le había pagado costosas lecciones con tres profesores "para hacerle conocer las figuras, las claves y los valores de las notas musicales". Joseph Atanacio reivindicó para su defensa la fuerza del derecho natural. ¿Por qué no podía comprar su libertad con su propio dinero al precio real de su

---

[35] Johnson y Socolow, p. 331; Lanuza, p. 31.
[36] Socolow, 1978, pp. 77-81.

valor? ¿Por qué su amo se oponía a ello cuando "todos debían proyectar la abolición de la esclavitud, que repugnaba a nuestra religión"?[37] ¿Eran inspiradas tales palabras por el "Protector de los pobres", sensible al espíritu de las Luces, o bien revelan acaso, a escala de la capa más baja de la población, un aire de descontento y la habilidad de los esclavos para manipular las leyes? En todo caso, es seguro que varios esclavos utilizaron los argumentos que los autorizaban a cambiar de amo: los abusos –verdaderos o no–, las vejaciones o, muy simplemente, su mal carácter.

La cuestión de la compra planteaba la del precio de venta del esclavo. Éste tenía interés en invocar enfermedades y el desgaste de los años para hacer bajar su propio valor, mientras que el amo ponía de manifiesto la inversión representada por el esclavo y subía su precio. Pero algunos propietarios legaban dinero a sus esclavos o bien estipulaban que sus herederos debían conservarlos para evitar que quedaran en la calle.[38] No todos los propietarios eran españoles o europeos, y en Buenos Aires se encontraban negros libertos o *pardos* que a su vez tenían uno o dos esclavos.

Miguel O'Gorman, el ilustrado médico del virrey Vértiz, también tuvo conflictos con sus servidores. Luego de un altercado, el *protomédico*, considerando que su esclavo Antonio era insolente y reprochándole sus malas frecuentaciones, le dio un golpe en la cabeza con un leño. El negro se escapó y acusó a su amo de maltrato. Éste se justificó invocando el carácter violento de su servidor y su inclinación por la bebida, pero rehusó venderlo por menos de 500 pesos, porque al mismo tiempo era un muy buen cocinero, que había aprendido el oficio junto a cocineros franceses, y un muy buen peluquero, talentos que había adquirido "al término de diecisiete años de aprendizaje". El negro logró ser vendido en Buenos Aires mismo y no "fuera del país", según los deseos de su amo, "para que nadie pueda aprovechar los frutos de mi trabajo".[39]

Los africanos y sus fiestas inspiraban cierto temor entre los representantes de la Corona, ya que no todos estaban acostumbrados a tales demostraciones. En un informe presentado por Francisco Ignacio Ugarte,

---

[37] AGN, Tribunales, IX-56-12, fs. 9-15.
[38] Socolow, 1978, pp. 218-219. Véanse también los casos que se encuentran descriptos en AGN, Gobierno, Solicitudes de esclavos, IX-13-1-5.
[39] Ibíd., IX-12-9-10, 16, VI, 1795.

comerciante y magistrado del cabildo, las danzas de los negros son consideradas como contrarias a la decencia y vestigios peligrosos de paganismo.[40] Como en otros lugares de la América hispánica, los negros eran reagrupados por "naciones" y tenían a su cabeza a un "rey", elegido, libre y mantenido por la ciudad. Algunos años antes del fin del siglo, dos de ellos, en nombre de los negros de la "nación conga", solicitaron la autorización de celebrar la llegada del nuevo virrey Melo con sus danzas, como era costumbre, así como el derecho de divertirse a su manera los domingos y días feriados. Esto les fue concedido, pero se rechazó la elección del rey.[41] Algunos negros *bozales* de ambos sexos recorrían las calles con poca ropa, cosa que escandalizaba. Se hacían grandes esfuerzos por alejarlos del centro, pensando que podían transmitir enfermedades contagiosas. Estos negros no podían tener bastones, porque los utilizaban en las riñas.[42] El sábado a la noche, la costumbre era que las parejas de esclavos que tuvieran amos diferentes pudieran dormir juntos.

Cuando un esclavo se enfermaba, su amo debía cuidarlo y asistirlo. En la práctica, muchos se desinteresaban de su criado, en adelante sin valor, como lo muestra la suerte de Joseph Ignacio Monteyro, "portugués de nación". Cuando su nombre emerge del anonimato, es cochero del tesorero don Juan Cabrera. Atacado de hemiplejía, pierde el uso del habla y de sus piernas. Su amo lo embarca en una carreta para el hospital, pero su enfermedad es incurable y luego de tres meses lo devuelven. Joseph se arrastra con sus muletas hasta la casa de su amo, que lo envía a una de sus propiedades sobre la orilla de San Isidro; como la mayoría de la gente acomodada, Cabrera posee un terreno donde cultiva algunos árboles frutales. Pero allá el esclavo no puede contar con ninguna ayuda. Librado a sí mismo, decide volver a Buenos Aires a pie, por miedo a morir de hambre. El amo lo envía esta vez a una estancia, a seis leguas de la ciudad. Allí, Monteyro sufre una fuerte tos que cuida con leche de vaca y carne hervida que le ofrecen peones caritativos. Nuevamente vuelve a casa de su amo, que entonces lo ubica con un panadero, pero está en muy mal estado para ser útil y permanece seis meses en la más completa indigencia, "sin una camisa para

---

[40] Socolow, 1978, p. 80.
[41] AGN, IX-12-9-10, Solicitudes civiles, 1795, f. 278.
[42] Ibíd., X-8-10-8, Bando del virrey Sobremonte, 1804, f. 193.

vestirse, cubierto de piojos". Para conmover a Cabrera "mostrándole su miseria", va todos los domingos ante la puerta de la iglesia donde el tesorero asiste a misa. Cabrera termina por echarlo definitivamente: en adelante es libre. Durante once meses el ex esclavo vaga por las calles, viviendo de la mendicidad. Luego aparece en los mataderos, donde, durante tres semanas, hunde sus miembros enfermos "en los vientres de los animales degollados". Gracias a ese "baño" mejora su estado hasta caminar sin muletas y, tal vez, recupera una apariencia de habla. Esta vez el panadero lo contrata. Cuando su amo se entera de que está mejor, le reclama 70 pesos por el precio de su manumisión. Joseph se dirige al "Protector de los pobres" y le declara que "se considera en estado de libertad y que su amo ya no tiene ningún derecho sobre él, pues lo echó, se mostró insensible a sus sufrimientos y le negó los socorros debidos a la enfermedad y, muy simplemente, a la humanidad".[43]

La cuestión de la tierra

Bajo el virrey Vértiz desembarcó en Buenos Aires un joven ingeniero capitán de fragata, don Félix de Azara, por otra parte famoso como un excelente naturalista y cartógrafo. Había sido contratado por la Corona para efectuar, con ayuda de instrumentos de medición que había traído de Europa, la demarcación definitiva de los territorios portugueses y españoles. Iba a quedarse unos veinte años en el virreinato, recorriendo los pueblos del Chaco y Paraguay, observando los usos y costumbres de los indios, así como la flora y fauna de esas regiones.

Hombre de las Luces, Azara se sorprendió por la hostilidad que oponían los criollos a los peninsulares, cosa que atribuía a la corrupción de las ciudades, lugares que disolvían el sentido moral. Comprobó los sordos odios entre esposos de diferentes orígenes, así como el desprecio agresivo de los niños, nacidos en el país, por sus padres españoles. El odio era más tenaz entre los rezagados, los tullidos, los frustrados de todo tipo. A su juicio, ese sentimiento tocaba el eslabón esencial de la sociedad, la familia, ya que los niños eran alimentados por mulatas y pasaban su infancia en compañía de mulatos y de negros que no ofrecían

---

[43] Ibíd., Gobierno, IX-13-1-5, 1787.

ningún ejemplo. El único principio que los gobernaba, escribía, era la idea falsa de que el dinero estaba hecho para ser gastado. Los jóvenes se alejaban del trabajo y de la disciplina, rehusando retomar el oficio de su padre. Azara también se sintió impactado por la desaparición de las costumbres entre los indios que habían adoptado el estado sedentario en la periferia de Buenos Aires y que habían perdido su lengua y sus tradiciones.[44]

La cuestión de la agricultura preocupaba a hombres ilustrados como Félix de Azara. Ellos veían que inmensas extensiones fértiles apenas eran explotadas. Cada año, en el momento de las cosechas, el gobierno adoptaba medidas para reclutar mano de obra. Se requisaban "todos los peones y todos los indios, negros y mulatos libres que vagaban por la ciudad, todos los *gauderios* que vagabundeaban, todos los holgazanes", para hacer las cosechas, amenazando a aquellos que escurrían el bulto con ir a trabajar en el empedrado de las calles (se apuntaba sobre todo a los solteros). Los individuos sorprendidos jugando a las bochas en los suburbios también serían enviados a los campos. Los propietarios de las parcelas debían abstenerse de hacer beber alcohol a sus empleados. Además, de septiembre a marzo, los que poseían animales debían alejarlos de las tierras cultivadas alrededor de La Matanza y el Riachuelo, no conservando con ellos más que los indispensables para los trabajos y el transporte.[45]

A veces, circunstancias dramáticas, como sequías prolongadas, exigían la intervención de las autoridades. El virrey Arredondo decretó durante el verano de 1791 el cierre de todas las tiendas y pulperías para que todo el mundo pudiera participar en las novenas en todas las iglesias, para hacer venir la lluvia.[46] Los habitantes no compartían un mismo entusiasmo por el virrey y su política. Los intereses de los comerciantes y los terratenientes no eran los de los progresistas ilustrados. Las divisiones ideológicas, profundizadas por la expulsión de los jesuitas, se hicieron sentir en todos los terrenos.

Por supuesto, todas estas consignas no eran respetadas, y otros virreyes reiteraron sus amenazas, sin mucho efecto. El ganado seguía pisoteando las gavillas, porque a los propietarios les repugnaba atarlos

---

[44] Azara, 1943, *Descripción...*, pp. 196-197.
[45] AGN, IX-8-10-5, Bando de don Francisco de Paula y Sanz, 1784, fs. 14-16, 31-32.
[46] Ibíd., Bando de don Nicolás Arredondo, 1791, f. 183.

en otras partes y cortaban los cabestros. ¿Cómo prohibir también las fiestas relacionadas con los trabajos de los campos o el tradicional *pato* en el que tomaban parte doscientos jinetes y a veces más, y que ocasionaba grandes destrozos para los cultivos? La carrera consistía en apoderarse de un pato encerrado en una bolsa de cuero con varias manijas. Todos los golpes estaban permitidos y a menudo el juego terminaba con muertos. Además, las cabañas estaban instaladas en el linde de los campos; sus habitantes vivían de sus vacas lecheras, que pisoteaban las cosechas.[47]

Los animales que habían vuelto al estado salvaje seguían amenazando las caravanas. Regularmente, el gobierno ordenaba matar las yeguas y los perros, y se autorizaba a todos los participantes a conservar los cueros. En los suburbios, muchos habitantes poseían verdaderas jaurías. Ahora bien, para que los perros fueran realmente feroces, se los dejaba atados en las encrucijadas con una mísera pitanza, de manera que resultaba peligroso pasar por allí a caballo; se les prohibió tener más de dos animales.[48] Por lo que respecta a los propietarios de las casas del centro, se vieron obligados a no tener más que perros de raza, como lebreles, e incluso en una cantidad razonable.

De hecho, los terratenientes o estancieros, criollos y mestizos en su mayoría, aún no tenían un gran papel económico. Muy religiosos, los que residían en Buenos Aires, de manera permanente o no, formaban parte de órdenes terceras –franciscana, dominicana o mercedaria–, así como de cofradías urbanas. Los más pobres vivían en la campiña; iletrados en su mayoría, muchos iban tirando en cabañas, vestidos como campesinos, con un poncho y pantalones amplios. La tierra no era todavía fuente de prestigio. Únicamente eran poderosos quienes podían reunir la cría y el comercio, como Juan Antonio Lezica o Antonio Obligado.[49]

Muchos indios de la región iban a instalarse cerca de Buenos Aires, donde trabajaban en el momento de las cosechas. Tras la expulsión de los jesuitas, los 100 mil guaraníes de las reducciones se encontraron a merced de los españoles y los portugueses. Muchos huyeron, y alquilaron su fuerza de trabajo en ciudades como Santa Fe y Buenos Aires. Se

---

[47] Ibíd., 1790, f. 126.
[48] Ibíd., IX-8-10-8, Bando del 16/2/1802, fs. 94-95.
[49] Mayo, pp. 771-775.

los contrató en las estancias para ocuparse de los animales, y así se convirtieron en peones.[50]

De estas mezclas de indios, negros, mulatos y criollos establecidos en las franjas rurales de las ciudades surgió una población particular que pronto tuvo sus códigos, su lenguaje y su modo de vida; los hombres vivían de la caza del ganado y de actividades como la matanza, el descuartizamiento y el cuidado de los rebaños por cuenta de un propietario. Se los llamó *gauderios,* nombre reservado primero a los mestizos de la Banda Oriental; luego gauchos. Los gauchos se encuentran en todas partes donde hay ganado en libertad. Van armados de cuchillos y lanzas, indispensables para su actividad. Por ello, constituyen una milicia en potencia.

El ocaso de la caza de las vacas había comenzado a mediados del siglo XVIII. Los temores del gobernador Hernandarias no tardaron en materializarse: la riqueza pecuaria disminuía, pues los gauchos comían sobre todo los terneritos que extraían del vientre de la madre. Por añadidura, hasta los indios pampas se habían puesto a cazar ganado. Los descendientes de los primeros accionistas se reconvertían lentamente a la cría. Más que arrojar las vacas en la pampa y correr el riesgo de los ataques indios, era más rentable seguir el ganado, conocer su territorio –la *querencia*– y domesticarlo dándole sal. Los terratenientes de las estancias distaban mucho de constituir en esa época una elite tan poderosa como los comerciantes. Pese a la difusión de las ideas de los fisiócratas importadas de Francia, que hacían de la tierra el fundamento de la riqueza, muchas dificultades se oponían a la formación de grandes dominios: la inseguridad permanente que hacían reinar los pampas, al sur del río Salado, verdadera frontera entre Buenos Aires y el "desierto", defendida por una línea de fortines, pero también la ausencia de cercados, debida a la escasez de madera. Los gauchos servían en cierto modo de "piquetes móviles", ya que hacían volver a caballo a los animales que se alejaban de los pasturajes y, para desalentar el robo del ganado, castigaban a los que sorprendían con las manos en la masa encerrándolos en una bolsa de piel fresca, que se secaba al sol y se encogía, sofocando poco a poco al ladrón.[51]

---

[50] Zorraquín Becú, pp. 81-82.
[51] Deffontaines, 1959, pp. 484-488; Zorraquín Becú, pp. 74-77. Este autor señala que el término *gaucho* aparece por primera vez en 1771. Romero, I. L., 1984, p. 32.

Todos los años se organizaban expediciones a las salinas, al sur de Buenos Aires. Las carretas partían de Luján, bajo la protección de la Virgen y de una caravana militar. Cosa que no siempre desalentaba a los indios. En 1780, durante un ataque violento, algunas casas fueron incendiadas y muchos habitantes diezmados; únicamente las niñas fueron perdonadas y llevadas en cautiverio.[52] Algunas treguas interrumpían por un tiempo las hostilidades, y una tropa de indios a caballo, presidida por un cacique, llegaba a Buenos Aires para vender plumas de avestruz –con las que se hacían plumeros–, bochas, lazos, cueros y sal, a cambio de azúcar, yerba mate, espuelas, cuchillos y frenos. Félix de Azara, que ante todo se interesaba en los indígenas, describe los "parlamentos" del jefe con las autoridades, retórica que apuntaba a reafirmar la paz con los ciudadanos y a pedir los regalos habituales: una chaqueta de seda azul, una casaca carmesí, un sombrero y un bastón de mando con el mango de plata.[53]

Un soplo de libertad

De 1780 a 1781, una rebelión indígena inflamó al Perú y se propagó por la cordillera de los Andes, ganando el Alto Perú, territorio que desde hacía poco dependía del Virreinato del Río de la Plata. La ejecución del jefe principal del movimiento, el cacique indio José Gabriel Tupac Amaru en Cuzco –torturado y descuartizado vivo– era el inicio de un endurecimiento de la política colonial. Para sofocar la insurrección de los caciques indios en el Alto Perú, el virrey Vértiz, aunque imbuido del espíritu liberal de las Luces, obró con severidad y envió tropas a La Plata. Mariquita Sánchez narrará mucho más tarde la consternación de los patricios cuando se enteraron de esas noticias y las críticas que los más ilustrados dirigieron a la Iglesia, capaz de actos de tal crueldad.[54]

Las autoridades denunciaban la introducción en todo el virreinato de pliegos extranjeros originarios de varios países de Europa que exponían

---

[52] AGN, IX-56-12, 1795, Tribunales.
[53] Azara, 1943, *Descripción...*, pp. 114-116.
[54] Sáenz Quesada, 1995, p. 15. No podemos desarrollar aquí las grandes líneas de un movimiento complejo ligado al sistema de contribuciones y a la imposición de las distribuciones de mercancías obligatoria en las campiñas. Entre las cuantiosas obras consagradas a tal episodio, aquí seguimos la de Boleslao Lewin.

hechos falsos o injuriosos respecto de la nación española.[55] Las ideas progresistas ganaban a jóvenes de la burguesía ilustrada, como Manuel Belgrano. Hijo de un comerciante en cueros de origen italiano,[56] que algunos años más tarde se convertiría en el padre de la bandera argentina, partió para Salamanca, donde siguió estudios de derecho. También se interesó en las obras de los fisiócratas franceses y en Montesquieu, y entró en la francmasonería, como muchos otros patriotas de comienzos del siglo XIX. De regreso en Buenos Aires, en 1794 fue secretario del Consulado, el nuevo organismo encargado de controlar el tráfico marítimo. Dos años más tarde presentó un informe donde hizo la apología del trabajo y denunció una cantidad considerable de personas ociosas, "que no muestran más que miseria y desnudez".[57]

A fines del siglo XVIII, el puerto de Buenos Aires padeció las consecuencias del conflicto que oponía a Gran Bretaña y España. De 1796 a 1802, luego de 1804 a 1808, en virtud del bloqueo inglés, que había destruido una gran parte de la flota española, el contrabando se reanudó con mayores bríos. En 1791, los porteños ricos se enteraron con espanto de las noticias de la sublevación general de los esclavos de Santo Domingo y la proclamación de la república negra de Haití. Seis años más tarde, en el otro extremo de la América del Sur, en la ciudad venezolana de Coro, una conspiración de negros y mulatos, inspirada en las doctrinas de Santo Domingo, revelaba que los temores de los españoles y criollos eran fundados.

---

[55] AGN, Bandos IX-8-10-8, 6 de agosto de 1799, f. 2.
[56] Se llamaba Domingo Belgrano Peri. Este comerciante había amasado una fortuna considerable antes de arruinarse en parte debido a un caso de corrupción. Belgrano Peri había servido como prestanombre a un empleado de la aduana que no podía hacer comercio, actividad incompatible con su cargo.
[57] Socolow, 1987, pp. 205-206, pp. 233-234; Gianello, pp. 68-70.

4. EL ESTRÉPITO DE LAS ROTAS CADENAS
(1805-1820)

> Y los libres del mundo responden al
> gran pueblo argentino: ¡salud!
>
> Himno Nacional Argentino

A comienzos del siglo XIX, a pesar de las amenazas que se acumulan en Europa y América, Buenos Aires, con sus calles trazadas con regla "en dirección de las cuatro plagas del mundo", tiene la reputación de ser la ciudad más alegre del continente. Poco importan la pobreza de sus edificios públicos y su carácter inacabado. Su encanto emana precisamente del contraste entre el "salvajismo" de los alrededores y el refinamiento de la sociedad. Capital excentrada respecto de las viejas ciudades coloniales como la lejana Lima, sigue siendo el sitio donde convergen las redes, legales o ilegales, de múltiples tráficos.

Los extranjeros le dan ya un carácter cosmopolita. Además de los peninsulares, todo tipo de europeos tratan de hacer fortuna aquí. Por ejemplo, William Brown, futuro patriota de la causa revolucionaria, que proyecta establecer un servicio marítimo entre Buenos Aires y Montevideo. Otros no son tan recomendables, como esos marineros que desertan no bien se hallan en el muelle, y se van al campo donde se dedican al tráfico de cueros. También hay irlandeses contratados por los terratenientes para cavar fosos, única demarcación de los terrenos antes de la introducción del alambre de púas.[1] Hasta algunos espías

---

[1] AGN, Bandos, IX-8-10-8, 1800, fs. 55-56. Torre Revello, 1943, pp. 310, refiere el testimonio de don Diego Alvear y Ponce de León, capitán de la marina española, que describió Buenos Aires en 1804.

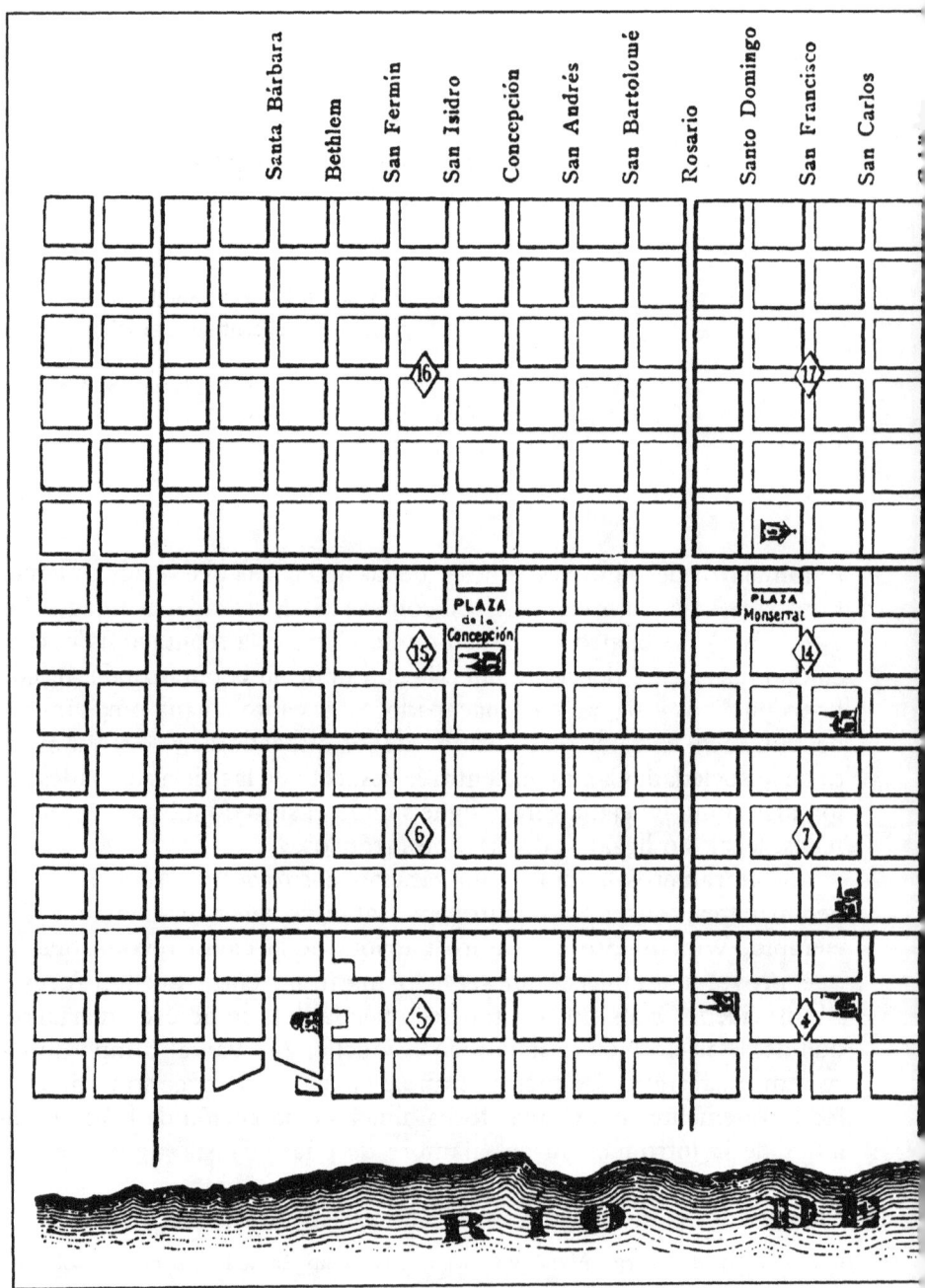

Los veinte barrios de Buenos Aire

EL ESTRÉPITO DE LAS ROTAS CADENAS

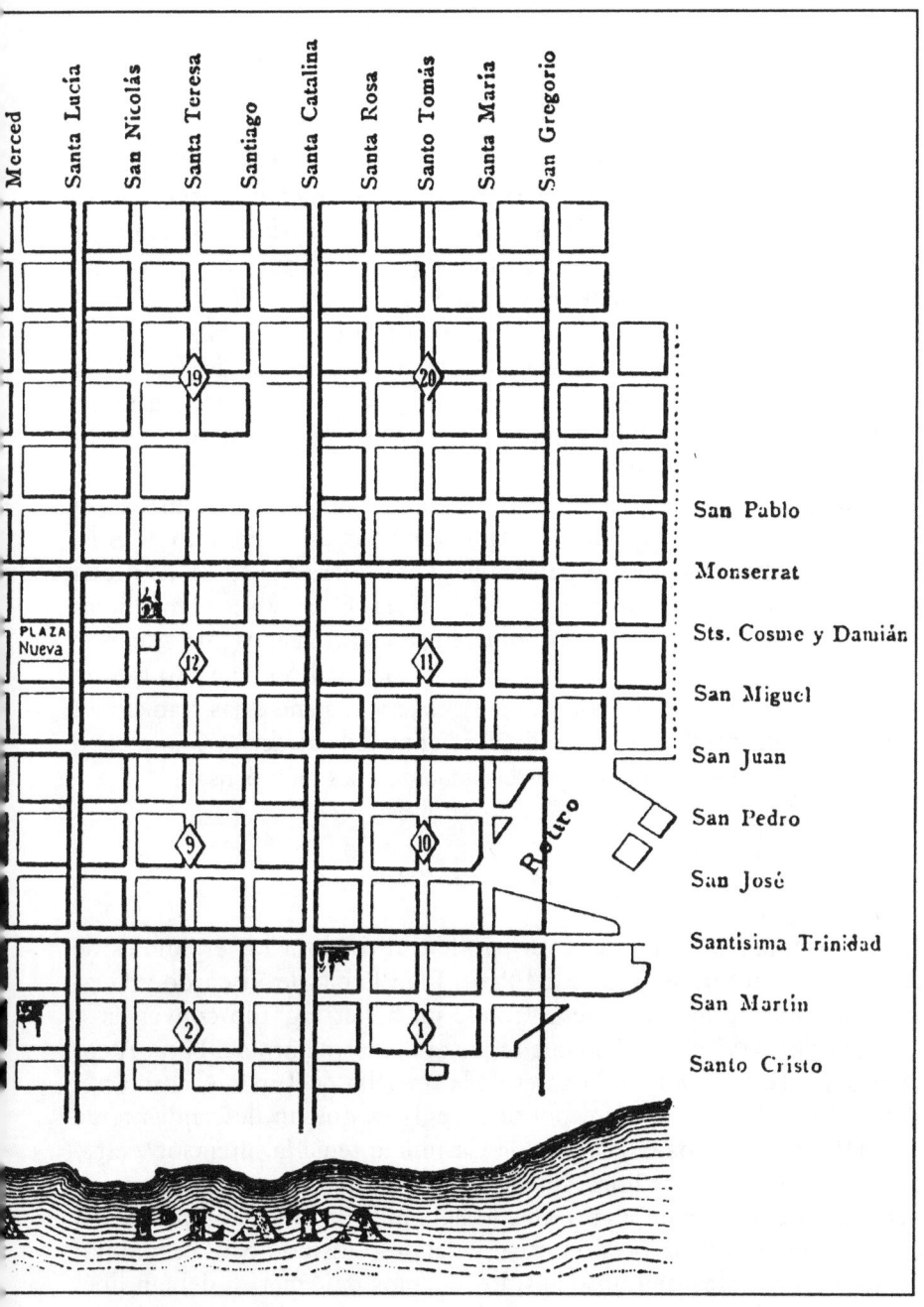

ano de Ricardo Trelles (1794).

británicos, agentes de William Pitt, se establecen en la capital. En 1804, uno de ellos, el coronel James Burke, sienta sus reales en el *Albergue de los Tres Reyes* y combate la nostalgia quemando incienso para recrear la atmósfera de las brumas de Irlanda.

Thomas O'Gorman, sobrino del médico, es uno de esos misteriosos irlandeses del Río de la Plata. Este traficante de esclavos llegó con su joven esposa originaria de la isla Mauricio, Anne-Marie Perichon de Vandeuil, cuya seducción y exotismo son la comidilla de la ciudad. Abandonada por O'Gorman, que se dedica a diversas actividades y sin duda al espionaje, se instala en el centro de la ciudad y algunos años más tarde se convierte en la amante del virrey interino del Río de la Plata, Santiago de Liniers. Menos de medio siglo más tarde, su nieta, Camila O'Gorman, se hará famosa a su vez por su vida privada escandalosa y su muerte trágica.

Otra extranjera de existencia tumultuosa, Clara Taylor, llamada "la inglesa", llega entonces a Buenos Aires. Condenada al presidio de Australia, se escapó asesinando al capitán del *Lady Shore* a la altura de África y luego desvió la nave hasta el Río de la Plata. Clara y sus compañeras alegran las noches de los negociantes ingleses de Buenos Aires; con el tiempo, sus hijos se integrarán a la buena sociedad porteña. Yo misma conocí a uno de ellos, un hombre muy elegante, ajeno a las tradiciones burguesas, que pretendía ser un descendiente de la atractiva Clara, cuyo recuerdo había sido ocultado por las generaciones bien pensantes.

Rumores y panfletos

En 1799 aparece en Londres un panfleto dirigido a los españoles de América. Su autor, un jesuita del Perú, Juan Pablo de Viscardo y Guzmán, ha muerto algunos meses antes, sin haber logrado convencer a William Pitt de llevar a cabo la conquista del virreinato del Perú. A comienzos del año 1780, poco antes de la revuelta de Tupac Amaru en el Perú, hizo saber a sus corresponsales ingleses que un descendiente de los incas, que llevaba el nombre de Casimir I, tenía la intención de rebelarse contra los españoles. En su último texto, Viscardo se hacía eco del descontento que había producido la expulsión de la Compañía, del acrecentamiento de la presión fiscal y del despotismo de los españoles; luego de tres siglos de injusticias, los pueblos de América debían liberarse de su yugo. Un estudiante de derecho, el porteño Mariano Moreno, distribuye ejemplares de ese texto subversivo en el Río de la Plata.[2] Francisco de Miranda hace lo mismo en Venezuela.

Buenos Aires vive entonces suspendido de las noticias que llegan lentamente de Europa: la consolidación de la República, las campañas de Bonaparte, luego el estallido del Imperio agitan a la burguesía criolla. Algunos piensan que ha llegado la hora de aprovechar la situación internacional y poner término al monopolio comercial de España. En 1801, *El Telégrafo Mercantil,* primer diario del Río de la Plata, propaga las ideas progresistas; denuncia la condición de las mujeres y la iniquidad de la esclavitud y publica extractos del viaje de Félix de Azara. Al año siguiente, otro diario, el *Semanario de Agricultura, Industria y Comercio* de Hipólito Vieytes publica su *Informe sobre el estado del campo de Buenos Aires.* El sabio reprocha a los pequeños estancieros que matan el ganado, principal riqueza del país, para extraer los cueros y el sebo. En nombre del progreso, predica la introducción del cultivo de los cereales en el linde de la pampa y el corrimiento de la frontera india hacia el sur para ganar tierras para las estancias. Estas perspectivas coinciden con las ideas liberales de los fisiócratas como Manuel Belgrano, y se integran en un vasto proyecto de modernización y liberalización.[3]

Las ideas de progreso ganan los cafés, que habían abierto a fines del siglo XVIII. Los más animados son el de los *Catalanes,* situado en unos locales pertenecientes a Sánchez de Velazco, en la esquina de las actuales calles San Martín y Cangallo, y el *Café de la Comedia,* cuyo propietario era Raymond Aignasse, un francés que da lecciones de gastronomía a los esclavos de las familias patricias; el establecimiento posee una sala de billar que se comunica con el teatro del *Coliseo.* Pero los verdaderos debates políticos se realizan a espaldas de oídos indiscretos, en las casas de los suburbios donde se reúnen aquellos que preparan la emancipación: Juan José Castelli, Hipólito Vieytes, Nicolás Rodríguez Peña y, por supuesto, Manuel Belgrano.

¿Es acaso en virtud de este viento de libertad por lo que la joven Mariquita, la hija de Sánchez de Velazco, de 14 años, se niega a desposar al marido que le escogió su padre? Su insumisión disgusta a la burgue-

---

[2] Brading, pp. 538-540; Demelas, p. 26.
[3] Azara, 1943, *Memoria,* pp. 4-9.

sía comerciante. Más allá de las conveniencias sociales, Mariquita Sánchez se opone a la ley pragmática sobre los matrimonios, promulgada en 1776, que prohíbe que las jóvenes de menos de 23 años se casen sin el consentimiento de sus padres. A pesar de las presiones, ella resiste y algunos años más tarde, haciendo intervenir al propio virrey,[4] se casa con el hombre que ama, Martín Thompson, hijo de un comerciante inglés arraigado en Cádiz. La leyenda sostiene que Fernández Moratín se inspiró en este suceso porteño en su comedia *El sí de las niñas*, presentada en Buenos Aires en 1805.

Tres meses más tarde, la batalla de Trafalgar daba fin a la supremacía marítima de España. Las rutas del océano se abrían a Gran Bretaña y los mercados. En Madrid, el impopular Carlos IV reinaba sobre un país al borde de la bancarrota, desangrado por décadas de guerras.[5]

Las invasiones inglesas

El 11 de junio de 1806, los centinelas divisan buques extranjeros, que el virrey Sobremonte se obstina en tomar por naves de contrabandistas. Algunos días más tarde, el comandante del puerto, por parecerle sospechosas las maniobras, alerta al virrey. Pero éste decide pasar la velada en el teatro y entonces se dirige a la *Comedia*. Apenas ha comenzado el espectáculo, el capitán del puerto –Martín Thompson– acude sin aliento: se trata de once fragatas inglesas. Poco después, 1.500 ingleses, comandados por el general William Beresford, desembarcan en Ensenada de Barragán y se dirigen, a través de los pantanos, hacia la capital. Dos días más tarde llegan al puente de Barracas, sobre el Riachuelo. Con una cobardía que evocan todos los manuales escolares de Argentina, el virrey Sobremonte se escapa llevándose el tesoro de la ciudad, abandonando Buenos Aires al desorden de la invasión. Bajo un aguacero, Beresford y sus tropas ascienden la calle Mayor sin encontrar un alma y se instalan sin dificultad en el fuerte.

El ejército de Beresford, disciplinado, vestido con uniformes rutilantes y desfilando al sonido de las cornamusas, impresiona a los patricios porteños. Hasta Mariquita Thompson parece sensible a esa solemni-

---

[4] Sáenz Quesada, 1995, pp. 18-38.
[5] Ibíd., p. 39.

dad marcial, a esos "bellos enemigos" de tan buenos modales. Máxime cuando los invasores traen muebles y "mil objetos agradables" que los porteños se apuran por comprar. Los miembros del cabildo y del tribunal proponen al general inglés una fuerte suma de dinero para que abandone la ciudad de inmediato. Pero Beresford es incorruptible y rechaza el ofrecimiento. Hay que firmar la capitulación, que es redactada por un comerciante español, Juan Mila de la Roca.[6]

Los ingleses bajan los derechos de aduana, medida que rápidamente provoca la adhesión de una parte de los porteños,[7] pero el pueblo, en su conjunto, les permanece hostil. Han previsto remodelar la ciudad, para borrar la huella colonial, que consideran arcaica. Establecen un *Plano de la capital de las colonias inglesas del Río de la Plata,* publicado en Londres; en él se encuentra una zonificación rectangular, pero cortada por diagonales; además, la plaza se ubica en el centro y no ya sobre la ribera. Le Corbusier retomará esta perspectiva.[8]

Las ideas de libertad conquistan a los esclavos, alentados por los negros, ahora libres, provenientes de las Antillas francesas. Cuando quitan la bandera española y la reemplazan por la de Gran Bretaña, muchos creen que su emancipación es inminente y comienzan a rebelarse. Pero Beresford proclama que a ningún amo se le arrebatarán sus esclavos.[9]

Liniers, héroe de la Reconquista

El comandante del puerto de Ensenada donde habían desembarcado los ingleses era un francés originario de Niort, Santiago de Liniers, que se había puesto al servicio de España. Al llegar al Río de la Plata con la flota de Cevallos, había participado en la ocupación de Colonia del Sacramento y había sido nombrado gobernador de las misiones guaraníes, tras la partida de la Compañía de Jesús. Hombre de honor, Liniers se negó a rendirse a los ingleses y se dirigió a Montevideo. Desde allí organizó la reconquista de Buenos Aires, con la ayuda de los porteños patriotas, entre los cuales se hallaban los hermanos Pueyrredón, también ellos de origen francés. Habiendo reunido un batallón,

[6] Sagui, pp. 14-15.
[7] Sáenz Quesada, 1995, pp. 44-45.
[8] Taullard, pp. 94-95.
[9] Studer, p. 321.

pronto desembarcó en el delta del Tigre. Desde entonces, el río de Las Conchas lleva el nombre de Reconquista, y hoy es el curso de agua más contaminado de Buenos Aires.

La contraofensiva fue facilitada por el doble juego de algunas familias de Buenos Aires, que recibían a los ingleses en la ciudad al tiempo que prestaban sus propiedades de los suburbios a quienes organizaban la resistencia. Magdalena Trillo, la madre de Mariquita Sánchez, puso a disposición de las tropas su residencia de San Isidro, pero el regimiento de los gallegos saqueó la casa; algunos años más tarde ella presentó una queja, sin éxito.[10]

Liniers y sus hombres logran abrirse un camino a través de los terrenos desfondados de Chacarita, gracias a la ayuda del pueblo, que arrastra pesadas piezas de artillería. En el norte de la ciudad, Juan Martín de Pueyrredón, a la cabeza de gauchos armados, desafía la guarnición inglesa, que se escuda en la plaza de toros. A falta de uniformes, la milicia toma como emblema dos cintas que, según la costumbre, corresponden a las medidas de la Virgen de Luján. Esta tradición, que se remonta a los primeros tiempos de la conquista, afirma la fuerza mágica contenida en las medidas, o en el peso (de cera), de una estatua de la Virgen. Curiosamente, dicho aspecto arcaico y colonial fue mantenido en la estela conmemorativa erigida en el norte de la plaza San Martín.

El 12 de agosto, Liniers y sus columnas ascienden a lo largo de las calles de la Merced y Catedral-Florida, San Martín y Reconquista, hoy en el corazón de la City. El pueblo lucha con lo que tiene a mano. Esclavos, mujeres y niños, todos son movilizados. El escritor Rafael Obligado salvó del olvido a Manuela la Tucumana, que empuña heroicamente el fusil abandonado por su marido muerto.[11] Una semana más tarde, Liniers desaloja a Beresford del fuerte y ofrece las banderas inglesas a Nuestra Señora del Rosario, en la iglesia de Santo Domingo, donde aún puede vérselas. Las tropas vencidas deben desfilar ante una multitud de mulatos, mujeres, niños y "Orientales", que llegaron para echar una mano a sus vecinos porteños. Inglaterra acaba de padecer una humillación sin precedentes.

Tras las primeras manifestaciones de alborozo, Liniers toma la decisión de distribuir armas a los habitantes, oponiéndose al parecer de So-

---

[10] AGN, Solicitudes civiles, IX-12-9-10, 1809, f. 447.
[11] Obligado y Gálvez, p. 17.

bremonte que, desde Montevideo, recuerda que él sigue siendo el representante de la Corona. Se han formado algunos regimientos, que reagrupan a los hombres según las naciones y las provincias: el de los *Patricios* está constituido por criollos porteños, el de los *Arribeños* por criollos del interior. En cuanto a los españoles, están divididos según su origen regional: catalanes, andaluces, gallegos y cantábricos. Los esclavos y los libertos constituyen la unidad de los *Pardos* y los *Morenos*. El fracaso de las invasiones inglesas va a transformar esas identidades atribuidas por el nacimiento, y algunos peninsulares que se identificarán con la causa patriótica pedirán ser inscriptos entre los Patricios.[12] Hasta los niños –entre ellos el hijo de Liniers– son reclutados. Mientras esperan al enemigo, los chicos de la calle juegan a imitar a los actores de la Reconquista, con pólvora, piedras y bastones.

La ciudad no recupera su calma. Liniers, inquieto por los desórdenes que corren el riesgo de exacerbar las tensiones entre los grupos,[13] prohíbe las reuniones en los cafés, donde se propagan rumores de todo tipo. Se apodera del gobierno un verdadero "ataque" de espionaje, y se sospecha que las casas patricias albergan a espías extranjeros. Todas las reuniones públicas y privadas deben requerir la autorización de la Audiencia.[14] Liniers continúa los preparativos, y la revista general de las tropas que se desarrolla en los campos de Barracas suscita el entusiasmo.

Mientras tanto, Inglaterra prepara su revancha. En febrero de 1807, los ingleses vuelven al Río de la Plata y ocupan Montevideo. Es el fin de la autoridad de Sobremonte, muy disminuida desde su fuga durante la primera invasión. Liniers, nombrado general en jefe de las milicias, convoca una asamblea que destituye al virrey. Es una decisión revolucionaria, y los ingleses tratan de sacarle provecho. En Montevideo, un diario bilingüe, *Estrella del Sur-Southern Star,* se constituye en el portavoz de su propaganda en favor de la libertad de comercio.

A fines de junio los ingleses invaden Buenos Aires por segunda vez. Pero el general Whitelocke desembarca en Ensenada con 8 mil hombres. Liniers se repliega hacia el centro de la ciudad, tras un primer combate en el parque de animales de Miserere, que se convertirá en Plaza Once en 1852. Los ingleses atacan la plaza de toros de Retiro y la

---

[12] Vogel, pp. 111-112.
[13] AGN, IX-8-10-8, Bando del 3 de agosto de 1806, fs. 270-271.
[14] Ibíd., Bando del 18 de febrero de 1807, fs. 299-301.

Plaza Mayor, que resiste. La batalla tiene una violencia extrema alrededor de Santo Domingo. Entre los combatientes se encuentran caudillos de provincia: Martín Güemes, Estanislao López y Juan Bautista Bustos. La sangre corre por los canalones de la vivienda señorial de la Virreina Vieja, en la esquina de las actuales calles de Perú y Belgrano. En la calle Cuyo, las mujeres encaramadas sobre los techos arrojan aceite hirviendo mientras sus hijos lanzan piedras. Un subteniente de caballería, José Antonio Leiva, decide desalojar las banderas inglesas del campanario de la iglesia. Irrumpe a caballo en el convento de los dominicanos, sube a la torre y, para escapar de los ingleses, se arroja al vacío sosteniendo las dos banderas, paracaídas improvisado que amortigua mal que bien el golpe. Sobrevive a ese salto, lo que le significa la admiración del adversario; en 1859, más de medio siglo después, la municipalidad le entregará una condecoración.[15]

Otros habitantes se hicieron ilustres. Por ejemplo, Martina Céspedes, propietaria de una pulpería en Los Altos de San Telmo. Con sus cuatro hijas, mediante la astucia y el alcohol, logra hacer doce prisioneros ingleses. O incluso, ese viejo picador, de más de 60 años, que, so pretexto de invitar a beber a los ingleses, los emborrachaba y los mataba; la muerte lo alcanzará dos años más tarde, en la forma de un toro.[16] Algunos negros, esclavos y libres, unieron sus esfuerzos contra el invasor. En la exaltación de la lucha, algunos amos prometieron la libertad a sus esclavos, como Hilario Armando, que se unió a la compañía de los pardos, con "el deseo de sacrificar su vida, como tantos otros que hoy se ven mutilados con tanto honor y gloria, antes que sobrevivir a la desgracia de ver la Patria entregada a una dominación extranjera y enemiga".[17]

Para celebrar la victoria, el cabildo organiza un banquete en el cuartel de los Catalanes. La alegría invade al pueblo, que se había quedado en la calle, y desde el balcón se lanzan monedas a la muchedumbre que invadió la plaza; luego se distribuyen golosinas y cuatro odres de vino.[18] Durante todo el siglo XIX y una parte del XX, el 7 de julio, día de la rendición de Whitelocke, será decretado fiesta nacional. Los lugares que fueron el escenario de los enfrentamientos más decisivos cam-

---

[15] Obligado y Gálvez, pp. 33-36.
[16] Haigh, p. 28.
[17] AGN, Gobierno, IX-13-1-5, Solicitudes de esclavos, sept. 1808.
[18] Porro, Astiz y Rospide, p. 291.

bian de nombre: la Plaza Mayor se vuelve la Victoria, y el Retiro, de donde partió el movimiento de reconquista, el Campo de Gloria. En homenaje a la ayuda de negros y mulatos, la Plaza Monserrat se llama un tiempo Plaza de la Fidelidad. Finalmente, la de la Piedad cambia por Plaza Lorea, en recuerdo de Isidoro Lorea, muerto por los ingleses con su esposa.[19]

Estos acontecimientos provocaron una inmensa emoción en todo el sur del continente. Las ciudades del Perú y el Alto Perú envían felicitaciones al gobierno; la de Oruro dona a Buenos Aires una gran placa de plata con una inscripción en oro macizo en honor a la población victoriosa y al patriota Liniers. La víspera de Navidad de 1807 fue transportada sobre un carro triunfal desde el consulado hasta el cabildo, donde tres salvas de artillería saludaron la entrega del objeto.[20]

Una situación irreversible

La retirada de los ingleses sólo trajo una tranquilidad relativa al Río de la Plata. Los trastornos que sacudían la península ibérica encontraban en Buenos Aires un eco tanto más intenso cuanto que la Reconquista había politizado la capital. Carlos IV había abdicado en favor de su hijo Fernando VII. Napoleón había invadido España y depuesto al joven rey, reemplazándolo por su propio hermano, José Bonaparte, ridiculizado por los españoles con el nombre de "Pepe Botella". La población de Madrid se había sublevado contra los invasores, y por los cuadros de Goya sobre las matanzas del 2 de mayo se conoce la dureza de la represión que de ello resultó. Pero la Andalucía había resistido, y el gobierno de España estaba provisionalmente garantizado por la Junta central, reunida en Sevilla; ésta centralizaba las asambleas de notables que se habían constituido en todas las grandes ciudades. La resistencia contra el usurpador se organizó: diputados de los reinos americanos, como el porteño Bernardino Rivadavia, fueron designados como representantes de Buenos Aires en la Junta central.

La incertidumbre del desenlace político en España no puede dejar indiferentes a los virreinatos americanos. En Buenos Aires, donde Liniers

---

[19] Pilar González Bernaldo, comunicación presentada en la AFFSAL, París, 1992.
[20] Saguí, pp. 101-102.

fue nombrado virrey interino, las divisiones se profundizan. Muy popular tras la reconquista de la ciudad, Liniers es sostenido por los criollos, representados por el regimiento de los Patricios. Una vez alejada la amenaza de los ingleses, otro héroe de la Reconquista, el español Martín de Álzaga, quiere forzar al nuevo virrey a reducir las milicias criollas, que representan una amenaza para los peninsulares. Liniers rehúsa y hace fracasar un complot en enero de 1809. Álzaga y sus cómplices son encarcelados.

Los negociantes españoles, defensores del monopolio comercial, se oponen a los criollos, partidarios del libre comercio. Entre éstos, Belgrano, Pueyrredón, Paso y Moreno, que durante un tiempo piensan en ubicar sobre el trono del Río de la Plata a la princesa Carlota, hermana de Fernando VII y esposa del regente de Portugal. Otros criollos más radicales, como el abogado Juan José Castelli, aspiran a proclamar la República, según el modelo francés. Para muchos españoles, los criollos son rebeldes; los porteños, en revancha, tratan a los peninsulares de *gallegos, sarracenos, maturrangos*.[21] Sin embargo, no todos los españoles sostienen la monarquía, y algunos liberales emigran al Río de la Plata para unirse a los patriotas. Los francmasones son partidarios de la independencia; los tradicionalistas, propietarios de estancias, como León Ortiz de Rozas, quieren la libertad de comercio sin cambiar las instituciones.

En julio de 1809, un nuevo virrey designado por la Junta de Sevilla, Baltasar Hidalgo de Cisneros, desembarca en el Río de la Plata. Liniers, legitimista, se inclina ante él. Cisneros está dispuesto a hacer concesiones a los negociantes criollos. Sin embargo, al poner en libertad a Álzaga y los conspiradores, muestra que la autoridad sigue siendo ejercida por España, aunque el reino esté privado de su legítimo rey. Pero ya la situación se le escapa. Algunos libelos incitando al pueblo a la rebelión circulan en el Alto Perú y Lima. Aluden a la revolución abortada de Tupac Amaru y la atribuyen a las desavenencias de la oposición: "Que de la Tierra del Fuego al golfo mexicano no se oiga más que un solo grito: '¡Emancipación!' ¡Ya es hora de enarbolar la bandera de la libertad!". Estos textos inflamados fueron redactados en Buenos Aires, en una escuela dirigida por un tal Francisco Argerich, quien emprende la fuga, pero detienen al ejecutante, un alumno, Juan Bautista

---

[21] Wilde, p. 76.

Peña, que copiaba las proclamas enviadas del Perú por Rivadavia, Moreno y Belgrano.[22]

Un grito de libertad

A comienzos de 1810, la Junta de Sevilla es reemplazada por un Consejo de regencia. Los criollos se niegan a jurarle fidelidad, pues ese Consejo, a su juicio, sólo representa los intereses de los comerciantes de Cádiz. El 21 de mayo de 1810, Cornelio Saavedra –un descendiente de Hernandarias– dirige una carta al virrey Cisneros en nombre de los patricios porteños explicando su rechazo, ya que algunos desean convocar a una asamblea de todos los vecinos para discutir la situación española. Los criollos más conservadores proponen formar una junta presidida por Cisneros. Pero el 25 de mayo, los más progresistas, partidarios de Mariano Moreno, como Antonio Beruti y Domingo French, a la cabeza de seiscientos hombres armados, rodean el cabildo gritando: "¡El pueblo quiere saber de qué se trata!" Ese grito, surgido en la Plaza de la Victoria, será repetido por todos los escolares de la Argentina. Luego de esta jornada decisiva se proclama una junta revolucionaria presidida por Cornelio Saavedra; ésta no reconoce ya la autoridad de España e invita a los cabildos de las provincias del "interior" a enviar diputados.[23] Más allá de las trivialidades de las historias oficiales, puede imaginarse el vértigo que acompañó ese grito de libertad, el primero de toda la América hispánica, luego del de Caracas. Llovía torrencialmente, y la plaza estaba cubierta de paraguas negros: tal es, en todo caso, la imagen que la escuela primaria enseñó a los argentinos.

Las noticias de la secesión de Buenos Aires no llegan a Europa sino algunos meses más tarde. El *Times* la anuncia el 7 de agosto, y el día siguiente el *Morning Herald*.[24] Cádiz lo sabrá unos quince días más tarde. En septiembre, las Cortes, donde ahora sesionan diputados de todas las provincias españolas –incluidas las de ultramar–, reiteran su

---

[22] Obligado y Tagle, pp. 44-47.
[23] Se trata, pues, de la Primera Junta, presidida por Cornelio Saavedra, y cuyos miembros son los criollos Manuel Belgrano, Miguel de Azcuénaga, Juan José Castelli, Manuel Alberti, Juan José Paso y Mariano Moreno, además de dos españoles, Domingo Matheu y Juan Larrea.
[24] Heredia, p. 14.

fidelidad a Fernando VII y la nulidad de la cesión de la Corona a Bonaparte, y declaran que se hallan en posesión de la soberanía nacional y que los derechos naturales de los ciudadanos son imprescriptibles.[25]

En Buenos Aires, con el correr de los meses, el "movimiento de Mayo" se radicaliza. El cabildo reimprime el *Tratado de las obligaciones del hombre,* para que sirva de manual escolar. Mariano Moreno se convierte en secretario de la Junta y se encuentra a la cabeza del grupo de los jacobinos. Redacta un prefacio al *Contrato social* de Jean-Jacques Rousseau, donde rinde homenaje al filósofo que disipó las brumas del despotismo. Pero algunos pasajes contra la religión se suprimen de la traducción; el pueblo, consideran, todavía no está maduro para comprender estas ideas. Finalmente, la impresión es diferida porque "el libro no era de utilidad para la juventud, y podía serle perjudicial".[26]

Moreno predica una política de rigor contra los peninsulares, a quienes acusa de ser contrarrevolucionarios, y propone la confiscación de sus bienes. Sus ideas son difundidas por la *Gazeta de Buenos Aires,* que se preocupa por definir lo que se entiende por "patriota" en un "catecismo militar", redactado por un hijo adoptivo de la nación, un español convertido a las ideas republicanas. En un sentido amplio, "patriota" es el equivalente de "patricio", y, por lo tanto, de criollo. Pero para los más radicales, los patriotas son todos aquellos que comparten sus ideales, aunque no hayan nacido en el Río de la Plata. De hecho, la revolución apunta a transformar las identidades heredadas del Antiguo Régimen. Aparece una nueva categoría, la que designa a los miembros de la nueva nación, encarnada en las ideas liberales. Pone el acento en la índole individual del lazo con el Estado. Los españoles se vuelven extranjeros, del mismo modo que los otros europeos, e incluso más, pues son sospechosos de sostener la contrarrevolución monárquica. Sin embargo, la bandera española sigue flotando por encima de la fortaleza en agosto de 1813.[27]

El jacobino Castelli redacta una lista de los enemigos de la revolución: los que tienen bienes, una familia y una *madama,* o, en otras palabras, una amante, hijos legítimos y bastardos, dependientes, amigos, en suma una clientela. Pero no todos comparten sus posiciones radicales. De hecho, ciudadanía y nacionalidad no son dos nociones inter-

---

[25] Verdo, pp. 40-46.
[26] Brading, pp. 552-553; Ensinck, p. 410.
[27] Vogle, pp. 113-114, p. 129.

cambiables. El pueblo soberano sigue representando una minoría, ya que el ciudadano debe estar casado, poseer bienes, un comercio o propiedades y ser instruido. Constituye el núcleo representativo de los antiguos vecinos, "gente decente", por oposición a la plebe, a las clases bajas, que pertenecen a la nación. Tanto en Buenos Aires como en otras partes, la "lógica patricia" apunta a conservar el poder, al tiempo que mantiene ante la nación una legitimidad política y social.[28]

Retirado en Córdoba, Liniers vitupera contra los liberales y teme por su suerte. Siempre legitimista, se opone ferozmente al jacobinismo de Moreno. "Mi situación es escabrosa", escribe a su amigo Vicente Anastasio Echevarría, a quien confía su intención de abandonar el país a bordo de una nave inglesa hasta Madera, y, desde allí, llegar a la península. También se inquieta por el destino de su amante, Ana María O'Gorman, "la Perichona", caída en desgracia, y teme que sea descubierta por el nuevo "Robespierrre": "Luego de haber sido cortejada por mucha gente, ahora era despreciada por todos". Por su amigo le hace llegar algunas cosas. La joven parte hacia Brasil, acompañada por su numerosa familia; al cabo de varios meses vuelve al Río de la Plata y se refugia en una propiedad del Sur, donde espera el fin de la tormenta revolucionaria.[29] Los temores de Liniers eran fundados. Algunos meses después de la revolución de Mayo, lo acusan de fomentar una contrarrevolución y querer retomar el control de Buenos Aires. La Junta envía a Juan José Castelli a la cabeza de tropas para apresarlo. El héroe de la Reconquista es apresado en Cabeza de Tigre, al norte de Córdoba, y ejecutado por traición a la patria. El jefe del pelotón de ejecución es Domingo French.

Los primeros tiempos de la revolución son crueles, tanto para los opositores como para los tibios. El "grito de Mayo" produjo una situación irreversible, y, en la misma medida, también España parece a la deriva. La Plaza de la Victoria, que había recibido a los patriotas del cabildo, durante algún tiempo se convierte en la escena de espectáculos trágicos. A comienzos de diciembre de 1811, un motín estalla en el seno de los Patricios, el regimiento favorito del pueblo, y engendra una represión sangrienta. El motivo parece banal: el regimiento conservó privilegios del Antiguo Régimen, como el que tienen los oficiales de llevar

---

[28] Guerra, pp. 19-54; Verdo, pp. 54-55.
[29] Cartas de Liniers (1809-1810), en BN 348 (fondos de la AGN), Nº 5915-5918, 5921, 5923.

una coleta a la antigua; Manuel Belgrano, queriendo modernizar el cuerpo, ordena por decreto la supresión de este peinado, pero varios oficiales resisten; los que fomentaron los disturbios son condenados a la degradación, y hay varias ejecuciones públicas. Un año más tarde a Martín de Álzaga, tras una tentativa abortada de golpe de Estado realista, le toca el turno de ser fusilado en la plaza.[30] La revolución barrió a los dos héroes de las invasiones inglesas, reuniendo a título póstumo al ex alcalde de Buenos Aires y al virrey Liniers.

Luego del fervor de las jornadas de Mayo, la Junta decide exportar las ideas de libertad hasta los confines del antiguo Virreinato del Río de la Plata. Juan José Castelli, nombrado representante plenipotenciario del gobierno de Buenos Aires, llega con sus hombres al Alto Perú. Ante las ruinas de Tiahuanaco, el 25 de mayo de 1811, fecha del primer aniversario de la revolución, el general Balcarce, de los ejércitos de Buenos Aires, pronuncia un discurso redactado por Castelli, aboliendo el tributo indígena. En esta declaración, el abogado porteño, hijo de un boticario veneciano, reivindica una identidad común a todos los "americanos", que se arraiga en el pasado prehispánico: "Escuchad el clamor de esos restos postreros del esplendor de nuestros antepasados, y vengad su memoria ultrajada hasta en esos monumentos de su grandeza. Que nada os detenga: entre vuestras manos tenéis la libertad de la patria y el destino de las generaciones venideras".[31] El período colonial ha sido tachado de la historia.

Otras sorpresas, no menos exaltantes, esperan al embajador de la revolución de Buenos Aires. Algunos meses después de la proclama inflamada de Tiahuanaco, una sublevación estalla en la región de Huánuco, en el Perú, donde los indios reivindican a un "rey Castel", que no es otro sino el ministro de la Junta. Castelli, según algunos, debía designar a un Inca como rey del Perú o bien, según otros, ser nombrado Inca él mismo.[32] Los proyectos de Castelli se habían deslizado en los sueños de liberación de las comunidades desprovistas, inspirándose en el recuerdo de Tupac Amaru.

Pero la estrella de Castelli se extingue. Atacado por un cáncer de lengua –precisamente él, que fue el orador de la revolución– y responsabili-

---

[30] Lafuente Machain, 1962, pp. 11-12.
[31] Demelas, p. 334.
[32] Ibíd., pp. 38-39; pp. 191-197.

zado por la derrota militar contra los españoles en Guaqui, vuelve a Buenos Aires extenuado e impugnado. En el seno de la Junta, los conservadores tomaron la delantera y Mariano Moreno tuvo que dimitir. En 1811 Moreno se embarca hacia Europa y muere en alta mar, según algunos rumores, envenenado. Su adversario Cornelio Saavedra, convertido en presidente de un triunvirato, pronuncia en esa ocasión una frase que se hizo famosa: "¡Se necesitaba tanta agua para apagar tanto fuego!". Al año siguiente, a ejemplo de España, Buenos Aires se otorga una Constitución, redactada por Bernardino Rivadavia. Ésta respeta las libertades civiles, propone una reforma de la educación, y prohíbe la introducción de esclavos en el Río de la Plata, teniendo en cuenta los "derechos de la humanidad afligida". Las ideas de Moreno no fueron sofocadas.

En ese mismo año de 1812 se crea un "regimiento cívico" compuesto de *pardos* y *morenos libres*. Al año siguiente, la Asamblea constituyente, que reemplaza el efímero triunvirato, declara la "libertad de vientres" para todos los hijos nacidos de padres esclavos luego del 31 de enero de 1813 y evoca para los otros una emancipación a mediano plazo. Esos liberados en potencia constituyen el grupo de los *libertos*. La medida se aplica también a los esclavos que lleguen al territorio del Río de la Plata, pero ante las protestas del Brasil, la Asamblea debe dar marcha atrás; por lo tanto, excluye de la emancipación a los fugitivos y los que vengan con sus amos. El 23 de mayo, los instrumentos de tortura de la Inquisición son quemados.

La revolución suscita una ola de naturalización entre los partidarios extranjeros. Españoles, portugueses, anglosajones y franceses ganados por las ideas liberales eligen hacerse argentinos. Algunos son héroes de la patria, como el irlandés William Brown, que transportó armas y provisiones para los revolucionarios de una orilla a otra del río, y fue nombrado almirante de la flota argentina. Él recupera la isla Martín García e inflige un serio revés a la flota española.

Las fuerzas conservadoras quieren transferir a los criollos los privilegios de que gozan los administradores y comerciantes españoles, mientras que los francmasones rompen con las tradiciones católicas. Pero el tema principal del enfrentamiento entre Buenos Aires y las provincias del interior es la aduana, ya que las provincias, que poseen propiedades muy extensas, querrían vender directamente sus productos sin pagar tasas en el puerto. A estas tensiones se añaden los progresos de la contraofensiva española en el Alto Perú. Luego de algunos reveses, Manuel

Belgrano logra contener el avance español en Tucumán. Por primera vez, una bandera independiente con los colores celeste y blanco flota sobre un campo de batalla. El poder central se disgrega.

Luego de Mariquita Sánchez, otras mujeres desafiaron las convenciones en nombre del amor. María Josefa Ezcurra, casada con uno de sus primos españoles, y proveniente de una familia tradicionalista, deja a su marido para unirse a Manuel Belgrano en Tucumán. Su unión fue apasionada pero de corta duración. Encinta, María Josefa vuelve a Buenos Aires para el parto. Confía el niño a su hermana Encarnación, que, haciendo caso omiso de las prohibiciones familiares, acaba de desposar a un joven estanciero, Juan Manuel de Rosas; el niño llevará el nombre de Pedro Rosas y Belgrano.[33]

Angelita Castelli, la hija del revolucionario, tampoco recibió la autorización paterna para desposar a un partidario de Saavedra, adversario político del tribuno, y se escapó con su novio. Las bodas se efectuaron, pero la joven fue detenida y su marido condenado al exilio. Las damas porteñas pudieron conmover al triunvirato y obtener el perdón para la joven pareja. Esta historia tuvo muchas repercusiones y *El grito del Sur* encaró el tema de los matrimonios contrarios a la voluntad paterna. "Trescientos años de esclavitud y de tinieblas bastan para exaltar a los americanos y despreciar el despotismo de los antiguos agresores, pero las desdichadas mujeres deberán callarse, aunque vean que no se toma ninguna medida para su educación".[34]

Símbolos de la nación

El grito del Sur era un pliego publicado por la Sociedad Patriótica. Este grupo, fundado por Bernardo de Monteagudo, a imagen del que existía en Caracas, organizaba reuniones en el *Café Marcos,* cerca del cabildo y cuartel general de los partidarios de Moreno. Uno de sus miembros más activos era Martín Thompson, siempre capitán del puerto de Buenos Aires pese al cambio de régimen.

La Sociedad consideraba al triunvirato demasiado blando y se negaba a mantener la ficción de una adhesión a Fernando VII. Para celebrar el

---

[33] Sáenz Quesada, 1991, pp. 52-53.
[34] Sáenz Quesada, 1995, p. 53.

triunfo de Belgrano sobre los ejércitos realistas, organizó un gran baile en casa de los Thompson. Entre los invitados se hallaban el general Antonio Balcarce –el que había proclamado el fin del tributo en Tiahuanaco– y el militar José de San Martín, acompañado por su prometida, Remedios de Escalada –la sacrificada Remeditos, también ella una mujer mítica de la historia argentina–; en el centro del salón que reunía a la elite de los patriotas, Mariquita, la heredera de la fortuna de Sánchez de Velazco.

De manera más secreta, la independencia se preparaba en la logia masónica *Lautaro*, creada por José de San Martín, militar de carrera que había estudiado en España y brillado contra las tropas de Napoleón. Sus locales lindaban con el muro del convento de Santo Domingo.[35] La primera acción pública de los militares de la logia fue destituir al triunvirato de sus funciones y nombrar una Asamblea constituyente. A ejemplo de Belgrano y Castelli, San Martín era partidario de exportar la revolución de Mayo a toda América del Sur, y de echar definitivamente a los españoles del continente, solicitando el apoyo de Gran Bretaña. En Retiro, en la plaza de toros transformada en cuartel, San Martín preparaba a los soldados de su ejército, el regimiento de los granaderos a caballo. En San Lorenzo, convento franciscano en el norte de la actual Rosario, San Martín logra detener una incursión española. Los libros de historia destacan de esta batalla el gesto heroico del tambor Cabral, que dio su vida para salvar la del *Libertador,* repitiendo sobre las orillas del Río de la Plata el gesto de Bara, salvador de Bonaparte.

Para preparar la independencia, los revolucionarios necesitan símbolos. La jornada del 25 de mayo es decretada fiesta nacional. En esta ocasión, Ambrosio Morantes presenta un melodrama, *El veinticinco de mayo*. Se compone un himno nacional. La música, más cercana al minué que al canto guerrero, es compuesta por Blas Parera en el piano de Mariquita Sánchez, con letra de Vicente López y Planes. El himno, a la gloria de las Provincias Unidas del Sur, donde "el gran pueblo argentino" es aclamado por todos los pueblos libres de la tierra, habla del sordo ruido de rotas cadenas y grita el nombre de la Libertad. Los niños lo cantarán todas las semanas y será entonado al comienzo de todas las representaciones teatrales para inflamar el patriotismo del público. Según la leyenda transmitida por la familia Thompson y alternada por el escritor Pastor Obligado, el himno se tocó por primera vez en

---

[35] Mamonde, pp. 19-21; Lafuente Machain, 1978, p. 34.

casa de Mariquita Sánchez de Thompson. ¿Quería apropiarse la clase patricia de los símbolos nacionales? Verdadera o no, esta versión es comúnmente aceptada por la historia oficial: es la que representa un cuadro de Pedro Subercasseaux, expuesto en el Museo Histórico Nacional de Buenos Aires, donde puede verse a Mariquita, vestida a la Joséphine de Beauharnais, que se dispone a cantar el himno en un salón adornado de lámparas, espejos y colgaduras.[36]

Los mestizos de la plebe representaron un gran papel en los acontecimientos revolucionarios, y muchos obtendrán su libertad. Una violenta reacción antiespañola es la consecuencia, más fuerte todavía que el efímero sentimiento antiinglés tras las invasiones. La ruptura con España está marcada simbólicamente por la exaltación de la figura del gaucho por el poeta Bartolomé Hidalgo, padre de un género literario que triunfará varias décadas más tarde. A él se le deben una gran cantidad de *cielitos,* esas canciones populares de los alrededores de Buenos Aires que se burlan de los españoles. Entre 1810 y 1816, esos estribillos donde se mezclan muchas expresiones portuguesas evocan con desprecio a los metropolitanos, *maturrangos, godos* y *gallegos* (la última palabra designa a todos los españoles del Río de la Plata, sean o no originarios de Galicia).[37]

Para conmemorar el primer año de la libertad, un artesano mulato, Pedro Cañete, erige una pirámide de ladrillos en el centro de la plaza, cuya forma, instrumentos y materiales plasman los símbolos francmasones. Es el primer monumento de la América hispánica erigido en honor de una nación independiente. En la segunda mitad del siglo XIX, la pirámide, truncada sobre su pedestal, será coronada por una estatua de la Libertad de un aspecto resueltamente republicano.[38]

San Martín, "agente del destino"

Sin embargo, los fervores revolucionarios de los porteños van contra la corriente. Tras la derrota de Napoleón, Fernando VII recupera su trono, y su primer gesto es derogar la Constitución de 1812. ¿Recuperarán

---

[36] Sáenz Quesada, 1995, pp. 52-53.
[37] Bossio, pp. 87-91.
[38] Ensinck, pp. 413-414. A título comparativo, observemos que el himno nacional de México fue compuesto en 1854 (Gruzinski, 1996, p. 63). El arquitecto que hizo erigir la pirámide era Prilidiano Pueyrredón, hijo del Director Supremo.

Buenos Aires los españoles? Los porteños pueden temer un vuelco de la situación, máxime cuando la "arrogante" capital debe hacer frente a conflictos con las provincias del interior, las que ven con mala cara el incremento de la influencia de la ciudad. En la vecina Banda Oriental, el caudillo José Gervasio Artigas promovió una secesión y la Asamblea constituyente recusó a sus diputados, a quienes consideraba "federalistas".

Nombrado gobernador intendente de Cuyo, región cercana a la cordillera, San Martín se aleja de Buenos Aires. A partir de este momento se convertirá en "el instrumento accidental de la justicia y un agente del destino". Mientras el general concibe un proyecto de liberación a escala continental, Buenos Aires, según el ejemplo francés con algunos años de retraso, se asigna un Directorio. La obstinación de San Martín de propagar el mensaje de la libertad ahora parece irrealista, pues el gobierno se orienta con resolución hacia una política más conciliadora, hasta conservadora, buscando la mediación de Gran Bretaña para negociar con España.

Pero el movimiento autonomista y patriótico se desarrolla en las provincias. Pronto el Directorio es destituido de sus funciones y el 9 de julio de 1816, en Tucumán, un Congreso proclama la independencia de las Provincias Unidas del Río de la Plata. Una vez más, los porteños logran desbaratar las estrategias provinciales. Las regiones del litoral se niegan a participar en el Congreso, considerando demasiado importante el peso de Buenos Aires, pero el Alto Perú envía representantes. Paraguay, cuyo destino siempre estuvo asociado al del Río de la Plata, se separa de Buenos Aires a partir de 1811 proclamando su propia junta. Bajo la férula de José Gaspar Rodríguez Francia, el país cierra sus fronteras. El Congreso de Tucumán discute el sistema de gobierno que regirá la nueva confederación. La idea de instaurar una monarquía constitucional es nuevamente evocada, sin mucho éxito. La República también tiene sus partidarios, y algunos patriotas muy prestigiosos como Manuel Belgrano piensan en proclamar un rey autóctono, que sería elegido entre los descendientes de la dinastía de los incas. ¿Cómo no evocar la sombra de doña Juana Ortiz de Zárate, la nieta de Manco Inca?

La epopeya de San Martín se ubica precisamente en este contexto agitado de proclamaciones de las Provincias Unidas. Será él quien asestará el golpe definitivo a España que, por el momento, recuperó el control del continente con excepción del Río de la Plata. El general decide golpear en Chile, lo que constituye un peligro para el Río de la Plata. Visto desde Buenos Aires, su proyecto parece poco creíble. ¿Cómo el ejército de los Andes, formado en Cuyo por San Martín, lograría cruzar la cordillera y vencer al ejército español? Y sin embargo, la noticia de la increíble victoria de San Martín en Chacabuco, Chile, llega a Buenos Aires gracias a dos jinetes que cabalgaron durante catorce días: las tropas de la confederación argentina lograron engañar la vigilancia de los españoles y atravesaron la cordillera a través de pasos tan altos que, a pesar del verano, muchos soldados sucumbieron al frío. Un inglés llamado Samuel Haigh, que había partido para unirse a San Martín, fue el primer reportero de las guerras revolucionarias.[39]

El héroe de Chacabuco hace una entrada triunfal en Buenos Aires, bajo cuatro arcos levantados para la ocasión. En cada uno de ellos, una "Celebridad", vestida suntuosamente, avanza al encuentro del héroe y le pone sobre la cabeza una corona de flores. La ciudad resplandece, la muchedumbre es entusiasta. Pero cuando el general solicita fondos para comprar barcos y liberar a Perú, último bastión de España en América del Sur, el gobierno no se compromete.

La victoria de Maipú, lograda por San Martín un año después en Chile, tampoco basta para arrastrarlo al combate final. El gobierno desea que el ejército de los Andes se vuelva contra las provincias del Litoral y la Banda Oriental, que no aceptan la autoridad de la capital. Pero San Martín se niega a dividir sus tropas y marchar contra Estanislao López y Francisco Ramírez, respectivamente caudillos de Santa Fe y de Entre Ríos. Este rechazo le ganará la antipatía de los partidarios de la unidad nacional, a pesar de sus éxitos. Tras una campaña difícil, San Martín libera el Perú en 1821, se encuentra con Simón Bolívar en Guayaquil y, luego de esta entrevista, renuncia a los honores y se exila en Europa. Del otro lado del Atlántico, el ejército de los Andes será comparado a la gesta napoleónica, y las batallas de Chacabuco y Maipú revivirán bajo el pincel de Géricault, a quien también debemos los retratos ecuestres de los dos libertadores argentinos, Belgrano y San Martín.

Buenos Aires, cuna de la "argentinidad"

La victoria de Buenos Aires sobre Inglaterra despertó la curiosidad de Europa por esta ciudad austral. Algunos viajeros ingleses, como los

---

[39] Haigh, pp. 22-25.

hermanos Robertson, redactan una obra sobre el Río de la Plata y las regiones interfluviales, *Letters of South America*. Samuel Haigh, el inglés que siguió a San Martín, encuentra la ciudad desordenada e "inacabada", con excepción de las calles cercanas a la Plaza de la Victoria. Las iglesias, que están siempre llenas, fueron despojadas de sus ornamentos desde la revolución de Mayo, pero la ciudad le parece más moderna que la vieja España, y los modales de los habitantes –es decir, de los burgueses porteños– semejantes a los de los londinenses o parisinos. Como todos los viajeros que lo precedieron, Samuel Haigh está entusiasmado por la belleza de las mujeres, la pequeñez de sus pies, la opulencia del pelo y sobre todo por su actitud acogedora para con los extranjeros, que en ocasiones se presta a confusión.

Los hombres también están bien vestidos, a la moda de las grandes ciudades de Inglaterra o Francia. Nuestro viajero los encuentra generosos pero un poco imbuidos de sí mismos. Esto le parece excusable, pues esta nación, más que ninguna otra de la América hispánica, contribuyó al poder español. Las naciones vecinas los tratan de frívolos, y Haigh añade que tal vez los porteños no son muy queridos aunque sean "en general superiores en talento y cultura a los otros habitantes".[40] La reputación de arrogancia de los habitantes de Buenos Aires no hará sino crecer con el correr de las décadas.

Las clases populares participan en la euforia posterior a los primeros tiempos de la revolución. Por los modales y el aspecto físico, los humildes se distinguen de los burgueses europeizantes descriptos por los viajeros ingleses. Éstos se sienten impactados por el contraste entre los carros conducidos por mestizos, que insultan a su caballo y circulan sobre la calzada salpicando de barro a los caminantes, y las calesas elegantes de las damas "de la sociedad". Un acuarelista británico, Emeric Essex Vidal, es sensible al folklore rural del Río de la Plata; sus dibujos, publicados en *Picturesque Illustrations of Buenos Aires and Montevideo* en 1820, hacen conocer en Europa un modo de vida donde los aspectos más arcaicos alternan con un refinamiento digno de las grandes capitales del Viejo Mundo.[41]

Con la liberalización del comercio, las *bandolas* de la Plaza de la Victoria ofrecen a los porteños artículos manufacturados en Inglaterra,

---

[40] Ibíd., pp. 21-25.
[41] Taullard, pp. 92-95.

Francia, y hasta en China e India. Una nave proveniente de Gran Bretaña atraca en Buenos Aires con un cargamento importante de orinales de porcelana, adornados en el fondo con las insignias de la nueva nación. El fabricante creyó oportuno añadir el símbolo de la patria, pero cuando el administrador de la aduana lo descubre sobre un objeto tan inconveniente, hace destruir todas las piezas.[42]

Pese al estado poco atractivo de las calles –los empedrados de Vértiz sólo cubren las cuadras alrededor de la plaza– la ciudad posee una animación poco común. Buenos Aires cuenta con cerca de 100 mil habitantes. En 1815, en la época de los disturbios revolucionarios, el padre Castañeda creó una academia para preparar a las jóvenes generaciones en el dibujo industrial. El año en que los portugueses vuelven a ocupar Colonia del Sacramento, un grupo de hombres de letras, entre los cuales se encuentran Esteban de Luca y Santiago Wilde, funda en Buenos Aires la *Sociedad del buen gusto en el teatro*. Las turbulencias políticas que siguieron al derrumbe del Imperio francés condujeron al Río de la Plata a científicos comprometidos con Napoleón. Aimé Bonpland, naturalista y director de los jardines de Joséphine de Beauharnais, dirige así al director supremo una carta donde invoca su deseo de fijarse en América, su "amor por el país y los esfuerzos que no escatimó para contribuir a su prosperidad, las muestras de semillas y plantas útiles". Desea comprar la vasta propiedad de los Bethlemitas, cerca de la ciudad, para instalar en ella sus colecciones de plantas. Esta residencia, situada del otro lado del *hueco* de Juan Antonio Lezica, pertenece al convento. El aparcero que la ocupa y sus nueve hijos son echados sin miramientos. Las ideas revolucionarias de Castelli y Moreno parecen haberse desvanecido.[43]

La casa de los Thompson permanece abierta para esos expatriados; en 1940, otras familias porteñas recibirán de igual modo a los refugiados españoles. Bonpland da lecciones de piano a uno de los hijos de Mariquita. El artista suizo Joseph Guth se instala en el primer piso de la vivienda para recibir a estudiantes de dibujo. Otras personalidades, provenientes del Viejo Mundo, participan en las tertulias y divierten a la asistencia contando anécdotas sobre los grandes de ese mundo, como

---

[42] Haigh, p. 30.

[43] AGN, Gobierno, IX-23-8-6, Expediente obrado sobre la venta a M. Amado Bonpland de la quinta de los padres Belermos, 1817, f. 52.

Magdalena Alcain; esa bella aragonesa fue dama de honor de Letizia Bonaparte y de Pauline, y asistió, vestida con un traje de hombre, a los adioses de Napoleón tras la derrota de Waterloo; el Emperador le entregó algunos miles de francos y una carta para su hermano José –el famoso "Pepe Botella"– exiliado en los Estados Unidos.[44] Estas historias dan a los porteños el sentimiento de estar "a la moda".

Corsarios de la revolución

Muchas naves corsarias, matriculadas en Buenos Aires pero provenientes de los Estados Unidos, como el *Mamoth* y el *Blooded Yankee,* abordaban buques que arbolaban bandera española y vendían los cargamentos tomados en la ciudad.[45] José Joaquín de Almeida, originario de las Azores pero de nacionalidad americana, se hizo argentino; en 1818 era capitán de un buque de tres palos, el *Congreso de Buenos Ayres.*[46] El derecho de corso, que se practicaba desde 1815, fue autorizado por decreto en noviembre de 1816, y será abolido en 1821. La ciudad, por intermedio de los piratas, difundía su nombre y su banderín celeste y blanco por todos los mares del mundo.

Entre estos corsarios, uno de los más famosos es Hippolyte Bouchard –el capitán "Buchardo"–, un francés de Saint Tropez que se encuentra en Buenos Aires en 1810. Como muchos otros, Bouchard se unió a los patriotas, se hizo argentino y hasta participó en el combate de San Lorenzo al lado de San Martín. Habiendo partido de Buenos Aires en 1815 para unirse a la flota del almirante Brown a la altura de Guayaquil, se apodera de una fragata española frente al Callao y vuelve al puerto de Buenos Aires, donde la nave es rebautizada la *Argentina*. Bajo su mando, la fragata, cuya tripulación está compuesta de criollos –entre los cuales se halla Miguel Borges, antepasado del escritor– y marinos de todas las nacionalidades, se hace a la mar, luego de un motín provocado por el exceso de alcohol, al grito de: "¡Viva la patria!". En Madagascar, Bouchard desmantela una nave negrera; a la altura de las Filipinas, acecha en vano la flota española, diezmada por

---

[44] Sáenz Quesada, 1995, p. 75.
[45] Haigh, p. 30.
[46] Vogel, p. 109.

los corsarios de la América del Norte. El pabellón argentino flota en los mares de Java y de Borneo, a la altura de las Marianas, pero el tráfico entre Manila y Acapulco está interrumpido desde hace tiempo. En agosto de 1818, la *Argentina* fondea en el archipiélago de las islas Sandwich. Desde hace treinta años reina sobre esas islas el soberano Kameha-Meha, apodado "el Pierre le Grand de los mares del Sur", quien adquiere una corbeta, la *Chacabuco,* que algunos corsarios argentinos le vendieron a cambio de dos barricas de rhum y 600quintales de sándalo. Bouchard logra recuperar la nave, borrando así el deshonor padecido por la bandera argentina. Reembolsa al rey maorí y firma con él un tratado de paz y comercio: Kameha-Meha es el primer jefe de Estado que reconoce la independencia de las Provincias Unidas del Río de la Plata.[47]

Retorno a la pampa

El inicio de la independencia está marcado por un alza del precio de la carne, objeto de especulaciones. Uno de los actores de estos cambios es un joven terrateniente, Juan Manuel de Rosas, que pasó una gran parte de su infancia y adolescencia en la estancia familiar del sur de la ciudad, en la desembocadura del río Salado. Se recordará que este río marcaba la frontera sur del interior de Buenos Aires, pero a partir de la década de 1810 algunos criadores se instalaron más allá, donde las tribus indias, en la nebulosa de las Pampas, recorren su territorio ancestral.

Por el contacto con peones, indios, mulatos y mestizos, Rosas adquiere una experiencia de empresario y caudillo. Pero en 1815 el joven rompe con su familia, luego de su casamiento con Encarnación Ezcurra. La leyenda dice que aquel que se convirtió en el amo de Buenos Aires cambió la z del patronímico *Rozas* por una s de sonoridades no tan españolas, luego de un altercado. Confiado en su propia suerte, pero no obstante poseedor de algunos bienes, funda una empresa de exportación de carne seca destinada a alimentar a los esclavos de las plantaciones de Brasil y Cuba. La adquisición de tierras y la producción de

---

[47] Mitre, pp. 55-109. La *Chacabuco* y la *Argentina* se dirigieron luego hacia las costas de la América Central y bordearon el continente hasta Chile. Luego de cuantiosas aventuras, Bouchard acompañó a San Martín al Perú en 1820.

carne para la exportación hace subir el precio de este producto en los mercados de la ciudad.

Para escapar al fisco y la aduana, Rosas embarca sus productos en el puerto de Ensenada. Sus contactos con los indios le permiten traer la sal directamente de las salinas del río Negro. El conflicto del mercado de la carne conduce al gobierno a prohibir la explotación de los saladeros. Rosas no se deja desalentar por tales medidas y, con las ganancias de su comercio, comienza a comprar tierras al sur del Salado y a apropiarse del ganado, en detrimento de las tribus indias que se ven despojadas de su territorio. Una nueva elite emerge con Rosas: la de los terratenientes.[48]

Algunos caudillos regionales se negaron a reconocer el gobierno de Buenos Aires. Bustos en Córdoba, Ibarra en Santiago del Estero, Aráoz en Tucumán, Ocampo en La Rioja, Estanislao López en Santa Fe, Francisco Ramírez en Entre Ríos, gobiernan el mosaico de la confederación.[49] En 1820 se decreta la autonomía de las provincias, así como la libre navegación del Paraná y el Uruguay. Ese mismo año, una rebelión militar, comandada por Rafael Riego, proclama la República española.

---

[48] Malamud, pp. 12-19.
[49] Romero, I. L. y L. A., 1983b, pp. 42-53.

II

¿CIVILIZACIÓN O BARBARIE?

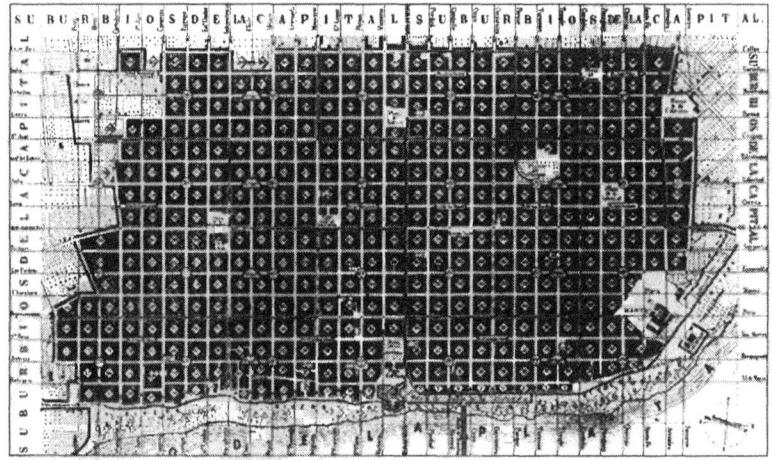

Plano administrativo de Buenos Aires (1856), dibujado por Nicolás Grondona.

5. LA REVANCHA DE LA TIERRA
(1820-1835)

> El espíritu de Mayo desapareció en Ituzaingó [...]. Y él supo que sus amigos, aquellos que habían hecho la revolución y que antes habían combatido al inglés en ese campo romano que era Buenos Aires, estaban muertos o habían perecido bajo el acero, en una callejuela cualquiera y sombría de América.
>
> ANDRÉS RIVERA, *En esta dulce tierra*.

El derrumbe del orden colonial es seguido por un largo período de anarquía en todo el territorio del antiguo Virreinato del Río de la Plata. Luego de las luchas de liberación, que llevaron a cabo los argentinos hasta el corazón de la América del Sur, en adelante las rivalidades oponen Buenos Aires a las provincias del Litoral y del interior, celosas de la supremacía de la capital. En esta situación, Juan Manuel de Rosas, joven terrateniente de la provincia de Buenos Aires, se muestra como el hombre providencial. Recluta un ejército de gauchos, los *Colorados del monte* –así llamados porque llevan capas y ponchos rojos–, para ir en ayuda de la ciudad amenazada por los jefes del interior. Samuel Haigh, que está de regreso en el Río de la Plata, es el testigo de esos combates que producirán trescientos muertos en la Plaza de la Victoria y las calles vecinas. La campiña, que hasta entonces estaba expuesta a incursiones de todo tipo, se convierte en el escudo del gobierno.[1]

Es el fin de las Provincias Unidas ubicadas bajo la égida de instituciones centralizadoras. En 1820, la alianza de los jefes provinciales logra la victoria de Cepeda. Los caudillos exigen la desaparición del poder central, encarnado por el Directorio de la capital, así como la disolución del Congreso y la autonomía de las provincias. Buenos Aires, foco de la revolución sudamericana, es llevada al rango de cabeza de

---

[1] Malamud, p. 25-26; Haigh, p. 146.

distrito de provincia. Aprovechando el desorden que reina en las Provincias Unidas, Portugal recupera la Banda Oriental. Dos años más tarde, ese territorio es anexado al imperio del Brasil. Más que nunca, Buenos Aires es una isla en medio de la tormenta.

Buenos Aires, encrucijada de Europa y otras partes

Desde su fracaso, el interés de los ingleses por esta región, llena de promesas, no hizo sino crecer. Los hemos divisado entre las bambalinas revolucionarias. Ahora, piensan en desarrollar su influencia en detrimento de la de los franceses, abriendo mercados para sus productos. Los viajeros se sienten cada vez más atraídos por una región donde el desorden, la inmensidad del paisaje y los riesgos vinculados con la frontera india alimentan los sueños de aventura y hacen espejear potenciales recursos económicos. Las sabrosas crónicas de esos británicos completan la información iconográfica de Essex Vidal. Entre los exploradores de esa primera mitad del siglo XIX encontramos al infatigable Samuel Haigh, Charles Darwin, el cónsul Woodbine Parish, que reunió toda la documentación existente sobre la región, así como al misterioso "Anónimo inglés". Siguiendo el ejemplo de Concolorcorvo y de Azara, a su vez los británicos contribuyen en hacer conocer la ciudad y su interior. Su visión del campo y las costumbres tendrá una gran influencia sobre los escritores argentinos.[2]

Según un censo efectuado en 1822, había entonces 3.500 ingleses diseminados en la provincia de Buenos Aires. Muchos, a ejemplo de Martín Thompson, habían desposado a porteñas. Las elites mercantiles criollas veían con buena cara la llegada de los británicos, que encarnaban la modernidad frente a la tradición clerical española. Pero estos extranjeros eran temibles comerciantes, y los autóctonos debieron reconvertirse progresivamente a la cría intensiva. El pueblo, sin embargo, no había olvidado las invasiones de comienzos del siglo, y al menor incidente el extranjero era tratado de "bruto inglés" o gringo. En 1824, la condesa de Chichester inauguró la línea marítima Buenos Aires-Liverpool. Pronto, centenares de barcos que sobre todo provenían de Liverpool, Hamburgo, Nueva York, Barcelona y El Havre, sin con-

---

[2] Gutman, p. 58. Acerca de la influencia de los viajeros ingleses sobre la literatura argentina, véase Prieto, 1996.

tar los de Brasil y Montevideo, animaron el puerto.³ Como muestra del poderío británico, la *Gaceta Mercantil,* diario fundado en 1823, publicaba anuncios en inglés. Podía leerse, como en Londres: *"Coachman wanted, one of steady and sober habits".* Algunos profesores proponían lecciones de lengua inglesa, y costureras llegadas de Gran Bretaña alababan la calidad de sus confecciones. En 1829, el diario no dejó de anunciar la llegada, proveniente de las islas británicas, de un aparato para hacer agua gasificada –una bebida a la que los porteños siguen siendo muy aficionados–, que se instaló en la *Sun Tavern,* un tugurio pintoresco situado en el número 5 de la calle 25 de Mayo.⁴

Luego de los ingleses, los franceses constituían el núcleo extranjero más importante. En esos años, seis hombres desertaron del *Faune,* nave de guerra francesa: la noticia tuvo algunas repercusiones, ya que el Anónimo inglés la refiere en su crónica. Cuando la noticia de la muerte de Napoleón llegó al Río de la Plata, muchos experimentaron una gran pena. El día del aniversario de la desaparición del Emperador se vio flotar una bandera tricolor sobre el techo de una tienda francesa.⁵ Puede imaginarse el despecho que debió experimentar nuestro inglés cuando lo divisó.

Para recibir a todos esos extranjeros se necesitaban hoteles y restaurantes. El *Faunch* y el *Keen* albergaban a los súbditos de la Corona británica, que en ellos encontraban el ambiente de su país. Cerca del fuerte se hallaba el *Hotel Comercial,* cuyo propietario solamente era español y la mayoría del personal, francés; era famoso por su mesa y sus salones, decorados por retratos de personalidades de la Convención y el Imperio, Bertrand, Drouet y Foy; también se veía una espléndida *Batalla de Alejandría.* En cuanto al *Hotel del Gallo,* sobrenombre del edificio de la policía, cuyo emblema era el gallo, albergaba en el primer piso a clientes un poco particulares, deudores, o prisioneros heridos, que para salir debían pagar una multa de cuatro pesos.

Fuera de estos hoteles había tugurios mal llevados, famosos por sus manteles grasientos manchados de vino y sus cubiertos dudosos. Allí se servían los platos del país: sopa, puchero, guiso de calabaza, por supuesto carne, así como membrillo y queso, ese "postre vigilante", verdadera institución gastronómica nacional. En el interior, al decir de los

---

³ Anónimo inglés, p. 54; Gutman, p. 59.
⁴ Por ejemplo, *Gaceta Mercantil* del 7 de agosto de 1827, o la del 6 de enero de 1829.
⁵ Anónimo inglés, pp. 18-19.

ingleses, "toda regla de urbanidad desaparecía". Los hombres no usaban saco, nadie pensaba en quitarse el sombrero y hasta los servidores tenían un porte descuidado. El ambiente de las salas era caluroso y se comía bajo el fuego cruzado de gritos y conversaciones.[6]

Los europeos no eran los únicos extranjeros que visitaban el Río de la Plata. En octubre de 1824, el maorí Tipahé Cupa llegó a Buenos Aires a bordo de un buque inglés, el *Urania*. Tipahé había acompañado la nave a través del estrecho de Cook antes de embarcarse para Inglaterra, con el objetivo de pedir armas que le permitieran permanecer en un pie de igualdad con otro jefe rival. Llegó a Buenos Aires vestido con un saco rojo que había pertenecido a un cartero de Londres; la comunidad le ofreció ropa nueva y lo invitó a almorzar. A la mesa, el maorí se mostró sereno y desenvuelto. Respondiendo a la solicitud de sus anfitriones, interpretó canciones y bailes guerreros de Nueva Zelanda. Hablaba un mal inglés, pero la delicadeza de sus modales conquistó la simpatía de todos. Prefería tales anfitriones, a los que ya estaba acostumbrado, a los porteños, por quienes no tenía ninguna inclinación, convencido de que lo despreciaban. De unos 40 años, estaba dotado de una fuerza colosal. En las calles de Buenos Aires, las miradas se volvían hacia él, debido a su apariencia extraña y su rostro tatuado. En el otoño de 1964, Plácido Mamani, un indio chiriguano del noroeste del país, a quien algunos estudiantes de etnología invitarán a Buenos Aires, suscitará el mismo asombro en la calle Florida. Como su predecesor maorí, recibirá ropa y regalos, fotos y muchos testimonios de simpatía. Creerá haber extraído de ese viaje un prestigio definitivo, pero a su regreso los suyos pondrán en duda su éxito, y el desdichado se sumirá en la depresión.[7]

Tras el torbellino revolucionario

Vista desde el estuario, la ciudad, como siempre, engaña. Primero se divisan las cúpulas de las iglesias y los edificios públicos, pero esta impresión se desdibuja a medida que uno se acerca: es una ensenada sin muelle, desde que la escollera fue deteriorada por una tormenta, durante el invierno de 1820. La ensenada siempre tuvo mala reputación,

---

[6] Wilde, pp. 154-156.
[7] Anónimo inglés, p. 162.

y su única ventaja respecto de la Ensenada de Barragán es su cercanía a la ciudad. Allí el viento sopla en ocasiones con una fuerza temible, tanto el del sudeste, que a su paso puede destruir construcciones someras, como el temible pampero, que deja al descubierto los bancos de arena del Río de la Plata. Sin contar que luego de las tempestades los caminos se transforman en pantanos y quedan cubiertos de carroñas.

Para construir las instalaciones portuarias, el gobierno recurre a los servicios de un ingeniero francés y un *gentleman* británico, el cuáquero Bevans, quien, apenas desembarca de Londres, comprueba la amplitud de la tarea: ¿Cómo construir muelles y dársenas en un país desprovisto de obreros? ¿Dónde encontrar a los indispensables herreros, carpinteros, esclusderos, remachadores, para transformar la ribera chata y baja en una serie de dársenas y diques, según el modelo del West Indies Dock de Londres, inaugurado a comienzos del siglo XIX? Entre las obras proyectadas y la improvisación que gobierna las maniobras del Río de la Plata, el contraste es inmenso. Se sigue utilizando el servicio de carretas, como en el tiempo del régimen colonial. No hay una tarifa fija, y los barqueros piden lo que quieren. Otro tema de asombro para un europeo: este nuevo país carece de marina, pese al título pomposo de almirante concedido al irlandés William Brown, porteño de corazón y de adopción. La tripulación del *Aranzazu,* en su gran mayoría, es de origen inglés, y los marineros son ex soldados negros. Tres goletas hacen la travesía hasta Montevideo: la ida cuesta 17 pesos sin cucheta. El viaje dura entre doce y catorce horas, pero en ocasiones toma jornadas enteras.[8]

Un puerto frecuentado tiene necesariamente barrios de mala fama. La playa que se extiende hasta Retiro pulula de marineros de todos los orígenes, que deambulan de pulperías en bodegones. Muchos de ellos han desertado y tratan de establecerse en el *no man's land* del Río de la Plata. Los ingleses son tan numerosos que se hubiera podido equipar un navío de guerra. Al caer la noche bailan en las casas de citas al ritmo del violín y la flauta, bajo la mirada estupefacta de las chicas. En la Alameda, el alemán Enrique Hipold, de Bremen, abrió una taberna que también sirve de "burdel"; el término empleado ya es *quilombo,*[9] palabra que el argot porteño sacó de la tradición de los africanos. En

---

[8] Ibíd., pp. 11-14.
[9] El término *quilombo* aparece en un documento de la policía fechado en 1833 y citado en Bossio, p. 61.

uno de esos cabarets, un cuadro representa el *Boyne*, velero inglés con las velas desplegadas, con sus banderas y banderines de señalización.

La playa también es el sitio de reunión de las lavanderas. El Anónimo inglés, sensible a la belleza femenina, está fascinado por la "magnificencia africana" de las fiestas durante un casamiento o una ceremonia. Entonces puede gozarse del espectáculo que ofrecen las tapicerías improvisadas de ropa blanca bajo las cuales pasa la reina del día, mientras unos tejidos rojos atados a palos ondean como estandartes. De la playa sube el ritmo embriagador de las percusiones, donde las cacerolas se agregan a los tambores. A la menor amenaza de tormenta, la confusión alcanza su paroxismo y las mujeres se desbandan hacia su ropa.[10]

Recuérdense las virtuosas medidas adoptadas por el virrey Vértiz a propósito de los baños. En los años de libertad que siguieron a los acontecimientos revolucionarios, ante la cercanía del verano, hombres y mujeres, cualquiera que fuese su condición social, iban a la playa para tomar baños aunque la arena de los aluviones no fuera muy agradable. El Anónimo inglés, visiblemente en contra de esta promiscuidad, lamenta la ausencia de cabañas de playa como en Ramsgate. Las damas, acompañadas de sus esclavas, eligen la caída de la noche para bañarse. Las mujeres del pueblo entran al agua con un cigarro en los labios. Algunas llevan un parasol para protegerse. Se supone que ningún hombre respetable, con excepción de nuestro curioso paseante, se acerca a la orilla...[11]

A lo largo de la ribera, el paseo de la Alameda había sido concebido por los virreyes como lugar de recreación de las familias y de distracción de la gente honesta. La avenida no era larga, los árboles eran de pequeño tamaño y algunos bancos de piedra incómodos desalentaban a que los caminantes los utilizaran. Durante el invierno, en días de semana, algunos viejos iban a calentarse al sol. El domingo a la tarde, nuestro viajero admiraba la belleza de las mujeres que se paseaban, con su magnífica cabellera y sus vestidos, "únicos atractivos para un extranjero". Las elites porteñas copiaban ya los modales y la indumentaria de moda en Londres y París. En cuanto a la gente común, se vestía con colores vistosos, llevaban pantalones bombachos a la turca y ponchos rayados de tonos chillones, lo cual producía un efecto de lo "más pintoresco".[12]

---

[10] Ibíd., p. 78.
[11] Ibíd., pp. 81-82.
[12] Ibíd., p. 20, p. 26, p. 65.

La ciudad que concibió proyectos de liberación a escala planetaria conserva su aspecto desordenado e inacabado de aldea. El brillo de su vida social contrasta con la mediocridad de su urbanismo. Las casas, salvo excepciones, son siempre bajas, y las rejas de las ventanas muerden la vereda, entorpeciendo la circulación de los peatones. Los caballos siguen siendo los reyes, los únicos que pueden abrirse paso a lo largo de los caminos. La plaza central –que los ingleses siguen llamando Plaza Mayor para no tener que pronunciar el término de Victoria– aún no está pavimentada, y la pirámide de Mayo se yergue sobre un lodazal.

Buenos Aires, que había conocido una renovación impulsada por el virrey Vértiz, fue empobrecida por los años de guerra. En virtud de las corrientes de libre pensamiento, las estatuas religiosas son escasas. Las guerras de la independencia despojaron a las iglesias de sus ornamentos; las malezas se escapan de lo alto de los muros, como hoy de las viejas casas decrépitas de San Telmo y Santo Domingo. Alrededor de la Plaza de la Victoria, algunos inmuebles de ladrillo de una planta, no obstante, son blanqueados a la cal, y están mejor decorados que antiguamente. En cuanto a los edificios públicos, no cambiaron desde el tiempo de los virreyes: el cabildo, la casa del Consulado, la catedral y las arcadas siguen ahí. La única novedad es la construcción de una "sala de Representantes", en la manzana conocida con el nombre de Manzana de las Luces, donde se concentran las instituciones ilustradas de la nación.

Pese al desarrollo del comercio, el dinero suelto sigue siendo escaso. En 1821, el gobierno firma un contrato con la casa Roberts Boulton de Birmingham para la fabricación de monedas de cobre adaptadas al sistema decimal moderno. Estarán en circulación hasta 1827. Los taberneros están encantados, y, como en el tiempo colonial de las fichas de plomo, se lanzan a realizar especulaciones desvergonzadas.[13]

Fechorías y felonías

En ciertos aspectos, la ciudad conserva la apariencia de un campamento. Los que mueren en la calle –accidentes, asesinatos o suicidios– son expuestos sobre un lecho plegable ante el cabildo para ser identificados.

---

[13] Bossio, p. 246; Romero, I. L. y L. A., 1983b, p. 8.

Si el muerto es de condición muy humilde, al lado del cuerpo se coloca una bandeja destinada a recoger las dádivas de los caminantes, que servirán para pagar los gastos de los funerales.[14]

A medida que uno se aleja del centro, las casas se tornan más bajas y rústicas. Lejos del marco ordenado de la *traza* –el plano primitivo de Juan de Garay– se extienden espacios de transición, zonas intermedias entre la *polis* y el salvajismo. A la menor ocasión, la naturaleza puede más que la urbanidad. Así, durante el verano de 1825, el viento del norte trae una nube de langostas. Los habitantes hacen sonar las campanas y los sistros para alejarlas. Creencias de otros tiempos que hacen sonreír a los europeos.[15]

En el conjunto, la ciudad no es más peligrosa que las grandes capitales europeas. Sin embargo, todos los días se producen incidentes, y, por una fruslería, los hombres del pueblo se pelean. Los cuchillazos son tan frecuentes que el asesino a menudo goza de impunidad. En vano, el ministro Rivadavia trata de prohibirlos. El ingenio de los ladrones arranca comentarios elogiosos al inglés anónimo. Como las ventanas están provistas de rejas, los malhechores esperan la noche y con una caña de pescar se adueñan de las cosas dejadas por los durmientes cerca de la cama. Como lo observa el cronista, ¿qué otra ciudad del mundo puede enorgullecerse de tener estandartes británicos como trofeos de guerra, expuestos en la iglesia de Santo Domingo?[16]

Influidos por las historias de piratería, los chicos de las calles adoptan sus reglas en sus juegos. Así, practican la "caza" de los barriletes, atando una hoja afilada a la cola, para cortar los hilos de los otros artefactos.[17] Por supuesto, hay mendigos, que se reúnen ante las puertas de las iglesias, tullidos de las guerras de liberación. Los negros alistados en los ejércitos de los libertadores pagaron un pesado tributo a la independencia, y muchos mutilados de los ejércitos de San Martín se arrastran por la calle para pedir la caridad. Esos combatientes de piel oscura tuvieron su héroe, "el negro Falucho", centinela porteño que se unió al ejército de los Andes y que fue fusilado en el Callao por haberse negado a saludar la bandera realista. Su último grito fue para su ciudad natal. Su heroísmo le significó una estatua bajo la república, que

---

[14] Taullard, p. 129.
[15] Anónimo inglés, p. 100.
[16] Ibíd., pp. 25-31; p. 139.
[17] Ibíd., p. 140.

será desplazada en varias oportunidades y finalmente instalada en una placita de Palermo.[18]

Abierta a tantos aventureros, la ciudad es presa tentadora para los estafadores y charlatanes de todo tipo, sobre todo en el campo de la medicina. El Anónimo inglés está impactado por esos curanderos que logran franquear los controles de un tribunal "que pondría en dificultades al propio Esculapio". Uno de ellos, llamado Le Roy –sin duda un francés–, se hizo famoso y rico con su elixir "panquimogógico", anunciado en los diarios locales como una panacea. La superchería duró cierto tiempo y fue desenmascarada tras la muerte de pacientes demasiado crédulos. No se sabe qué ocurrió con su inventor, tal vez volvió a La Habana, donde, según el rumor, le habían elevado una estatua de oro.[19]

La ciudad también es un espacio público donde se exhibe el espectáculo de la justicia. Se muestran castigos ejemplares, como esos condenados al látigo, paseados sobre el lomo de una mula, con las manos atadas, que reciben sus latigazos en cada esquina. Ante una de tales escenas, el viajero inglés piensa que él fue golpeado con la misma violencia en la escuela... En febrero de 1825, el primer falsificador, Marcelo Valdivia, es fusilado en el Retiro. Ese hombre ya había sido condenado el año anterior; pero su pena de muerte había sido conmutada, y él expuesto en la Plaza de la Victoria, sentado durante cuatro horas con los billetes falsificados pinchados alrededor del pecho. Luego lo encerraron en un calabozo, pero logró falsificar algunos documentos, entre ellos una orden de liberación. Los amigos del culpable no pudieron ablandar al gobierno.[20]

El Buenos Aires de la "gente decente"

La "gente decente" sigue viviendo en el sur de la ciudad, como en la época de los virreyes. Los Mendeville, la familia de Antonio Sáenz, rector de la universidad, la de Vicente López y Planes, el autor del himno nacional, doña Juana Cazón, que vive en la casona de la Virreina Vieja –Perú en la

---

[18] Lanuza, pp. 8-9, citando a Bartolomé Mitre.
[19] Anónimo inglés, pp. 47-48.
[20] Ibíd., p. 142.

esquina de Belgrano–, la de Martín de Álzaga, el contrarrevolucionario ejecutado en 1812, los Tagle, Díaz Vélez, Martínez de Hoz, Terrero, Anchorena, Azcuénaga, patronímicos que siguen revelando la pertenencia a una clase patricia, pituca, reivindicando una aristocracia criolla. Otros, de condición más humilde pero enriquecidos, aspiran a formar parte de esas elites, como el mulato Roque, un liberto que poseía los únicos coches de alquiler de fines de la década de 1820. También era profesor de piano, se vestía con una larga capa y llevaba un tricornio a la vieja usanza. Interpretando a la letra los ideales de igualdad predicados por la revolución de Mayo, se le metió en la cabeza comprar un título nobiliario en España, que pagó muy caro. Pero sus conciudadanos jamás lo aceptaron, y poco tiempo después murió, sin duda a causa de esa ingratitud.[21]

Los notables se reúnen en un salón por lo menos una vez por semana. Luego de la muerte de Martín Thompson, Mariquita Sánchez se casó con Jean-Baptiste Washington de Mendeville, un francés que desembarcó en Buenos Aires en los últimos meses de la Confederación. Ella le ofrece su fortuna y sus relaciones, que le significarán ser nombrado cónsul de Francia en las Provincias Unidas. La pareja recibe a la elite de la ciudad y a los extranjeros de paso, como Alcide d'Orbigny, el famoso naturalista. En el salón de Mariquita los fuegos revolucionarios, que tanto brillaron en el decenio de 1810, tienden a calmarse, y ahora se declaman los versos de Lamartine, que hacen furor en el Río de la Plata. Las conversaciones se desarrollan tanto en francés como en inglés, lenguas que los hijos de Mariquita hablan corrientemente.

En el clima de libertad generado por el movimiento de mayo de 1810, la ciudad había incorporado cafés, como el *Café de la Victoria,* más bello, según los propios ingleses, que los de Londres. Esos establecimientos tenían amplios patios con un pozo en el centro, y en el verano se los recubría de toldos. Las paredes de los salones estaban decoradas de papeles pintados franceses, que representaban escenas exóticas de la India o de Tahití, episodios de *Don Quijote* o motivos grecorromanos. El *Café de los Catalanes,* que había conocido días de gloria bajo la revolución, conservó su fama durante todo el siglo XIX.[22]

El juego hace furor, y fortunas de un día se deshacen el siguiente. En la atmósfera de los casinos se anudan complicidades durante el tiempo

---

[21] Calzadilla, pp. 9-13.
[22] Anónimo inglés, p. 21; Taullard, p. 129; Wilde, p. 147.

de una partida, entre gente de diferente condición. Pues no siempre hay suficiente "gente decente" para formar una mesa, y hay que recurrir a los nuevos ricos para encontrar un compadre, una *pierna,* término del vocabulario de los *pardos* adoptado para la ocasión. Cuando esa misma pierna se vuelve lo suficientemente atrevida para llamar por la calle a su compañero "decente" de una noche, éste le vuelve la espalda con ostentación.[23]

El público porteño gusta siempre de las comedias y representaciones teatrales. Luego del incendio de la *Ranchería* provocado por un petardo, se inaugura un nuevo teatro frente a la Merced, a pesar de las protestas de los religiosos: más tarde se llamará *Teatro Argentino*. Allí se representa todo tipo de obras, también se toca música de Mozart y de Haydn. En la galería superior brillan "las diosas del paraíso", eclipsadas por la belleza rubia de una joven de dieciséis años, Segunda Iglesias. El Anónimo inglés comprueba la presencia de mujeres de color en la sala, muy bien vestidas, que se comportan "como damas".[24]

La ópera italiana llega por primera vez al *Teatro Argentino* en 1823, gracias a Pablo Rosquellas y artistas italianos, como Angelina Tanni. Viera, un comediante mulato, aprendió muy pronto el canto con Massoni, director de orquesta y profesor de violín. La presencia de un hombre de color en el teatro lírico no era sorprendente en una ciudad donde, según los testimonios, todos los profesores de piano eran negros.[25] El público escucha con fervor *El barbero de Sevilla, Tancredo, Otelo,* olvidando los disturbios que agitaban las provincias. ¡Qué contraste entre esa curiosidad por todas las novedades y las artes de Europa, que llenan de orgullo a la ciudad, y la barbarie –real o supuesta– de las provincias, entregadas a sí mismas y cortadas del mundo exterior! *La escuela de los maridos* de Molière, presentada en 1827, da lugar a reacciones que indignan a un lector de la *Gaceta Mercantil:* "Cuando Gregorio, el viejo inicuo, obsceno y ridículo, descubre que había sido engañado, estalló en imprecaciones hacia las mujeres. Entonces la sala resonó de aplausos. Pero cuando el hermano de la descarada le declaró que 'una mujer llevada por un hombre de bien se convierte en la perfección misma', un silencio profundo y desagradable se adueñó de los

---

[23] Romero, I. L. y L. A., 1983b, pp. 52-53.
[24] Anónimo inglés, p. 33; Wilde, pp. 42-53.
[25] Ibíd., pp. 59-65, p. 123.

espectadores". ¿No se trataba aquí de una justificación del adulterio, consecuencia de la depravación de las costumbres?

Alegrías populares

La ciudad ofrece distracciones más plebeyas. Las corridas de toros aún tuvieron algunos días de gloria al comienzo de la independencia, en la plaza de toros de Retiro, en el emplazamiento del ex mercado de esclavos. Pero los años de guerra, la exaltación política y, sin duda, el desafecto por juegos demasiado identificados con España empañan su prestigio. En 1822, las corridas son prohibidas en toda la provincia de Buenos Aires y la plaza, que alojó a los soldados del ejército de San Martín, es destruida.[26] Las peleas de gallos arrastran a un público más entusiasta y permiten apuestas.

Las fiestas religiosas seguían celebrándose, pese al anticlericalismo del gobierno. De hecho, daban lugar a liberaciones colectivas. En Pascua se quemaba la efigie de Judas, maniquí repleto de petardos, que, durante la estadía del Anónimo inglés, adoptó la figura de un comandante de marina británico. Esta ceremonia, en la cual los negros y mulatos eran los principales actores, transcurría en la Alameda, donde se levantaba una horca para colgar al "traidor". En la Recoleta, las fiestas en honor de la Virgen del Pilar duraban una semana; la Plaza de la Victoria se cubría entonces de puestos de golosinas, de alimentos diversos y de bebidas; los clowns distraían a la asistencia y, de noche, los gauchos bailaban a la luz de las linternas. Las prohibiciones repetidas de los virreyes no habían podido con el Carnaval: los porteños seguían derramando toneladas de agua y de harina sobre los caminantes, y bombardeándolos de huevos. Como el virrey Vértiz, Rivadavia fracasó en prohibir esa "vergüenza de un pueblo civilizado".

Las fiestas de Mayo, aniversarios del primer grito de libertad, instauraron una tradición que ya no debía desaparecer. La historia de Buenos Aires y de las Provincias Unidas en adelante comenzaba en 1810, aunque la continuidad en las costumbres y las maneras daba a ese corte un aspecto no tan tajante. El pasado colonial era deshonrado, repudiado, olvidado. Mariquita Sánchez de Mendeville, representante de

---

[26] Muñoz, pp. 60-61.

las ideas de Mayo, será siempre fiel a su rechazo al oscurantismo colonial. La víspera del 25 de mayo, la Plaza de la Victoria permanece iluminada toda la noche y, al alba, los niños entonan el himno nacional delante de la pirámide: el Anónimo inglés explica que el hecho de "saludar el nacimiento del sol es una costumbre peruana".[27] En medio de la Plaza de la Victoria se levantan dos cucañas, tiovivos, banderas. También hay juegos ecuestres, heredados de la tradición hispánica y en los cuales sobresalen los jinetes de las pampas. El objeto de la conmemoración ha cambiado, pero las distracciones son las mismas que en la época de los virreyes y, durante algunos días, reúnen al pueblo y las elites de la ciudad.

En 1825, el mariscal Antonio José de Sucre lograba en el Perú la victoria decisiva de Ayacucho, que culminaba la obra de José de San Martín y liberaba a toda América del Sur del dominio de España. Para celebrar el acontecimiento, el gobierno decretó tres jornadas de Carnaval y los nombres de los libertadores, iluminados por antorchas, aparecieron sobre los muros. El pueblo se reunió en los cafés y los lugares públicos para escuchar a los oradores que narraban los detalles de la batalla. De noche hubo una representación dramática en el *Teatro Argentino*, acompañada de salvas en honor a Sucre y Bolívar. Pero nadie, al parecer, pensó en asociarlos con el nombre del general San Martín, cuya obstinación había permitido poner fin a la dominación española en América. Ese mismo año de 1825, los bailes negros públicos fueron prohibidos; tres años antes ya habían prohibido a sus participantes que bailaran en la calle.[28]

Los confines de la ciudad

A tres kilómetros de la Plaza de la Victoria se extendía el barrio de Barracas, dividido ahora en dos zonas, norte y sur, correspondiendo esta última a la futura Avellaneda, sobre la orilla derecha del Riachuelo. Fue en ese barrio de curtiembres donde se construyeron los primeros saladeros que vinieron a añadir sus olores nauseabundos a aquellos, ya habituales, de los cueros secos. Los talleres donde se preparaban las salazones –saladeros– se

---

[27] Anónimo inglés, pp. 92-93, p. 151.
[28] Wilde, p. 179; Andrews, p. 110.

hallaban al lado de los mataderos, en el sur de la ciudad. Los mismos establecimientos de carne salada ocupaban un espacio de una legua cuadrada. Regularmente, inmensos rebaños, de cien hasta mil animales, surgían en una nube de polvo, mezclándose sus mugidos con los gritos de los vaqueros que galopaban a los lados para hacer volver a los animales. Cuando los rebaños eran demasiado cuantiosos, se los sacrificaba al aire libre, a la manera tradicional de los gauchos. Cada animal era enlazado; los desjarretaban y luego degollaban con el cuchillo y lo descuartizaban; se llevaban los cueros y el sebo, dejando el resto a las gaviotas y los perros. La sangre, mezclada con la tierra, formaba una costra de quince centímetros de espesor. Para los extranjeros, los gritos, el estertor de los animales, el olor que se desprendía del montón de restos constituía un espectáculo repugnante: los viajeros que llegaban a Buenos Aires por el sur debían taparse la nariz y partir al galope.[29]

En la proximidad de esos sitios malsanos se alzaban residencias campestres, rodeadas de muros fabricados con cráneos de vacas superpuestos como ladrillos, apuntados los cuernos hacia el exterior. Entre las osamentas crecían enredaderas y flores, sin lograr recubrirlos por completo. Dichos materiales, sólidos y baratos, eran utilizados por todos.[30] Sobre la calle Larga, actual Montes de Oca, una población más acomodada, compuesta en gran parte por franceses e ingleses, poseía propiedades y jardines. Algunos años después de la invasión de los ejércitos de Whitelocke, se construían las primeras casas sobre pilotes, fundaciones de un barrio al que luego los inmigrantes napolitanos llamaron "Nueva Pompeya", y que se convertiría en una de las cimas del tango. Esas construcciones precarias, realizadas con materiales de desecho, también se encontraban en La Boca y en el Puerto de los Tachos, así llamado a causa de sus casas sobreelevadas de chapa.

Hacia el oeste, el terreno baldío que se hallaba ante la propiedad de los Lorea se transformó en plaza. Era la terminal de las carretas que llegaban del norte y de la pampa cargadas de cueros, lana, semillas y sebo. Hasta mediados de la década de 1820, los indios que venían a negociar traían las mantas que ellos confeccionaban, que luego fueron reemplazadas por textiles ingleses que imitaban sus motivos. Los indios traían otros productos artesanales, como cuerdas, lazos, plumas de avestruz. En un radio de cin-

---

[29] Hudson, pp. 322-323.
[30] Ibíd., p. 323.

co cuadras alrededor de la plaza –la actual Rivadavia–, numerosas tiendas cambiaban los artículos de los nómades por yerba mate, tabaco o alcohol.

Más allá, la ciudad ganaba terreno sobre la pampa. Del loteo de las tierras de la familia Flores, compradas a fines del siglo XVIII, surgió el pueblo de San José de Flores, famoso por sus huertos de duraznos. La gente acomodada eligió ese suburbio para sus veraneos. Más cerca del centro, el genovés Nicola Vila abrió en 1824 un bodegón construido con los restos de un barco, y le puso un letrero de latón que representaba la silueta de un potro: ése fue el origen del nombre *Caballito*. Fue en ese barrio donde se jugarían las primeras partidas de polo, juego que en el siglo XX se convertiría en el deporte de la "gente decente".[31]

A lo largo de la ribera norte del Río de la Plata –que algunos seguían llamando río Paraná– las propiedades de San Isidro, Tigre y Punta de San Fernando seducían a los porteños durante el verano. De esa época data la costumbre de hacer picnics sobre la hierba, en lo alto de una explanada que domina el río. Se partía de Buenos Aires en coche a caballo y las damas se vestían a la moda de Londres. Mariquita Sánchez de Mendeville, que había heredado la propiedad de San Isidro, inaugura en 1825 el primer vapor que unía la ciudad con ese suburbio ribereño, acompañada por la sociedad inglesa.[32] Los suburbios del norte aún son terrenos campestres, pero ya la "gente decente" es atraída por esa parte de la ribera que se convertirá en una elegante zona residencial. A fines del siglo XX, villas miseria salvajes surgirán en los intersticios dejados por la urbanización, y tanto la polución del río como el bosque de letreros publicitarios la habrán estropeado mucho.

Luces republicanas

A pesar de los conflictos que oponen Buenos Aires a las provincias del interior, el ministro Bernardino Rivadavia lleva a cabo una política orientada hacia el progreso, contemporánea de la política liberal del general Rafael Riego en España. En 1820, para calmar las facciones, promulga la "Ley de Olvido", precediendo un siglo y medio la del "Punto Final" del gobierno de Raúl Alfonsín, luego de la dictadura militar. El

---

[31] Luqui Lagleyze, p. 264.
[32] Sáenz Quesada, 1995, pp. 91-103.

ministro quiere colonizar la pampa y desarrollar la agricultura, y proyecta conceder tierras a colonos a precios modestos. Con ese fin alienta la inmigración y trata de atraer a familias originarias de Europa del Norte, sin mucho éxito. La ola antiespañola del período revolucionario ha pasado, y los peninsulares son bienvenidos, pero la presión por naturalizar a los extranjeros ha bajado y la mayoría de esos inmigrantes conservan su nacionalidad de origen.[33] De hecho, su plan tropieza con la resistencia de los grandes terratenientes, que se dedican a la cría y comercialización de los cueros, salazones y sebo.

Bernardino Rivadavia también es un hombre de cultura y de luces. El Anónimo inglés comprueba con admiración que la Biblioteca Nacional posee cerca de 20 mil volúmenes, poco después declinará, de creer en la *Gaceta Mercantil*, que en 1827 denuncia su estado de abandono.[34] La biblioteca es dirigida por un hermano de Mariano Moreno. Toda persona educada puede entrar en ella libremente y hojear las obras. Rivadavia, imbuido por las ideas francmasonas, instaura la libertad de culto, el sufragio universal, y, en 1821, dota a la ciudad de una universidad pronto reputada en todo el continente hispanoamericano.

El mismo año, el "muy ilustre cabildo de Buenos Aires" cierra definitivamente sus puertas. A la hora de saldar las cuentas, 108 pesos van a la empresa Rosas, Terrero y Cía. Antes, el cabildo abonó las provisiones de carne seca y organizó los funerales de Manuel Belgrano, el Señor general, enterrado delante de Santo Domingo, en el corazón del barrio que habitó. En la última petición, pidió la libertad para sus tres esclavos y concedió una pensión para el negro Antonio.[35]

Dos diarios, *Argos* y *La Abeja Argentina*, propagan las ideas del ministro. Algunos años más tarde, el presidente Sarmiento insistirá con los lazos que la ciudad mantenía con Europa, y con la rápida deshispanización de la sociedad porteña.[36] Pero la facción tradicionalista, así como una gran cantidad de caudillos regionales, no soporta la política laica de Rivadavia, apodado "doctor Chocolate", como lo satiriza la oposición, en virtud de la sangre negra que corre por sus venas. So pretexto de que la religión está amenazada, el abogado Gregorio Tagle, ex ministro refugiado en Colonia, se pone a la cabeza de una conspiración

---

[33] Vogel, pp. 128-129.
[34] Anónimo inglés, p. 24.
[35] Ensinck, pp. 473-476.
[36] Sarmiento, 1990, p. 174.

y moviliza una milicia de gauchos; la noche del 19 de marzo de 1823 irrumpen en la ciudad, gritando: "¡Viva la religión!". Inmovilizan la guardia del cabildo, liberan a los prisioneros y hacen sonar las campanas. Pero las tropas gubernamentales toman la Plaza de la Victoria y ponen en fuga a los rebeldes. Los responsables son fusilados, incluido el coronel Urién, un pariente de Rivadavia.[37]

Rivadavia, un presidente progresista

Una vez más, los acontecimientos internacionales van a orientar el destino de Buenos Aires. En 1825, Brasil declara la guerra al gobierno de la ciudad, al que acusa de haber facilitado el desembarco de treinta y tres "orientales" en la Banda Oriental. Esas quejas son legítimas: los patriotas de la otra orilla, que se habían refugiado en Buenos Aires tras la anexión brasilera, ayudados por sus correligionarios porteños nutridos de ideas revolucionarias, habían desembarcado sobre la costa uruguaya y logrado amotinar la campiña contra el Brasil. Los treinta y tres "orientales" y sus aliados pudieron recuperar Montevideo y declarar nulas y sin valor las pretensiones del Brasil; sobre la marcha, proclamaban la integración de la Banda Oriental en el seno de las Provincias Unidas.

Para hacer frente a la guerra, el Congreso de las Provincias Unidas elige a Bernardino Rivadavia presidente de la Confederación. Buenos Aires, pues, resulta capital. Mientras los ejércitos luchan, Rivadavia, gracias a sus poderes más importantes, prosigue sus reformas políticas y administrativas. Está convencido de que Buenos Aires y su puerto deben convertirse en la capital del conjunto. El presidente tiene vastos proyectos de extensión de la ciudad, del río Las Conchas –en adelante río Reconquista– hasta Ensenada de Barragán, y al oeste, hasta el puente de Márquez, en Barracas, y más allá hasta el río Santiago. Para mejorar las comunicaciones entre la ciudad y el campo prepara un proyecto de urbanismo. Éste prevé abrir un eje circular –la futura avenida Callao prolongada por Entre Ríos– de donde a su vez deben partir siete ejes: Santa Fe, Belgrano, Independencia, Córdoba, San Juan, Patagones y la que se convertirá en la avenida más famosa de Buenos Aires, Corrientes. El país atrae a arquitectos europeos, entre los cuales se encuentra el francés Prosper Catelin, a

---

[37] Anónimo inglés, p. 120, pp. 159-160.

quien se debe la fachada neoclásica de la catedral –aquella que había sufrido tantas restauraciones desde la fundación, y que aún no estaba totalmente acabada–, a imagen del Palacio Borbón de París.[38]

El proyecto de extensión de Buenos Aires implica que la provincia cede una gran zona bajo el gobierno federal, que por añadidura es la más rica del país; el nuevo distrito urbano estaría compuesto de tres puertos: San Fernando, Buenos Aires y Ensenada de Barragán. Los propietarios terratenientes, como Juan Manuel de Rosas y Nicolás Anchorena, consideran que ese proyecto lesiona sus intereses. Del mismo modo, las provincias no aceptan la Constitución única, redactada por el presidente. La insumisión de los caudillos al gobierno, la agitación de las provincias, todo muestra el aislamiento de Rivadavia.

Éste transforma las tierras inalienables de la iglesia de Nuestra Señora del Pilar en un cementerio, el de la Recoleta, verdadero Panteón nacional.[39] Su política laica, y sobre todo la orientación centralizadora –unitaria– de su presidencia, suscitan reacciones hostiles en las provincias del interior. En La Rioja, en el noroeste de la Argentina, el caudillo Facundo Quiroga, apodado "el Tigre de los llanos", esgrime el estandarte negro de la reacción, que proclama: "Religión o muerte". Afirma que la provincia no reconocerá a Rivadavia como presidente, y declara la guerra a todos aquellos que no sean católicos, apostólicos y romanos. También cierra la frontera de su provincia, imitando al dictador del Paraguay, Rodríguez Francia, cosa que impide la realización de proyectos porteños e ingleses con miras a la explotación de las minas de Famatina.[40]

El presidente prosigue la política de inmigración emprendida a comienzos de la década de 1820. Charles Henri Pellegrini, ingeniero y dibujante contratado por el presidente Rivadavia, desembarca en 1828 en Buenos Aires y se hace famoso por sus acuarelas, litografías y dibujos. Entre otros, se le debe el espléndido retrato de Mariquita Sánchez, rodeada por sus hijos. Su hijo, Carlos Pellegrini, será presidente de la República Argentina, y una de las calles del centro de la ciudad lleva su nombre.[41] Buenos Aires recibe a otro extranjero ilustre, el napolitano Pedro De Angelis, ex preceptor de los hijos de Murat y de Caroline Bonaparte, caído en desgracia. De Angelis funda un establecimiento de

---

[38] Gutman, pp. 61-62.
[39] Luqui Lagleyze, p. 270.
[40] Felce y Benarós, citando a Zinny, pp. 34-35.
[41] Wilde, p. 81.

enseñanza, el Ateneo; se convertirá en el poeta del dictador Rosas y reunirá textos históricos en la famosa "Colección de obras y documentos del Río de la Plata". Estará en el origen de periódicos como *El Lucero*, la *Gaceta Mercantil* y *El Archivo Americano*; este último, publicado también en francés y en inglés, se convertirá en el órgano de propaganda del régimen de Rosas en América y Europa hasta 1851.

A pesar de las leyes promulgadas por la Constituyente de 1813, seguían existiendo esclavos en Buenos Aires. Los que habían nacido antes del decreto de la "libertad de vientres" debían esperar su mayoría para tener derecho a la libertad. Entre 1825 y 1828, durante la guerra con el Brasil, la aplicación de la ley sobre el corso favorece la introducción en el Río de la Plata de cerca de 3 mil esclavos; considerados como libertos, están obligados a servir durante varios años en casa de sus amos y contribuyen a la emergencia de un grupo social de peones rurales, semilibres, que se agregan a más de 2 mil otros.[42] Como prueba de la necesidad de mano de obra tenemos los anuncios de compra y venta de la *Gaceta Mercantil*, redactados en inglés y español, así como avisos de búsqueda. Se requieren, por ejemplo, cinco o seis negros para una fábrica de sebo situada en la calle Larga de Barracas. El comprador se compromete a concederles la libertad al cabo de cuatro años, "a condición de que su conducta sea buena y me sirvan fielmente". También se cambia ganado por jóvenes servidores de menos de 18 años.[43]

El presidente Rivadavia debe hacer frente al mismo tiempo a la oposición de los *caudillos* y a la guerra con el Brasil, cuya flota bloquea el puerto de Buenos Aires. El almirante William Brown, que fue alejado tras su participación en el corso con Bouchard, reanuda el servicio y logra la victoria de Juncal, abordando a la casi totalidad de la flota imperial. En tierra, los argentinos infligen a los brasileños la derrota de Ituzaingó. La guerra es percibida como un combate entre la democracia republicana y el despotismo imperial, como una suerte de prolongación de las luchas de la década de 1810. En esa época, algunos portugueses y brasileños liberales se vuelven argentinos.[44]

Mientras las Provincias Unidas logran victorias decisivas, Rivadavia se apura en negociar con el Brasil, ya que su autoridad está debilitada

---

[42] Garavaglia, 1995, p. 122.
[43] *Gaceta Mercantil*, Nº 1097, 3 de julio de 1827; 6 de agosto de 1827: *"Se desea comprar tres o cuatro criados de 13 hasta 18 años a cambio de ganado vacuno"*.
[44] Vogel, p. 110, p. 126.

por los disturbios interiores. Influido por Gran Bretaña, que desea la creación de un país neutral entre Brasil y Buenos Aires, Rivadavia abandona las reivindicaciones de los revolucionarios y propone la creación de un Estado independiente: la Banda Oriental. La decisión de abandonar la orilla izquierda, cuya historia fue inseparable de la de Buenos Aires, es percibida por la opinión como una debilidad, hasta como una traición respecto de los ideales revolucionarios. No pudiendo ya hacerse obedecer, el presidente dimite en 1828, prediciendo, de creer en Sarmiento: "El vandalismo os devorará".[45]

Hacia la guerra civil

A partir de entonces, los acontecimientos se precipitan. El gobierno de Manuel Dorrego, hombre moderado y partidario de una federación de provincias, es llevado a firmar la paz con el Brasil y acepta la independencia de la Banda Oriental, que así se convertirá en el Uruguay. A juicio de todos aquellos que pelearon para preservar la unidad de las dos orillas, ese tratado es inaceptable. El general Lavalle, un héroe de la guerra que combatió en el ejército de los Andes bajo las órdenes de San Martín, entra en Buenos Aires y se rebela contra Dorrego, a quien hace fusilar en el acto. Este hecho es el primero de una larga serie de golpes de Estado militares que deberá padecer Buenos Aires hasta fines del siglo XX. En esa época, la población aún no está habituada a tales pronunciamientos, y la ejecución de Dorrego es considerada como un asesinato. En el mismo momento, el general José de San Martín vuelve de su exilio europeo con la intención de establecerse en Mendoza. En la ensenada, el libertador se entera de las noticias que enlutan a Buenos Aires. Él, que siempre se negó a combatir a los caudillos, está desalentado; sin poner pie a tierra, vuelve a Europa en la misma nave para nunca más volver. El espíritu de Mayo ha abandonado el país.

Juan Manuel de Rosas, desde sus estancias del sur de la provincia de Buenos Aires, moviliza sus fuerzas contra el nuevo gobierno de Lavalle. La personalidad de Dorrego le hacía sombra, y su desaparición le abre el camino hacia el poder. Utilizando el descontento popular en su favor, el caudillo de Buenos Aires reúne a los partidarios de la federación, los propietarios terratenientes y sus milicias compuestas de gauchos, de indios y

[45] Gutman, pp. 59-60; Sarmiento, 1990, p. 206.

de negros, para vengar a Manuel Dorrego, víctima de los unitarios que subordinan la ciudad y su interior al interés superior de la nación.

En 1829, los montoneros de Rosas –así son llamadas sus milicias a caballo– sitian la capital. Para garantizar la defensa de la ciudad, el gobierno moviliza a los extranjeros, sobre todo a los franceses. En esta ocasión, el cónsul Mendeville y su esposa desempeñan un papel confuso, y, en última instancia, sirven a los designios de Rosas. La colectividad francesa está dividida entre bonapartistas –partidarios de Lavalle y deseosos de formar una milicia para defenderlo– y realistas, que desean permanecer neutrales, invocando su condición de extranjeros. Lo que defiende Mendeville es precisamente esta posición, amenazando a los bonapartistas con privarlos de su nacionalidad francesa. En esas horas confusas, y mientras el cónsul se encuentra en Montevideo, los partidarios de Lavalle invaden la casa de Mariquita. Gracias a su sangre fría y su prestigio, ella logra hacerles frente, recordándoles su patriotismo. Pero la participación de los extranjeros en la defensa de Lavalle y de la ciudad provoca reacciones hostiles para con ellos: los partidarios de los federales pintarrajean las paredes con inscripciones: "¡Indios sí, extranjeros no!" y "¡Los indios valen más que los unitarios!". En lo sucesivo, esos acentos populistas serán inseparables de la vida de la ciudad, y se alternarán con proclamas europeístas y hasta universalistas.

Rosas depone al general Lavalle, pero le facilita una salida honorable. De hecho, todos esos hombres se conocen, ya que pertenecen a las elites criollas, que se frecuentan y a menudo están emparentadas. Por el tratado de Barracas, Lavalle abandona el gobierno provisional a Juan José Viamonte. Éste convoca a elecciones, que Rosas gana con facilidad, con un solo voto en contra; los oponentes de la víspera se unen fácilmente al vencedor. El nuevo gobernador, cuyo mandato expira en 1832, pide poderes extraordinarios, justificados por la anarquía en la que se hunde el país. Durante los discursos de recepción, un diputado adulador pronuncia por primera vez el título que se volverá inseparable de la figura del caudillo: "restaurador de las leyes y las instituciones". El acceso al poder de Rosas señala el reemplazo de las elites coloniales de comerciantes y administradores por propietarios terratenientes.[46]

Con Rosas y sus amigos, el liberalismo de los hombres como Rivadavia, nutridos del espíritu de 1810, da paso a la restauración de los valores

---

[46] Malamud, pp. 37-40.

tradicionales y a una política demagógica frente a la plebe. Rivadavia había tratado de desarrollar la agricultura dando impulso a la colonización agraria. Una de las primeras medidas de Rosas es suprimir la Comisión de inmigración.[47] Las obras de Voltaire y de Racine son quemadas en la Plaza de la Victoria, doble concesión al integrismo católico y a la xenofobia. Mientras tanto, las Provincias Unidas se desgarran. Rosas logra aliarse con dos grandes caudillos regionales, Estanislao López, jefe indiscutido del Litoral, y Facundo Quiroga, que controla La Rioja y las provincias limítrofes situadas a lo largo de los Andes centrales. Los generales unitarios, Paz y Lavalle, no han depuesto las armas, y, a su vez, luchan contra esos caudillos y sus acólitos. Por todas partes, las guerras tiñen de sangre las antiguas Provincias Unidas. Por todas partes reinan la incertidumbre y la violencia. Al expirar su mandato, Rosas vuelve a reclamar poderes excepcionales. Pero ahora una fracción de federados teme favorecer la dictadura y se niega. Despechado, el caudillo vuelve a sus tierras. ¿Acaso abandonó toda veleidad política?

Mientras Rosas vuelve a sus explotaciones, la ciudad recibe en 1830 a Facundo Quiroga, que huía ante el ejército del unitario Paz. "El Tigre de los llanos", conocido por sus sangrientas hazañas, se convierte en el preferido de las damas, seducidas por su fisonomía "feroz como su alma". Rechazando la hospitalidad de Encarnación Ezcurra, la esposa del ex gobernador, instala su propia casa, coloca a sus hijos en las mejores escuelas, se viste con elegancia, al tiempo que conserva la cabellera hirsuta y el traje de gaucho que lleva habitualmente. Su ocupación principal es jugar a las cartas. Ocasionalmente, no vacila en hacer justicia por propia mano, sacando su cuchillo si hace falta, despreciando toda ley que no fuera la suya.[48]

La campaña del desierto

Las relaciones entre Buenos Aires y los indios casi no habían cambiado desde la década de 1810. Períodos de tranquilidad eran reemplazados por ataques en cuyo transcurso los indios saqueaban las viviendas y pueblos cercanos a la frontera y llevaban cautivos, sobre todo mujeres

---

[47] Ibíd., p. 43.
[48] Felce y Benarós, citando a Cárcano, pp. 30-31.

y niños que servían de moneda de cambio con el gobierno de Buenos Aires. Ese problema era crónico, y regularmente los diarios publicaban solicitudes de suscripción, dirigidas a los lectores, para reunir los fondos necesarios para el rescate de tantas "desgraciadas esposas, madres e hijas", porque "el gobierno no puede hacerlo todo".[49]

Desde el comienzo del decenio de 1820, Rosas había sido uno de los pioneros de la expansión de Buenos Aires. Con sus milicias de gauchos había ocupado tierras al sur del río Salado y corrido la frontera hacia el sur. En 1823 publicó en *La Abeja Argentina* un proyecto que apuntaba a defender la frontera con los indios al sur de la provincia. Ese mismo año, para celebrar la fiesta patriótica del 25 de mayo, la Sociedad Literaria de Buenos Aires propuso un concurso sobre ese tema: "Determinar, según los acontecimientos históricos, la cantidad de pueblos indígenas que habitaron el territorio del Río de la Plata en el tiempo del descubrimiento, y cuál fue su influencia sobre su civilización y estado". La Sociedad también preguntaba si era posible puntualizar las costumbres y organización social de dichos indígenas en los albores del siglo XIX, y si era preciso tratarlos como naciones separadas o como enemigos que debían ser aniquilados.[50] Dos años más tarde, Rosas aportaba un inicio de respuesta firmando con cincuenta jefes indios el tratado de Laguna de Huanaco, llevando a cabo así, por su propia iniciativa, una política indígena.

Tras haber abandonado el gobierno de Buenos Aires, Rosas, nombrado comandante general a comienzos del año 1833, emprendió una nueva campaña en el Sur; ésta debía estar asociada a una operación llevada a cabo por Facundo Quiroga a partir de las provincias que él ocupaba en el oeste. Esta campaña tenía motivaciones personales –los indios pampas habían robado 12 mil cabezas de ganado, la mayoría de las cuales pertenecían al propio Rosas–, pero también correspondía a sus ambiciones políticas. Al anudar alianzas con los jefes indios amigos contra las tribus insumisas, sus ejércitos llegaron hasta el río Negro. El estandarte punzó de los *Colorados del Monte* era esgrimido en esos parajes por primera vez. Darwin, que había desembarcado del *Beagle,* visitó el campamento

---

[49] González Arrili, p. 100, refiere este anuncio publicado en *El Patriota*, el sábado 15 de septiembre de 1821: *"Suscripción para la redención de cautivos: que no todo puede hacerlo el gobierno... El Patriota no duda que la suscripción será cuantiosa y por medio de la cual se logrará que tantas desgraciadas esposas, madres e hijas, vuelvan al seno de sus familias".*

[50] Wilde, p. 212.

de Rosas. El naturalista comprobó que éste había ganado una inmensa popularidad ante las capas rurales, imponiendo una disciplina de hierro, gracias a su excelente conocimiento de los caballos.

La operación de intimidación de los indios logra un gran éxito, y los jefes de tribus solicitan la paz. Rosas no trata de exterminarlos sino de someterlos, y, llegado el caso, manipularlos. El tratado que firma con los diferentes grupos prohíbe a los indígenas franquear la nueva frontera y entrar en Buenos Aires sin autorización del gobierno. Las tribus deben proveer contingentes, en caso de necesidad, para las milicias de Rosas. A modo de compensación, cada cacique recibe cierta cantidad de yeguas y potros. Pedro Rosas y Belgrano, el hijo adoptivo del libertador, "una persona muy amada por los indios, los criollos y los extranjeros", está encargado de velar por el respeto de las cláusulas del tratado. Poco a poco, a lo largo de la línea de demarcación, de hoscos guerreros, los indios se transforman en asistidos.[51] A su regreso, Rosas, convertido en el "héroe del desierto", es aclamado. Esta expedición le permite agrandar sus propiedades y distribuir terrenos a parientes y clientes. Mediante esta operación militar, la pampa se extiende hasta la Patagonia. Aún no ha llegado el tiempo de desarrollar una agricultura demasiado costosa, pero Buenos Aires y su campiña circundante encuentran en la cría un verdadero maná.[52]

El 2 de enero de 1833, en el mismo momento en que la expedición del desierto se dispone a partir hacia el sur, un destacamento británico ocupa las islas Malvinas, expulsando a los argentinos que allí vivían. Pero aún no ha sonado la hora de la reconquista del archipiélago. Más preocupado por las vacas y los corderos que por las focas y las ballenas, el comandante se desinteresa del asunto y prefiere conservar las buenas relaciones con Gran Bretaña.

Encarnación Ezcurra y la revolución de los restauradores

Durante la campaña del desierto, Buenos Aires conoce una efervescencia política sin precedentes desde los años de la revolución. Dos facciones federales se oponen: una, moderada, es defendida por el gobierno de Juan Ramón

---

[51] Mac Cann, p. 86.
[52] Sarmiento, 1990, pp. 287-288; Malamud, pp. 57-58, p. 67.

Balcarce, que se inscribe en la línea de Manuel Dorrego; la otra, la de Rosas, reivindica la defensa de la "Federación auténtica", y exige plenos poderes para el jefe. Ese torbellino político toca las clases populares, constituidas por mulatos y libertos, grupos que Encarnación Ezcurra y su hermana María Josefa saben halagar para convertirlos en incondicionales del caudillo.

Porque Rosas sabe utilizar a las mujeres para su propaganda personal. Dos de ellas representan entonces un papel de primer plano. Su esposa, Encarnación, y su hermana, María Josefa Ezcurra, a quien hemos entrevisto durante los disturbios revolucionarios, en brazos de Manuel Belgrano. Una y otra, estrechando los lazos de clientelismo, se esfuerzan por hacer inclinar la opinión de los ciudadanos en favor de Rosas. Para Encarnación, mujer enérgica y apasionada, todos los medios son buenos para lograrlo, y no vacila en sobornar personalidades a fin de ganarlas para la causa de su marido. Pero su terreno de acción principal es el de las clases bajas, los libertos de la ciudad, los mulatos, pardos, mestizos de las orillas urbanas con quienes tejen una relación personal. Las dos hermanas Ezcurra piden a esos excluidos que les transmitan por escrito sus dolencias, y les responden enviando el retrato del hombre providencial. Dando muestras de una gran habilidad política, juegan con el antagonismo que opone la "gente decente" –entre los cuales se cuentan muchos veteranos de 1810 pertenecientes a la burguesía ilustrada– a la plebe, compuesta esencialmente de esclavos y ex esclavos que conservaron relaciones de dependencia con sus amos. Sin embargo, tanto los Ezcurra como los Rosas forman parte de las elites comerciantes y terratenientes. Tras ese enfrentamiento expresado en términos de clases y pertenencias políticas, otra escisión, más profunda, se forma entre los criollos arraigados en el país y en la tierra –el término "nacionalista" sería anacrónico– y los que quieren hacer de las Provincias Unidas o de sus jirones un país moderno, a la manera de las naciones europeas.

Para acercarse a la plebe, Encarnación utiliza de buena gana un vocabulario vulgar, por no decir puerco. Sus adversarios responden en el mismo tono, manejando la injuria y la calumnia. Se recuerda, por ejemplo, que la familia Ezcurra era considerada en la década de 1810 como antipatriota; el diario *Los Derechos del pueblo* acusa a Encarnación de borracha, e insinúa que las dos hermanas tienen una mala reputación: María Josefa estaría ligada a Clara Taylor, una ex prostituta (de la cual, por otra parte, se convertirá en ejecutora testamentaria). También denuncia la autorización firmada por Rosas de la venta de esclavos, cuando ese sistema fue abolido en 1813.

La casa de Encarnación es el cuartel general de los partidarios de Rosas. Uno de ellos escribe al caudillo: "Tu esposa es la heroína del siglo: disposición, terquedad, coraje, energía desplegada en todas las situaciones: su ejemplo basta para electrizar y llevar adelante las decisiones". La consigna de estos federales "auténticos" pretende ser tranquilizadora: "Libertad, propiedad y seguridad".[53] La ciudad se encuentra al borde de la guerra civil y Encarnación, temiendo por su vida, deja sus joyas en casa de una vieja conocida, Mariquita Sánchez, amiga de infancia de su esposo. En un gesto que prefigura el de Eva Perón, con quien a menudo fue comparada, la esposa del caudillo se dirige a los mataderos de la Convalecencia, donde acampan los gauchos de Rosas, dispuestos a intervenir. ¿Habrá ido demasiado lejos? En efecto, las tropas invaden la Plaza de la Victoria.[54]

El viajero francés Arsène Isabelle es testigo de la "revolución de los restauradores", manipulada por Encarnación. A la menor señal de revuelta, escribe, se ve bajo el pórtico del cabildo a una muchedumbre de patanes, carniceros, peones de los mataderos, aguateros y compadritos, esos marginales salidos de las orillas rurales, que corren en masa para avivar el fuego de la revuelta. Esos sediciosos en chiripá,[55] esos *sans-culottes* de la República Argentina obedecen órdenes y se dispersan rápidamente por el campo, donde roban caballos, se unen a los gauchos y organizan tropas, montoneras, que el francés compara con ejércitos de guerrilla a caballo. Reunidas alrededor del nombre de Rosas, sitian la ciudad y cortan el aprovisionamiento. El campo triunfa sobre la ciudad, y ésta es regularmente invadida por milicianos e indios que recorren las calles, sable en mano, "lanzando aullidos de salvajes" y vociferando "¡Federación o muerte!".[56]

La muerte de Facundo

Los conflictos entre facciones, las invasiones de tropas manipuladas por los partidarios de Rosas y el caudillo prosiguen durante varios me-

---

[53] Malamud., pp. 46-47.
[54] Sáenz Quiroga, 1991, pp. 85-86.
[55] El *chiripá* es un tejido que pasa entre las piernas y cuyos extremos se atan a la cintura.
[56] Romero, I. L. y L. A., 1983b, pp. 93-94.

ses, y ahora la ciudad depende para su aprovisionamiento de carne de la voluntad de las montoneras rosistas. El desenlace lo provoca la conmoción suscitada por el asesinato de Facundo Quiroga en Barranca Yaco, a comienzos de 1835. Las circunstancias de su muerte son turbias. El caudillo fue traicionado y entregado, acaso por el propio Rosas, como lo sugiere diez años más tarde Domingo F. Sarmiento, en un libro consagrado a tal personaje y donde muestra los antagonismos de la historia argentina, el conflicto entre la civilización y la "barbarie", que dislocan la nación.

Este acontecimiento vuelve a poner a Rosas en la escena política de Buenos Aires. Facundo fue muerto por los "infieles unitarios". Ésta es la versión que Rosas da de los hechos, concentrando sobre sus enemigos principales el odio de la plebe y sus clientes. Hace venir los restos de Quiroga de Córdoba y le organiza funerales grandiosos en Buenos Aires. "Ya muerto, ya de pie, ya inmortal, ya fantasma –escribirá en 1925 Jorge L. Borges–; y una de puñaladas lo mentó a Juan Manuel."[57] Los culpables son ejecutados con gran ceremonia en la Plaza de la Victoria. El gobierno de Buenos Aires expone la berlina acribillada de balas, esperando favorecer la fibra macabra de la población. El retrato del "Tigre de los llanos", así como litografías de sus asesinos, son distribuidos por miles, y se publican extractos del proceso.[58] Se decreta un duelo general. Al relatar estos acontecimientos en 1845, Sarmiento introduce al lector "por la puerta entornada en Barranca Yaco [...], a un teatro donde el drama sangriento aún no ha acabado".[59]

Menos de tres años después de la muerte de Facundo, Rosas, el "héroe del desierto", es elegido por la junta de Representantes como gobernador de Buenos Aires por un período de cinco años, con poderes excepcionales justificados por la situación. "El que no está conmigo está contra mí." Esta consigna resume su programa. En todas las parroquias, las fiestas federales se suceden durante un año y medio. El retrato de Rosas está en todas partes, y el rojo punzó se convierte en emblema de su poder.

Pronto se habla de otra muerte sospechosa, la de Estanislao López. El hombre fuerte del Litoral, ya enfermo, fue invitado a Buenos Aires

---

[57] Borges, "El general Quiroga va en coche al muere", en *Œuvres complètes*, p. 58, p. 310.
[58] Sarmiento, 1845, p. 307, p. 327.
[59] Ibíd., pp. 327-329.

por el nuevo gobernador. La ciudad, decorada de estandartes y flores como para las fiestas patrióticas, le rinde homenaje. Sin embargo, su estadía porteña es acortada. Agotado por su enfermedad, el general vuelve a Santa Fe para morir. En principio, escribe Sarmiento, es una muerte natural, pero el médico que lo asistió, y que fue pagado por Rosas, recibe una casa a modo de recompensa por los servicios prestados al gobierno. El secretario de López, que sospecha una conspiración, también es asesinado. Por último, al secretario del dictador, el abogado Manuel Vicente Maza, que está al tanto de los secretos de esos asuntos, lo encuentran degollado en la sala de Representantes.[60]

---

[60] Ibíd., pp. 327-329.

6. "FEDERACIÓN O MUERTE"
(1835-1852)

> Entre nosotros, el terror es una invención gubernamental para sofocar toda conciencia, todo espíritu cívico, para forzar a los hombres a reconocer el pie que les aplasta la garganta.
>
> DOMINGO FAUSTINO SARMIENTO, *Facundo*.

Ahora, la historia de Buenos Aires se confunde con la del hombre que es su dueño absoluto: Juan Manuel de Rosas, "el Restaurador". Este personaje, el más controversial de la historia argentina, suscitó los odios más tenaces pero también las pasiones más fieles. Rosas inaugura un período de violencia y de guerras que arruina la ciudad. ¿Tiene la ambición, que le adjudican algunos como Sarmiento, de reconstruir el antiguo Virreinato del Río de la Plata? En todo caso, reclama la provincia de Tarija, que pertenece a la muy joven república de Bolivia, recupera el Uruguay y pone a la cabeza del país a uno de sus amigos, Manuel Oribe. Lucha contra los unitarios, que lo hostigan regularmente desde las provincias del interior, instaura el terror en la ciudad, debe hacer frente a dos bloqueos marítimos e intenta sofocar a las provincias aumentando las tasas de la aduana, al tiempo que hace una profesión de fe federal. Buenos Aires es arrastrada a una serie de guerras que sólo se detendrán tras la partida del tirano.

El Restaurador

Juan Manuel de Rosas "fue criado por su madre; no tomó leche de negra esclava, ni de mulata, ni de china, es decir, de india aborigen. Tenía por consiguiente sangre pura, por encarnación sexual y por absorción sanguínea".

En estos términos su sobrino, Lucio Mansilla, crítico pero admirativo, traza el retrato del patriarca familiar, inspirado en las teorías sobre la heredad de la década de 1880. En su crónica, donde mezcla sus recuerdos de infancia y comentarios sobre la dictadura, describe el período de su gobierno como "espantoso, execrable, pero [como] un asunto exclusivamente argentino".[1] Así expresa ya esa certidumbre de que la Argentina y, sobre todo, la ciudad que la encarna, obedecen a una lógica y a una moral propias, que no pueden ser medidas con el rasero de Europa.

Rosas es un hombre astuto, brutal, excesivo, ocasionalmente generoso, enérgico y en todo caso autoritario. Jamás se deja llevar por la ira, escribe su enemigo Sarmiento. Reflexiona en el silencio de su despacho, y de ahí parten las órdenes destinadas a sus sicarios: "Mañana saldréis a las calles, gritaréis '¡Viva la Federación!' en todas las esquinas, '¡Muerte a los salvajes unitarios!'. Luego entraréis en las siguientes casas –les daba la lista– y degollaréis a estas personas. Les cortaréis la cabeza y las apilaréis sobre la plaza del mercado. Los coches de la policía han recibido la orden de juntar los cuerpos y pasearlos por toda la ciudad. No os olvidaréis de gritar. ¡Oh! Nada saben en Europa sobre el orden minucioso que puede introducir en la administración un genio riguroso, que nada deja al azar, que todo lo prevé, que todo lo observa".[2]

Este gaucho de ojos azules, poco instruido pero capaz de montar a caballo y recorrer la pampa, supo ganarse la simpatía de la gente del pueblo, de esa plebe que su esposa había captado para la causa federal, de hecho, la suya. Está acostumbrado a tratar con los marginales, los mulatos y mestizos que trabajan en sus dominios o que forman sus milicias. Comprendió que la tierra y sus inmensas riquezas constituyen el punto de apoyo de su poder. Su identificación con los gauchos, acentuada por su lenguaje directo y a menudo grosero, es una de las claves de su popularidad. Otros personajes públicos retomarán esas referencias simbólicas. En el siglo XX, cuando los jinetes del desierto habían desaparecido mucho tiempo atrás, el cantor Carlos Gardel, encarnación del ciudadano, se sacará fotos con ropa de hombre de campo. El mismo Perón aparecerá vestido con bombachas y tomando mate junto a Evita.

La propaganda política necesita un derivativo para unir mejor a los ciudadanos. Los unitarios, impopulares desde la ejecución de Dorrego,

---

[1] Mansilla, pp. 13 y 105.
[2] Sarmiento, 1990, pp. 339-340.

constituyen un blanco escogido. A esta facción pertenece la mayoría de los veteranos del movimiento revolucionario, de los liberales y, sobre todo, de las personas cultivadas y los intelectuales que sueñan con construir en el Río de la Plata una ciudad tan bella como París. Todos aquellos que se visten a la moda europea, que llevan galera y levita son sospechosos de ser enemigos de la Federación y el pueblo. Toda ocasión es buena para anunciar la ejecución simbólica de los unitarios: el anuncio de las horas por los veladores nocturnos, los actos oficiales y las cartas de los particulares deben estar precedidos por la declaración *"¡Mueran los salvajes unitarios!"*. A estas proclamas incesantes se añaden calificativos sugestivos, como "repugnantes" o "inmundos", citados en cascada para alimentar bien el odio para con aquellos que hay que eliminar.

Además, el dictador instauró una serie de reglas destinadas a mantener el fervor federal. Por ejemplo, el rojo punzó, emblema de las milicias rosistas, se convierte en el signo distintivo de la Federación. La ropa, los vestidos, las colgaduras, las tapicerías, las cintas, las baratijas, los sombreros, todo debe ser de este color. Los funcionarios deben llevar sobre el lado izquierdo del pecho el emblema federal, una escarapela roja con la inscripción: "Federación o muerte". El color azul, emblema de los unitarios, es desterrado, incluso del papel de cartas. Rosas gobierna con mano de hierro una provincia y no un país, que todavía no existe. Su culto de la personalidad, su retrato, las fiestas en su honor son violentamente criticados por Sarmiento.[3]

Rosas y las mujeres

Otra pieza fundamental del dispositivo de Rosas fue la utilización de las mujeres de su entorno para su glorificación personal. También aquí, el dictador anuncia un género que promete un bello porvenir. Su madre, mujer enérgica, y proespañola en la época de la revolución, parece haberlo marcado fuertemente. Su detractor Sarmiento no vacila en recurrir a la psicología –una ciencia aún balbuciente en la década de 1840– para explicar el autoritarismo del hombre. Su educación, escribe, sufrió la rigidez de las viejas costumbres señoriales y, sobre todo, la

---

[3] Malamud, pp. 80-81; Sarmiento, 1990, pp. 316, 330.

dureza de carácter de su madre. En ella ve las dos fuentes de inspiración del Restaurador: la Inquisición, por la sangre española que corre en sus venas, y la estancia, ligada a su educación.[4]

Es conocido el papel representado por la heroína de la Federación, Encarnación Ezcurra. Cuando Rosas fue investido de poderes extraordinarios, ordenó a su esposa que recibiera en su patio a las mujeres del pueblo, mulatas en su mayoría, que discutían con ella tomando mate con la misma bombilla. En esos círculos femeninos circulaban las noticias –delaciones, insinuaciones, venganzas–, que la heroína comunicaba a su esposo. Pero ésta no gozó mucho tiempo de ese privilegio. Debilitada por una enfermedad que la consumía –probablemente un cáncer– murió en 1838, a los 43 años. La noche que precedió a su defunción, Mariquita Sánchez se encontraba a su cabecera, de modo que los rumores de sus adversarios no la perdonaron. También corrió el chisme de que Rosas había negado la confesión a su esposa, por miedo a que confesara secretos comprometedores. Según otros, el cura sólo llegó después de su deceso, y el Restaurador, oculto tras las cortinas del lecho, simuló una confesión.

Los funerales de Encarnación Ezcurra fueron grandiosos. Rosas ordenó que se le rindieran los honores de capitán general, y se decretó un duelo de dos años. Al ver pasar la carroza fúnebre de la esposa del "Restaurador", centenares de mujeres se enfermaron. Estas manifestaciones necrofílicas ligadas al poder político, cuyo secreto posee Buenos Aires, debían reproducirse durante las defunciones de Hipólito Yrigoyen, Carlos Gardel, Eva Perón y, en cierta medida, Carlos Menem Jr. Ochenta años después de su muerte, el cuerpo de la heroína fue exhumado y transportado al cementerio de la Recoleta, en el panteón familiar de los Ortiz de Rozas. Se comprobó que su cadáver no había sido corrompido y que los rasgos de su rostro habían quedado fijados desde la noche de su muerte: se admiró su pelo castaño peinado en bandas, la boca entreabierta como si recitara una oración y los ojos "cerrados pero intensos, como si estuvieran vivos". Su pariente, monseñor Marcos Ezcurra, vio en esto la marca del designio de Dios.[5]

Con la desaparición de la heroína, la estrella de su hermana María Josefa Ezcurra palideció bruscamente y el Restaurador terminó por en-

---

[4] Sarmiento, 1990, pp. 322-324.
[5] Sáenz Quesada, 1991, pp. 103-104.

contrarle inclinaciones unitarias, sin por ello perseguirla. En cambio, la hija del dictador, Manuelita, o simplemente la Niña, representó un gran papel. Apodada "la Gran Sacerdotisa del reino" por el cónsul británico Southern, las multitudes la amaron mucho más que a Encarnación Ezcurra, porque daba un rostro humano a la dictadura. El retrato de Prilidiano Pueyrredón –el hijo del Director Supremo– muestra a una mujer vestida con un suntuoso vestido rojo granate, bosquejando una sonrisa serena. Manuelita se halla de pie junto a un velador, sobre el cual se adivina una hoja de papel que ella roza con su mano derecha; en ese cuadro, nada traiciona los años sombríos de la dictadura, de no ser una alusión a las cartas que recibía, donde le suplicaban que suavizara a su padre.[6]

El ángel y el demonio de Palermo

Al norte de la ciudad se extendía un amplio terreno llamado Palermo, por el nombre de un marino que había encallado en el Río de la Plata poco tiempo después de su fundación. El Siciliano, gracias a su matrimonio con la hija de un fundador, compró las tierras costeras y plantó trigo y vid. A la altura de las actuales calles de Coronel Díaz y Salguero construyó una ermita que puso bajo el patronazgo de un santo negro, San Benito, también originario de su país natal. Se olvidó al fundador histórico del barrio para no recordar sino a quien fue su "padre mitológico", Juan Manuel de Rosas.[7]

En la década de 1830, el Restaurador compró en Palermo 500 hectáreas de tierras bajas e inundables que él desecó y transformó en parque. Estos trabajos, para los cuales hizo traer conchillas y arena de la orilla, fueron los primeros que permitieron ganar terrenos al río. Así, Rosas proporcionó a la ciudad uno de los más bellos parques que se puedan encontrar en una ciudad occidental. Desdichadamente, el abandono municipal de los últimos años lo devolvió, en algunos sitios, a sus pantanos de origen.

La residencia del Restaurador y sus dependencias se hallaban en un barrio que no estaba urbanizado, ya que la ciudad sólo comenzaba

---

[6] El retrato de Manuelita se encuentra en el Museo de Bellas Artes de Buenos Aires, que también contiene otra obra de Prilidiano Pueyrredón, *El baño*, inspirada en Courbet.

[7] Según la expresión de Borges en su libro sobre Evaristo Carriego, 1993, p. 16.

más allá de la Recoleta, sitio aún periférico. Al norte, la propiedad del dictador estaba rodeada por el pequeño arroyo Maldonado, que se convertiría en la guarida de los pícaros y los bribones de los cuentos de Borges, antes de desaparecer bajo el asfalto. Por el otro lado, algunas propiedades sobre todo rurales rodeaban La Calera, un caserío formado alrededor de una capilla y una pulpería, situado en la intersección de las actuales calles Pampa y Cabildo. Era el embrión del barrio de Belgrano, que será uno de los más elegantes de Buenos Aires en el siglo XX, tras haber sido, por un corto período, la capital de la República Argentina en 1880.[8]

Como toda la "gente decente", Rosas había habitado el barrio de Santo Domingo, frente a la casa de Martín de Álzaga. Fue el primero que abandonó ese barrio residencial para instalarse en Palermo. La inauguración de su vivienda debía ser festejada, pero se anuló en virtud de la muerte de doña Encarnación. Las construcciones eran bajas, como los otros edificios de la época, con una veranda bajo arcadas. La hija del dictador tenía sus apartamentos, así como los domésticos, esclavos y profesores de la Niña. Las habitaciones del Restaurador, como todas, estaban decoradas sobriamente. El terciopelo rojo punzó de los sillones era realzado por la blancura de las paredes.

Todos los miércoles, el padre y la hija recibían a las elites rosistas, los adulones y algunos ingleses. A uno de ellos, William Mac Cann, le parecía que la administración de la casa conservaba vestigios "medievales", pero apreciaba la franqueza del gobernador. La comida reunía a todos los que allí se encontraban, incluyendo visitantes o gente de paso. La hija del dictador la presidía y dos o tres bufones, entre ellos un norteamericano, divertían a los comensales. El general aparecía raramente –detestaba las mundanidades–, pero tomaba parte en las comidas. El hombre a quien todo el mundo temía era frugal: no bebía ni fumaba. Cuando la asistencia lo aburría, bromeaba con su bufón, el negro Eusebio, destornillándose de risa con grosería de sus propias bromas obscenas, "que enrojecían las mejillas de Manuelita".[9]

Más allá del palacio de Rosas, en barracas de paja y adobe, se amontonaban los condenados. A ese sitio se le daba el nombre de *crujía*, a causa del ruido de la grava bajo las botas de Rosas cuando se acerca-

---

[8] Luqui Lagleyze, p. 261.
[9] Mac Cann, p. 155.

ba al lugar. Más de una cabeza habría estado suspendida de los árboles, de creer en los contemporáneos. En los peores momentos de la represión, en 1840, más de doscientos hombres fueron pasados por las armas, allí. La residencia de Rosas estaba bien protegida: enfrente se encontraba el cuartel de los milicianos a caballo, los *Colorados;* un poco más lejos, en el actual Palermo Chico –el "Petit París"–, otro cuartel albergaba a un regimiento de artillería y una fábrica de cartuchos.[10]

Manuelita parece haber sido el único recurso contra la arbitrariedad del jefe supremo. A la sombra de una casia, a la que la tradición popular llamó el "árbol del perdón", la Niña, retomando la costumbre instaurada por su madre y su tía, leía los mensajes que le dirigían sus conciudadanos, suplicándole que intercediera ante su padre; Manuelita lograba satisfacerlos, lo que le valía la estima y el agradecimiento. ¿Luchaba contra el autoritarismo de Rosas, o bien no era sino su inseparable revés femenino, ella el ángel, él el exterminador?

Un siglo después de la caída del "hombre de los poderes excepcionales", Manuelita se había convertido en una figura emblemática de Buenos Aires. Así, en la escuela primaria yo aprendí las buenas acciones de la mujer argentina más famosa de su tiempo. En los jardines de Palermo, convertido en un lugar de paseo –la vivienda y la crujía habían sido derribadas desde hacía tiempo–, un letrero indicaba la "casia del perdón", cuyo tronco reseco se hallaba cercano al busto de Sarmiento, el peor enemigo del Restaurador. Durante una última visita busqué en vano el árbol, y no vi más que un cuadrado sin indicación, semejante a una tumba abandonada.[11]

La Iglesia y el Restaurador

Rosas se había apoyado desde el principio en el clero, y él mismo abominaba de cualquier profesión de fe atea, masónica o liberal. Pero no se contentó con restaurar la religión, sino que sometió la Iglesia a su sistema. Así, el obispo de Buenos Aires dio a los curas la instrucción de señalar, en todos sus sermones, las virtudes de la "Santa Causa federal".

---

[10] Taullard, p. 147.
[11] Seguimos aquí el texto de Obligado, que evoca los últimos años de la familia Rosas en Palermo. En Obligado y Gálvez, pp. 80-90.

Los sacerdotes debían incitar a los parroquianos a llevar la escarapela punzó y exhortar a las mujeres a vivir en la paz del hogar para no terminar sus días recluidas en los desiertos del campo. Hasta debieron luchar contra la costumbre, introducida por los unitarios, de almidonar la ropa con polvo de añil, porque daba a los paños un tinte azul claro, signo de la "maldad de los infieles unitarios". Por último, debían recitar dos *pater noster* a la memoria de Manuel Dorrego y Facundo Quiroga, los mártires de la Federación.

El clero inferior se convirtió en una suerte de milicia espiritual que se consagraba a la extirpación de todo germen de libertad de pensamiento sembrado por Rivadavia. El padre Gaeta es recordado en virtud de su celo fundamentalista. No contento con adornar las estatuas de la iglesia con los colores federales, en sus prédicas denunciaba a los "repugnantes unitarios", incitando a sus fieles a la violencia y la delación.

Como buen católico, Rosas llamó a los jesuitas, que por un tiempo recuperaron su iglesia y su colegio, pero se negaron a poner el retrato del Restaurador en los altares y condenar a los "salvajes unitarios". En 1843 fueron expulsados nuevamente de Buenos Aires, y luego del resto de las provincias. Al caer el dictador, ya no quedaban jesuitas en las Provincias Unidas.[12]

Bacle y la ciudad

Fuera de las estampas de Essex Vidal que representan la vida en el Río de la Plata, y los dibujos de Charles Henri Pellegrini, prácticamente no existían imágenes de Buenos Aires. Los retratos del Restaurador y las láminas que mostraban el asesinato de Facundo Quiroga en Barranca Yaco se difundían en centenares de ejemplares. Pero faltaba un atisbo de la vida cotidiana. Esta laguna se colmó con las litografías de un francés nacido en Ginebra, César Hypolite Bacle, buen dibujante y naturalista.

César Bacle desembarcó en Buenos Aires en 1828, acompañado de su familia compuesta de artistas. El gobierno lo autorizó a dirigir la Litografía del Estado, y desde su llegada emprendió una serie de proyectos destinados a hacer conocer el país a través de los procedimientos modernos de reproducción. En particular, realizó una serie de dibujos so-

---

[12] Malamud, pp. 72-73; Wilde, pp. 210-211.

bre los usos y costumbres de la provincia de Buenos Aires, mostrando la clase humilde de los vendedores ambulantes, negros en su mayoría, que anunciaban a los gritos escobas, plumeros, tortas, pastelitos azucarados, o que circulaban con una antorcha en la mano y una escala, para encender los faroles. Aguateros, con el pantalón arremangado hasta la mitad de los muslos, pescadores en carretas, carniceros, panaderos y lecheros a caballo, todas esas imágenes impresionaron por su exotismo a los europeos, sobre todo la de un viejo a caballo, que llevaba suspendida del cuello su matrícula con la inscripción: "Mendigo".

Bacle no carecía de humor. Bosquejó escenas de la vida cotidiana donde las burguesas, con enormes peinetas sobre la cabeza, ilustran episodios extravagantes: un albañil se ve obligado a ensanchar la puerta de una casa para permitir que la señora salga; en otra parte, en la calle Victoria, la punta de uno de tales ornamentos le salta el ojo a un caminante. En la alameda, una jornada de mucho viento, las mantillas se levantan sobre las peinetas y las damas alzan vuelo, como globos aerostáticos. En un salón de baile, la punta de una peineta engancha una peluca, mientras que en los palcos del teatro los señores, parapetados tras murallas de carey, se ven reducidos a dormitar porque no pueden ver el espectáculo. Más allá de las exageraciones propias de la caricatura, esas imágenes reflejan el deseo desenfrenado de las porteñas, no de seguir la moda, sino de adelantarse a ella.

Una de las hijas del litógrafo da clases en el Ateneo, instituto moderno de enseñanza para jóvenes sobre el modelo del colegio de la Legión de Honor creado por Napoleón. Bacle, con la ayuda de su esposa, emprende otros proyectos; levanta dos cartas topográficas de Buenos Aires, viaja a Santa Catalina, dibuja las láminas de cientos de plantas y flores, reúne una colección de dos mil pájaros disecados y publica el primer semanario ilustrado en lengua española, el *Museo Americano,* donde se describirá y comentará "todo cuanto es digno de llamar la atención". El diario no dura más que un año: la riqueza del contenido y la ambición de difundir observaciones científicas no se adaptan bien al populismo rural del Restaurador. Bacle piensa en instalarse en Chile para continuar su trabajo. Pero luego de intrigas y de sus supuestos lazos con los unitarios, Rosas lo arroja a la cárcel. Amenazado con una ejecución inminente, permanecerá varios meses en un calabozo húmedo y sin luz. Cuando Rosas lo hace salir, es demasiado tarde. Extenuado, el litógrafo se extingue y su familia se refugia en una nave francesa.

Los malos tratos padecidos por Bacle proporcionaron a Francia el pretexto para iniciar, en marzo de 1838, el bloqueo naval de Buenos Aires, que duró dos años. Rosas, exasperado, promulgó una ley que despojaba a San Martín de Tours del título de patrono de Buenos Aires, en virtud de su nacionalidad francesa.[13] En Francia, Thiers declaró en la Cámara de Diputados en 1844: "No hay nadie en la república de Buenos Aires que no esté indignado contra Rosas, contra ese pillo, le doy ese nombre y veréis que no merece otro".[14]

Rosas, matón del imperialismo europeo

Un año más tarde, un nuevo bloqueo franco-británico no logra sofocar a Buenos Aires, que sobrevive gracias a su interior agrícola. El fanático Tomás Anchorena propone detener a todos los extranjeros, deportarlos y marcarlos con un hierro al rojo sobre las dos mejillas. Rosas no cede a esos requerimientos, porque no es antibritánico y necesita del apoyo económico de esas dos potencias.[15] Máxime cuando Rosas acaba de sufrir una derrota que transformó en victoria.

En efecto, la flota franco-británica remontó el Paraná para dividir a Buenos Aires del interior. El dictador dio la orden de arrojar tres gruesas cadenas entre ambas márgenes del río, en el sitio llamado Vuelta de Obligado, para detener las naves. Pese a la resistencia del general Mansilla, los europeos logran la victoria; en esta ocasión, el ejército francés se apoderó de una bandera que llevaba la inscripción contra los "salvajes unitarios", que se conserva en el Museo de los Inválidos de París. Los barcos franco-británicos continuaron río arriba hasta San Lorenzo. Pero la hostilidad de las poblaciones ribereñas obligó a los invasores a volver, no sin daños, a su base de Montevideo.

La expedición mostró a Francia y Gran Bretaña que Rosas, pese a su derrota militar en Vuelta de Obligado, mantenía su fortaleza para cerrarles los mercados internos. Para los nacionalistas de antaño –que se van alternando hasta hoy–, el gobernador de Buenos Aires hizo frente al imperialismo europeo. La Sala de Representantes rinde un homenaje

---

[13] Taullard, p. 137.
[14] Citado por Mansilla, pp. 141-142.
[15] Malamud, pp. 97-98.

entusiasta a Rosas.¹⁶ El general José de San Martín, que morirá en Boulogne-sur-Mer en 1850, legará su sable a Juan Manuel de Rosas, "general de la República Argentina", por su lucha contra el bloqueo europeo.

No todos son de la misma opinión. Sarmiento ve en el bloqueo francés la "vía de entrada" del sentimiento que él llama "americanismo". "Todo cuanto tenemos de bárbaros –escribe–, todo cuanto nos separa de la Europa cultivada apareció en Argentina erigido en sistema y dispuesto a hacer de nosotros una entidad aparte de los pueblos de origen europeo. Paralelamente a la destrucción de las instituciones que nos habíamos esforzado por copiar de Europa, se perseguía el traje, las patillas, la moda, el chaleco, la forma del cuello, y se reemplazaban esos rasgos vestimentarios por el pantalón ancho y suelto, el chaleco rojo, el poncho, como costumbres nacionales eminentemente americanas." A partir de ese acontecimiento, observa Sarmiento, la *Gaceta Mercantil* cultiva el odio hacia todo cuanto es extranjero. Los franceses son "farsantes", Louis-Philippe es un "puerco" unitario y la política europea es calificada alternativamente como "bárbara", "repugnante", "brutal", "sanguinaria", "cruel". Precisamente dentro de este espíritu Rosas, al comienzo de las hostilidades, suprimió las pensiones de los profesores de la universidad, las asignaciones de las escuelas primarias y cerró los establecimientos filantrópicos. Los maestros y profesores que siguen ejerciendo su profesión piden limosna para subsistir.¹⁷

Escenas de la calle

La dictadura trajo un inicio de orden en el tránsito urbano. La circulación anárquica de los peatones, los jinetes y los coches finalmente se reglamenta alrededor de la Plaza de la Victoria. Hasta entonces, se la atravesaba en todos los sentidos; para llegar a la calzada, había que descender algunos escalones tan gastados que los chicos se deslizaban sobre las nalgas, como si fuera un tobogán. Las veredas, recubiertas de ladrillos o azulejos, están provistas de una hilera de postes, plantados a 10 metros de intervalo, vestigios de la época en que se tendían cuerdas de cuero para impedir que los peatones fuesen lastimados por los caballos o el

---

¹⁶ Ibíd., pp. 122-124.
¹⁷ Sarmiento, 1990, pp. 338-340.

ganado. Todavía hoy, algunas veredas altas siguen existiendo en ciertas calles inundables de Barracas y de La Boca, y a lo largo de la avenida Patricios. Pese a esta separación de niveles, a menudo eran invadidas por los jinetes, y fue preciso rodear la catedral con una reja. Los adoquines eran redondos como globos; permanecerán en su sitio durante décadas, y algunos jamás serán reemplazados por el asfalto. Para aquellos que vienen de los suburbios, el ruido de la ciudad, de las ruedas sobre los adoquines, es un "bochinche infernal".[18] Al alba, la ciudad siempre está tomada por las ratas que, como en el tiempo de Dobrizhoffer, invaden las calzadas en busca de carroñas y basuras.

En las calles comerciales, el caminante se abre paso a lo largo de los mostradores de las tiendas, los vendedores ambulantes se instalan ante sus puestos de alimentos, las mujeres fríen pescado. Las noches de verano, los talabarteros, los tenderos, los buhoneros y pequeños comerciantes salen a tomar el fresco y disponen sus sillas sobre la calzada, alrededor de un guitarrista.[19] Se circula a caballo, y es de buen tono no utilizar silla –accesorio que traiciona inclinaciones unitarias– sino un vellón de cordero como la gente de campo.

El mercado de la Plaza de la Victoria, por cierto, es el sitio que más impresiona a los extranjeros. Allí se ve una gran variedad de tipos físicos y de trajes, representantes de todos los países del mundo: españoles de tez ahumada, franceses de piel pálida, ingleses de rostro sanguíneo, pero también tártaros, indios, judíos y negros. Lenguas diversas se mezclan con el habla porteña, cantarina y burlona. El espectáculo deslumbra a Mac Cann, el negociante británico que llegó al Río de la Plata en la década de 1840, entre dos bloqueos. Para él, "ninguna ciudad del mundo puede enorgullecerse de una concurrencia tan abigarrada de gente". A tal punto, añade que "se vacila en creer que la especie humana haya salido de un tronco común". Pero esta admiración etnográfica dura poco. Las famosas bandolas de la plaza son suprimidas por decreto, so pretexto de ser sucias y molestas.[20]

Algunas calles son rebautizadas al capricho de los azares políticos. Varias son consagradas al culto del Restaurador o toman nombres ligados a la causa de la Federación. Algunos adulones proponen llamar

---

[18] Recuerdos referidos por Larreta, en Berenguer Carisomo y Muñoz, pp. 60-61; Hudson, p. 117.
[19] Wilde, p. 23.
[20] Mac Cann, p. 145; Lafuente Machain, 1962, p. 34.

a la Alameda con el nombre de la difunta Encarnación Ezcurra. Rosas se opone y prefiere Paseo de Julio. La calle de la Catedral se convierte en la del libertador San Martín. Ya es una vía animada, pero la calle principal es la Victoria. En 1844 se emprende la construcción de una avenida costera, una suerte de dique que costeará la Alameda. El nuevo paseo se prolonga del fuerte hasta la actual calle Tucumán, hacia el norte. En pleno día, ofrece un espectáculo digno de Hyde Park, o de los Campos Elíseos, de creer en Alcide d'Orbigny, cuyo entusiasmo, sin duda, es un poco excesivo. Al caer la noche, William Mac Cann, sentado bajo un árbol para aprovechar la brisa nocturna, contempla las linternas de los bañistas sobre la playa, que brillan como luciérnagas. La temperatura es suave, y centenares de gentes de toda edad y condición, con el pelo todavía húmedo, buscan su ropa sobre la grava. Risas y voces suben de la ribera.[21]

En ese mismo año de 1844, se termina la construcción de un nuevo puente sobre el Riachuelo.[22] La belleza de las mujeres porteñas –trivialidad, o evidencia, decididamente inevitable– sigue impresionando a los extranjeros, como Alcide d'Orbigny, quien a todas las encuentra seductoras, cualesquiera que sean su edad y condición.[23] En esta época, Buenos Aires cuenta con 13 plazas, que más bien son espacios ventilados, 17 iglesias y 2 templos protestantes. Un solo teatro hasta 1838, año en que se inaugura un segundo, el *Teatro de la Victoria*.[24] Santo Domingo sigue siendo el barrio de las familias de vieja cepa. En el ex convento de los dominicanos, cerrado desde la época de Rivadavia, se instaló un modesto museo de Historia Natural. En la calle Perú –el nombre definitivo sólo se dio en 1857– un negro de los Estados Unidos, llamado Joseph Smith, dirige un restaurante famoso por sus carnes. En la esquina de Perú y Victoria, los miembros del salón literario de Marcos Sastre celebran en 1838 la primera reunión de su asociación. A escondidas, se confecciona la bandera celeste y blanca de Belgrano, que no había vuelto a verse desde hacía varios años, y que sólo reaparecerá oficialmente tras la caída del dictador.[25]

---

[21] Mac Cann, p. 152.
[22] Taullard, pp. 139-141.
[23] D'Orbigny, en Romero, I. L. y L. A., 1983b, pp. 39-40.
[24] Taullard, pp. 130-136; Wilde, p. 251.
[25] Lafuente Machain, 1978, p. 27.

Tambores de candombes

Muchos negros y mulatos siguen viviendo en Buenos Aires, en el barrio sur de Santo Domingo, así como en Monserrat. No rompieron todos sus lazos con sus amos o patrones. Los hijos de la "gente decente" son educados por lo común por nodrizas de color. Domésticos, jornaleros, empleados en las quintas y las estancias de los alrededores, los negros y los mulatos están en todas partes, formando la trama de la red de espionaje de las familias tejida por el Restaurador. Les gusta el mate, que a menudo saborean en compañía de sus amos, y, en sus momentos de ocio, fuman *chamico* o *pango* –*Datura stramonium*– que los sume en un estado de embotamiento propicio para las visiones. También les gusta la *chicha*, cerveza de maíz, la bebida de la gente del pueblo.[26] La mayoría se ha convertido en pequeños propietarios de terrenos urbanos, que con frecuencia les fueron cedidos por sus antiguos amos.[27]

De sus lejanos orígenes han conservado el reagrupamiento por "naciones". Congos, mozambiques, mandingas, minas, banguelas, loandas, a las que se añade la de "brasileños", llegados a la ciudad en la época de las guerras contra el Imperio. Esas asociaciones de naciones, puestas bajo el patronazgo de un santo –San Sebastián, San Benito y el Rosario– se han convertido en fraternidades cuyos miembros se ayudan entre sí. La música y las danzas les permiten conservar una memoria fragmentaria de sus raíces africanas. Cada nación posee sus propios ritmos, sus instrumentos y sus autoridades rituales, un rey y su reina, que dirigen los asuntos de la colectividad. Todos los domingos y días feriados, los barrios populares resuenan con el ruido de los tambores de sus fiestas, los candombes.

La *Gaceta Mercantil*, al servicio del dictador, escribe en 1843 que Rosas considera a los pardos o mulatos, al igual que a los "negros", africanos y morenos, como hijos del país, defensores de la libertad, porque participaron heroicamente en las luchas de la independencia. A Rosas –continúa– no le displace tener a negros y mulatos a su mesa y compartir la comida con ellos: "Los mulatos no desmerecen en nada". El artículo es una respuesta a los sarcasmos del diario *El Nacional*, de obediencia unitaria, publicado en Montevideo, que reprochó a Manue-

---

[26] Wilde, p. 123.
[27] Ibíd., pp. 125-131.

lita que bailara con "esa gente".[28] Por otra parte, un cuadro de Martín L. Boneo, *El Candombe,* inmortalizó a la familia del Restaurador asistiendo a una fiesta organizada en los locales de la nación augunga. Allí se ve a una pareja de negros bailando al ritmo del tambor, frente al público.

Para conmemorar el 25 de mayo de 1845, Rosas invita a los negros a bailar en la Plaza de la Victoria, lo que le depara críticas por parte de los unitarios, disgustados por las danzas africanas y esa noticia del "Caribe abortado por el Sur".[29] Los negros son bien vistos por el gobierno, y los diarios reproducen sus coplas a la gloria del dictador. Curiosamente, algunos identifican los opositores al régimen con moros y judíos que trabajan para España.[30] Tanto para sus partidarios como para sus adversarios, Rosas está ligado a ese pueblo. En 1855, José Mármol publica en Montevideo su novela *Amalia,* cuyo personaje central es la ciudad de Buenos Aires bajo el Restaurador. Detractor de Rosas, traza un retrato sin concesiones de esa "raza abyecta", instrumento de la tiranía. A su juicio, el régimen da libre curso a la inversión carnavalesca del orden social, los esclavos adoptan el lugar de los amos y los degradan por su sensualidad sin freno.[31] Sin embargo, cuando el libro aparece, los descendientes de africanos son poco numerosos en Buenos Aires. Muchos han muerto en las guerras de liberación o en las guerras civiles. El cónsul general de Gran Bretaña, Woodbine Parish, lo ha comprobado, y piensa ya que el flujo constante de europeos terminará por blanquear a los descendientes de los esclavos.

Focos de oposición en las dos orillas del Plata

A todas luces, el clima instaurado por la dictadura de Rosas era poco propicio para la expresión de ideas que no estuvieran de acuerdo con la "Santa Causa de la Federación". Pese a la partida de su marido, Mariquita Sánchez de Mendeville, la "Sévigné del Río de la Plata", seguía

---

[28] Andrews, p. 117.
[29] Ibíd., p. 120: *"Su bárbara grita, su danza salvaje, es en este día meditado ultraje del nuevo Caribe que el sud abortó",* escribe Juan Cruz Varela.
[30] Rodríguez Molas, pp. 106-108: *"Esi no tiene opinió; Esi tiene mucha maña; Esi é moro y é judío, Y trabaja para España".*
[31] Sigal, 1980, pp. 78-75.

adelante con su salón. Ahora, tales reuniones eran frecuentadas por los jóvenes amigos y relaciones de sus numerosos hijos, para quienes ella conservaba el prestigio de haber participado en las jornadas fundadoras de Mayo. En su casa se encontraban poetas románticos salidos del salón literario de Marcos Sastre y reunidos en un grupo de oposición, la Joven Argentina. Esta asociación, creada por tres grandes escritores, Esteban Echeverría, Juan Bautista Alberdi y José María Gutiérrez, trataba de superar el abismo entre federales y unitarios. Influidos por los revolucionarios franceses de 1830 y por la Joven Italia de Mazzini, sus ideales se llamaban Libertad, Fraternidad, Igualdad pero también Progreso, Independencia y Cristianismo. Pero el torno rosista se apretaba sobre todos los opositores, de tal modo que debieron abandonar el país y refugiarse, en su mayoría, en Montevideo.[32] La propia Mariquita Sánchez, sin romper abiertamente con Rosas, uno de sus amigos de infancia, se instaló en la ciudad vecina, so pretexto de reunirse con una de sus hijas.

La dictadura puede más que los cenáculos intelectuales. El francés Xavier Marmier, de paso por la región, intenta entablar en vano una conversación sobre temas literarios para seducir a las bellas adornadas con cintas según la moda federal. A éstas les importaba un rábano Shakespeare o Goethe, y el viajero comprueba que "su universo empieza y termina en Buenos Aires". Las mujeres de espíritu como Mariquita de Mendeville, afirma, fueron enmudecidas por el terror de Rosas. Las costumbres rústicas estropearon el barniz europeo de la ciudad. La usanza del mate horroriza a los europeos de paso, así como el gesto de convidar a su invitado con un trozo de carne pinchado en el extremo del tenedor, "amabilidades argentinas" que el encanto femenino –¡otra vez!–, pese a todo, torna tolerables.[33]

Uruguay distaba mucho de ser un país apacible, y los emigrados se unieron a los nacionales para luchar contra la dictadura. A las luchas de facciones se añadían la efervescencia causada por la presencia de los ejércitos unitarios, que intentaban minar el poder de Rosas y los caudillos que estaban aliados a él. Poco antes de la llegada de los intelectuales porteños, un corsario italiano, Giuseppe Garibaldi, desembarcaba cerca de Colonia, tras haber participado con otros emigrados *carbonari*

---

[32] Malamud, p. 98; Lafuente Machain, 1978, p. 14; Sáenz Quesada, 1995, p. 148: fue Alberdi el que comparó a Mariquita de Mendeville con la marquesa de Sévigné.

[33] Marmier, en Romero, I. L. y L. A., 1983b, pp. 67-68.

en la insurrección de Río Grande do Sul contra el emperador del Brasil. Ante la "naturaleza feroz" de la pampa, símbolo de libertad e independencia, Garibaldi se sintió sobrecogido por una emoción intensa.[34]

Pronto Montevideo cayó en manos de un amigo del Restaurador, Manuel Oribe, que se convirtió en presidente del Uruguay. José María Gutiérrez y Juan Bautista Alberdi, con la complicidad de Mendeville, lograron abandonar la ciudad y partir para Génova, donde se unieron a la Joven Italia de Giuseppe Mazzini. Pero el bloqueo francés, instaurado en marzo de 1838, y que debía durar otros dos años, obligaba a Rosas a actuar.[35] Para combatir a los enemigos de Oribe, depuesto por su rival, el Restaurador apeló al almirante Brown. Por su lado, los opositores de la Banda Oriental se organizaban. Los franceses, que constituían la colectividad extranjera más importante, formaron un batallón. En cuanto a Garibaldi, se vio a la cabeza de la Legión italiana, y los "Camisas rojas" desfilaron ante el general Paz, antes de ir al combate; en esta ocasión, se vendieron a precio reducido reservas de túnicas rojas destinadas a los obreros de los mataderos y saladeros de Buenos Aires, que no habían podido ser vendidos en virtud del bloqueo.[36]

El viejo marino de los años de la revolución libró su último combate contra Garibaldi, a quien dejó escapar. Gracias al almirante Brown, el italiano pudo volver a su patria y llevar a buen término la epopeya de los Mille, otras luchas por el ideal republicano. ¿Recordó Garibaldi en Italia los métodos expeditivos de las milicias del Río de la Plata? En un cuento de Luigi Pirandello, "El otro hijo", uno de los personajes dice que sus partidarios "estaban jugando a las bochas, pero con cabezas de hombres".[37] En el Río de la Plata, la fama de Garibaldi servirá de cohesión ideológica a muchas corrientes de inmigrantes. Su estatua, en Buenos Aires, donada por la colectividad italiana, se levanta sobre la Plaza Italia; un fragmento de columna romana, en consecuencia las piedras más antiguas de la ciudad, acompaña la figura del *condottiere*.

---

[34] Los revolucionarios de Río Grande do Sul, llamados *farroupilhas* ("descamisados"), se hallaban en contacto con un grupo de *carbonari* partidarios de Mazzini, que habían emigrado al Brasil. Un puñado de militantes italianos, entre ellos Garibaldi, llevó a cabo una guerra de corso contra las naves del Imperio. Garibaldi se internó en los meandros del Paraná. Refugiado en Entre Ríos, fue torturado. Véase Garibaldi, 1981.
[35] Malamud, pp. 118-119.
[36] Garibaldi, p. 113 (nota de Daniele Ponchiroli).
[37] Pirandello, 1996, p. 455.

Inmigraciones

Las elites intelectuales abandonaban el país, pero los inmigrantes europeos se establecían en el Río de la Plata, allí donde "la vida de un hombre valía menos que el mugido de una vaca".[38] A partir de la década de 1820, la inmigración inglesa había ido en constante crecimiento, y muchos británicos se habían instalado como colonos en el campo. Los gringos no siempre eran bien vistos, sobre todo por los peones de los mataderos y la gente del pueblo. Un carnicero británico de Buenos Aires puso en guardia al viajero Campbell Scarlett contra las provocaciones, pues los ingleses eran mirados con desconfianza desde que habían ocupado las islas Malvinas.[39] En 1845, el gobierno declaró que todos los hijos de esos colonos eran ciudadanos del país y que por lo tanto tenían las mismas obligaciones que los criollos.

A mediados del decenio de 1840, un contingente de gallegos, echados de su país por la pobreza, llegó al Río de la Plata. Rosas los obligó a servir en las milicias armadas y escogió a dos de ellos, llamados como él Juan Manuel, a quienes destinó como escribanos públicos. Luego desembarcaron en Buenos Aires unos vascos, cubiertos con su birrete tradicional. A partir de Juan de Garay, los vizcaínos estaban ligados al destino de la región; muchos poblaban Montevideo y los alrededores. Los recién llegados fueron bien recibidos gracias a su reputación de trabajadores. Esos primeros inmigrantes fueron empleados en los saladeros.[40]

Xavier Marmier llega a Buenos Aires en los últimos años de la dictadura de Rosas. La ruta que conduce del puerto de La Boca a la ciudad está rodeada entonces de terrenos baldíos y pantanosos. Es recorrida por jinetes, correos marítimos o lecheros. El francés se siente impactado por la naturaleza salvaje, los rebaños de animales en libertad, tan cerca de la ciudad. Un montón de ladrillos permite franquear un río: el "puente de Rosas", como lo acredita una inscripción desproporcionada por la mediocridad de la obra. Un poco más lejos divisa algunas pulperías abiertas desde el alba, donde se encuentran changadores y cocheros. Al llegar al Riachuelo observa sobre la otra orilla –probablemente la isla Maciel– cabañas de bambú, semejantes a las de los indios

---

[38] La expresión es de Andrés Rivera, 1995, p. 25.
[39] Scarlett, en Romero, I. L.y L. A., 1983b, p. 48.
[40] Wilde, pp. 94-98.

del Paraguay, "solitarias y tristes", que parecen ajenas al mundo que las rodea. Sobre el puerto, ve a los comerciantes que se agitan, los peones que descargan cueros y maderas, cajones de frutas, plumas de avestruz y pieles de jaguar. Enfrente se levantan viviendas construidas "sin hacer caso a la regularidad monótona de las ciudades".

Sin duda, Marmier fue a comer al *Auberge de la Marine,* donde un cocinero francés prepara pollos y piernas de cordero según "todas las reglas del arte". La diversidad social de las viviendas lo asombra. Junto a un rico chalet, un desdichado construyó un techo de ramajes donde vive con su familia. Más lejos, un pabellón chino acredita que un marino fue al Extremo Oriente. Otros se contentan con un miserable abrigo sobre pilotes donde, en un espacio de apenas diez metros cuadrados, se instaló una cama y una mesa: la mayoría de esos habitantes son vascos y bearneses. Marmier piensa que han amasado una pequeña fortuna a fuerza de privaciones. Un domingo cree reconocer la canción de Despourrins: *Là-bas, dans la montagne...,* entonada por un gascón. Ese día, los obreros se visten con sus trajes de los Pirineos y se oye hablar en euskera. Todos esos vascos se ayudan entre sí y regularmente envían dinero a su país de origen.[41]

Las orillas de los mataderos

Los mataderos y las instalaciones atinentes constituyen un verdadero enclave en la ciudad. Se accede a los del sur por la calle Larga, suerte de apéndice de la ciudad repetido por la calle Sola, camino solitario, como su nombre lo indica. Estos establecimientos siguen repitiéndose en las descripciones de los viajeros; incluso constituyen una referencia obligada para el que pretenda describir la ciudad porteña. Los saladeros están instalados cerca del puerto de La Boca. Allí se encuentran también las barracas donde se preparan los principales productos del Río de la Plata, las carnes y los cueros. Marmier visita el salar Cambaceres, el más grande. Las escenas que allí descubre no son ni agradables para el olfato ni alegres. En los mataderos, los animales son atrapados con el lazo y degollados a cuchillo, luego descuartizados en un santiamén. Desde las siete de la mañana hasta la tarde, cerca de cuatrocientos terneros son

---

[41] Marmier, en Romero, I. L. y L. A., 1983a, pp. 32-34.

muertos de esta manera. El establecimiento cuenta con trescientos obreros que se ocupan de salar la carne y curtir los cueros. Todo se utiliza: el sebo para las lámparas, los recortes de las pieles para fabricar cola. Más lejos, en Barracas, siempre pueden verse puentes, tapias y diques fabricados con osamentas de vacas. Marmier comprueba que los ingresos de esos talleres son considerables, pero que se trata de un "trabajo horrible", pues el cuerpo debe permanecer inclinado por encima de un cadáver aún tibio, y los obreros chapotean en el barro y la sangre, además "el hábito insensibiliza a quienes se ocupan de tales tareas", y de noche, aquel que degolló con su mano un centenar de terneros vuelve a su casa para cenar con su familia y jugar con sus niños.[42]

Estos establecimientos suministran al novelista Esteban Echeverría el tema central de *El matadero*, cuya acción se sitúa en la década de 1830, luego de la muerte de Encarnación Ezcurra. Allí describe el matadero de la Convalecencia, al sur de la ciudad, donde Encarnación Ezcurra, "patrona querida de los carniceros", había pronunciado su arenga en la época de la revolución de los restauradores. El libro narra la muerte de un joven que "monta a caballo como un gringo", detenido arbitrariamente por los hombres del matadero, los cuales se desquitan sobre él por haber fracasado en castrar a un toro furioso. Sometido a un falso proceso, amenazado de sodomización y de muerte, la víctima expira, mientras que sus torturadores, enloquecidos, se apuran por disimular y disfrazar los hechos. El relato, muy punzante, también es una metáfora sangrienta de la ciudad bajo la dictadura, cuando "miles de voces conjuraban el demonio unitario de la Federación".

Toda ciudad engendra su propia mitología. La de Buenos Aires se bosqueja a través de un tipo social de las orillas, el compadrito, el equivalente urbano del gaucho. Este término aparece por primera vez bajo la pluma de Domingo Faustino Sarmiento, en su obra sobre Facundo. Allí describe a ese personaje popular ciudadano, cuya manera de mover los hombros, cuyos ademanes, modo de ponerse el sombrero, escupir entre los dientes, que Sarmiento imputa a la ascendencia andaluza, indican ya los grandes rasgos de los héroes de los tangos.[43] Fue él –con su reverso salvaje del gaucho– quien llevó al poder a Rosas, pero, agrega

---

[42] Marmier, ibíd., p. 36.
[43] Sarmiento, 1994, p. 82: "*Todos los movimientos del compadrito revelan el majo; el movimiento de los hombros, los ademanes, la colocación del sombrero, hasta la manera de escupir por entre los dientes, todo es andaluz genuino*".

Sarmiento, por sus guerras continuas, el tirano destruye a sus partidarios, consumidos en las luchas. Por eso, infiere que la carne americana se ha agotado y que el país necesita sangre nueva.

De hecho, el compadrito es el retoño arrabalero del compadre, como se llamaba a la gente de campo que se instalaba en la periferia de la ciudad, las orillas, es decir, al mismo tiempo, los "márgenes" y las "riberas", que aquí se confunden. El compadre es un hombre independiente y peleador, debe dar prueba de coraje y de virilidad en toda circunstancia; bribón, también puede ser un justiciero en su barrio. Pero esas características a menudo son deformadas por el exceso de jactancia y una suerte de resentimiento personal y social, que será uno de los componentes del tango. Para Sarmiento, el compadrito encarna la "barbarie del interior" que invadió las calles de Buenos Aires.[44]

Más allá de los arrabales

¿Por dónde se deja la ciudad si uno quiere ir hacia la frontera sur? Hay que tomar la calle Larga, o incluso la calle Sola para llegar al puente de Barracas, umbral entre la civilización y la barbarie. Sigamos en esta excursión al escocés Mac Cann: "Apenas franqueado el puente, entramos en una vasta llanura, donde nada indicaba la cercanía de una gran ciudad". Aquí y allá, edificios construidos por los inmigrantes vascos se yerguen en medio de una pradera donde pastan centenares de corderos y vacas. Con acentos dignos de Borges, Mac Cann ve aquí el lugar de acceso a una llanura ilimitada, situada a sólo una hora de la capital.[45] En Quilmes, su primera parada, se alberga en casa de un inglés, como lo hará varias veces en el curso de su viaje, lo que muestra la implantación de los británicos en la pampa. La iglesia de la antigua reducción está en ruinas, y las vacas pastan en el interior, derribando y rompiendo las piedras tumbales; los indios están muertos, y sus tierras fueron cedidas a particulares, a condición de trabajarlas. El escocés, sin embargo, tiene la dicha de saborear un pudding en casa de Mr. Clark.

Su camino atraviesa Magdalena y Ensenada, terrenos donde se crían corderos. La población es reducida. A los criollos no les gusta cultivar

[44] Ibíd., p. 124.
[45] Mac Cann, pp. 3-4.

la tierra, comen únicamente carne, por añadidura sin sal –las salinas están en manos de los indios–, directamente en el suelo, sin cubiertos. Para nuestro viajero, el tenedor es el indicio más evidente de civilización. ¿Por qué los pobres no lo utilizan? "Porque eso exigiría la adopción de otros hábitos domésticos, pues el cuchillo y el tenedor requieren el uso de un plato; el plato, el de una mesa; la mesa, el de una silla, y las consecuencias del tenedor traerían una revolución total en las costumbres."[46]

Después del río Samborombón, vuelve a detenerse en la estancia de don Ricardo Newton, una casa de ladrillos con una bella veranda, rejas trabajadas y trancas de postigos importadas de Birmingham. Más notable, el cerco de alambre de púas que rodea su huerto, porque es el primero que se instala en Argentina. En la cocina, nuestro viajero ve dos costillas de megaterio, así como una probable vértebra de dicho animal que sirve de asiento. Algunos años más tarde, la pampa argentina será objeto de fantasiosas especulaciones paleontológicas, que ubicarán allí el primer fósil del hombre prehistórico. El escocés bordea luego las tierras de Prudencio Rosas, el hermano del Restaurador. En Chascomús, al borde de una bella laguna con flamencos rosados, y, un poco más lejos, en Dolores, descubre viviendas en ruinas tras la represión, pues un levantamiento contra el dictador estalló en esos hogares. Todas las personas comprometidas tuvieron que huir, y sus bienes fueron incautados. Algunos fueron ejecutados, como Pedro Castelli, hijo del patriota jacobino, cuya cabeza fue expuesta en la punta de una pica en Dolores, antes de ser robada, al parecer, por una mujer, que le dio sepultura.[47]

Más allá de Tandil, en Tapalqué, se encuentran los primeros campamentos de indios infieles. Pero también hay soldados y comerciantes. El pueblo es una especie de depósito de mercancías donde los nómadas vienen a abastecerse, a lo largo de una frontera que se ha vuelto permeable. La soledad y la melancolía que se desprenden de la región impresionan al viajero. Nada viene a alterar la monotonía del paisaje, esa *wilderness* argentina que se extiende hasta perderse de vista. En el camino de regreso pasa por Los Toldos, donde no hay más que una es-

---

[46] Ibíd., p. 71.

[47] Ibíd., pp. 13-50. La leyenda de Pedro Castelli es narrada por el novelista Andrés Rivera, 1993, p. 182.

tancia administrada por una inglesa. Menos de un siglo más tarde, allí nacerá María Eva Duarte. Luego, los rebaños de corderos se vuelven más numerosos, señal de que se aproximan a la capital.[48] Ésta es un islote en un océano de vegetación, donde se introducen los extranjeros para explotar esos recursos que parecen inagotables.

Terrorismo de Estado

Para controlar mejor a la población, Rosas había hecho redactar listas de simpatizantes de los unitarios. Su poder se apoyaba en una policía a la que estaban asociados los serenos, pero también los porteros y los domésticos negros, que espiaban el comportamiento de sus amos o patrones. La policía de Rosas llevaba el nombre de *Mazorca* –palabra que es una contracción de *más horca* o una alusión a la espiga de maíz utilizada para sodomizar al adversario–.[49] Esta milicia era el brazo armado de la organización parapolicial la *Sociedad Popular Restauradora*, cuyo principal apoyo había sido Encarnación Ezcurra.

En los primeros tiempos, la Mazorca se hizo famosa por maniobras intimidatorias, como por ejemplo pasar al galope ante la casa de un sospechoso y tirar a las ventanas ráfagas de balas que eventualmente mataban a aquel que, por desgracia, se hallaba en la calle en ese momento.[50] Luego, al comienzo de la década de 1840, el terror se desplomó sobre la ciudad. Las diversas humillaciones, las lavativas con pimiento y otros abusos ya no eran suficientes. Toda tentativa de rebelión era reprimida por los medios más brutales. En el linde del barrio de Santo Domingo, en la calle Chacabuco (entre Estados Unidos e Independencia) se encontraba el siniestro "cuartel" de Ciriaco Cuitiño, un ex sargento convertido en el ejecutor de las iniquidades de Rosas. Allí, el uso de las armas de fuego, cuyas descargas llamaban la atención de los vecinos, fue abandonado en provecho del cuchillo, que todos sus subalternos tenían la costumbre de manejar. El degollamiento de los opositores, que se convirtió en una forma corriente de ejecución, era acompañado por risas e insultos; para satisfacer a un público de verdugos

---

[48] Mac Cann, p. 122.
[49] Malamud, pp. 102-103.
[50] Lafuente Machain, 1978, p. 29.

ávido de sensaciones, a veces se reemplazaba el cuchillo por la sierra. Para sofocar los gritos y aullidos de triunfo, se tomó la costumbre de acompañar esas ejecuciones con una orquesta, que tocaba la canción *La Refalosa,* entonada a coro: "Que el santo sistema de la Federación dé a los salvajes violín y viola" (el "violín" designaba el cuchillo con que se degollaba; la "viola" era la sierra).[51]

Había que dar formas gauchescas a la muerte. El terror culminó entre 1839 y 1842, durante el bloqueo francés que coincidió con la rebelión interior conducida por Lavalle. Cerca de setenta araucanos insumisos fueron llevados encadenados desde la frontera y fusilados en grupos de diez, en los cuarteles del Retiro, pero los diarios silenciaron esa matanza.[52]

No todos los ciudadanos habían sido ganados por el fanatismo. Gracias a las solidaridades entre familias pertenecientes a una u otra facción, y a los lazos de vecindad, de parentesco y de clase, en ocasiones desafiaron el terror de la Mazorca. Cuando la milicia visitó la casa de don Ildefonso Ramos Mexía, rompiendo puertas y ventanas y quebrando la vajilla de porcelana con motivos azules, una familia federal vecina permitió que uno de sus parientes se evadiera por los jardines.[53]

No bastaba con enarbolar las insignias federales, también era necesario llevarlas correctamente. Una cinta demasiado estrecha, el olvido de una escarapela eran sancionados con latigazos. Fuera de los emblemas punzó de la Restauración, los porteños colgaban sobre su pecho, del lado del corazón, un pequeño retrato del tirano para probar la intensidad del amor que sentían por él. El terror en que vivían tenía consecuencias sorprendentes: un día, observando que la vereda del vecino había sido barrida, un ciudadano hizo lo mismo, pensando que se trataba de una orden de la policía, y pronto toda la calle lo imitó. "El terror —escribía Sarmiento— es una enfermedad del espíritu tan contagiosa como el cólera".[54]

Los degollamientos se reanudan en 1842. Durante los meses de marzo y abril, cuerpos mutilados tapizan todos los días las calles de la capital. Luego de esta fecha, los crímenes de la Mazorca disminuyen y la milicia es disuelta en 1846. Un año más tarde, sin embargo, Camila

[51] Ibíd., p. 31.
[52] Malamud, p. 105.
[53] Lafuente Machain, 1978, p. 29.
[54] Sarmiento, 1990, pp. 195-198.

O'Gorman y su amante, el cura Gutiérrez, son ejecutados. Camila era la nieta de Anne-Marie Perichon, la ex amante de Santiago de Liniers; amiga de Manuelita, ella formaba parte de las elites porteñas. Conoció al sacerdote Gutiérrez en la iglesia del Socorro, y su pasión quebró las convenciones sociales. Para evitar el escándalo, los amantes se escaparon y vivieron algunos meses de felicidad antes de ser traicionados y entregados a las tropas de Rosas. Parece ser que Manuelita trató de doblegar a su padre, pero sin éxito. El dictador dio la orden de fusilarlos en Santos Lugares, un suburbio de Buenos Aires. Como Camila estaba encinta, la obligaron a beber una botella de agua bendita para que el niño que llevaba fuera bautizado.

La juventud de la víctima y la calidad de su amante dieron a esta ejecución una inmensa resonancia. Los historiadores de la República ven en ella el comienzo de la mala estrella del Restaurador. En el siglo XX, María Luisa Bemberg le consagró un film, y Enrique Molina, utilizando documentos inéditos, dedicó una novela a la memoria de la joven. Hace poco tiempo, en la sala de lectura del Archivo General de la Nación, un hombre de buena familia, de tradición federal, me habló de "Anita Perichon" en términos tales que daba la impresión de haberla visto el día anterior. La conversación recayó sobre Camila O'Gorman, y cuando yo expresé mi incomprensión, me respondió con un tono de entendido: "Sabe usted, Rosas quiso darle una lección a Manuelita. A ella le apuntaba, para que no lo dejara".

Fin de un reinado

Las exacciones de Rosas, y sobre todo su ambición de subyugar a los hombres fuertes del interior, debían acarrear su caída. La intervención del caudillo federal de Entre Ríos, Justo José de Urquiza, fue decisiva. En enero de 1852, hubo una inmensa confrontación militar en Caseros, en el viejo suburbio de Morón, hoy vinculado a Buenos Aires por la interminable avenida Rivadavia, a la altura del número 18.000. Toda la oposición se unió al ejército de Urquiza, donde se distinguió un joven teniente, Francisco Borges, antepasado del escritor. La víspera de la partida de Rosas, William Hudson, cuyos padres estaban establecidos en el campo y eran admiradores del caudillo, vio pasar a Eusebio, el bufón de Rosas, el "Nerón de la América del Sur": estaba vestido de general, con un uniforme rojo y cubierto con un enorme tricornio con un penacho punzó.[55]

Rosas, al enterarse de la derrota de Caseros, se escapó disfrazado de marinero, acompañado por la fiel Manuelita, que se había puesto un traje de hombre. El padre y la hija se embarcaron con algunos parientes a bordo de un barco inglés que se quedó varios días en la ensenada, a la vista de la población porteña. Luego, los pasajeros fueron transbordados a una nave que los condujo a Southampton. Rosas vivirá allí hasta sus últimos días. Mucho más tarde, los nostálgicos del ex dictador militarán por la repatriación de las cenizas. La ceremonia se efectuará en octubre de 1989, bajo la presidencia de Carlos Menem. Algunos verán en esto "el primer paso hacia la reconciliación nacional". De hecho, su objeto sería más bien ocultar las dificultades económicas del presente.

Así se terminaba el "despotismo más simple y más riguroso del mundo civilizado", según la opinión del encargado de negocios norteamericano en Argentina, John Strother Pendleton. Tras la caída de Rosas, todo cuanto recordaba su memoria fue borrado. ¿Dictador deshonrado, representante de los intereses de los propietarios terratenientes, o bien hombre de las clases medias?[56] En el siglo XX, Rosas fue reivindicado por las corrientes nacionalistas como un caudillo que había luchado contra el imperialismo inglés, o incluso como el hombre de pueblo que había sido sostenido por los mulatos y los pequeños labradores rurales. Su figura no ha dejado de alimentar los trabajos de los historiadores y las referencias de los políticos. Su amigo, el caudillo Facundo Quiroga, el modelo de la barbarie analizada por Sarmiento, descansa en la Recoleta, el cementerio de la gente elegante, en compañía de Eva Perón. Una inscripción lo define como un anarquista del siglo XX: "Libre por propensión y por principio".

---

[55] Hudson, p. 127.
[56] Courtney Letts de Espil, p. 152. Fuera de la obra de Malamud que hemos citado en varias oportunidades, es posible remitirse a Lynch, pp. 305-344, para un análisis un poco diferente de la figura de Rosas.

7. EL GRAN VUELCO
(1853-1880)

> Esas dos primeras leguas de riel significaron para Buenos Aires más vida y progreso, a despecho de las guerras posteriores, que todo cuanto fue proyectado y realizado en los últimos cuarenta años.
>
> PASTOR OBLIGADO,
> *Tradiciones Argentinas*, alrededor de 1900.

Tras los años de dictadura, Justo José de Urquiza va a encarnar las esperanzas de una nación dislocada por las luchas. La muchedumbre alborozada, que reunía a federales y unitarios, recibe a ese provinciano de poncho y galera. Al día siguiente de Caseros, el caudillo de Entre Ríos se instala en Palermo, en la residencia de Rosas, y detiene los saqueos que amenazan a las familias rosistas. Nombrado director provisional de la Confederación Argentina, Urquiza restablece el pacto federal y proclama el principio de la igualdad de representación para todas las provincias. Más que nunca, los símbolos de la Federación son de rigor, y la insignia punzó, odiosa para los enemigos del ex dictador, reaparece.

Bajo la férula del Restaurador, Buenos Aires había prosperado en detrimento del "interior", gracias a los beneficios sustanciales que le procuraba la aduana. El nuevo hombre fuerte concede a la ciudad de Rosario, situada sobre el Paraná, el rango de puerto marítimo que en adelante comparte con Buenos Aires. Esta ortodoxia federal no puede sino herir a los porteños, y sus voces se unen a las advertencias regulares de Sarmiento para denunciar la instauración de una nueva dictadura. Las ejecuciones sumarias de los saqueadores, como la determinación de Urquiza, hacen temer una reanudación del terror. Hilario Ascasubi evoca la llegada del tirano en uno de sus poemas:

*En la entrada de Palermo
ordenó poner colgados
a dos hombres infelices,
que después de afusilados
los suspendió en los ombuses,
hasta que de allí a pedazos
se cayeron de podridos.*[1]

El 11 de septiembre de 1852, aprovechando la ausencia del caudillo, una insurrección de notables porteños denuncia el pacto federal y elige gobernador a Valentín Alsina, el jefe de los autonomistas. Un año después, la Constitución promulgada por Urquiza es jurada por todas las provincias salvo Buenos Aires, que se separa de la Confederación Argentina. Esta situación durará hasta 1862. Luego de un nuevo bloqueo del puerto por la flota de la Confederación, Urquiza se retira a Paraná, desde donde dirige el país.[2] La ciudad salda sus cuentas con los torturadores rosistas. El 17 de octubre de 1854, los degolladores de la Mazorca son colgados en la Plaza de la Victoria, mientras que Ciriaco Cuitiño y Manuel Troncoso son fusilados en la Plaza Independencia.[3]

Una utopía urbana

En esa mitad del siglo XIX, Buenos Aires y su provincia se han convertido en un Estado. La ciudad portuaria y sus alrededores pueden contar con el potencial agrario del interior, una de las zonas más fértiles del mundo, y con el control de la aduana. Pero el desequilibrio con el vasto territorio de la Confederación representa una amenaza. Queriendo ponerle remedio, Sarmiento, bajo el gobierno de Rosas, había publicado en Chile, donde vivía exiliado, un pequeño tratado donde exponía los principios políticos que debían regir al gobierno futuro. Inspirándose en el ejemplo de los Estados Unidos, que había edificado *ex nihilo* a Washington, proponía la creación de una capital, una ciudad utópica, Argirópolis –la Ciudad de la Plata– que sería construida sobre

---

[1] Ascasubi, citado por Borges, 1993, p. 105.
[2] Taullard, pp. 149-156.
[3] Lafuente Machain, 1962, pp. 24-25; Taullard, p. 155.

la isla Martín García, en la embocadura de los ríos Paraná y Uruguay; su nombre era un neologismo pedante.

La situación insular de Argirópolis sería la garantía de su independencia. Alejada de las malas influencias de Buenos Aires y de Montevideo, se desarrollarían las instituciones políticas modernas. Además, la isla dominaba la entrada de los grandes ríos Paraná y Uruguay, y, más allá, la del Paraguay. A mediano plazo, estas regiones, antaño integradas en un mismo conjunto, recuperarían un destino común gracias a sus intereses complementarios. Sarmiento ponía de manifiesto otra ventaja, la exigüidad del terreno que, aquí, era no una coerción sino una prenda de progreso: el escritor no era el único que deploraba el derroche de la tierra en América del Sur, y la dispersión de la población sobre muy vastas extensiones aumentaba el precio de las tuberías de agua y gas, y frenaba el desarrollo.

Esta utopía urbana expresaba la necesidad de superar los desgarramientos del pasado y constituir una nación capaz de rivalizar con Europa y Estados Unidos. Mientras que, en California, San Francisco contaba con una docena de dársenas, la "poderosa Buenos Aires" aún no poseía un muelle de desembarco, y se seguían cargando y descargando las mercancías y los pasajeros a espaldas de hombre o en carreta. A cualquier precio había que poblar y desarrollar los inmensos espacios vacíos de la Confederación. La inmigración era indispensable para el progreso, y, para estimularla, había que extender la idea de que todo hombre "que desembarca en las orillas del Río de la Plata es argentino, que la patria pertenece a todos los hombres de la tierra, que un porvenir cercano cambiará su destino". Gracias a esos estímulos, "doscientos mil inmigrantes llegarán a nuestro país". Los principios de Sarmiento se unían con los de la Constitución de Urquiza, uno de cuyos artículos declaraba que las "tierras del Sur siempre estarían abiertas a los hombres de buena voluntad que quieran habitarlas". Estaba trazado el camino para la creación de los Estados Unidos de América del Sur.[4]

La conquista de las distancias

Tras los años de terror y arbitrariedad, la ciudad se vuelve resueltamente hacia el porvenir. El año en que Urquiza es elegido Director Supremo,

---

[4] Sarmiento, 1994, pp. 114-117.

el primer tranvía a caballo enlaza los suburbios de Barracas, La Boca, San Cristóbal y Balvanera.[5] Un poco más tarde, en 1857, el ferrocarril del Oeste une los 10 kilómetros que separan la parroquia de San Nicolás de la Floresta. Los tranvías modifican la percepción de las distancias y del tiempo, pero también inauguran un deporte nacional, ininterrumpido hasta nuestros días: subir a un vehículo en marcha, porque los conductores jamás se detienen por completo. Las calzadas, en lamentable estado, dan al recorrido un ritmo traqueteante apreciado por los audaces pero que atemoriza a las damas. Poco a poco, los barrios periféricos se integran al corazón de la ciudad.

Más que los tranvías, empero, fue el ferrocarril el que transformó las costumbres y los paisajes. La construcción de la estación ferroviaria hizo desaparecer el estanque donde, antaño, la gente iba a cazar patos; en el recodo del siglo XIX, el estanque desaparecería a su vez para hacer lugar al más bello teatro lírico del continente, el *Teatro Colón*. La línea del Oeste es inaugurada con gran pompa el 29 de agosto de 1857. Pastor Obligado describe la ceremonia, que reúne sobre la Plaza del Parque a cerca del tercio de la población. Para rendir homenaje a la locomotora, adornada con flores y banderas, a punto de saltar "para triunfar sobre el desierto", la muchedumbre vino a pie, a caballo, en calesa y carro. En medio de la plaza se levantó un altar, decorado con flores con los colores de la bandera argentina, para celebrar la fiesta del progreso y la fraternidad. Luego del *Te Deum* de rigor, las dos máquinas de vapor, la *Porteña* y la *Argentina*, son bautizadas. Ese momento histórico fue fijado por un daguerrotipo.

De la estación central del Parque, el tren toma la calle Lavalle hasta la moderna avenida Callao y avanza a lo largo de un camino que pronto se convertirá en la avenida Corrientes. La línea comunica estaciones urbanas y suburbanas, así como la de la Plaza Miserere –bautizada Plaza Once para conmemorar la revolución de Alsina–, que entonces no es más que una simple barraca de madera. El día de la inauguración, al desplazarse el tren, un compadrito, con un clavel en la oreja, pasa al galope bajo el puente lanzando vivas. Sobre la misma plaza, donde la máquina parece burlarse de las doscientas carretas que siguen ahí, una mujer del pueblo enciende dos cirios ante la imagen de la Virgen de Luján, y sale de su rancho agitando la bandera de la patria. Más lejos, un viejo gaucho, que en-

---

[5] Gutman, p. 63.

tra sus vacas, baja de su caballo, se arrodilla en la hierba y hace la señal de la cruz. Luego de Miserere, el tren atraviesa una zona no habitada hasta Almagro –donde se encuentran algunas granjas administradas por unos vascos que venden leche–, Caballito y luego San José de Flores, un pueblito campestre, hasta la terminal de la Floresta, donde los temerarios pasajeros cenan en el interior del kiosco. El champaña, los aleluyas y la elocuencia pomposa corren a chorros. Es la victoria de la civilización sobre el desierto. El gobernador Alsina anuncia que se acerca el tiempo en que será posible borrar del derecho público el desdichado vocablo de "extranjero", y que fue la tecnología inglesa la que permitió el milagro.[6]

En la década de 1860 se abren cuatro nuevas líneas de ferrocarril: San Nicolás, San Fernando y el Tigre sobre la orilla norte, y La Boca sobre la costa sur, en adelante son enlazadas por el tren. En dirección al oeste, la vía férrea alcanza Luján, Mercedes y Chivilcoy. La ciudad anexa suburbios y pueblos en un radio de casi 100 kilómetros.[7] En la periferia, dos nuevas estaciones –modestos hangares con techo de cinc–, las de Retiro y Constitución, se añaden a la de Once.

El desarrollo de Buenos Aires se acelera en favor de la coyuntura política. Pues el triunfo de la técnica también es el de la ciudad. Luego de la victoria militar lograda por Urquiza en 1859 contra el Estado porteño, el caudillo de Entre Ríos es vencido a su vez, algunos años más tarde, en Pavón. Esa batalla consagra la supremacía de Buenos Aires sobre las provincias. Los acontecimientos de Pavón van a provocar entusiasmo. El escritor Lucio V. López, niño entonces, imagina a Urquiza vestido de indio, cubierto por una tiara de plumas, el machete en la cintura, y conduciendo tras él a las tribus salvajes. Esta visión infantil revela el desprecio de los porteños modernizantes por el hombre del interior. Urquiza se vuelve a Paraná, donde algunos años más tarde será asesinado por un federal fanático. Pero ya se ha logrado la unidad nacional, y Bartolomé Mitre, escritor y político, es elegido en 1862 presidente de la nación; su tarea será terminada por sus sucesores, dos hombres excepcionales: Sarmiento y Avellaneda. Buenos Aires inicia entonces el gran vuelco que, en algunos años, hará de ella la "reina" del Plata.[8]

[6] Taullard, pp. 157-160; Pastor Obligado, pp. 96-99.
[7] Gutman, pp. 69-70. El primer tren de América del Sur fue el que enlazaba Lima y el puerto del Callao, construido en 1851.
[8] El último caudillo, Angel Peñaloza, llamado "el Chacho", fue vencido en 1863, y entró en la leyenda federal.

Domesticar el suelo de la ciudad

El cabildo había cerrado sus puertas en 1821. Durante décadas, pues, la ciudad se vio privada de instituciones que la representaran. Ésta era una anomalía respecto del sitio ocupado por los consejos municipales en la historia de España. Tras la dictadura se restableció una municipalidad renovada, encargada de hacer frente a los problemas planteados por el crecimiento urbano. Una de sus primeras medidas fue establecer el plano de la ciudad.

La ciudad está mal preservada, y las nuevas avenidas Callao y Santa Fe son poco propicias para el paseo, por estar invadidas de arbustos; un solo sendero, que se mantiene por el pasaje cotidiano del vendedor de leche, está recubierto de un suelo duro. Los pantanos no fueron desecados, como los de la calle Larga de Barracas, de los que se dice que se tragan a más de un lechero con su caballo en el momento de las grandes lluvias. De ahí proviene el nombre de una callejuela adyacente: *Sal-si-puedes*.

Poco a poco se realizan mejoras. Se obliga a los propietarios a blanquear las paredes de las casas. Pero la arquitectura colonial no está ya adaptada a los gustos modernos, y un estilo nuevo, importado de Italia del Norte, se impone, el de las casas bajas, provistas de terraza y balcones con balaustrada, un cierto número de las cuales sobrevivieron a la transformación urbana de fines del siglo XX. "La fiebre de las construcciones se ha derramado como una epidemia entre los vecinos de Buenos Aires", escribe el diario *La Tribuna* (1857). Se siguen pavimentando las calles más allá del centro y transformando las cloacas al aire libre en alcantarillas modernas, tarea que tomará años. La iluminación a gas hace sus tímidos comienzos en 1856 (a lo largo de las calles Bolívar, Victoria y Chacabuco). Para poner fin a la confusión en el nombre de las calles se colocan placas de cerámica, encargadas a París, donde el nombre de la calle es indicado en gruesos caracteres. Los dos arroyos de Matorras y Granados son cegados y, en su lugar, dos nuevas calles, sinuosas, Tres Sargentos al norte y San Lorenzo al sur, cortan el trazado regular en damero. El puente de los Suspiros, de tan mala fama, entre las calles Viamonte y Suipacha, que llevaba hacia las casas de citas, es demolido en 1856.[9] De los viejos arroyuelos que atravesaban la

---

[9] Taullard, p. 162.

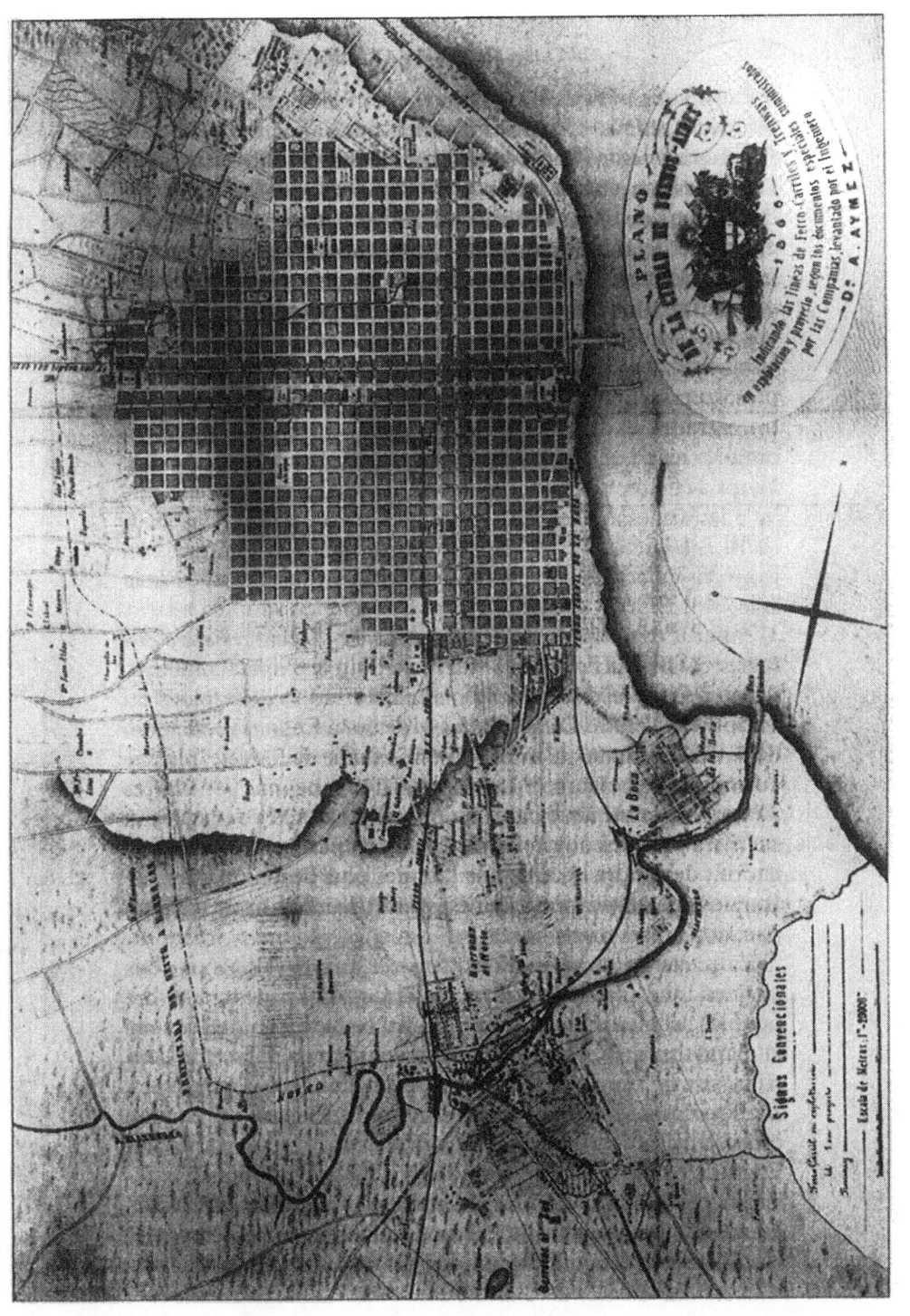

Plano de A. Aymez (1866). Las primeras líneas de ferrocarril.

ciudad, no queda más que el Manzo. El Maldonado señala el límite noroeste de la ciudad.

Los mercados, lugares de encuentro del mundo rural y los ciudadanos, son llevados a los barrios periféricos: el de la Concepción entre Independencia y Estados Unidos; los de Lorea y Monserrat a Once. Así, pues, en el linde del ferrocarril se reinstalan las barracas donde se almacena la lana, traída del campo; allí también es donde los últimos indios domesticados venden ponchos, plumeros y mantas. La ciudad dispone ya de cinco hospitales: uno por cada sexo y tres para las principales comunidades extranjeras: los italianos, los ingleses y los franceses. Cerca del puerto, en la esquina de 25 de Mayo y Corrientes, se construye el Asilo de los Inmigrantes, y detrás de la Recoleta un centro de alojamiento para mendigos, que se convertirá en hospicio de ancianos. Con el tiempo, el río retrocederá, el barrio se aburguesará, pero hasta fines de la década de 1960 el hospicio-prisión albergará a los ancianos. A partir de entonces se transformará el edificio, y allí se encontrarán las tiendas y los restaurantes más de moda de la ciudad.

A partir del decenio de 1860, los *huecos,* las descargas que se amontonaban en pleno corazón de la ciudad, son en su mayor parte rellenados. Así ocurre en el emplazamiento de la Plaza Libertad, a dos cuadras del suntuoso *Teatro Colón,* con "el hueco de doña Engracia", por el nombre de la anciana que había construido una cabaña improvisada, plantada en medio de las basuras. El "hueco" de Cabecitas, así llamado porque en él se arrojaban las cabezas de los corderos sacrificados en los mataderos del Norte, desaparece más tarde; ese sitio se convertirá en el centro de uno de los más bellos barrios de Buenos Aires, y de la vieja quinta Vicente López queda un parque con árboles magníficos.

La Plaza de la Victoria se cierra a los jinetes con cadenas; se plantan árboles, se disponen bancos de mármol para los paseantes. El Parque Lezama, recomprado a los ingleses bajo la dictadura de Rosas, se ha vuelto magnífico; frente a la entrada, sobre la calle Defensa, se ha abierto un "jardín-concierto", réplica porteña de los *Walzer Garten* de Viena, donde toca una orquesta alemana. Frente a la Convalecencia, donde Encarnación Ezcurra había arengado a los fieles de Rosas, otro café-jardín, la *Bella Italia,* ofrece fragmentos de *bel canto* a los consumidores.[10] El campo de Palermo que había servido de cuartel a la soldadesca de

---

[10] Longo, p. 16.

Urquiza está deteriorado. Durante el pasaje de Hutchinson los naranjos siguen allí, pero las hierbas han recubierto los muros de la vivienda, antaño tan bien conservada. Un empresario inglés la compra para construir un hotel. Entre el parque y el río, una estación de ferrocarril –sobre la línea de Tigre– facilitará su acceso.[11] Sarmiento derriba los muros y transforma la antigua propiedad en parque romántico a la inglesa, introduciendo en la ciudad una naturaleza domesticada. A fines de la década de 1870, el barrio se enriquece con dos instituciones: el campo de carreras y las exposiciones de la Sociedad Rural Argentina, donde los mejores especímenes bovinos, equinos y ovinos son presentados –lo siguen siendo– en un ambiente de feria.

El museo de la Villa había sido fundado por Rivadavia en 1823 en el convento de Santo Domingo. Durante el gobierno de Rosas había decaído; a partir de 1862, su director, el Dr. Burmeister, le dio una nueva vida y lo abre al público el domingo. Reúne los objetos más heteróclitos; algunas momias egipcias, un fragmento de madera que proviene del primer fuerte español, la cabellera de una mujer, de una longitud excepcional, muerta en Buenos Aires, así como una serie de veintitrés grabados en madera y conchillas que narra la conquista de México y que fueron realizados por artistas indios.[12]

La cita de los elegantes

En el decenio de 1850, la calle de la Victoria, que bordea la plaza del mismo nombre, era considerada el "bulevar de la *fashion*" de los porteños snobs.[13] Las mercancías europeas llegaban ahora libremente al puerto, y las tiendas estaban repletas de novedades. Varias líneas marítimas unían Buenos Aires con Europa. La calle, reducida en un primer tiempo a las cuadras cercanas a la plaza, fue prolongada en dirección al oeste. Se abrieron pastelerías, confiterías y salones de té donde se reunía gente elegante, siendo la esquina más animada la de la actual Perú, delante de la "manzana de las Luces". Las damas se instalaban durante varias horas en las mercerías y tiendas de telas, que no sólo eran comercios

---

[11] Hutchinson, p. 97.
[12] Ibíd., pp. 77-78.
[13] La expresión es de Lucio V. López, que en su novela inmortalizó la calle y sus tiendas.

sino también lugares de encuentro. Los señores "decentes" se daban una vueltita, murmuraban galanterías a la asistencia femenina, comentaban las novedades mundanas, como las del matrimonio de Manuelita Rosas y Máximo Terrero, o aquel, más fastuoso, de Napoleón III y Eugenia de Montijo.

Las tertulias y los salones, que habían hecho las delicias de Buenos Aires a comienzos de siglo, habían pasado de moda. Mariquita Sánchez de Mendeville, que había vuelto de Uruguay, se ocupaba activamente de la Sociedad de Beneficencia pero no pudo volver a lanzar las recepciones de antaño. Los hombres preferían encontrarse entre ellos en los clubes. La vida burguesa del Río de la Plata se asemejaba a la de las grandes capitales europeas. Las elites se reunían en el Club del Progreso, fundado tras la batalla de Caseros, sobre la calle Victoria, para discutir de política y jugar al *whist*. Una gran tienda, con el mismo nombre, ocupaba la planta baja (el edificio fue demolido en 1971).[14] Todo cuanto era británico estaba de moda, pero la asistencia, esencialmente masculina, era de cepa local. Se leían el *Illustrated London News* y la *Revue des Deux-Mondes*, por supuesto; pero sobre todo se divertían en ese semillero de políticos. Sus bailes de Carnaval, así como el lujo de sus salones, entonces eran famosos.

Un poco más lejos, el Club del Plata, que aparecería algunos años después, reunía gente no tan solemne. También se abrieron muchos cafés y un nuevo teatro de comedias parisinas, el *Alcázar*. A fines de la década de 1860, el Carnaval dio paso a desfiles que subían por la calle Victoria: esos *corsos* siguieron hasta el decenio de 1940.[15] Ahora los negros eran mucho menos numerosos en los carnavales, la gente de color se mezclaba con los "negros de hollín", los falsos africanos, hijos de las "gente decente" como los Mitre, los Ezcurra, los Martínez de Hoz o los Ocampo. Los espectáculos "negros" estaban de moda, como los de la Sociedad de los Negros, cuyos miembros llevaban camisas de raso rojo de las legiones de Garibaldi, chalecos azules, un quepis militar y botas de los ejércitos de San Martín. En el teatro, las zarzuelas también ponían en escena a negros, como la muy famosa *Entre mi mujer y el negro*, donde el negro hablaba en jerigonza y bailaba.[16]

---

[14] Gutman, p. 66.
[15] Lafuente Machain, 1962, pp. 39-46.
[16] Natale, pp. 133-136 y pp. 145-146.

Se construyen nuevos hoteles de lujo. El más famoso, el *Gran Hotel Argentino*, en la esquina de la calle 25 de Mayo y la plaza, daba sobre el río. Construido en un estilo italianizante, era frecuentado por las elites que allí daban banquetes. Las publicidades de la época ponderan el lujo de sus salones, su cosmopolitismo –se "hablan todas las lenguas"– y sus instalaciones balnearias, "confortables y elegantes".[17] Demolido en los primeros años del siglo XX, la marca *Gran Hotel Argentino* fue comprada y conserva su imagen de renombre.

Nuevos límites

Recuérdese el contorno tan extendido de la ciudad que Rivadavia había trazado sobre el papel. En 1867 se fijaron nuevos límites, más acordes con la realidad, que iban del Maldonado hasta la calle Rivera, y de Medrano y Boedo hasta el Riachuelo. Se propusieron otros proyectos para agrandar la ciudad, englobando los distritos de Flores y Belgrano, según los planes de Carlos Pellegrini, que preveía la extensión rápida de la capital hacia el oeste.

Allí donde no había más que terrenos baldíos y granjas se corporizaban barrios o chalets. En 1866 se destacaban claramente La Boca y Barracas, dividida en dos zonas. Un camino, que llevaba el nombre del Almirante Brown, unía el centro con el puerto del Riachuelo, de donde partía en ángulo recto otro –el actual Martín García– que se unía con la calle Larga de Barracas. La Boca se parecía a un puertito genovés con sus casas de chapa sobre pilotes y la barca atada en el umbral de la puerta. Ya flotaba ese olor pesado y acre de las curtiembres. "Las orillas están pobladas de almacenes, talleres, saladeros, donde se preparan para la exportación todos los productos del país, las lanas, los cueros, la grasa –escribe un contemporáneo–. Tampoco faltan las tabernas y otros establecimientos ligados a la gente de mar..."[18]

Las nuevas calles y avenidas atravesaban ahora las grandes propiedades y las quintas urbanas situadas al norte de la Plaza de la Victoria, fragmentando sus huertos y dependencias. Una de las quintas más antiguas era la de Rodríguez Peña, donde tantas veces se habían reunido

---

[17] Longo, p. 15.
[18] Taullard, p. 180.

los patriotas de la revolución. Los árboles del parque, transformado en lugar de paseo, subsistieron, pero las calles de Ayacucho, Tucumán y Paraguay despanzurraron el lugar. La de Juan Lezica, ex miembro del cabildo en la época colonial y emparentado por alianza a Mariquita Sánchez, conservó su mirador y el cuerpo del edificio con más de veinte cuartos, antes de convertirse en el Parque Rivadavia.[19]

La calle Rivadavia seguía dividiendo a la ciudad en dos. Hacia el norte, la calle Perú cambió su nombre por Florida, lugar de las elites elegantes. Allí se encontraba la casa de Mariquita Sánchez. Cerca de la Plaza de la Victoria, tiendas francesas proponían artículos elegantes, y las porteñas en calesa exhibían sus atuendos. Era de buen tono mostrarse en Florida; hasta las aceras desbordaban de gente. A los comerciantes extranjeros y a los nuevos ricos les gustaba encontrarse en la parroquia de la Merced, en la City actual; también frecuentaban el Club de los residentes extranjeros, situado en la calle San Martín, frente a la catedral.

Algunos metros separaban las elites y el pueblo. Más allá de las calles Defensa y su prolongación, Reconquista, las manzanas situadas cerca de la orilla eran ocupadas por inquilinatos y cuchitriles sórdidos. La calle Reconquista, sobre todo, delimitaba las viviendas respetables y los burdeles. A medida que uno se alejaba hacia el norte, las chicas eran más ordinarias y trabajaban para una clientela de marinos, obreros y peones.[20] Las casas de citas y los casinos se multiplicaron a lo largo de las calles del centro como Cerrito, Tucumán, Libertad, Suipacha, Esmeralda y Artes. Sometidas a un control policial y sanitario riguroso, esas casas a menudo eran dirigidas por mujeres de origen judío cuyos nombres figuraban en los registros de la policía.[21] Las que ellas hacían trabajar habían sido seducidas en sus países de origen –Polonia y el Imperio austrohúngaro– y, bajo promesa de casamiento, se embarcaban para Buenos Aires. La ciudad ya empezaba a adquirir una fama turbia.

En la extremidad norte de Florida, a unas diez cuadras de la Victoria, un espacio amplio y desierto bajaba hacia las orillas; en 1878 recibió el nombre de Plaza San Martín, en homenaje al libertador. Muy cerca se encontraba la iglesia del Socorro –donde Camila O'Gorman había conocido al sacerdote Gutiérrez– y, al lado, la cervecería *Bieckert*. Más

---

[19] Ibíd., pp. 189-191.
[20] Scobie, pp. 84-85.
[21] AGN, X-32-5-7: Policía (Lupanares). Relación de los permisos expedidos para abrir casas de prostitución según el reglamento sancionado el 6 de enero de 1875.

allá, huertos y jardines, pero también una zona equívoca de cabañas y tabernas. Dos vías principales de circulación bastante densa para la época llevaban a Belgrano, del otro lado del arroyo Maldonado.[22] El Tigre se había convertido en un puerto fluvial de más de 3 mil habitantes. Allí se embarcaban madera para la construcción y frutos. En la década de 1860, familias acomodadas comenzaban a ir de veraneo.[23]

La Recoleta conservaba su carácter agreste. Un bosquecillo de sauces llorones y ombúes se extendía hasta la orilla. En la primavera se celebraban ferias españolas. De la iglesia de Nuestra Señora del Pilar se divisaban las cabañas de los pescadores diseminadas a lo largo de la orilla, y las redes se secaban al sol. Un poco más lejos se encontraba la tasca del *Pobre diablo,* administrada por un viejo irlandés, ex soldado de la época de las invasiones inglesas, famoso por sus historias. Fue allí donde los italianos organizaron una réplica para protestar contra un artículo respecto de la inmigración, publicado por un diario clerical, *Los Intereses Argentinos.*[24] Más allá de La Recoleta, en la periferia de la ciudad, fue construida en 1878 la cárcel de Las Heras, con sus torres almenadas, curiosa réplica de una fortaleza medieval adornada con palmeras. Algunos años más tarde, ese mismo gusto por la Edad Media inspiró al arquitecto que construyó, no lejos de ahí, la catedral gótica que albergaría a la Facultad de Ingeniería.

En 1868, poco después de la elección de Domingo F. Sarmiento para la presidencia de la República, Mariquita Sánchez de Thompson y de Mendeville moría a la edad de 83 años. Era uno de los últimos testigos de la revolución de Mayo y del virreinato. Los sobrevivientes del pasado, barrido por la máquina a vapor y la modernización, de un tiempo en que "se hacía la siesta y en que la comida era barata", eran hostiles a los cambios. Las huellas de la naturaleza, charcas, arroyuelos, hierbajos, durante tanto tiempo ariscos a los empedrados, ahora eran sofocados, sepultados en un mundo subterráneo. Antes de volverse historia, bajo la pluma de Bartolomé Mitre, la memoria de la ciudad se diluía en las chocheras de los viejos. Algunos jóvenes intelectuales, prendados de las tradiciones, recogían de sus labios anécdotas que iban a conservar como reliquias. Gracias a esta nueva generación, Anne-Marie Perichon, Manuelita

---

[22] Scobie, pp. 85-86.
[23] Gutman, p. 72.
[24] Taullard, p. 179; Sabato y Cibotti, p. 37.

a la sombra de la casia, las negras de la playa, los artículos de De Angelis, las arcadas de la vieja Recova y las bandolas entraban en la mitología de Buenos Aires.²⁵

Fiebre amarilla

Desde sus orígenes, Buenos Aires era una ciudad malsana debido a su humedad, el abandono de los habitantes y los amontonamientos de basura en los terrenos baldíos. En 1867, una epidemia de cólera provocó ocho mil muertos y sembró el pánico.²⁶ En 1870, la fiebre amarilla, que reinaba en forma endémica en el Brasil, se propagó a Montevideo y rápidamente ganó la otra orilla del Río de la Plata. El primer año se deploraron doscientas víctimas. Al año siguiente, algunos días antes del Carnaval, se señalaron seis casos, luego trescientos el mes siguiente; en marzo, cerca de 5 mil personas sucumbieron, y más de 7.500 en abril. Aterrada, la gente se escapaba de la capital, que sólo contaba con 25 mil habitantes. La epidemia desapareció con los primeros fríos: había segado la vida del décimo de la población.²⁷

La enfermedad había sido favorecida por la ausencia de agua corriente, de un sistema de alcantarillas y cloacas, y sobre todo por las miasmas pútridas del Riachuelo, cuyo lecho, según *La Nación* del 15 de febrero de 1871, "es una inmensa capa de materia en putrefacción. El curso de agua no tiene el color del agua. En ocasiones es sanguinolenta, otras verde y espesa, se parece a un torrente de pus que se escapa a chorros de la herida abierta en el seno gangrenado de la tierra. Tal foco de infección puede ser la causa de todos los flagelos, del cólera y de la fiebre. ¿Hasta cuándo respiraremos el aliento y beberemos la podredumbre de ese gran cadáver, acostado sobre las espaldas de nuestra capital?"²⁸ La calle Balcarce, vía de circulación de las carretas y los coches de los aguateros, era periódicamente inundada por las canalizaciones, que formaban pantanos más allá de San Francisco, de donde partían nubes de mosquitos. Fue en una de las casas ribereñas donde los doc-

---

²⁵ Pastor Obligado y Gálvez evocan esas nostalgias: *"vivían en el tiempo en que se dormía la siesta y la comida era barata."*
²⁶ Taullard, pp. 182-188.
²⁷ Ibíd., pp. 193-195.
²⁸ Ibíd., p. 194.

tores Roque Sáenz y Manuel Argerich, que acudían para socorrer a los enfermos, descubrieron a una mujer muerta con un bebe aferrado al seno, escena inmortalizada por el pintor uruguayo J. M. Blanes.[29] Muchas cruces pintadas sobre las puertas de las viviendas infectadas resistieron el desgaste del tiempo, y algunas aún eran discernibles a comienzos de la década de 1960.

Numerosos inmigrantes italianos perecieron durante la epidemia. Las listas redactadas por la policía hablan de dramas personales. Temiendo saqueos, los enfermos preferían quedarse en su casa antes que ir al hospital –donde por otra parte los cuidados eran ineficaces– y realizar toda suerte de tentativas, desde las fumigaciones hasta los encantamientos. Otros murieron solos, sin que nadie se atreviera a llevarles ayuda, como ese marmolero llamado Pelegrini, que por todo bien no tenía más que una cama de campo de tela, un paraguas y una valija repleta de ropa sucia.[30] Según la tradición, los mulatos y los negros, ya poco cuantiosos en la época, sucumbieron a la fiebre amarilla. Las familias acomodadas de Santo Domingo abandonaron definitivamente la zona sur de la catedral por el norte, o por la lejana Flores, abandonando moradas vetustas pero espaciosas, que, transformadas en tugurios –llamados conventillos–, recibirían a miles de inmigrantes. Abandonados por los porteños, los barrios de Monserrat, San Telmo y la vieja ciudad se llenaron de italianos y españoles, que vivían en la promiscuidad.

Sobre las huellas de Mazzini y Garibaldi

El desarrollo de la construcción y la riqueza del campo atrajeron al Río de la Plata a los inmigrantes. A partir de 1852 son mucho más numerosos. Puede imaginarse fácilmente a los gallegos, piamonteses, ligures o calabreses, contemplando desde la ensenada las cúpulas engañosas de las iglesias. Conducidos primero al Hotel de los Inmigrantes, son recogidos por parientes o compatriotas que los conducen a los conventillos. Algunos, desmoralizados por las dificultades, se vuelven. Pero la mayoría tienta su suerte "americana" y, tras considerables esfuerzos, logra mejorar su existencia.

---

[29] Lafuente Machain, 1978, pp. 20-21.
[30] AGN, X-32-6-7 (Policía, Fiebre amarilla).

Los trabajos manuales son los más numerosos. Pero el gobierno también trata de contratar a individuos "honestos y que sepan leer y escribir" para cumplir con la función de agentes de policía. Ésta es la tarea del cónsul argentino en Cádiz, a quien la prensa acusa de ser un "traficante de hombres". Se adelanta a los españoles los gastos de viaje, que deben reembolsar sirviendo como policías y gendarmes. Los que llegan primero envían cartas entusiastas a sus parientes que quedaron en España. Como efectivamente son honestos y trabajadores, las empresas y los particulares se pelean por sus servicios y pagan el dinero que el gobierno empeñó en la partida. Pero a la policía municipal le cuesta mucho el reclutamiento y exige que los inmigrantes ofrezcan un año completo de servicio antes de ser contratados en otra parte.[31]

En 1856, los italianos constituían el 12% de la población. Las divisiones entre monárquicos y republicanos italianos se vuelven a encontrar entre los inmigrantes. En 1858, algunos exiliados políticos, que habían luchado con Garibaldi en Uruguay, junto a los emigrados argentinos diez años antes, crean la asociación de socorros mutuos, en principio apolítica, Unione e Benevolenza (donde Mazzini y Garibaldi son elegidos miembros honorarios). Esta mutual también organiza la celebración de las fechas patrióticas italianas y argentinas, y danzas regionales. En 1861, con la unificación de Italia bajo la monarquía de Saboya, los moderados y los monárquicos fundan una asociación competidora, la Nazionale Italiana. Tres años más tarde, los mazzinistas radicales se separan del grupo inicial y crean la Società Republicana degli Operai Italiani.[32] Las dos grandes asociaciones italianas animan indirectamente la vida política a través de sus diarios respectivos y sus escuelas. Según sus padres, los hijos de los inmigrantes aprenden una u otra versión del mito nacional: aquella ligada, mal que bien, al reino de Italia y la otra, ideal y utópica, proyectada hacia un porvenir improbable, de los revolucionarios, la *Marcia reale* o *Bandiera rossa*.[33] Los nostálgicos de Mazzini y de Garibaldi prefiguran a los republicanos españoles de fines de la década de 1930.

Muchos de esos inmigrantes participaron en los acontecimientos que sacudieron a Buenos Aires. En vísperas de la batalla de Pavón contra

---

[31] Ibíd., X-32-5-7, Policía.
[32] Baily, pp. 488-490; Sabato y Cibotti, pp. 17-21.
[33] Devoto, pp. 136-138.

los ejércitos de la Confederación, el diario *La Tribuna* exhortaba a los extranjeros a movilizarse para salvar la ciudad. No era la primera vez que el gobierno apelaba a personas que no eran criollas: recuérdense los altercados de los franceses con Rosas. Los italianos tenían su legión militar en el tiempo de Garibaldi, a la que se añadieron la *Legión Valiente* y los *Voluntarios de la Libertad*. Como antaño para los bonapartistas franceses exiliados, luchar por la patria adoptiva era, para esos republicanos, un deber. La causa de Buenos Aires se confunde con la de la libertad y la República. En ocasión de una colecta efectuada por la colectividad italiana para honrar la memoria de un patriota "americano", caído en un combate contra el caudillo de La Rioja, un periodista de *La Tribuna* escribió que "no es italiano quien no está convencido de que a Austria también se la combate en La Rioja". Ese mismo periodista, ante la tumba de un compatriota muerto en Pavón, declara: "*Il soldato della libertà non e straniero in nessuna nazione*".[34]

Esta participación no implica un cambio radical de la identidad. La mayoría de esos inmigrantes no se naturaliza, para el mayor perjuicio de Sarmiento, que les reprocha una exclusión voluntaria que corre el riesgo de conducir a la destrucción de las instituciones.[35] Si los extranjeros no votan, ¿cómo liberarse de las facciones y los caudillos? El rechazo a adquirir la ciudadanía argentina no es una señal de indiferencia: los italianos republicanos tomaron partido contra los autonomistas porteños en favor de los liberales, dirigidos por Bartolomé Mitre, y cuando éste inaugura la estatua de Mazzini, ellos lo acompañan hasta su casa aclamándolo.[36]

En adelante, las divisiones entre unitarios y federales se expresan en términos más modernos, oponiendo los partidarios del Estado nacional, presididos por Bartolomé Mitre, a los separatistas, cuyo líder es Valentín Alsina. Pero los inmigrantes también transportaron las tensiones que, en Europa, oponen a los partidarios de la laicidad y la república con los conservadores monárquicos y católicos. En 1875, 4 mil partidarios de la enseñanza laica quieren destruir el colegio del Salvador, adminis-

---

[34] Sabato y Cibotti, p. 31.

[35] El rechazo a la naturalización y, por consiguiente, la no participación de los inmigrantes en las elecciones democráticas, dieron lugar a muchas obras de gran interés para el debate actual sobre la inmigración, tanto en Europa como en Francia. Sólo podemos remitir a Halperin-Donghi, 1976, Devoto, y Sabato y Cibotti entre otros estudios.

[36] Sabato y Cibotti, p. 28.

trado por los jesuitas. En el origen, es un debate tumultuoso sobre la separación de la Iglesia y el Estado expuesta en la prensa. Reunidos en los locales del teatro *Variedades,* los manifestantes se dirigen a la Plaza de la Victoria, donde los espera la policía. Luego de algunas escaramuzas, una columna se dirige hacia Callao. Según las estimaciones de la policía, hay "1.500 personas, extranjeras en su totalidad, de nacionalidad italiana o española, llevando sus banderas así como banderines blancos con inscripciones en tinta negra". Al llegar ante el colegio, los manifestantes lanzan piedras, rompen los vidrios e invaden la residencia, que es saqueada e incendiada. La policía llega al lugar una hora más tarde y efectúa disparos, con el resultado de varios heridos y dos muertos, un criollo y un "italiano por su aspecto".[37]

Más importante es la transformación de la Sociedad Tipográfica de Buenos Aires, asociación mutualista, en sindicato, la Unión Tipográfica. Luego de los años de dictadura, la prensa conoció un desarrollo sin precedentes. Si muchos diarios no superaron los primeros números, otros, como *La Prensa* y *La Nación* –fundada por Mitre– ya son diarios modernos, cuya composición se inspira en los de Londres o Nueva York. Es el signo evidente de una ampliación del público politizado. En 1878, la Unión Tipográfica lleva a cabo la primera huelga de la Argentina por el aumento de salarios y la revisión de los horarios de trabajo; éstos son reducidos a diez horas en invierno y doce en verano. Pero las industrias siguen siendo poco cuantiosas.

El mismo año, los ánimos se inflaman con ocasión de un nuevo impuesto sobre el alcohol, el tabaco y los juegos de cartas, votado por la Cámara de Diputados. Sobre la Plaza Lorea se reúne una muchedumbre inmensa, "de todas las lenguas, de todas las razas [...] en nombre de los intereses amenazados". A los gritos de "¡Viva el comercio! ¡Viva la libertad! ¡Viva el pueblo!", los manifestantes desfilan en orden por la calle de la Victoria. La gente se amontona sobre los balcones y las terrazas para aplaudirlos y lanzarles flores. Los manifestantes van hasta el Retiro, y su presión es tan fuerte que el gobierno debe retirar el impuesto. La casi totalidad de los comerciantes afectados por esas medidas son extranjeros, entre los cuales había una mayoría de italianos. Al día siguiente, *La Tribuna* se inquieta por la amplitud del movimiento, y se pregunta si esos disturbios no ocultan la sombra del socialismo

---

[37] AGN, X-32-5-7, doc. Nº 51.

internacional. En una carta dirigida a Carlos Marx, sin embargo, el militante socialista Raymond Wilmart expresa sus dudas en cuanto a las posibilidades de desarrollar la Primera Internacional en un país que ofrece tantas posibilidades de volverse patrón.[38]

Aprovechando esta efervescencia, las prostitutas salen de la sombra. En 1878, en un diario titulado *El puente de los suspiros,* aparece una carta abierta redactada por Elena Bezembajer y Gabriela Kick, exhortando a las pensionistas de todas las casas de citas a liberarse de sus rufianes y a buscar la ayuda de la policía. Pero el público, creyendo en una artimaña, se indigna de los malintencionados rumores respecto de la ciudad. El diario es prohibido y el asunto no pasa a mayores.[39]

Nacimiento del tango

Tras la caída de Rosas se había abolido la esclavitud, y nuevas cuestiones se plantearon sobre el porvenir de la colectividad negra. ¿Era necesario perpetuar las especificidades culturales de las comunidades, o bien había que integrar a los ex esclavos a la nación? El universalismo llevó la delantera y, en nombre de la igualdad de las razas, se cerraron las escuelas separadas, creadas en 1852 y destinadas a los negros y mulatos. El rector de la universidad proclamó el libre acceso a la enseñanza superior a los jóvenes de color. Los descendientes de los africanos eran los primeros en evocar los ideales de 1810 en *La Raza Africana.* Este diario, nacido en 1858, sólo tuvo ocho números; fue reemplazado por *El Proletario,* que asumió la defensa de los intereses de la gente de color en una perspectiva más amplia. El primer número afirmaba la importancia de la educación, informaba a los lectores de la existencia en Buenos Aires de una "asociación de la gente de color", *La Fraternal,* de índole netamente sindical. Los militantes exhortaban a los ciudadanos a no encerrarlos en "colegios de castas". *La Fraternal* se inspiraba en las sociedades mutualistas europeas. También aquí, en las clases populares, las realidades locales pasaban a través del espejo europeo. El éxito de esta sociedad condujo a la creación de otra, cuyo portavoz era el diario *La Juventud.* Ésta tuvo repercusiones entre los

---

[38] Sabato y Cibotti, pp. 17-18 y pp. 32-34.
[39] Guy, pp. 15 y 213.

cargadores del puerto, la mayoría de los cuales eran negros de los Estados Unidos.[40]

Estas mutuales eran las herederas de las viejas "naciones", que habían sido constituidas a partir de las cofradías religiosas. Las reivindicaciones "étnicas" no habían resistido las nuevas generaciones de negros y mulatos, que se sentían muy alejadas de sus raíces africanas. Las asociaciones suministraban una identidad anclada en la lucha de clases. Otro diario, *Unionista*, "órgano de la clase obrera", denunciaba los peligros de segregación y expresaba ideas universalistas. Un editorial titulado "Negros y blancos" recordaba que todos los hombres eran iguales y sólo se distinguían por la inteligencia o el dinero. No obstante, las luchas contra la segregación racial siguieron después de 1880. En el barrio de Belgrano, en esa época todavía un pueblo, se celebrará un gran banquete en homenaje al diputado Héctor Varela, llamado "Orión", quien defendió a los hombres de color. En su conjunto, la segregación es rechazada, salvo en ciertas iglesias frecuentadas por la "gente decente", que se aferran a los privilegios coloniales.[41]

A partir de la mitad del siglo XIX, el desarrollo de la inmigración europea disminuye las posibilidades de trabajo ofrecidas a los negros, panaderos por tradición, pero también profesores de piano. Entretanto, la moda cambia. Se prefieren las pastelerías europeas o los servicios de un músico alemán; las criadas de Galicia reemplazan a las mulatas. Ante el maremoto de inmigrantes que sumerge sus viejos barrios, los negros abandonan el sur de la ciudad y muchos se instalan en el barrio periférico de Flores, donde aún hoy viven algunas familias.

El desprecio y el rencor que las asociaciones negras experimentan respecto de los inmigrantes encuentran un derivativo en las canciones. Una de ellas traduce dicha hostilidad hacia extranjeros que supuestamente "roban" el pan y los oficios de los viejos africanos. Más que los otros, los italianos del Sur son su blanco preferido:

Napolitanos usurpadores
Que todo oficio quitan a la pobre gente...
Ya no hay negros botelleros

---

[40] Andrews, p. 181.
[41] Rodríguez Molas, pp. 118-123. Andrews ve un fracaso de la identidad en la transformación de las "naciones" en mutuales. Nosotros no compartimos su visión, demasiado teñida de las problemáticas "multiculturales" contemporáneas.

Ni tampoco cargadores
Porque esos napolitanos
son hasta panaderos [...]
Ya no hay criados
De mi color
Porque todos son bachichas.[42]

Las buenas épocas del candombe han terminado. Ahora, el público mira con malos ojos las sonoridades africanas, y se siente más atraído por la mazurka y la polka. Al presente, las demostraciones públicas de los negros suscitan sarcasmos. Al paso de la procesión de San Benito, alrededor de Santo Domingo, algunos curiosos les gritan: "Dios hizo a los blancos, San Pedro a los mulatos, y el diablo hizo a los negros para ascuas del infierno";[43] la gente prefiere a los "falsos negros".

Sin embargo, los negros siguen celebrando sus fiestas y abren varias "academias de danza" donde a los compadritos de las orillas les gusta ir. Se divierten más en lugares cerrados, los piringundines, esos cafetines de mala fama de la ribera del Río de la Plata. Allí se sirven bebidas fuertes y los hombres bailan entre ellos en ausencia de mujeres. El más conocido, el de la mulata Carmen Gómez, es una guarida de marginales, marineros, soldados pero también se ven algunas chicas de "familia" que vinieron a perderse; en suma, el pequeño mundo picaresco de la ciudad. En esos bailongos, las riñas en ocasiones adoptan un giro extraño: así, Carmen Gómez es acusada de haber "salado" –embrujado– el piringundín de una rival, que la denuncia a la policía.[44]

Fue en estos lugares donde nació el tango. El término existía por lo menos desde comienzos del siglo XIX, y, en los desfiles de Monserrat, se decía que "iban a tocar el tango". A mediados del siglo XIX se bailaba el tango en el primer acto de una obra, *Embajador y Brujo,* representada por primera vez en el *Teatro Argentino*. En 1856, el diario *La Prensa* señalaba el éxito del músico José Palazuelos, que había compuesto en Chivilcoy su tango *El negro chicoba,* presentado en el *Teatro de la Victoria.* El título de ese tango era una alusión al habla de los negros del Río de la Plata, sobre todo a los vendedores de escobas, cuya

---

[42] Natale, p. 120. *Bachicha* es una palabra peyorativa que alude a un físico pequeño y panzudo.
[43] Rodríguez Molas, pp. 120-121.
[44] Ibíd., p. 114.

jerigonza había inmortalizado Bacle, en tiempos de la dictadura de Rosas; la música era un candombe, y las palabras habían sido escritas por un panameño, Germán Mackay. Pero fue la introducción de un instrumento nuevo, el bandoneón, inventado en Hamburgo por un tal Band e introducido en Buenos Aires por un marinero alemán, lo que iba a transformar radicalmente el tango. La música, alegre y ruidosa, surgida de los candombes negros, poco a poco se vuelve melancólica, traduciendo la angustia de todos los desarraigados que habían ido a parar a la capital austral.[45]

Paradójicamente, el desarrollo de esta música trae consigo la desaparición de los negros de las calles de la ciudad, convertidos, por sucesivos mestizajes, cuando no murieron de fiebre amarilla, en criollos porteños. Los escritores se inclinan sobre estas reliquias del pasado. José Antonio Wilde, en su libro sobre Buenos Aires publicado en 1881, y que obtiene un éxito sorprendente, evoca la historia de María Demetria Escalada de Soler, esclava del general San Martín, a quien había acompañado a Chile; ésta subsistía de pequeñas pensiones concedidas por algunas familias, y ubicaba domésticos. Vivía en la calle Moreno, muy cerca de la capilla italiana, y tenía 105 años.[46]

El fin de los indios

Desde siempre, los indios de las pampas ejercían presiones sobre los colonos. Rosas había establecido con las tribus un *statu quo* que servía a los intereses de los pequeños comerciantes instalados en la línea fronteriza. A cambio de servicios en las milicias, pieles y otros productos, los indios recibían yeguas y ayudas por parte del gobierno de Buenos Aires. Pero en lo sucesivo esa costumbre aparecía como una traba a la consumación de la soberanía nacional.

En 1873, la muerte de Calfucurá disgrega la Confederación de las Pampas y pone provisionalmente fin a las hostilidades. Ha llegado el tiempo de barrer definitivamente a los últimos indios del Sur. Esta idea germina en el espíritu de un militar, el coronel Julio Argentino Roca, comandante general de la frontera, que presenta al gobierno un pro-

---

[45] Luqui Lagleyze, pp. 178-181; Salas, pp. 81-82.
[46] Wilde, p. 124.

yecto que muestra la necesidad de arrancar la Patagonia a los "salvajes" y de convertir ese inmenso territorio a la cría. Algunas consideraciones económicas justifican la empresa: la invención de la conservación de los productos perecederos en cámaras frías favorece la exportación de las carnes; por tanto, hay que mejorar la riqueza ganadera y desarrollar nuevas pasturas. Los imperativos del comercio exterior tocan a muerto para los guerreros pampas, pero el gobierno de Buenos Aires vacila en lanzarse en esa aventura.

Las circunstancias sirven a los proyectos de Roca, pues el ministro de Guerra, Valentín Alsina, hostil a la campaña contra los indios, muere por una dolencia y es reemplazado por el comandante. El libro de Estanislao Zeballos *La conquista de quince mil leguas,* que describe las atrocidades de los indios, aparece en el momento oportuno para preparar a la opinión pública. La conquista del desierto, afirma el nuevo ministro de Guerra, es la contribución argentina a la civilización.[47] La campaña es autorizada. Comenzada en octubre de 1878, culmina tres meses más tarde. Los indios de las pampas son vencidos y el ejército hace 10 mil prisioneros. Los individuos más peligrosos son deportados a Martín García, convertido en sitio de confinamiento, mientras que las mujeres son repartidas entre las familias porteñas como domésticas.[48]

Entre los militares que participan en la campaña del desierto encontramos a Francisco Borges, veterano de Caseros, Cepeda y Pavón, convertido en jefe de las fronteras norte y noroeste de Buenos Aires. El cuartel general de las tropas se encuentra en Junín, ciudad que en el siglo XX se hará famosa por dos razones: allí pasará su infancia Evita, y la biología descubrirá un virus nuevo ligado al rastrojo, responsable del "mal de Junín". En esta zona fronteriza, la abuela británica del escritor Jorge Luis Borges encontró a una india rubia de ojos azul verdoso; era una inglesa que los indios habían hecho prisionera a fines de la década de 1850. La cautiva le contó su historia "en un inglés rústico, entreverado de araucano o de pampa"; la abuela de Borges, apiadada por su estado, le propuso conservarla a su lado, pero "la otra le contestó que era feliz y volvió, esa noche, al desierto".[49]

---

[47] Luna, 1996, p. 137.
[48] Ibíd., p. 147.
[49] Borges, "Historia del guerrero y de la cautiva", 1967, pp. 66-69.

Nostalgias alrededor de 1880

La desaparición de los "viejos negros", evocada por Wilde, y los recuerdos de la revolución de Mayo no son los únicos temas que alimentan la nostalgia de los porteños. Ahora los gauchos ven que su territorio se encoge con el desarrollo de las estancias y los alambres de púas. En 1872, aparece en Buenos Aires una epopeya en verso titulada *El gaucho Martín Fierro*, que el poeta José Hernández redactó en el suntuoso *Gran Hotel Argentino*. La primera parte, titulada "La ida", vendió 72 mil ejemplares. La continuación, "El regreso", apareció en 1879, se tiraron 20 mil ejemplares y las ventas prosiguieron regularmente durante años.[50] De 1879 a 1880 apareció en *La Patria Argentina* un sorprendente folletín, *Juan Moreira*, cuyo autor era Eduardo Gutiérrez. La historia, que el público devoró con pasión, se inspiraba en un hecho real, cuyo protagonista era un gaucho llamado Juan Moreira, muerto en Lobos, en la frontera india, algunos años antes. Ese jornalero de los pagos de Morón y La Matanza, hijo de un inmigrante gallego y una criolla, fue muerto por los militares cuando descansaba en un burdel. Eduardo Gutiérrez construyó una historia donde el gaucho aparecía como un marginal libertario, víctima de injusticias múltiples por parte de los gendarmes y el juez de paz, que oficiaba de comisario en las zonas periféricas de la capital. A partir de una gacetilla relativamente banal, el autor logró escribir un folletín contestatario, donde no se trataba ya de defender la "barbarie" contra la "civilización" sino los derechos de un individuo contra la represión del Estado.[51]

En 1877, Juan Manuel de Rosas moría en Southampton. La imagen del tirano, que había "saturado el aire de la ciudad", se perdía en la lejanía, y el joven Jorge L. Borges podía escribir, en 1923:

Ahora el mar es una larga separación
entre la ceniza y la patria.
Ya toda vida, por humilde que sea,
puede pisar su nada y su noche.

Desde su creación, la municipalidad había deseado la repatriación de los restos del general José de San Martín, muerto en Boulogne-sur-Mer,

---

[50] Lainé, pp. 26-27.
[51] Ghiano, pp. 97-101.

pero ese proyecto fue varias veces diferido. En 1877, el año de la muerte de Rosas, el presidente Avellaneda pronunció una elocución vehemente sobre el "mejor de los hijos de la patria". Cincuenta y nueve años habían transcurrido desde la batalla de Maipú, tan densos en acontecimientos y en perturbaciones que parecían haber durado un siglo. El cuerpo de San Martín dejó El Havre en 1880 y llegó a Buenos Aires a fines de mayo. Según la versión oficial, a pesar de la lluvia, más de 70 mil personas fueron a rendir homenaje al libertador. Su ataúd recorrió el centro de la ciudad, se detuvo un tiempo ante la casa llamada de los *Altos de Escalada*, donde había conocido a su esposa, y fue colocado en un mausoleo, en el interior de la catedral.[52] Parece ser que, en virtud de su pertenencia a la francmasonería, su cuerpo fue ubicado en la entrada del templo.

Belgrano, capital por algunos días

Buenos Aires fue declarada capital provisional hasta que se arreglara el problema de la organización de la confederación. Tras la utopía de Argirópolis, las discusiones sobre el sitio ideal de la capital de la nación continuaron, sin éxito, enfrentándose "autonomistas" porteños y "nacionalistas"; estos últimos, reagrupados en torno a Bartolomé Mitre, quieren hacer de Buenos Aires la capital federal del país. Las divisiones entre ambos grupos se han endurecido, y el gobernador de la provincia, Carlos Tejedor, organiza su propia milicia para defender la autonomía provincial. Esos hombres armados, los rifleros, son aprovisionados por vendedores de armas europeos y amenazan al gobierno. El presidente Avellaneda, partidario de la unidad nacional, abandona el palacio y se refugia en Belgrano, que es declarado capital provisional de la nación. Durante algunas semanas, esa villa se convierte en sede del gobierno nacional y conoce una efervescencia insólita. Los desórdenes no impiden la realización de las elecciones presidenciales, previstas desde hace mucho tiempo. El general Julio A. Roca vence a Carlos Tejedor, que no cede. Para doblegarlo, Roca considera la posibilidad de cañonear la Plaza de la Victoria desde el estuario. En Buenos Aires, se efectúan combates durante varios días al borde del Riachuelo y en la

---

[52] Llanes, 1969, pp. 52-60.

Plaza Constitución, y Tejedor debe dimitir. El vencedor de los indios se vuelve presidente de la República Argentina y Buenos Aires, su capital. Es el fin de una lucha entre el puerto y el interior que duró más de sesenta años.[53]

---

[53] Scobie, pp. 138-140.

III

LA REINA DEL PLATA

Panorama de Buenos Aires, dibujo de Slom, 1887.

8. EL CRISOL ARGENTINO
(1880-1916)

> ¿Por qué s'ixtrañará il mondo? ¿La raza forte no sale de la mescolanza? ¿E donde se produce la mescolanza? Al conventillo.
>
> Armando Discépolo, *Mustafá*.

Desde 1880 hasta el inicio de la Primera Guerra Mundial, la Argentina, y en particular Buenos Aires, conocen un desarrollo sin precedentes. El general Julio A. Roca, dos veces presidente, y sus sucesores culminan la modernización del país comenzada en la década de 1870. En algunos años, jalonados de crisis económicas y resbalones políticos, la Argentina se convierte en uno de los primeros países productores de cereales, y el principal proveedor de Inglaterra en materias primas. La red ferroviaria, controlada en gran parte por capitales británicos, une ahora el Río de la Plata con el inmenso interior. Los rebaños de corderos, que el viajero Mac Cann había visto en el linde de Buenos Aires, fueron desplazados a la Patagonia, desde que ese territorio fue arrancado a los indios. Los campos de la pampa son cultivados por vascos, gallegos, galeses y algunos criollos.

Desde fines del siglo xix, Buenos Aires es la ciudad más poblada de América Latina, habiendo superado ampliamente a Río de Janeiro y México. Tan sólo en el año 1889 se instalan 220 mil inmigrantes. Luego de la Primera Guerra Mundial, las migraciones se reanudan con mayor intensidad aún. Argentina, y sobre todo su capital, cuyo brillo hace olvidar que el país está casi vacío, debe reabsorber a una masa de europeos que, proporcionalmente a la cantidad total de sus habitantes, es la más densa que un país de inmigración, incluyendo los Estados Unidos, haya soportado. Esos inmensos contingentes de extranjeros modifican el modo de vida de los porteños, su manera de hablar, sus costumbres, alimentación, ocios e ideología.[1]

Los residentes extranjeros representan un poco más de la mitad de los habitantes. Los italianos constituyen la colectividad más numerosa pero también hay gallegos, judíos de Rusia que han huido de los pogromos y que van a unirse a las colonias agrícolas de Santa Fe, y siriolibaneses del Imperio Otomano, a los que se llama "turcos". Sin contar con los inmigrantes argentinos del interior, en busca de una vida mejor. Hasta han desembarcado algunos africanos, como esos cuatro senegaleses, súbditos del "rey Moek de Dakar, destronado por los franceses"; la prestancia y exotismo de sus adornos les valieron ser fotografiados por una revista de gran difusión, antes de viajar a las plantaciones azucareras de Tucumán, donde pensaban encontrar trabajo.[2]

Sobre las huellas del barón Haussmann

La generación de 1880 iba a transformar a Buenos Aires, ese "gran horno donde van a fundirse todas las razas de la tierra",[3] en réplica austral de la Ciudad Luz. La ciudad se asfixia en el arnés de Juan de Garay. La estrechez de las calles heredada de la época colonial le confiere, de creer en la guía *Baedeker* de comienzos del siglo, el aspecto de una "vasta prisión, donde un mundo pletórico se ahoga, no puede caminar ni extender los brazos, ni respirar, porque si trata de hacerlo se quedará sin calzada, o lo aplastarán". Las mujeres ya no se atreven a salir y "están atacadas de obesidad". ¿Habrán perdido su belleza legendaria?. Sobre la gran Plaza de la Victoria, obstruida por las tiendas deterioradas de la Recova, flotan olores indignos de una ciudad moderna.

El intendente Torcuato de Alvear hace demoler las arcadas y pavimentar el terreno así despejado: la casa presidencial, la Casa Rosada, ahora se yergue frente al viejo cabildo, sobre la Plaza de Mayo. También trata de quitar la pirámide conmemorativa de la revolución, que

---

[1] Arnd Schneider muestra que si, en cifras netas, los Estados Unidos se ubican en la primera fila de los países de recepción, Argentina, que está poco poblada, respecto de su población recibe la mayor cantidad de inmigrantes. Incluso califica a Buenos Aires de "ciudad extranjera" (p. 175).

[2] Gutman, pp. 76-78. *Caras y Caretas* publicó la fotografía de los senegaleses.

[3] Baedeker, pp. 170-176.

le parece pequeña y de mal gusto, pero las protestas se lo impiden. Finalmente hace plantar palmeras, cosa que desencadena una áspera controversia: ¿no corre el riesgo Buenos Aires de asemejarse a una ciudad de Jamaica o de Brasil? El intendente aguanta a pie firme y desde entonces las palmeras dan a la plaza un encanto tropical; por fin, a comienzos del siglo XX, Lola Mora, escultora talentosa y amiga del general Roca, termina su hermosa fuente de las Nereidas, que el presidente hace colocar a un costado de la Casa Rosada. Pero la desnudez de las mujeres y sus formas abundantes chocan a los porteños, y las encantadoras Nereidas son exiliadas a la Costanera Sur, frente al balneario, donde aún permanecen.[4]

La plaza que alberga la sede del gobierno se convierte en el "centro", amplio cuadrilátero que se extiende de las orillas del Río de la Plata hasta el eje Chacabuco-Maipú, y de Independencia, en el barrio sur, hasta Córdoba. Algunos años más tarde, los límites norte y oeste son corridos para englobar Callao y una parte de Santa Fe. Allí es donde se encuentran los bancos, ministerios, administraciones, empresas, grandes tiendas, hoteles, restaurantes...[5] En la esquina de 25 de Mayo y Cangallo se alza el suntuoso *Palace Hotel*, instalado en el edificio del millonario Mihanovich. En la planta baja se encuentran las oficinas de su compañía de navegación; sobre el inmueble, un poderoso faro muestra la ribera a todos los barcos que atraviesan el estuario. La entrada del hotel es imponente, con su columnata de mármol y su techo decorado, y refleja la ostentación de esos años.[6]

Los viejos embarcaderos son modernizados según los planos de Eduardo Madero, en detrimento de los de su competidor Huergo, que proponía construir un puerto moderno en La Boca. Frente al palacio del presidente, pronto construyen almacenes de ladrillo rojo, semejantes a los de Londres y separados por dársenas. Apenas terminados, resultan demasiado modestos, y debe prolongarse el puerto hacia Retiro: el Puerto Nuevo, que aleja el río de la ciudad.

Torcuato de Alvear, gran admirador de Haussmann, también ordena la apertura del primer bulevar de Buenos Aires, la avenida de Mayo; el fin de los trabajos, que duran diez años, da lugar a una imponente

---

[4] Vázquez Rial, p. 67.
[5] Scobie, p. 143.
[6] Baedeker, pp. 105-106.

procesión nocturna, iluminada por quinientas antorchas. Las veredas anchas, las filas de plátanos y las terrazas de café contrastan con la estrechez de las calles del centro. En la otra punta, en una perspectiva que recuerda la de Washington, el macizo palacio del Congreso se yergue a lo lejos, frente a la pequeña Casa Rosada. Para el centenario de la revolución de Mayo, la avenida de Mayo puede vanagloriarse de sus dieciocho hoteles estilo *art nouveau,* de sus teatros y sus cafés, entre ellos el famoso *Tortoni,* con su sala de columnatas, su vitral, sus revestimientos de maderas, sus mesas y billares, aún hoy presentes.

De todos los edificios nuevos, el más notable es la sede del diario *La Prensa,* cuya estructura metálica representa entonces una hazaña técnica. El edificio tiene en su parte superior una estatua de bronce que sostiene una antorcha en la mano derecha y en la izquierda una hoja impresa, alegoría de la libertad de prensa. Otra señal de la potencia del diario, la sirena, que anuncia los acontecimientos excepcionales: en 1900 anuncia el asesinato del rey Humberto I de Italia, y en 1918 el fin de la Primera Guerra Mundial. El interior del inmueble está a la altura de la fachada; y el salón de fiestas imita una sala del palacio de Versalles.

Además de *La Prensa,* el Río de la Plata cuenta con cerca de cuatrocientos periódicos, semanarios, mensuarios, revistas, boletines o panfletos políticos. Las comunidades extranjeras leen *La Patria degli Italiani, El Diario Español, The Standard, Le Courrier de la Plata* y el *Deutsche La Plata Zeitung.*

Varios lujosos salones de té se abren en el centro, como la *Confitería del Águila,* sobre Florida, con un salón separado para señoras, la *Confitería del Gas,* entre Rivadavia y Esmeralda, el *Modern Saloon,* en la esquina de Corrientes y Suipacha, y la muy refinada *Confitería París* entre Charcas y Santa Fe, famosa por sus arañas, sus servicios de porcelana y sus manteles bordados; la mayoría de esos salones serán destruidos a fines de la década de 1980, y a los que escapen del martillo neumático les costará mucho luchar contra la competencia de los *McDonald's.* Entre los cafés literarios y las cervecerías de la Belle Époque, donde se encuentran periodistas y literatos, el más conocido es el *Aue's Keller,* muy cerca de la Plaza de Mayo, donde el gran poeta modernista de Nicaragua, Rubén Darío, escribe una parte de las *Prosas profanas.*[7]

---

[7] García Jiménez, 1976, pp. 171-178.

A los porteños siempre les gustó el teatro, desde las modestas representaciones de la Ranchería. Con la afluencia de los italianos, la ópera suscita una verdadera pasión. Las salas son numerosas: el *Politeama*, donde el público, a menudo indisciplinado, escucha en un silencio religioso a Adelina Patti; la Ópera donde a comienzos de siglo Toscanini dirige obras de Verdi: el *Coliseo*. En cuanto al *Colón*, el encargado de construirlo fue un arquitecto francés, Tamburini, que erigió el palacio presidencial, la Casa Rosada. El emplazamiento era natural, desde la transferencia de la vieja estación Del Parque a Plaza Once, que dejó un vacío, la Plaza Lavalle. Los trabajos duran cerca de veinte años, y a la muerte de Tamburini son retomados por Vittorio Meano, que modificará los planos iniciales: el teatro lírico del Renacimiento italiano, la solidez de la arquitectura alemana y la gracia de las fachadas francesas. El conjunto será completado por la construcción del palacio de los Tribunales, poco tiempo después.

El teatro *Colón* es inaugurado en 1908 con *Aída* de Verdi. Sus "foyers", sus salones blanco y oro, sus sillones de terciopelo rojo, la calidad de su acústica y la espléndida araña de la sala hacen decir a Georges Clemenceau, de visita en el Río de la Plata, que es "el más grande y probablemente el más bello teatro del mundo".[8] Desde su creación, el *Colón* recibe a los artistas más célebres, como Giuseppe de Luca y Titta Ruffo, luego Enrico Caruso, Fedor Chaliapine, Renata Tebaldi, María Callas, Wilhelm Furtwängler, Arthur Honegger o Igor Stravinski. Se convierte en la tercera Ópera del mundo tras el Palais-Garnier y el de Viena. En 1910, un anarquista lanzará una bomba en medio de la orquesta, produciendo muchos heridos. Pero los destrozos serán inmediatamente reparados y, al día siguiente, la gente tendrá el pundonor de no faltar a la representación.[9]

Los porteños aprecian las comedias, operetas y sainetes. Luego de la apertura de la avenida de Mayo, el teatro *Mayo*, en la esquina de la calle Lima, representa regularmente zarzuelas, en un ambiente que evoca la *Gran Vía* de Madrid. En 1908, año de la inauguración del *Colón*, la compañía española de María Guerrero y Fernando Díaz de Mendoza da una comedia de Lope de Vega en el *Avenida*.[10] En salas menos elegantes, como

---

[8] Clemenceau, p. 68.
[9] Ibíd., pp. 68-69.
[10] Manrique Zago, 1985, pp. 67-68.

el *Doria,* un público "vulgar" de inmigrantes, que apestaban la sala con humo de cigarros, asiste a óperas más populares o a espectáculos exitosos inspirados en los *Miserables* o el *Conde de Montecristo*.[11] El teatro satírico también triunfa; los retruécanos, monólogos e improvisaciones del inagotable Florencio Parravicini, que se burla de la hipocresía burguesa, tienen un gran éxito. En ese mismo año, 1908, un inmigrante italiano llamado Mario Gallo rueda, en una terraza y con un decorado improvisado, el primer film argentino, que narra la muerte de Manuel Dorrego: las heridas dejadas por dicho episodio en el imaginario de los porteños aún no han cicatrizado.

El París austral

La calle Victoria, antaño tan elegante, en lo sucesivo es suplantada por Florida, famosa por sus cafés y sus salones de té, sus librerías, sus galerías de arte y el muy encopetado Jockey Club, con su rotonda Imperio, símbolo de la oligarquía. Sobre esta calle estrecha y concurrida se construyen dos grandes tiendas, *Harrod's,* cerca de la Plaza San Martín, y *Gath y Chaves,* en el otro extremo. Una parte de la calle debe vedarse a la circulación. Las elites, echadas por la multitud de caminantes y mirones, se instalan más al norte en el barrio alrededor de Santa Fe y de la Plaza San Martín, de donde las últimas huellas del viejo Retiro han desaparecido desde hace mucho tiempo.

Las familias de la oligarquía ya no quieren habitar las casas coloniales de sus padres, demasiado austeras e incómodas para su gusto. La más famosa, aquella que los porteños llaman "la casa de la Vieja Virreina", donde había vivido la viuda del virrey Melo, y donde se habían desarrollado combates heroicos durante las invasiones inglesas, se ha convertido en el montepío municipal, luego en un conventillo, antes de ser demolida durante la ampliación de la calle Belgrano.[12] Ahora, las elites hacen construir hoteles particulares, imitando los del parque Monceau o la avenida del Bois. El francés René Sergent, el arquitecto del hotel Camondo en París, concibe así el espléndido hotel Errázuriz, hoy Museo de Arte Decorativo. En el interior del palacio, cada sala está amue-

---

[11] Roselli, pp. 174-176.
[12] Lafuente Machain, 1978, p. 28.

blada en un estilo diferente, del Renacimiento a Napoleón I; el salón Luis XVI está decorado con revestimientos de madera provenientes del hotel Le Tellier de París. El hotel también alberga una galería de cuadros excepcional, que reúne a pintores franceses (Fragonard, Corot, Manet, Greuze, Vigée-Lebrun) y a maestros españoles, como el Greco. Otros palacios, como el de los Anchorena, que tiene ciento veinte habitaciones, el de los Ortiz Basualdo, demolido en 1969, finalmente el de la familia Paz, hoy sede del Círculo Militar, dan al norte de Buenos Aires una distinción única en toda la América Latina.[13]

Los grandes hoteles de Buenos Aires tampoco tienen nada que envidiar a los de París, Londres y Nueva York. Muchos han desaparecido en estas últimas décadas; pero uno de ellos, el que ocupa la embajada de Francia, aún se levanta en la prolongación de la avenida 9 de Julio. A fines del decenio de 1950, esas casas con las persianas cerradas inspiran a escritores y cineastas: el film de Leopoldo Torre Nilsson y Beatriz Guido, *La Casa del Ángel,* ilustra el mundo cerrado de la burguesía.

La Belle Époque es la de la aristocracia argentina, con sus fiestas espléndidas, las largas estadías en Europa, las representaciones teatrales, los palcos del *Colón,* la pista de patinaje del Palais de Glace. Francia está de moda y Buenos Aires también, en París. Anatole France atraviesa el Atlántico, se aloja en casa de un pariente por alianza del general Roca y descubre la vida alegre de los comediantes. La gente snob habla con la *r* gutural francesa y adopta los modales de la alta sociedad parisina. Esta francomanía corre a la par con el uso de un habla "gauchesca", aprendido en las estancias, reproducido en los sketches de la vida cotidiana que el periodista Fray Mocho publica regularmente en *Caras y Caretas,* una revista humorística donde las alusiones políticas y los reportajes sociológicos se prestan a la nostalgia de un pasado que desaparece a ojos vistas.

En el momento de la celebración del primer centenario de la independencia de la Argentina surgen monumentos ofrecidos por los países europeos: el más imponente es el "de los españoles" en Palermo. Los alemanes ofrecen una fuente; los franceses enriquecen Buenos Aires con una muy linda plaza, la Plaza Francia, que domina la actual avenida Libertador, gracias a un monumento de Émile Peynot que representa la Ingeniería, la Agricultura, la Industria, las Artes y la Ciencia,

---

[13] Vázquez Rial, pp. 45-49.

cuyos bajorrelieves ilustran la Revolución y a San Martín atravesando los Andes. La torre de los Ingleses, con su reloj, es erigida frente a la estación ferroviaria de Retiro, cuya estructura metálica fabricada en Liverpool, vidrieras y vestíbulos constituyen una de las más bellas realizaciones de arquitectura industrial. Otros monumentos dedicados a Cristóbal Colón o al almirante Brown –donación de los irlandeses– acreditan esa "legítima necesidad de escribir la historia sobre las plazas públicas", que Clemenceau ya observó en 1910. Al igual que Borges, él detesta la estatuaria pues, contrariamente a los malos libros que es posible no leer, tiene el gran defecto de imponerse por la fuerza a los caminantes.[14]

Gracias al tren, algunos lugares de veraneo se vuelven accesibles. Un tranvía eléctrico une el centro con Quilmes. Luego del balneario de la Costanera Sur, surge otro allí donde antaño se alzaba una reducción jesuita, y donde acuden las clases medias para escapar de los calores estivales. Se descubre la belleza salvaje del Tigre; se abren clubes de regatas, que se asemejan a aquellos de las orillas del Támesis, y se construyen palacios, islotes de lujo en medio de una naturaleza salvaje. En la confluencia de los ríos Reconquista y Luján, el *Tigre Club* y su lujo insólito atraen a un público ilustre, como el príncipe de Gales, Caruso y Rubén Darío, así como a Bartolomé Mitre, Julio A. Roca y Lola Mora. Luego de 1944, este establecimiento tomará el nombre de *Tigre Hotel,* ya que el de su competidor desaparecerá ese año en las llamas. Bajo la pérgola y el gran balcón, dos restaurantes sirven parrilladas. A pesar de la desaparición de las arañas, los manteles bordados y los tapices, un encanto anticuado impregna esos lugares.

La imagen de Buenos Aires que la guía *Baedeker* presenta a los turistas de principios del siglo es la de una ciudad moderna. Aún no es el momento de saborear el pintoresquismo colonial; las orillas, los bailongos tangueros, los barrios del Sur, las moradas augustas no son sino antiguallas que deben ser evitadas. Los mataderos modernizados de Liniers, llamados Nueva Chicago, donde "un solo hombre puede matar hasta seis mil corderos", constituyen un "desvío" indispensable.[15] Esas fábricas de la muerte obsesionan desde hace mucho tiempo la imaginación de los viajeros europeos. Y para todos los escépticos, inclinados a

---

[14] Clemenceau, p. 52.
[15] Baedeker, p. 241.

burlarse de una ciudad que equivocadamente se califica de carecer de historia, la guía incita al viajero a ir a San Fernando, para descubrir "los vestigios de una vivienda prehistórica bajo las capas sucesivas que la transformaron en cabaña cuadrada, actualmente provista de un pequeño corredor".[16] ¡Una curiosa manera de señalar que los "salvajes" están a las puertas de la capital!

Los tres Palermos

Gracias a los esfuerzos de Sarmiento, el viejo dominio de Rosas es limpiado y transformado en parque, el Tres de Febrero, pero todo el mundo sigue llamándolo Palermo. Un paisajista francés, Charles Thays, que ya demostró su talento remodelando el terreno polvoriento del Retiro, que se convierte en la Plaza San Martín, lo urbaniza: hará plantar en total cien mil árboles en la capital, gracias a los cuales muchas calles de Buenos Aires serán protegidas por bóvedas de follaje. A fines del siglo XIX se inaugura el Jardín Botánico, con sus paseos sombreados, sus estanques y su invernadero; con el tiempo, todos los gatos de la ciudad encontrarán allí refugio. Enfrente, entre Las Heras y el Parque Tres de Febrero, se instalan "las fieras" en un zoológico; su arquitectura exótica –pagodas, templos hindúes, castillos, palacios orientales– y su inconfundible "olor a caramelo y a tigre"[17] lo convierten en un sorprendente lugar de paseo.

El Parque Tres de Febrero también está enriquecido con un rosedal al que se añade un patio andaluz, ofrecido por la ciudad de Sevilla. Como el Bois de Boulogne con el que se lo compara, Palermo está atravesado por paseos de arena y grava, caminos peatonales para niños, pistas para jinetes al paso, sendas apacibles donde se precipitan las primeras bicicletas de la Belle Époque. Los jardines se extienden casi hasta las orillas del Río de la Plata, de hecho hasta la línea del ferrocarril y sus puentes.

Más acá de la frontera ferroviaria, en medio de los árboles, se encuentra el guindado *Hansen*, según el nombre de su propietario sueco, un sitio famoso a comienzos de siglo. A la tarde, los paseantes van allí a quitarse la sed. De noche, los farolillos iluminan las glorietas para otra

---
[16] Ibíd., p. 163.
[17] Borges, 1993, "Palermo de Buenos Aires", *Evaristo Carriego*, p. 108.

clientela: hacia la medianoche, los compadritos adinerados se mezclan con los hijos de buena familia. Las reconstrucciones cinematográficas de ese lugar legendario muestran un restaurante de lujo con una pista de baile en el medio, que nunca existió. ¿Se bailaba el tango en lo de *Hansen*, como lo afirman los que dicen que era el centro de difusión y domesticación de una danza obscena nacida en los burdeles? Por su parte, Borges lo niega formalmente, pero parece que ahí se tocaba música, y, para evitar las riñas, policías de civil se mezclaban con los clientes.[18]

Charles Thays también dibuja el conjunto aristocrático de Palermo Chico. Con sus calles laberínticas, pobladas de hoteles particulares y casas Tudor que se alzan en medio de la vegetación, es el único barrio que quiebra el plano en damero de Buenos Aires. Sus espacios aéreos inspirarán veinte años más tarde a Le Corbusier para su proyecto de la "Ciudad verde".[19] Este enclave de ricos linda con la Tierra del Fuego, barrio de reputación dudosa desde décadas atrás. Antaño, allí se habían instalado mataderos y desaguaderos. Una vez desplazados éstos, el barrio conservó su fama debido a los bares y la vecindad con la penitenciaría Las Heras. Muchos escritores sacaron de allí su inspiración. Los malandrines de Tierra del Fuego y su código particular del honor fueron inmortalizados por el poeta Evaristo Carriego, antes de serlo por Borges. Carriego dio sus cartas de nobleza al compadre, profesional de la pelea, alternativamente descuartizador de animales, carretero, domador de caballos, bribón que gravita alrededor de los mataderos y se pelea a muerte con el cuchillo. El compadre es un marginal pero no un rebelde, y los caudillos políticos, ocasionalmente, saben requerir sus servicios.

El "viejo" Palermo, el que se extiende al norte de Las Heras, es un barrio de casas bajas y patios interiores, sombreados por una higuera. Evaristo Carriego vivía en la calle Honduras, en un barrio poblado de artesanos y pequeños empleados, cuyo espíritu expresó el poeta en su *Canción del barrio*. La familia de Jorge Luis Borges se instala en un rincón más modesto de Palermo, en la calle Serrano, más cerca del Maldonado y los terrenos baldíos. Las orillas, esas avanzadas de vegetación desparramada "en que la tierra asume lo indeterminado del mar", son el país de los calabreses y los caballos.[20] El ferrocarril del Pacífico bordea el arroyo, que,

---

[18] Salas, pp. 95-99.
[19] Pirelli, p. 167.
[20] Borges, 1993, "Palermo de Buenos Aires", *Evaristo Carriego*, p. 108.

cuando las lluvias arrecian, se convierte en un torrente temible, llevándose a su paso osamentas, ramas y seres vivos. Las ratas, en estado de pánico, corren entonces a buscar refugio en las casuchas. Las orillas del Maldonado están jalonadas de tugurios, pomposamente bautizados "salones de baile", donde se tocan milongas, música popular de ritmo más rápido que el tango, y cuyas palabras narran los duelos entre truhanes.

Los conventillos, encrucijadas entre la mugre y la fraternidad

Los conventillos, cuchitriles para inmigrantes, se dispersaron por todo el centro de la ciudad. Al comienzo de las grandes migraciones, los extranjeros habían tratado de reagruparse por pueblo o por región, pero las viejas viviendas ya no bastaban para alojar a tanta gente. Nuevas casas se construyen según el modelo antiguo en torno de un patio: la fachada de cada conventillo es de 9 metros, y las habitaciones casi no superan los 16 m². Los más modestos no tienen más que una planta baja, salvo algunos que poseen uno o dos pisos, a los que se accede por una escalera exterior. De ambos lados del patio, unas cuarenta habitaciones donde se amontonan varios centenares de individuos que deben hacer frente al aumento de los alquileres.[21] El ministro de Roca, Eduardo Wilde, denuncia esas "máquinas infectas", esas "casas ómnibus" donde el mendigo se codea con el pequeño empresario en una espantosa promiscuidad. En vano pues los propietarios se aprovechan de la demanda. En 1906, los habitantes de los conventillos de La Boca, San Telmo y Balvanera organizan una huelga de alquileres que se extiende a todos los alojamientos colectivos del centro hasta Palermo. El movimiento involucra a 2 mil casas. En las calles de La Boca desfilan los niños, llevando una escoba al hombro "para barrer a los dueños". En San Telmo, la policía reprime con violencia a los manifestantes, en el curso de una descarga de fusilería que produce varios heridos y un muerto. 15 mil personas acompañan el féretro desde el Once hasta la Plaza San Martín.[22]

Varias nacionalidades viven juntas en esos cuchitriles. A la hora del mate de la tarde —que los judíos reemplazan por té—, los locatarios se encuentran en el patio, cosa que no impide las tensiones, las riñas y los

---

[21] Gutman, pp. 82-86.
[22] Scobie, pp. 201-202; Facciolo, pp. 553-554.

chismorreos. El novelista Eugenio Cambaceres compara las filas de cuartos que dan al patio central con un palomar. El suelo del patio, atravesado de cuerdas de tender ropa, está cubierto de desperdicios donde se amontonan cajas, macetas y cartones. Cada familia tiene su horno, y los olores de cocina se mezclan. En el patio también se almacenan las cosas de cada uno, se juega, se lava uno mismo, su ropa y la del "exterior", pues muchas mujeres de inmigrantes son lavanderas. En el interior de las habitaciones mal ventiladas reina un olor pesado, húmedo. En ocasión de las celebraciones patrióticas y de los aniversarios, ese pequeño mundo se anima y las *canzonette* napolitanas, los violines de los "rusos", las melodías lánguidas de los turcos y los cantos gallegos dan a los patios un aire festivo.[23]

Las jornadas de trabajo son largas: comienzan a las 4.30 de la mañana en verano y a las 6 en invierno. Los niños y las mujeres son empleados en las fábricas de fósforos, en la confección de bolsas de tela de yute o de botones. El grueso de la mano de obra la absorben las actividades portuarias. Nunca se detienen, salvo para los aniversarios patrióticos. Sólo en 1905, luego de varias huelgas, los obreros finalmente consiguen que el domingo sea feriado.[24] Pese a la dureza de las condiciones de trabajo, la mayoría de los extranjeros se adaptan a su nuevo país. Otros, empleados en los trabajos agrícolas, vuelven a Italia o a España para las cosechas, aprovechando la inversión de las estaciones. Los judíos, echados de su país natal, encuentran en el Río de la Plata un refugio que ya no abandonarán. Los que no fueron a las colonias agrícolas del Litoral se instalan en el barrio de Balvanera. Vendedores ambulantes de tejidos, en su mayoría, los llaman *cuentenik* y su presencia se convierte en una nota típica alrededor de la Plaza Once y, más tarde, en Villa Crespo. El italiano, en particular, "se argentiniza mucho antes de hacerse adinerado",* observa Clemenceau, que atribuye esta integración a la enseñanza patriótica dispensada en las escuelas primarias. La bandera nacional, la biografía de San Martín, las imágenes simplificadas y aburguesadas de la revolución de Mayo dan a los hijos de los inmigrantes una nueva pertenencia. Los franceses también son tocados por el "contagio argentino".[25]

[23] Scobie, pp. 192-199; Sebreli, pp. 152-153.
[24] Scobie, p. 182.
* *S'argentinise bien avant d'être argenté*, juego de palabras entre *argentinizar* y *adinerado (argenté)*. (N. del T.)
[25] Clemenceau, p. 71.

La argentinización de los italianos es facilitada por los sainetes humorísticos que presentan a gauchos "italianos". Luego del triunfo del folletín *Juan Moreira*, el comediante José Podestá, miembro de una familia de actores originarios de la Italia del Norte, realiza una adaptación teatral que se toma algunas libertades con el texto e introduce intermedios de danzas –el cuadro final se realiza en el patio de un burdel, donde una pareja de negros ejecuta una milonga– y un personaje nuevo, Cocoliche.[26] Podestá se inspiró en un peón italiano vinculado con la compañía, Cocoliccio, que hablaba en una jerigonza trufada de palabras calabresas y porteñas. El actor Celestino Petray, muy dotado para imitar el lenguaje de los inmigrantes, lo convierte en una creación tan popular que la expresión "hablar en cocoliche" designa su lengua colorida y poco ortodoxa.

Cocoliche tiene un enorme éxito y se convierte en el prototipo del italiano. Los inmigrantes son los primeros en aplaudir los hechos y decires de un personaje cuya vestimenta y expresiones gauchescas, mal dominadas, representan a todos aquellos que aspiran a fundirse en el crisol argentino. El cocoliche es promovido a la categoría de *lingua franca*, y otras minorías no hispánicas lo adoptan en su lento aprendizaje del español. El personaje emblemático abandona las tablas por la calle, y desfila en los cortejos de Carnaval, en la misma calidad que los negros o los gauchos, cuyo traje adopta añadiéndole algunos detalles, como el reloj atado a la cadena a manera de cuchillo, o la manta de cama para reemplazar el poncho.[27] Cocoliche y todos aquellos que con él se identifican comparten con otras capas de la población el entusiasmo por un modo de vida que ya no existe en el campo, y que está asociado a los asados, el mate, las bombachas, las coplas acompañadas de guitarras, el gusto por las ocurrencias y los proverbios. Esa moda gauchesca proseguirá sin disminuir hasta la década de 1920 e incluso más allá.[28]

Las comedias que ponen en escena a Cocoliche proliferan durante la Belle Époque. Sus parlamentos desencadenan las risas del público, que pide más; esa habla mezclada con italianismos, retomada por los actores que aportan sus propias improvisaciones, se convierte en el lunfardo,

---

[26] Natale, pp. 155-156.

[27] Ghiano, 1957, pp. 97-98, cita una de las frases en cocoliche que hacía furor: *"Me quiame Francisque Cocoliche e songo cregollo gasta lo güese de la taba e la canilla de lo caracusa"*; Walker, pp. 41-43.

[28] Ibíd., p. 50.

el argot porteño. Las mezclas étnicas de los conventillos suministran material a varios sainetes. Uno de ellos, *Mustafá*, narra la historia de un "turco" cuya hija se casa con el hijo del italiano don Gaetano. Este último, hostil para con los orientales, a quienes considera ruidosos y perezosos, termina por aceptar la inevitable mezcla de la vida del conventillo. Florencio Sánchez, en *La Gringa*, también utiliza el cocoliche, hablado por don Nicola y ridiculizado por su vecino, un criollo al que no le gustan los italianos. Al final de la obra, los prejuicios respectivos ceden ante el matrimonio de sus hijos, la gringa Victoria y el criollo Próspero. La reconciliación final está sellada por la afirmación: "De aquí saldrá la raza fuerte del porvenir".[29]

Las risas que provoca Cocoliche no pueden hacer olvidar la hostilidad que los porteños testimonian a aquellos que acuden en tropel todos los años de Europa. Antonio Argerich, en su novela naturalista *¿Inocentes o culpables?*, traza una acusación contra la inmigración italiana, simbolizada por el sórdido Dagiore. El escritor Julián Martel, en *La bolsa*, describe en términos duros a los "turcos" y su fez, a los charlatanes ambulantes, a los gitanos sucios, a toda una población andrajosa, de la que sin embargo saldrán tres presidentes de la República: un italiano de Gubbio, Arturo Frondizi; un español, Raúl Alfonsín; y un "turco" sirio, Carlos Menem.

Por último, el héroe de la novela de Eugenio Cambaceres *En la sangre* (1887), el ambicioso Genaro, suerte de Rastignac porteño, seduce a la hija de un terrateniente para apoderarse de su fortuna. Pero Genaro lleva el fracaso en sus venas, y su padre es descripto en términos dignos de Lombroso, "cabeza grande, rasgos achatados, nariz ganchuda y labio inferior colgante". La avaricia y la codicia aparecen aquí como vicios inherentes a los inmigrantes. Esos rasgos de carácter serán puestos de manifiesto por los cancionistas durante décadas. Las ideas de Cambaceres son claras: la heredad impide que el extranjero se funda en la argentinidad; esa fatalidad que se lleva en la sangre, "como el color de la piel", le ha sido transmitida por la heredad, "como se transmite el virus venenoso de la sífilis".[30] Pero los insultos racistas de esta burguesía no pueden impedir las mezclas que la promiscuidad de los

---

[29] Ibíd., pp. 59-61.
[30] La influencia de las teorías de Lombroso en América Latina fue considerable. Aquí sólo podemos bosquejar dicho tema. Sobre esta generación de escritores, véase Vázquez Rial, pp. 104-109.

conventillos torna inevitables. Las notas del periodista Fray Mocho, pese a su dimensión satírica, expresan una simpatía indudable respecto de estos extranjeros.

¿Suburbios o barrios?

En 1887 se trazan los límites actuales de la Capital Federal, que engloban campos y fábricas de ladrillos; todavía se pueden cazar liebres en el interior de la capital. Los tranvías y los trenes llevaron la urbanización más allá de Flores, Chacarita y Belgrano. En las estaciones de Retiro y de Once convergen los habitantes de los suburbios que crecen como hongos a lo largo del ferrocarril, Floresta, Liniers, Villa Devoto, Villa del Parque, Coghlan, Núñez y muchos otros núcleos, cada vez más lejos del centro, corriendo el campo a los espacios infinitos de la pampa. Allí donde hay fábricas, como en Villa Crespo, los obreros se alojan en los alrededores.

En los años de crecimiento, entre 1905 y 1912, el obrero especializado puede pensar en comprarse un terreno en zonas alejadas pero comunicadas, mal que bien, por los tranvías o el tren. Esas pequeñas clases medias sueñan con construirse una casa "chorizo", todo a lo largo; luego, pensarán en embellecer la fachada agregándole balaustradas a la italiana. El modo de vida de la aristocracia terrateniente, sus palacios, sus fiestas, sus distracciones alimentan los sueños de esas nuevas capas de población que devoran las revistas de gran tiraje, *Caras y Caretas* y, sobre todo, *El Hogar*. Allí se aprende a guardar las apariencias, aunque las condiciones de vida sean difíciles, para distinguirse del lumpen de las orillas o del proletariado de los conventillos.

Fronteras invisibles atraviesan los barrios de Buenos Aires. El observador exterior no alcanza a percibir lo que funda el sentimiento de pertenencia a un grupo. ¿Por qué, por ejemplo, los niños pueden jugar en tal vereda y no en tal otra? ¿Por qué se saluda a ciertos vecinos con una sonrisa, mientras que se pasa delante de otros sin levantar la vista? El almacén, forma moderna de las pulperías, es el centro de gravitación de la comunidad, porque ser del barrio significa poder comprar a crédito. En el curso del siglo XIX se anudaron lazos particulares alrededor de la parroquia; la dimensión afectiva del barrio nace en el momento en que la villa se convierte en una ciudad de más de un millón de habitantes. Esos enclaves lugareños, que se refuerzan mediante la difusión del fútbol –y el anclaje de las divisiones en una localidad establecida–, son de momento un refugio de la identidad, que parece compensar la angustia del anonimato. Pues al desarraigo del inmigrante se añade la pérdida de las referencias urbanas, ligada a los veloces cambios que la industria y la técnica imprimen a la metrópoli en que se ha convertido Buenos Aires.

La pertenencia a un grupo de vecindad se traduce a través de códigos que excluyen avanzar sobre la intimidad de las familias. No se entra en casa de un vecino sin haber sido invitado, pero se conversa con él en la vereda, donde se sacan sillas cuando la temperatura es clemente. Incluso durante los velorios, cuando se expresa la solidaridad del barrio, es preciso saber respetar las reglas tácitas del decoro.[31] Un grupo de amigos se dirige al velorio de uno de ellos, caído en la "guerra del cerdo", esa caza de viejos que Bioy Casares imaginó en el barrio de Palermo. El muerto está en su ataúd, y la dueña de casa, invisible, hizo servir a la asistencia café y bebidas. "¿Puedo saludarla?", pregunta uno de ellos. Los otros lo disuaden: "Déjala. Total, nunca la viste".

Las "afueras", todos esos centros urbanos alrededor del núcleo central, no son arrabales; no se los llama *suburbios* sino *barrios,* y los más miserables son las barriadas. El apego a los lazos de vecindad, a la camaradería, caracteriza al porteño. A fines del siglo XX, cuando las redes comiencen a decaer, la lealtad para con esos principios no se debilitará. Y se perdonarán sus calaveradas a Maradona y a otros invocando, en su defensa, ese sentido de la camaradería, ese "síndrome barrial", noción intraducible que representa un aporte porteño a la teoría psicoanalítica.

Por lo que respecta a La Boca, es un poco un mundo aparte, con su vida portuaria al borde del Riachuelo, sus bares para marineros, sus burdeles sórdidos, su núcleo genovés, sus casas de madera y de chapa ondulada construidas sobre pilotes, pero que todavía no ostentan sus colores chillones. En los terrenos baldíos, los chicos juegan al fútbol, deporte que comienza a ganar a las capas populares, y se constituyen equipos locales, tomando, como es debido, nombres ingleses: Forwards Club y River Plate. Este último deja su barrio de origen para establecerse en Núñez, en el norte de la capital, "traición" que siempre

---

[31] Scobie, pp. 259-261.

se le reprochará. Luego de esta "deserción", el barrio decidirá fundar su propio club, Boca Juniors.

También algunos artistas aparecen en este enclave del Ligure: Quinquela Martín, carbonero y cargador portuario, descubre la pintura, y se convertirá en uno de los pintores más cotizados de la Argentina; Juan de Dios Filiberto, empleado en los talleres de Mihanovich, aprende rudimentos de solfeo, y, conmovido por una representación de Verdi en el *Colón*, a la que asiste en el fondo del gallinero, se consagra a la música. Más tarde compondrá uno de los tangos más famosos, *Caminito*, dedicado a una pequeña vía ferroviaria de La Boca. En la década de 1950, Quinquela Martín, en la cúspide de su fama, transformará ese atajo fuera de uso en calle peatonal, y pintará las viejas casas de colores vivos.

La Boca de los proletarios, separada del centro por una alineación de silos, está en el corazón de una zona industrial –allí se encuentran aserraderos, depósitos, fábricas de cerveza, curtiembres y frigoríficos– que se extiende no sólo a Barracas sino, más allá del Riachuelo, a Avellaneda. También es un semillero de ideas anarquistas y socialistas. Luego de un conflicto entre patrones y obreros, una asamblea reunida en la Società Italiana decreta que el gobierno no debe inmiscuirse en los asuntos de los genoveses. En La Boca se iza el pabellón blanco atravesado por la cruz roja de la *Superba,* y los amotinados dirigen al rey de Italia una carta donde le notifican que en adelante puede contar con un nuevo barrio italiano. La "república de La Boca" es proclamada por Quinquela Martín en 1907, a imagen de Montmartre. Es una broma, pero el propio general Roca arriará la bandera genovesa.[32]

Al sudoeste de La Boca y Barracas, la orilla de las orillas es el "barrio de las Ranas", al borde del Riachuelo, donde se queman los residuos de la ciudad. Allí, los menesterosos clasifican la descarga con rastrillos; son más de 3 mil los que viven de las basuras, en la Belle Époque.[33] En otra parte, los caños desembarcados de Europa y que se destinan a mejorar el servicio cloacal sirven temporariamente de refugio a los vagabundos, los atorrantes. Finalmente, los caciques araucanos de las pampas, como Nancuche Nahuelquir y Bibiana García, jefa de la poderosa tribu de Catriel, llegan a ese "centro de la civilización argentina con objetivos pacíficos". Como venían a pedir tierras para

---

[32] Martínez Zago, p. 67; García Jiménez, 1976, pp. 104-105.
[33] *Caras y Caretas*, I, 1899 (artículo de M. Bernárdez).

adoptar el estado sedentario, se instalan al sudoeste, donde la ciudad parece terminar, sepultada por los pantanos y los canales. Tras un muro que los sustrae a las miradas, se levanta el campamento, "lo más primitivo posible".[34]

El tango: de las orillas a los salones

Tras la canción del *negro chicoba* y la eclosión de una música popular tocada en los burdeles, el tango llega a otros medios. Sus orígenes dieron lugar a muchas controversias. "Hay una historia del destino del tango, que el cinematógrafo periódicamente divulga –escribe Borges–; el tango, según esa versión sentimental, habría nacido en el suburbio, en los conventillos [...]; el patriciado lo habría rechazado, al principio; hacia 1910, adoctrinado por el buen ejemplo de París, habría franqueado finalmente sus puertas a ese interesante orillero."[35] Pese a la autoridad de Borges, ¿cómo explicar el éxito fulminante del tango en Europa sin imaginar lugares de difusión intermediarios? Éstos existen ya a comienzos de siglo; una fotografía publicada en 1905 por la revista *Caras y Caretas* reproduce una escena de baile en el teatro *Victoria*. Las mujeres, ataviadas con esmero, llevan vestidos hasta los pies y grandes sombreros que ocultan su cabellera. Es seguro que era una danza más tranquila, sin las zancadas que la harán famosa. Por caminos que siguen siendo bastante oscuros, el tango franquea el Atlántico, llega a la corte del zar Nicolás, que lo encuentra gracioso, y hace furor en París, donde, en la Belle Époque, lo bailan en el 17 de la calle Caumartin, en un salón Luis XVI. Alrededor de 1912, el compositor Enrique Saborido abre una academia de tango en París y otra en Londres, que se interrumpen ambas cuando la declaración de la Primera Guerra Mundial. En vano el embajador argentino en París recuerda los orígenes turbios del tango: el éxito que esta música conoce en Europa es fulminante.[36]

De hecho, el término "tango" encubre modalidades diversas: ritmos de candombe, una danza canalla de los burdeles, una versión más conveniente, actuada –pero probablemente no bailada– en establecimien-

---

[34] Ibíd., II, N° 38, 1899.
[35] Borges, 1993, "Historia del tango", *Evaristo Carriego*, p. 158.
[36] García Jiménez, 1964, p. 7.

tos más elegantes como *Hansen*, una melodía para guitarra más cercana a la milonga. El tango cantado, cuyas palabras proclaman la traición de una mujer y la soledad de un hombre abandonado, sólo aparece más tarde, con *Mi noche triste* de Pascual Contursi, de la que Carlos Gardel hará una versión inolvidable. El tango de comienzos de siglo aún no se ha convertido en una queja desesperada ni en un cuestionamiento metafísico; es una música alegre y canalla. En los burdeles, al sonido de guitarras y bandoneón, algunos hombres bosquejan "cortes" que interrumpen la progresión lineal de los bailarines y cuyos movimientos de piernas contrastan con el mantenimiento hierático del busto. La distancia de los bailarines respecto de los gestos, la mezcla de moderación y erotismo son actitudes necesarias para evitar una proximidad homosexual que no habría sido tolerable. Sobre las veredas de los bares, en barrios de mala vida, acompañados de un organillo, las parejas masculinas, a las que se mezclan las prostitutas, también ejecutan pasos de baile a la luz de las linternas. Evaristo Carriego lo testimonia en *El alma del suburbio*:

En la calle, la buena gente derrocha
sus guarangos decires más lisonjeros,
porque al compás de un tango, que es "La morocha",
lucen ágiles cortes dos orilleros.[37]

Los lugares de mala fama se encuentran en Corrales Viejo, los mataderos del Sur, cerca del vertedero grande, en San Telmo, en Constitución, en La Boca, la de los bares y tugurios. Los títulos obscenos de los primeros tangos, como *Sacudime el cocotero*, hablan claro acerca de las fuentes de inspiración. Pero muy pronto la música va a liberarse de ello. Ángel Villoldo ilustra bien esas transformaciones. Ese cantor y compositor virtuoso gozaba de cierta fama en La Boca y en San Telmo, donde divertía al público con sus contrapuntos "cocoliches" y sus melodías, antes de crear su obra maestra, *El Choclo*, que muy pronto tuvo un gran éxito y fue interpretada en lo de *Hansen* antes de llegar a París. ¿Fueron introducidas las partituras en Francia por los marinos de la fragata *Sarmiento*, en el curso de un viaje de instrucción? Según otras versiones, fue un industrial francés de viaje por Buenos Aires quien lo

---

[37] Borges, 1993, "Las misas herejes", *Evaristo Carriego*, p. 158.

habría oído en una casa de citas y, entusiasmado por su ritmo, habría comprado las partituras y las habría llevado a su país. El tango *El Choclo* entusiasmó al público europeo; en 1916 se tocó en el frente alemán, en el curso de una cena que reunía a corresponsales de guerra, entre los cuales se encontraba el periodista porteño Tito Livio Foppa.[38]

El pianista mulato Rosendo Cayetano Mendizábal, que se presentaba en casa de *María la vasca*, compuso el otro tango que, con *El Choclo*, constituye uno de los clásicos que jamás pasan de moda, *El Entrerriano*. Según una antigua tradición, Mendizábal, como muchos negros y mulatos, había seguido cursos de piano y pudo vivir de sus talentos. Tocaba en establecimientos de prostitución, frecuentados por "gente decente" que había roto con el orden burgués. Allí fue donde improvisó su famosa melodía, que dedicó a uno de los clientes, un caudillo del Litoral. Desde su creación, *El Entrerriano* tuvo una inmensa popularidad. El éxito de su música no enriqueció a Mendizábal que, atacado probablemente de esclerosis en placas, tuvo que dejar de tocar. Murió en la miseria y ciego en un cuartito que había alquilado a orillas del Maldonado.[39]

Luchas y utopías

La llegada, en las últimas décadas del siglo XIX, de inmigrantes europeos que habían vivido la Comuna de París, las leyes antisocialistas de Bismarck, la caída de la primera República Española y la represión de las rebeliones obreras en Italia, contribuyó, luego de los ideales republicanos de Mazzini y Garibaldi, a politizar a los obreros. A partir de 1880, el movimiento mutualista se refuerza y la colectividad italiana funda dos sociedades nuevas, Circolo Napoletano y la Unione Meridionale, así como una diversidad de pequeños círculos regionales de barrio como Caballito, Barracas o Villa Devoto.[40] Se crean secciones más políticas, que reagrupan a los trabajadores por nacionalidad: los emigrados alemanes socialdemócratas fundan en 1882 el Club Vorwärts;

---

[38] García Jiménez, 1964, pp. 23-25; Salas, pp. 122-123. Walker, p. 56, cita un contrapunto en jerigonza liguro-criolla: *Son un bachicha italiano / ma de grande corazón / e tambien sun arguentino / cuando llega l'ocasion.*

[39] García Jiménez, 1976, pp. 275-281.

[40] Baily, p. 492.

a comienzos de 1890, la rama socialista organiza la celebración del 1° de Mayo en Buenos Aires, que reúne a 3 mil personas. El libertario italiano Enrico Malatesta anima dos círculos anarquistas en la capital. Su influencia entre las capas populares es poderosa, pese a la emergencia del Partido Socialista Obrero Argentino, y se ejerce en reuniones y a través de diarios como *La Protesta* y *La Vanguardia*, periódicos que alcanzan una difusión masiva entre los obreros.[41] Tras algunos años de euforia, la aceleración de los trabajos públicos y el crecimiento de los déficit acarrean en 1891 una crisis económica que pone en la calle a miles de obreros. Los disturbios se suceden hasta comienzos de siglo. En 1902 estalla una huelga general, que reivindica un aumento de salarios. Miles de desocupados desfilan a lo largo de la nueva avenida de Mayo, reclamando trabajo. Cuando el cortejo llega a la plaza, el presidente Roca sale al balcón, pero es silbado por la muchedumbre.[42] Como consecuencia de estos disturbios, el gobierno de Roca promulga la "ley de residencia", que permite expulsar a extranjeros "indeseables" que perturben el orden público. Los militantes obreros se convierten en "clases peligrosas".

La miseria obrera inspira a pintores como Reynaldo Giudici, que la muestra en su cuadro *La sopa de los pobres;* en otra tela, realizada en 1892 por Ernesto de La Cárcova, *Sin pan y sin trabajo,* un hombre corre la cortina de la ventana, a través de la cual se divisan chimeneas de fábrica. Sobre la mesa de su modesta habitación está apoyado un martillo, visiblemente fuera de uso. Su mujer, con un bebé en los brazos, contiene el aliento.

Buenos Aires también sigue inspirando a los utopistas. Julio Otto Dittrich, un obrero metalúrgico de origen alemán, convertido en pequeño empresario, publica en 1908 una novela visionaria que extrae gran parte de su inspiración de Julio Verne, *Buenos Aires en 1950 bajo el régimen socialista*. El protagonista es un obrero que, en el curso de la represión policial de la manifestación del 1° de mayo de 1910 recibe un hachazo en la cabeza y pierde la razón. Encerrado en un hospicio de alienados durante cuarenta años, recupera sus facultades gracias a una operación quirúrgica posibilitada por el progreso de la ciencia. Cuando sale del asilo, el socialismo ha triunfado en Argentina desde 1925. Ese

---

[41] Weinberg, pp. 15-27.
[42] Scobie, pp. 178-179.

Buenos Aires, proyectado en el futuro, es una ciudad aérea, rodeada de jardines. Los conventillos y otras casas de renta han desaparecido. La catedral se ha convertido en la "casa del pueblo", el tuteo es de rigor, las ciencias han hecho progresos espectaculares y el dinero fue suprimido.[43] Por una ironía del destino, Dittrich muere en 1950, en la ciudad de Juan y Eva Perón.

Otra utopía es concebida por un francés libertario nacido en Lyon, que tomó el seudónimo de Pierre Quiroule. Su "Ciudad anarquista americana" aparece en *La Protesta* en 1914. Allí critica el infierno de las ciudades modernas, la polución de las chimeneas y los vehículos, las condiciones de trabajo y el parasitismo de la burguesía. La ciudad imaginaria Las Delicias, situada como Buenos Aires al borde de un río poderoso, llamado aquí el río del Diamante, pertenece al antiguo reino de El dorado. Para escapar a las coerciones del trabajo penoso y la opresión, Quiroule propone dispersar a la población en el campo y fundar una ciudad nueva, libertaria y armoniosa, Santa Felicidad, probablemente la réplica ficticia de Santa Fe. La utopía del militante lionés borra cinco siglos de historia y vuelve a los primeros balbuceos urbanos de Juan de Garay.

Del escarpín a la alpargata

La agitación obrera no es más que uno de los aspectos de una agitación política que retumba desde hace tiempo. Los conflictos entre porteños y nacionales que agitaron la escena política en la década de 1870 engendraron nuevas divisiones. El partido autonomista, que reúne a los antiguos federales de Rosas, se divide: una de las ramas representa los intereses de los terratenientes; la otra, más "popular", es la antepasada de la Unión Cívica Radical, que representará un importante papel en la historia argentina. El jefe de este grupo, Leandro Alem, es un hombre carismático, verdadero caudillo, que reina en el barrio de Balvanera. Sus métodos paternalistas, su ardor y sus dones de orador le proporcionan una reputación de político intransigente. Su caballito de batalla es la lucha por el sufragio universal, obstruida por la corrupción electoral: lis-

---

[43] El texto de Dittrich se reproduce en Weinberg, pp. 115-141, así como el de Quiroule, pp. 143-192.

tas trucadas, influencias y presiones diversas, llenado de urnas son prácticas corrientes de la oligarquía para conservar las riendas del poder. Para sanear las elecciones, él propone el voto obligatorio y secreto.

Eduardo Wilde expresa la opinión general de la oligarquía cuando afirma que el sufragio universal es el triunfo de la ignorancia. Las minorías ilustradas supieron arrancar el país de la anarquía y dotarlo de estructuras modernas. La libertad de opinión existe –el recuerdo de la dictadura de Rosas aún está presente entre los de más edad–, las revistas publican caricaturas humorísticas sobre el presidente y sus ministros. El analfabetismo retrocedió considerablemente desde la campaña por la enseñanza primaria llevada a cabo por Sarmiento: sería del 36% en vísperas de la Gran Guerra, y no desaparecerá prácticamente sino a inicios de la década de 1950. Los hijos de la primera ola de inmigrantes recibieron una instrucción mejor que sus padres y, hacia 1910, muchos hijos de obreros se han convertido en funcionarios o ejercen profesiones liberales. Este ascenso social, así como la ambición que los "inmigrantes" experimentan por el éxito de sus hijos, fueron descriptos por Florencio Sánchez en su obra *M'hijo el dotor*. Por consiguiente, es irrealista pensar que esas capas ascendentes aceptarán ser excluidas de la vida política.

En 1890, Leandro Alem reúne bajo sus filas a miembros de la oligarquía hostiles a la política demasiado personalista del presidente Juárez Celman. El sitio escogido para el alzamiento es la Plaza Lavalle. El pretexto era la decisión del gobierno de impedir la quiebra de la Baring de Londres emitiendo bonos de empréstito. Se construyen barricadas en las calles y el presidente Juárez Celman debe dimitir.[44] Pero el movimiento fracasa, abandonado por la coalición de Mitre, que prefiere adoptar una actitud conciliadora. En 1891 se crea la Unión Cívica Radical. Las clases medias nacientes ponen sus esperanzas en ese nuevo partido.

Entre los partidarios de Leandro Alem está su sobrino Hipólito Yrigoyen, que en pocos años va a convertirse en uno de los hombres más populares de la historia argentina. Hijo de un inmigrante vasco de condición modesta, este hombre lacónico y secreto pasó su infancia y adolescencia en el barrio de Balvanera, entre los compadritos de andar contoneante, usando sombrero de alas anchas y botines de taco alto. Allí fue donde vivió los enfrentamientos entre partidarios de Mitre y

---

[44] Romero, I. L. y L. A., 1983b, p. 102.

autonomistas de Alsina. Gracias a su tío consigue el puesto de comisario de Balvanera en 1872.[45]

Hipólito Yrigoyen dejó pocos escritos. Su lento ascenso, así como su acción, pues, son difíciles de deslindar del mito que suscitó. Lo que lo lleva al primer plano de la política radical es el suicidio, en 1896, de Leandro Alem.[46] Ese año, Juan B. Justo funda el Partido Socialista, pero Hipólito Yrigoyen adopta una actitud intransigente ante todo ofrecimiento de colaborar con el gobierno. En 1905 fomenta un golpe de Estado con la ayuda de algunos militares. Acusando al gobierno de liquidar la soberanía nacional, ofrece a las bancas europeas la garantía de los ingresos de la aduana contra nuevos empréstitos. Nuevo fracaso, pero el radicalismo gana a la opinión. Tras esos acontecimientos, Carlos Pellegrini declara: "Nada puede destruir al radicalismo; más que un partido político, es un sentimiento; para destruirlo y aniquilarlo definitivamente, no hay más que un medio: entregarle el gobierno de la República; no sabrán llevar a buen término ninguno de sus proyectos y cometerán peores errores que los que critican." ¿Palabras amargas de un hombre que siente la evolución inexorable de la política? ¿Palabras proféticas de un jefe de Estado lúcido, acerca de un movimiento con un programa muy flexible y populista?

Bajo la presidencia de Roque Sáenz Peña se promulga la ley sobre el voto obligatorio y secreto –únicamente masculino, las mujeres adquirirán ese derecho gracias a Eva Perón–. Elecciones parciales en el Litoral revelan la popularidad de los radicales. Las presidenciales son fijadas para 1916. La oligarquía, ganada por el pánico, intenta un golpe de Estado para anularlas, pero es demasiado tarde, y las urnas llevan al poder a Hipólito Yrigoyen.

El año 1916 marca un momento crucial. Las masas, hasta entonces excluidas de toda decisión política, reciben con un inmenso entusiasmo al nuevo presidente, y los fanáticos desenganchan los caballos de la carroza presidencial para uncirse en su lugar. Así es como Yrigoyen recorre las cuadras que separan su casa de la calle Brasil, en el barrio sur, de la Casa Rosada. Ante el espectáculo del fervor popular, el secretario general del Senado exclama: "¡Hemos pasado del escarpín a la alpargata!".[47]

---

[45] Para las grandes líneas biográficas de Yrigoyen hemos seguido a Quijada, 1987.

[46] La depresión de Alem parece haberse debido en parte a su enemistad creciente hacia Yrigoyen, a quien acusa de intrigar para incrementar su autoridad.

[47] Quijada, p. 64, p. 78.

9. LA CIUDAD DE LAS ILUSIONES
(1916-1931)

> Y en la loca divagación del cabaret, acunada por un tango canalla, todavía alimentaba una ilusión: soñaba con Des Grieux, quería ser Manón.
>
> *Griseta*, tango
> de José González Castillo, 1924.

Al día siguiente de la victoria de Hipólito Yrigoyen, la oligarquía, consternada, descubre nuevos ministros jóvenes, que llevan casi todos patronímicos extranjeros. Para su generación, las luchas entre unitarios y federales, así como la conquista del desierto, forman parte del pasado. Los hijos de los inmigrantes votaron masivamente, y por añadidura ocupan cargos que hasta entonces eran privativos de las elites. Esos militantes confían en la habilidad del "Viejo", del "Peludo", como se apoda afectuosamente al caudillo radical, famoso por su carácter taciturno. Trabajador infatigable, autoritario sin ser dictatorial, Yrigoyen se inflige jornadas interminables. Su método de gobierno es el que pulió minuciosamente en el curso de décadas de luchas en el seno de su partido. En la oposición, su paternalismo aprendido en Balvanera le merece el calificativo de compadrito.

Yrigoyen inaugura un nuevo estilo de gobierno. Él mismo recibe a centenares de ciudadanos, que le transmiten sus dolencias; los escucha pacientemente, con esa atención paternalista y benévola que le proporciona una extraordinaria popularidad. Habrá que esperar a Eva Perón para encontrar la misma solicitud. Para limitar los gastos públicos, el presidente prohíbe las carreras hípicas en días de semana, verdadera pasión de las masas, para evitar que los empleados abandonen sus oficinas para ir a apostar. También crea una multitud de empleados públicos, y sus adversarios ven en esto una medida populista para ganar partidarios.[1]

Semanas trágicas

De hecho, el presidente no dispone de una mayoría para sostenerlo, y constantemente debe negociar. En el mismo seno de su partido, una fracción importante critica su "personalismo"; para los conservadores, su populismo es peligroso; para los socialistas, sus proyectos son demasiado blandos. El mismo hombre es contradictorio. Por un lado, trata de contentar a todo el mundo y transponer, a escala del país, la neutralidad que Argentina adoptó ante la Europa en guerra. ¿No es el presidente de todos? Por el otro, pone en ejecución principios filantrópicos, extraídos de la doctrina de Krause. Conoce el alcance de ciertos gestos; desde su acceso al poder, renuncia a su paga, que destina a las asociaciones de beneficencia. Ofrece comidas a miles de extranjeros que desembarcan hambrientos y que son reagrupados en el Hotel de los Inmigrantes. Regularmente visita los conventillos y distribuye entre los locatarios dinero y artículos de primera necesidad. Hasta los prisioneros garabatean "¡Viva Yrigoyen!" sobre las paredes de sus celdas, cuando mejora las condiciones de detención.[2]

La guerra mundial, que acarrea la disminución de las actividades económicas, la inflación y la desocupación, incrementa las tensiones sociales. De la lejana Europa llegan los ecos de la revolución bolchevique; las huelgas se multiplican. La más importante se desata en enero de 1919 y culmina en la "Semana trágica". Los disturbios nacen en los talleres metalúrgicos Vasena, cuyo director, Leopoldo Melo, es un radical que milita en la facción hostil a Yrigoyen. Los obreros que pararon sus actividades se enfrentan con los que quieren retomar el trabajo. En la fábrica se produce un fusilamiento en el que varios huelguistas son muertos. La violencia provoca una huelga general en toda la ciudad. Los obreros hacen barricadas con los camiones de recolección de basura y estallan incendios en las calles aledañas a los talleres.

Durante los funerales de las víctimas, en Chacarita, los anarquistas se presentan armados de garrotes. En vano, la policía intenta contener-

---

[1] Aquí seguimos a Quijada, 1987, pp. 79-91.
[2] Ibíd., pp. 104-105.

los; el cortejo fúnebre pasa delante de la fábrica Vasena, donde algunos libertarios prenden fuego. Un grupo de 10 mil obreros sigue marchando hasta el cementerio. Los discursos de los anarquistas y los bolcheviques inflaman a la asistencia; los amotinados vuelcan e incendian tranvías, obligando a los comerciantes a cerrar sus tiendas. El anticlericalismo, nacido en los tiempos de los partidarios de Garibaldi, se despierta, y los católicos se enteran con horror que la iglesia Jesús del Santo Sacramento, en la calle Corrientes, cerca de la Chacarita, es "invadida por la plebe" e incendiada. Un croquis del dibujante Alonso muestra a los promotores de disturbios, llamados "descamisados": el término aparece por primera vez con una connotación negativa; Perón lo dará vuelta para exaltar al pueblo frente a la oligarquía.[3]

En todos los barrios obreros se levantan barricadas. El ejército logra reprimir el motín y vencer a "los elementos sospechosos que se ocultan bajo la bandera obrera". Pero en La Boca y Barracas, donde los tranvías ya no pasan, la agitación no ha decrecido. Según *Caras y Caretas*, "algunos malhechores, que nada tienen que ver ni con los obreros ni con los trabajadores [...] buscan la confusión para hacer triunfar sus instintos perversos". La distinción entre "obreros buenos" y "forajidos", claramente enunciada, tendrá luego una gran fortuna. Claman por un complot bolchevique, fomentado desde Montevideo, donde se habrían creado "soviets". El pánico se apodera de las clases medias y el Partido Radical. Para hacer frente a los disturbios de la "Semana trágica", los empresarios crean un movimiento, la Liga Patriótica Argentina, al que se unen miembros del ejército y del clero.

Los inmigrantes son acusados de conspirar contra el gobierno, y los judíos sirven de chivos emisarios. ¿Acaso no los llaman "rusos"? David Viñas, en su novela *Los dueños de la tierra*, evoca las vitrinas rotas y las bombas de alquitrán lanzadas contra las sinagogas, los gritos de "sucio judío" y la irrupción de la guardia blanca, como se llamaban las milicias de la Liga, en jardines de infantes israelitas, para obligarlos a cantar el himno nacional.[4] Se recuerda en esta ocasión que la Argentina, "abierta al mundo, no presenta más que una sola exigencia: que los inmigrantes arrojen al mar sus teorías malintencionadas, contradictorias, exorbitantes, pues en su exotismo esas doctrinas, en América, no tienen

---

[3] *Caras y Caretas*, año XII, enero de 1919.
[4] Manrique Zago, 1982, p. 142; Viñas, p. 59.

belleza, sino solamente virulencia".⁵ Esos comentarios refuerzan la opinión que hemos visto expresada respecto de Rosas, sobre la supuesta especificidad de los fenómenos del Río de la Plata, que no pueden ser interpretados a la luz de los análisis universales.

Tras esta semana de violencia, la lejana Patagonia, a su vez, merece el calificativo de "trágica". En esa época, dicho territorio de difícil acceso se encuentra en manos de los exportadores de lana con destino a Inglaterra. Los últimos indios que vivían en libertad y que cazaban corderos fueron acorralados y diezmados con total impunidad en la década de 1890. ¿Quién se preocupa del destino de esos "salvajes" en Buenos Aires? Para los porteños, París está más cerca que el estrecho de Magallanes. Luego del exterminio de los indios, a los obreros agrícolas les toca el turno de padecer las represalias de los terratenientes, cuando piden mejores condiciones de trabajo y un aumento de salarios. La Liga Patriótica asume la defensa de los criadores y envía al Sur doscientas brigadas para acabar con los huelguistas. Una primera tentativa de conciliación, conducida por un representante del gobierno, fracasa; el ejército, que no espera a recibir nuevas órdenes de Buenos Aires, aplica la ley marcial y hace fusilar a centenares de trabajadores, cuya cifra exacta se ignora. Los ecos de esta violencia llegan hasta la capital, pero Yrigoyen no dice nada y su silencio disgusta a todo el mundo. Frente a una nueva ola de huelgas, declara que es "el presidente de los pobres". Al término de su mandato, la ambigüedad del "Peludo" suscita las interrogaciones más contradictorias. ¿Salvó al país de una guerra civil? ¿O bien avivó el fuego de la rebelión?⁶

Otra "revolución" surge en 1918 en el seno de la Universidad, en la ciudad de Córdoba. La corriente que se llama "la Reforma" repudiaba la enseñanza académica que se dispensaba y pedía una universidad al servicio de los problemas de la nación, y el acercamiento de los estudiantes y obreros, bajo la consigna: "¡Abajo la oligarquía!". El movimiento se propaga por toda América Latina, con la misma fortuna que antaño habían encontrado las ideas revolucionarias de Mayo en el continente. Los estudiantes, vestidos con mamelucos, rechazan el positivismo por teorías más modernas y conformes con la evolución de la so-

---

⁵ *Caras y Caretas*, Nº 1098, octubre de 1919.
⁶ Quijada, 1987, pp. 120-123. La novela de David Viñas desarrolla el tema de la represión de los peones rurales de la Patagonia.

ciedad. En la capital, la Federación Universitaria de Buenos Aires (la FUBA) lleva la bandera de la Reforma y, a partir de 1920, constituye un foco de impugnación política de gran influencia, máxime cuando la universidad logra la autonomía política, convirtiéndose así en un islote de impugnación y libertad de palabra. Este privilegio no es conseguido sin tropiezos: *Caras y Caretas* publica la foto de la Facultad de Derecho, con todas las puertas cerradas –en la casa de la calle Moreno que albergará al Museo Etnográfico–, y los estudiantes, aferrados a la reja, luchando contra la policía.[7]

En 1920, en Ginebra, durante la reunión preparatoria para la constitución de la Sociedad de las Naciones, Yrigoyen da instrucciones a sus embajadores para sostener la igualdad de los derechos de todas las naciones, tanto las fuertes como las débiles, los vencidos como los vencedores. Pero las proposiciones de ese lejano país son consideradas escandalosas y desplazadas por las potencias victoriosas de la Gran Guerra. Argentina se retira con estrépito, y ese gesto incrementa la popularidad de Yrigoyen, a quien las masas saludan como "héroe de Ginebra" y "apóstol de la libertad". Cuando termina su mandato de presidente, el pueblo ofrece una vibrante ovación al viejo "Peludo", quien declara: "Volveré dentro de seis años".[8]

Tiempos modernos

Estos enfrentamientos son el precio de la expansión económica del país. Buenos Aires se ha convertido en una gran metrópoli moderna, con sus tensiones, su animación, su población mezclada y su vida nocturna. Las calles se metamorfosean. Sigue habiendo coches tirados por caballos –sólo serán suprimidos a comienzos de la década de 1950–, pero hacen su aparición los automóviles. Fords, Hudsons, Chevrolets, Hispanos o Mercedes Benz surcan las calles del centro, y ahora se requieren agentes para ordenar la circulación, encaramados a una garita en las esquinas. Los oligarcas ruedan en automóvil; los transportes públicos son motorizados y los ómnibus, los imperiales de dos pisos y los taxis colectivos –antepasados de los típicos colectivos porteños– tornan

---

[7] *Caras y Caretas*, Nº 1101, 1919; Romero, I. L. y L. A., 1983b, pp. 112-113.
[8] Quijada, 1987, p. 130.

caótico el tránsito. Finalmente, una línea de subte, seguida pronto por otras tres, completa la red urbana.

Las mujeres ya no tienen el mismo aspecto. Las más jóvenes se cortan el rodete y se peinan "a la garçonne"; las polleras se acortan, y las piernas se muestran en los transportes públicos y en las pistas de baile. Los bares automáticos, copiados de los de los Estados Unidos, hacen furor durante cierto tiempo. El primero se abre en la moderna avenida de Mayo, en la esquina de la calle Piedras, y la gente acude para acechar la aparición de los bifes, propulsados fuera de una columna de níquel y vidrio.[9] La ciudad, tan chata desde hace siglos, adquiere altura. Luego de la maciza galería Güemes, sobre Florida, el palacio Barolo, sobre la avenida de Mayo, causa sensación con sus cien metros de altura. El edificio, coronado por una torre y una cúpula, es el primer rascacielos de Buenos Aires. Sus once ascensores y su faro iluminado por trescientas bujías, en lo alto de la cúpula, le dan un aspecto de Chicago. Al mismo tiempo que el deseo de transformar a Buenos Aires en una ciudad vertical –cosa que jamás se logrará por completo–, se pone de moda un estilo neocolonial. Las dos más bellas realizaciones son el museo Fernández Blanco y el teatro *Cervantes,* cuya fachada se inspira en la de la universidad de Alcalá de Henares. Falsas casas coloniales con jardines ocultos tras los muros, que perfuman la vereda con olor a jazmines, son construidas para las familias acomodadas. Dicho estilo será adoptado en una forma más simplificada para la construcción de un barrio obrero en la nueva Ciudad Evita, bajo el gobierno peronista.

El centro sigue transformándose con la apertura de dos diagonales que parten de la Plaza de Mayo hacia el norte y el sur. Esto cepilla una parte del cabildo, que en la aventura pierde varias arcadas. Así amputado, parece muy modesto, y sus pequeñas proporciones resaltan más la elegancia de las nuevas construcciones, marcando el abismo que separa la ciudad colonial relegada al olvido de la modernidad triunfante. La Diagonal Norte barre en su surco el *Aue's Keller*. La ciudad se proporciona un paseo costero digno de tal nombre, ya que la antigua Alameda se ha convertido en una avenida de mucho tránsito, alejada del río, a la que los trabajos del puerto corrieron casi un kilómetro. La Costanera Sur, inaugurada en 1918, es un paseo lleno de encanto, con sus pérgolas y sus escaleras que bajan a la playa. Por un tiempo, la capital recupera su río. Las Nereidas

---

[9] Puccia, p. 15-16.

de Lola Mora ya no alarman a los bañistas en malla de dos piezas, que se apiñan en el balneario en cuanto comienzan los primeros calores del verano, pese a las aguas turbias, cuyo color se compara con el pelaje de un león. La avenida se anima para el Carnaval, y los desfiles de gauchos, los "Vestigios de la pampa", son siempre aprobados por unanimidad. Hay kioscos de bebidas y sobre todo un *Munich* muy visitado a la hora de la salida de los espectáculos. La Costanera Sur también es el punto de llegada del hidroavión *Plus Ultra*, piloteado por Ramón Franco, que ameriza cerca del malecón del Balneario en 1926. Esta proeza despierta el entusiasmo porque, por primera vez, un avión une Europa y Buenos Aires. Poco tiempo después, Saint-Exupéry atiende el servicio entre ambos continente para la Aeropostal; en su *Vuelo nocturno*, Buenos Aires se le aparece "llenando el horizonte con su fuego rosado".[10]

Le Corbusier, que llegó a la capital argentina para dar un ciclo de diez conferencias, también está intrigado por el río de "olas rosadas", pero la ciudad le parece inhumana y propone transformarla de cabo a rabo. Sueña con rascacielos de 200 metros, jardines suspendidos y autopistas sobre pilotes sobrevolando por encima de los árboles. A fines de la década de 1920, el último vestigio de una época caduca desaparece. El Maldonado, que cortaba a Buenos Aires en dos, es entubado en forma subterránea y recubierto por la avenida Juan B. Justo. De ese arroyo "no quedará sino nuestro recuerdo, alto y solo, [...] la impresión de espacio, y una equivocada otra vida en la imaginación de quienes no lo vivieron. Pensándolo, no creo que el Maldonado fuera distinto de otras localidades muy pobres, pero la idea de su chusma, desaforándose en rotos burdeles, a la sombra de la inundación y del fin, mandaba en la imaginación popular".[11]

Culturas urbanas

Los extranjeros siguen afluyendo, pero los hijos de los inmigrantes, aquellos que en su mayoría adhirieron a las tesis del radicalismo de Yrigoyen, se consideran argentinos. Se abre un foso entre las generaciones, compensado por el culto que todo porteño profesa a la madre,

---

[10] Saint-Exupéry, p. 178.
[11] Borges, 1993, "Palermo de Buenos Aires", *Evaristo Carriego*, p. 109.

ya sea italiana, judía, criolla o gallega. Roberto Arlt, que regularmente ofrece crónicas urbanas al diario *Crítica*, evoca allí el tipo del *esquenún*, término derivado del dialecto genovés, que significa "espinazo". Es el hijo integrado de inmigrantes que se rompen el lomo, que arrastra sus pantuflas cuando se le pide un mandado, o que descansa cómodamente en la terraza mientras el padre emplea el domingo en cortar los árboles. El *esquenún* se estaciona en patota en las esquinas, habla con un discurso subversivo, se interesa por la filosofía y no pide a la vida nada más que algunos centavos para atornillarse a una mesa de café o fumar un cigarrillo. "Como si el sueño acariciado por sus padres de un domingo eterno se hubiera grabado en su espinazo derecho, *squena dritta*, al que ningún bulto doblegará jamás."[12]

¿Quién quiere continuar los sacrificios que se impusieron todos los desarraigados que vinieron en busca de la tierra prometida? No bien pueden, los jóvenes abandonan el conventillo, incluso para vivir en las lejanas Villa Lugano o Villa Soldati, ese "Sahara injertado en los suburbios de Buenos Aires" –la expresión es de Arlt, hijo de inmigrantes alemanes–. Apenas instalados, repudian las quince cuadras que separan la casa de chapa de la estación y sueñan con un barrio mejor. Para acelerar el proceso juegan a las carreras, y, sobre todo, compran billetes de lotería a esa nube de vendedores de esperanza que se desploma por las calles del centro. A lo largo de las líneas de ferrocarril y tranvías, los loteos alcanzan ahora el distrito de Lomas de Zamora. En homenaje al primer gerente inglés de la Compañía ferroviaria Sarmiento, se da el nombre de Banfield a la villa, surgida como un hongo, sobre los terrenos bajos de esa zona. Los empleados del ferrocarril construyen allí sus viviendas, modestas casitas donde Julio Cortázar pasa su primera infancia. El Tigre ya no es el feudo de la oligarquía, y en las crónicas mundanas se señala que los empleados de la casa Escasany festejan un aniversario recorriendo, en pequeñas lanchas, esas "islas pintorescas". También se reproducen las fotos de las nuevas promociones de maestras, dando a la población ejemplos de virtud y devoción.[13]

Villa Crespo, que surgió en la Belle Époque sobre las orillas del Maldonado, es una Babel de todas las razas. Allí se encuentran sefaradíes

---

[12] Arlt, 1933, "Divertido origen de la palabra squenun".

[13] Esta visibilidad de las clases medias aparece claramente en la revista *Caras y Caretas*. Hemos escogido ejemplares de 1919.

que venden tejidos por pieza, checos de mameluco, trabajando en la construcción del subte, "turcos" maronitas que entregan canastos de carne a domicilio, italianos amarillentos por el polvo de la tierra, almaceneros gallegos con el delantal constelado de manchas de vino, alemanes que tratan de vender baratijas imposibles de llevar... Aunque algunos núcleos étnicos caracterizan ciertos barrios, éstos no se encierran en ghettos; los inmigrantes de la Europa del Este han sufrido demasiado en esos enclaves para reproducirlos. Alrededor de la Plaza Once, por ejemplo, muchos judíos, los que no partieron al interior para fundar colonias agrícolas, se dedican a la confección. Mejor organizados ahora, fundaron instituciones culturales y sociales, como la Asociación Mutual Israelita Argentina (AMIA). Pero Once o Villa Crespo no pertenecen a una sola comunidad. Borges, en la década de 1960, explicará que Once es la memoria de su madre, de las carretas, de las charlas con Macedonio Fernández: "Para otros, creo que es un barrio judío, o árabe, ¡qué sé yo!", y el periodista que comenta esas palabras agregará que, para él, Once no es más que una estación donde se espera el tren.[14]

Una vida intelectual judía se desarrolla en cenáculos y clubes, alentada por una férrea voluntad de éxito. Con la ayuda de la Universidad de Buenos Aires, la colectividad israelita invita al más ilustre de sus hijos, Albert Einstein, a permanecer dos meses en Argentina en 1925 y pronunciar siete conferencias sobre la relatividad en la Facultad de Ciencias, que ocupa la prestigiosa "manzana de las Luces". Es la revancha sobre los pogromos. A pesar de las explosiones de antisemitismo de la "Semana trágica", en su conjunto, los judíos se sienten integrados, encontrando en Argentina una patria que Rusia y Polonia les negaron, como lo acreditan los versos de César Tiempo, cuyo verdadero nombre es Israel Zeitlin:

*Yo nací en Dniepopetrovsk
y poco me importan los desaires
con que me aflije el destino.
Argentino hasta la muerte
yo nací en Dniepopetrovsk.*[15]

---

[14] Entrevista publicada en *La Maga* de febrero de 1996, consagrada a Jorge L. Borges.
[15] Manuela Fingueret en Vázquez Rial, p. 307.

Los "turcos" también se argentinizan, abandonando el narguile por el mate. Los vendedores ambulantes árabes escasean; ahora casi todos tienen mercerías. Gracias a individuos como Alejandro Schamun, fundador y director del diario *Assalam*, y al Patronato Siriolibanés, los ex súbditos del Imperio Otomano encuentran su lugar en la ciudad y en las provincias del noroeste.[16] Los gallegos fundan su propia asociación, el poderoso Centro Gallego. Hipólito Yrigoyen, al proclamar el 12 de octubre, aniversario del descubrimiento de América, fiesta nacional –el "día de la Raza"–, afirma la importancia de la herencia inmortal de España. La Federación de Sociedades Italianas celebra ruidosamente los cincuenta años de la unidad de Italia, desfilando por Las Heras hasta la plaza donde se yergue la estatua ecuestre de Garibaldi. Porteños de todos los orígenes se unen a la conmemoración.

Una cultura urbana, hecha de complicidades compartidas, se difunde en todas las capas de la población. El gusto por las sentencias y las rimas, por ejemplo, que se arraiga en una tradición gauchesca desviada, se manifiesta en situaciones diversas. En la parte trasera de los coches, una leyenda breve individualiza a su conductor: "Donde este macho se para, las mujeres hacen cola", exhibe con orgullo una carreta de verdulero; "Si la vaca fuera honesta, el toro no tendría cuernos"; "Si los cuernos fueran flores, mi barrio sería un jardín"; "En la cama de los piolas, este pobre tipo hace la siesta".[17] Esta poesía popular se infiltra por todas partes. El envío de una tarjeta postal requiere aleluyas sobre el amor y la amistad eternas; rimas galantes o groseras, pero con frecuencia ingeniosas, acompañan el paso de una mujer en la calle; las serenatas románticas rompen con la rutina sórdida de los conventillos; hasta los anuncios para los aperitivos, los corsés o los calzones tienen la obligación de ser inspirados y no simplemente utilitarios. Los oficios más humildes también recurren a la poesía para apoyar mejor los pedidos de propinas de Navidad: "Con todo el respeto que usted se merece, el humilde pocero, orgulloso y sincero, le ofrece su corazón para este Año Nuevo que viene".[18]

---

[16] Alberto Tasso ofrece informaciones precisas sobre esta inmigración, acompañadas con fotos de archivos.

[17] Puccia, pp. 164-166.

[18] Puccia da un conjunto divertido de estas poesías, entre ellas ésta para la publicidad del aperitivo San Martín: *"Con el bitter San Martín, se abre tanto el apetito, que el señor don Agapito, se comió a su chiquilín"*, pp. 169-173.

De hecho, los porteños tienen una relación compleja con la lengua. Oficialmente se habla el castellano, y, en la escuela primaria, los niños deben abandonar el término popular de *guita* por el clásico *dinero;* el término genovés de *fiaca,* adoptado unánimemente para significar "aburrimiento", "pereza", "molicie" y la intraducible *macana* con su adjetivo *macanudo,* que tiene el sentido contrario de "formidable", forman parte del lenguaje hablado, y raros son aquellos que se atreven a escribirlos. Sin contar con que el porteño medianamente instruido encuentra las palabras hispánicas demasiado fuertes y tiende a edulcorarlas a su antojo; no le gusta la sonoridad agresiva de "rojo" y prefiere *colorado* para transmitir la misma impresión. "Equino" no es tan rudo como "caballo"; "precipitación pluvial" reemplaza la banal "lluvia". Yrigoyen es maestro en la materia: él califica los acontecimientos de la Patagonia como "graves instancias"; las alianzas oportunistas entre partidos a los que todo separa tienen que ver con el *contubernio;* esta palabra, forjada por él, se ha vuelto inseparable de todo análisis político.

El deporte representa un papel de primer plano en la consolidación de los lazos nacionales. El fútbol rivaliza ahora con el campo de carreras. Diez mil espectadores, cubiertos con sombreros de paja, asisten a un partido entre Racing e Independiente. En Villa Crespo, jóvenes judíos fundan el Club Atlanta, orgullo del barrio. Boca Juniors, que vimos nacer en los terrenos baldíos de La Boca, es el primer equipo argentino que sale de gira por Europa, en 1925. También el box se vuelve popular, desde que Luis Ángel Firpo quiere arrancar el título mundial al campeón americano Jack Dempsey. El combate se realiza en 1923 en Nueva York. Esa noche, Buenos Aires no duerme, y racimos humanos se apiñan junto a las escasas radios disponibles. Ante la sede del palacio Barolo, cerca de 10 mil personas esperan el resultado, con los ojos fijos en el faro, que debe proyectar una luz verde si Firpo es vencedor. Por desgracia, lo que se enciende es una claridad roja, anunciando que "el Toro salvaje de las pampas" ha perdido.

Bohemios de Buenos Aires

Buenos Aires se ha convertido en una capital intelectual que perdió su aspecto provincial. Es el lugar donde se elaboró el modernismo literario de Rubén Darío. En 1916, el poeta chileno Vicente Huidobro pronuncia una conferencia sobre la teoría del "creacionismo", que es el punto de partida de la poesía española de vanguardia. La resplandeciente avenida de Mayo, símbolo de la modernidad, con sus teatros y sus diarios –*Crítica*, de concepción más moderna y combativa que *La Prensa*, le hace la competencia–, es uno de los polos de la bohemia porteña. El *Tortoni* sigue brillando. Ahora dispone de un salón literario –en la bodega– frecuentado por la poetisa Alfonsina Storni, Roberto Arlt, Quinquela Martín, pero también por el presidente, Marcelo T. de Alvear, y su esposa, la cantante Regina Pacini, Carlos Gardel, Arthur Rubinstein, Joséphine Baker, Marinetti, Ortega y Gasset. Precisamente sobre el Steinway de ese café se toca Satie por primera vez en el Río de la Plata.[19] Manuel de Falla presenta su *Amor brujo* en el teatro *Colón*.

Los españoles se sienten en casa en esta avenida de alegría madrileña. Federico García Lorca, presentado como el escritor más innovador de su época, llega a Buenos Aires en octubre de 1929 y se aloja en el *Hotel Castelar*. También él frecuenta el *Tortoni*, la cervecería de la Costanera Sur y los cafés de Corrientes. Es el preferido de Buenos Aires, donde permanece seis meses. Conmovido por la nostalgia de los inmigrantes, dedica a los gallegos la *Queja del pequeño dependiente,* que escribe en su lengua. Durante un almuerzo en el Pen Club, en 1933, García Lorca y Pablo Neruda –cónsul chileno en Buenos Aires– se enfrentan en un torneo poético cuyo tema es Rubén Darío. Hay algo embriagador en escuchar a un español y a un chileno evocando la irradiación de un poeta nicaragüense en Buenos Aires.[20] La capital de la Argentina, por su riqueza y dinamismo, se afirma como el centro intelectual de los escritores de lengua española. La guerra civil de España y el congelamiento franquista reforzarán ese papel.

Corrientes es otro territorio de la bohemia. Periodistas, políticos, escritores, actores, cantantes de tango, músicos y estudiantes se citan en cafés que permanecen abiertos toda la noche. El *Royal Keller,* en la esquina de Corrientes y Esmeralda, recupera la clientela del *Aue's* y alcanza el apogeo de su reputación en la década de 1920. Precisamente en esa esquina, que simboliza los múltiples aportes de la inmigración, Raúl Scalabrini Ortiz ubica al porteño arquetípico de esos años, híbrido del gaucho, el indio, el patricio y el "cocoliche". Lo des-

---

[19] Preilly, p. 86.
[20] Gibson, pp. 360-363.

cribe como un ser impulsivo, animado por emociones que recaen rápido, fiel a las amistades masculinas, pero desconfiado para con las mujeres y toda manifestación de ternura, que se apura por ocultar haciendo gala de cinismo. El título del ensayo que le consagra, *El hombre que está solo y espera*, condensa todos esos rasgos aportando una tonalidad "beckettiana" anticipada. Otros escritores observan esta tendencia a la angustia existencial del comportamiento porteño. Así, Erdosain, el antihéroe de Roberto Arlt, arrastra su aburrimiento y su desamparo por las calles de Buenos Aires, "su vida sangra", así como la del "Rufián melancólico" y suicida. Esa insatisfacción impacta también al filósofo español Ortega y Gasset, de paso por Buenos Aires. Más allá de los estereotipos, esos rasgos –que sin duda resultan de una superposición de desarraigos sucesivos– explican ciertamente la extraordinaria difusión del psicoanálisis en Buenos Aires, a partir de la Segunda Guerra Mundial.

La diversidad de espectáculos, los anuncios luminosos, los bares y cabarets sospechosos, las librerías, dan a Corrientes un aire de Broadway, alrededor de Times Square. Ese parentesco se acentúa cuando la calle es ensanchada y los cines se añaden a las salas de teatro. En la esquina de Florida, jóvenes artistas en lucha contra las tradiciones académicas como Leopoldo Lugones, Manuel Gálvez y Ricardo Güiraldes fundan el grupo de Florida, al que se une el pintor Quinquela Martín, que comienza a ser conocido y expone una serie de treinta cuadros sobre temas de La Boca y la isla Maciel. A él se vincula también el joven poeta Jorge Luis Borges, que pasó los años de la guerra mundial en Suiza y España y conoce admirablemente la literatura inglesa, su lengua materna. Pero Borges no mira con buenos ojos esta etiqueta, que le parece demasiado restrictiva. De hecho, a su regreso de Europa él conoció a un amigo de sus padres, el curioso Macedonio Fernández, hablador fascinante y filósofo autodidacto. En el café *La Perla*, sobre la Plaza Once, los dos hombres se pasan las noches discutiendo, y este encuentro refuerza a Borges en su "criollidad", ese apego a un pasado casi mítico anterior a la inmigración, que atraviesa muchos de sus escritos.[21]

La ciudad de Buenos Aires, su extensión y modernidad se vuelven fuente de inspiración poética. Baldomero Fernández Moreno, como reacción contra el modernismo, canta a la agitación de la ciudad y hasta

---

[21] Jean-Pierre Bernès, en Borges, 1993, p. 1427.

a sus aspectos más sórdidos, como los basureros. La antología de Borges *Fervor de Buenos Aires* aporta una dimensión nueva. No es ya la potencia urbana lo que se exalta sino una topografía íntima, al capricho de las caminatas nocturnas: calles de barrio "con su aburrimiento perezoso, casi invisibles a fuerza de ser habituales", caminos de un laberinto interior, patios ocultos tras fachadas banales, zonas indeterminadas de los suburbios, el olor a tierra mojada, la banalidad de las casas... Un Buenos Aires mítico y eterno, que se extiende lejos del centro y del puerto cosmopolita al que Borges vuelve la espalda.

Otros núcleos bohemios surgen en los barrios, como el *Café de los Angelitos,* en Balvanera, muy cerca del Congreso, del teatro *Doria* y de la Casa del Pueblo, donde los líderes socialistas organizan sus mitines. En Boedo, barrio alejado del centro, popular, algunos escritores comprometidos, hijos de obreros extranjeros, como César Tiempo y Roberto Arlt, que se gana la vida como periodista especializado en sucesos cotidianos, predican el militantismo político en literatura. Sus modelos son Zola y Gorki, Marx y Bakunin. Mientras Borges sueña con orilleros –él mismo confesará no haber puesto jamás los pies en La Boca–, Arlt los codea todos los días, y sobre todo es sensible a los excluidos de la modernidad, aquellos que fracasan en esta ciudad de las ilusiones engañosas que es Buenos Aires.

Los bribones en general están de moda (¿alguna vez dejaron de estarlo?). Ellos constituyen el ingrediente indispensable de una ciudad que es percibida como inquietante, laberíntica, infame. El popular *Caras y Caretas* sucumbe a ese entusiasmo por la marginalidad, aunque sea para condenarla, y publica el *Manual del guapo perfecto*, contribuyendo de ese modo a vulgarizar el arquetipo. Su atavío, primero, cierta manera de llevar el sombrero, el pantalón vuelto hacia afuera, el saco apretado en la cintura, los botines de taco alto. Su andar, hecho de movimientos ondulatorios, su insolencia y desdén ostentados, el pelo brillante y largo, los dientes resplandecientes. El perfecto malandrín debe ser un simulador y un enemigo del trabajo, inventado para gente inferior. Respecto de los obreros experimenta un profundo desprecio; no aprendió nada en los libros ni en el teatro, y lo único que cuenta para él es el dinero, para divertirse a su antojo. "El guapo perfecto debe burlarse de los viejos, comenzando por sus propios padres, beber más que los otros para demostrar su fuerza, comprarse un revólver y tener una novia desde su infancia, a quien amará platónicamente, aunque en el fondo de sí mismo desprecie profundamente a las mujeres. El perfecto bribón es un parásito."²²

Para Borges, en cambio, el *compadrito*, habitante del intervalo, de barrios que todavía tienen un aire rural pero que están incrustados en la ciudad, es la encarnación de dos modos de vida incompatibles. Con su gusto por la paradoja, él lo define como un hombre de pueblo, un ciudadano que juega al refinado; el compadrito es a Buenos Aires lo que el *cockney* a Londres. Tras Evaristo Carriego, el escritor dedica a ese personaje uno de sus grandes cuentos, el "Hombre de la esquina rosada".²³ Bajo su pluma, el bribón es sublimado.

La Gioconda de la pampa

La figura excepcional de Victoria Ocampo, destinada a representar a partir de la década de 1930 el papel de faro intelectual a través de su revista literaria *Sur*, brilla ya en el mundo de las letras y el arte. Surgida de una vieja familia patricia emparentada con Prilidiano Pueyrredón, esta joven, versión moderna de Mariquita Sánchez, es no sólo muy rica e instruida sino también muy bella. Como todos los miembros de la oligarquía, Victoria maneja mejor el francés que el español, y frecuentemente viaja a Europa, donde reside durante largos períodos. Casada muy joven con un hombre de su medio, rápidamente se aburre en el papel de esposa tradicional, toma un amante, se separa de su esposo y lleva una vida libre que choca a su entorno, aunque las costumbres no sean tan rígidas como en el pasado.

Cuando el filósofo español Ortega y Gasset, que goza de una gran notoriedad, llega a Buenos Aires en 1916 para pronunciar algunas conferencias, Victoria asiste a sus cursos, se encuentra con él, y una profunda amistad se anuda entre ellos. La joven está entusiasmada por la originalidad de sus análisis, que él expone con brío; el filósofo es seducido por la inteligencia y el "rostro armonioso y divino" de aquella a quien bautiza "la Gioconda de la pampa". La alienta en su vocación literaria, y la joven comienza a hacerse un nombre publicando comentarios sobre Dante, en el prestigioso suplemento cultural del diario *La*

---

[22] *Caras y Caretas*, Nº 1091, 1919.
[23] Borges, 1993, *Historia universal de la infamia*, p. 134.

Nación; el impacto de las teorías de Ortega y Gasset sobre los porteños ilustrados es tal que su tesis sobre la necesidad de tomar en cuenta, para la comprensión de los comportamientos, diferentes puntos de vista o perspectivas, adquiere una fama que supera las fronteras universitarias. A tal punto que un día, un eminente ensayista español, al oír, de la boca de un taxista, la frase orteguiana: "Yo soy yo y mi circunstancia", deduce que los porteños son el pueblo más cultivado de la tierra. La verdad es más simple: y es que al escuchar a sus pasajeros el hombre retuvo esa sentencia. La expresión le gustó y la repitió, sin imaginar que estaba haciendo filosofía.[24]

Tras el descubrimiento intelectual que fueron para ella las especulaciones de Ortega y Gasset, Victoria se inflama por la causa de Gandhi y se sumerge en el misticismo hindú. Se siente transportada por los versos del poeta bengalí Tagore, a quien se le otorga el premio Nobel. Cuando se entera de que el bardo emprende una gira cultural por América del Sur, lo invita a una residencia de San Isidro que había alquilado para la ocasión. Tagore reside allí varios meses con su secretario inglés. La música de Ravel, que le hace oír su anfitriona, lo aburre; las canciones de Bengala que él le dedica, a la bella argentina le parecen mortales. Tales divergencias no arruinan una amistad que se prolongará durante años. Desde su terraza, Tagore observa el Río de la Plata y los pájaros, recibe mucho, trabaja de tanto en tanto, se deja mimar. Abandona Buenos Aires con pesar. Los dos amigos volverán a verse en París, pero Victoria no lo seguirá a la India.

La visita del conde Keyserling es más tumultuosa. Este ensayista báltico, de una reputación literaria sobrestimada, aprovecha la generosidad de su joven admiradora, que le envió cartas apasionadas. Él exige ser alojado en el suntuoso *Hotel Plaza,* donde choca al medio refinado de los intelectuales porteños por sus borracheras y su grosería. Despedido por Victoria, que rápidamente se desengaña, el conde abandona Buenos Aires y se venga de "esa india con sus dardos envenenados", escribiendo que las mujeres sudamericanas son pasivas e irresponsables, y tratan de ser violadas.

Otras personalidades del mundo literario y artístico se relacionan amistosamente con Victoria Ocampo, y, a través de ella, descubren en la capital de la Argentina un semillero de talentos. El director de or-

---

[24] Vázquez, p. 79.

questa Ernest Ansermet, que llega a Buenos Aires para formar una orquesta profesional, propone a la joven el papel de solista en *El Rey David,* de Honegger, que es representado en el *Politeama.* En el curso de una estadía parisina, Victoria conoce a Drieu la Rochelle, que también sucumbe a su encanto. También él se dirige a Buenos Aires en 1932, luego de la creación de *Sur.* Allí pasa largas veladas con Borges, que lo fascina. Ambos recorren "el inmenso laberinto rectilíneo" de la ciudad, hasta el linde de la pampa. En Puente Alsina, al divisar un rebaño de caballos que se destaca sobre el fondo chato, Drieu experimenta "el vértigo de la horizontal".[25]

La ciudad del pecado

La irradiación intelectual de Buenos Aires, favorecida por la democratización de la sociedad, emana de una ciudad que goza en el extranjero de una reputación desastrosa. Desde los últimos años del siglo XIX, la capital de la Argentina es considerada como la terminal de las redes de trata de blancas, y en Europa los diarios y las asociaciones ponen en guardia a las jóvenes contra toda proposición de viaje al Río de la Plata. El rumor amplifica los peligros: se habla de mujeres secuestradas, drogadas y embarcadas clandestinamente. Ese mundo subterráneo del vicio, donde las huellas de los individuos se pierden para siempre, acentúa la visión que se tiene de la ciudad como un laberinto. Un café mal iluminado oculta un antro; el atuendo impecable de un burgués disimula a un rufián que husmea su presa.

Esos rumores son en parte fundados. La prostitución de la década de 1870, en la Belle Époque, se había convertido en un comercio legal y muy lucrativo. Las casas de citas elegantes o sórdidas pululaban. En el barrio de la Plaza Lavalle, frente al *Colón* y los *Tribunales,* abundaban los burdeles administrados por "polacos". Desde hacía años, judíos de Europa del Este se dedicaban al tráfico organizado de mujeres; recuérdese el artículo libertario que dos de esas desdichadas habían publicado en la revista *El puente de los suspiros,* denunciando sus condiciones de existencia. La situación dramática de los ghettos judíos en Rusia y Polonia favorecía la corrupción de muchachas. Se las casaba con

---

[25] Ibíd., pp. 101-105; p. 121.

"hombres de negocios" –de hecho, se simulaba una ceremonia religiosa con un falso rabino– que las llevaban con ellos al Río de la Plata. Tras una semana de "luna de miel", los "importadores" despachaban su "mercancía" a establecimientos de proxenetas que efectuaban subastas públicas. Uno de ellos era el *Café Parisien,* en la esquina de la avenida Alvear y Billinghurst, en la frontera de la Tierra del Fuego y Palermo. En una gran sala oculta al público se exhibía, sobre un estrado, a las mujeres desnudas. Se palpaba la firmeza de sus carnes, se miraba su dentadura y la calidad del pelo –como antaño se había tanteado a los esclavos africanos reunidos en el Retiro– y se las entregaba a los mejores oferentes, que pagaban en libras esterlinas. Las subastas se realizaban en función de las llegadas, tres o cuatro veces por mes. El teatro *Alcázar,* en la zona central, también servía a esos fines.[26]

El proxenetismo no era monopolio de los judíos, pero éstos eran los mejor organizados; sus víctimas, rubias y blancas, gustaban más y, por añadidura, su miseria facilitaba su transporte. En la década de 1880, los rufianes "polaks" habían formado el Club de los 40 para mejorar sus negocios. Esa visibilidad de sus actividades crapulosas perjudicaba a la colectividad israelita, que repudió a esos "impuros" y les rehusó el derecho a la sepultura religiosa. A comienzos de siglo, el joven jurista Manuel Gálvez sostuvo una tesis sobre la trata de blancas en el Río de la Plata. Por tal motivo, fue invitado a un debate por un comité judío en lucha contra la criminalidad organizada, pero la reunión fue interrumpida por una banda de forajidos, pagados por los rufianes, que hicieron caer sobre la asamblea una lluvia de piedras y otros objetos, vociferando insultos en yiddisch. En 1906, los chulos fundaron en el suburbio de Avellaneda, del otro lado del Riachuelo, una mutual llamada Varsovia, que sirvió de fachada a sus actuaciones. Para escapar al ostracismo religioso, adquirieron concesiones en el cementerio del barrio, que escapaba a la jurisdicción de la capital, donde la flor y nata de los lupanares pudo ser enterrada según los ritos religiosos.[27]

En el burdel "polaco" la disciplina era rígida. La casa era dirigida por una mujer, una ex prostituta enriquecida. Aunque cierta literatura haya evocado esos lugares con complacencia, las chicas trabajaban de 4 de la tarde a 4 de la mañana. Un piano eléctrico situado en el vestí-

---

[26] Goldar, en Vázquez Rial, p. 239.
[27] Guy, pp. 17-20.

bulo acompañaba esas largas jornadas. Los lupanares de lujo eran centros mundanos donde a los políticos les gustaba encontrarse; una foto de comienzos de la década de 1920 salvó del olvido un "palacio árabe", decorado de lozas doradas y espejos. En la pared, un cuadro de estilo oriental muestra odaliscas desnudas, descansando cómodamente en una terraza y fumando el narguile. En La Boca, en cambio, tugurios sórdidos recibían incluso a gente sin hogar, a los atorrantes de los caños, que tenían derecho a un servicio gratuito. En esas casas, como *La linterna roja*, las chicas tenían hasta sesenta y cinco clientes por día. Mientras esperaban su turno, los hombres escuchaban tangos.[28]

La Gran Guerra agotó la llegada de las "rusas" y mujeres de otros países de Europa. El socialista Alfredo Palacios, diputado por La Boca, logró hacer adoptar varias leyes contra el proxenetismo internacional y la corrupción de menores. En esta campaña es ayudado por una mujer excepcional, Alicia Moreau, esposa del socialista Juan B. Justo, médica y militante, que denuncia las causas sociales de la prostitución y lucha por la instrucción de las mujeres, el derecho de voto y el mejoramiento de sus condiciones de vida. La ley de 1919, arrancada por los socialistas, conduce al cierre de las casas de citas. No obstante, la prostitución no es abolida. Al eliminar los grandes establecimientos se pretende luchar contra la trata de blancas, pero las prostitutas son autorizadas a ejercer su oficio en "casitas" individuales; no pueden vivir sino con una criada de más de cuarenta y cinco años. La cantidad de "casitas" no debe exceder cierto número. Los proxenetas distribuyen a sus mujeres en esas casas y abren burdeles clandestinos con la complicidad de la policía. Varsovia se divide en dos ramas: una rusa, la otra polaca. Esta última, conocida como Zwi Migdal –por el nombre de dos hermanos que se dedican al tráfico–, será la más poderosa empresa de prostitución del decenio de 1920. Al término de una campaña conducida por los socialistas, y un proceso que revelará la extensión de la corrupción, la asociación será cerrada en 1930. Pero algunos años más tarde Alicia Moreau recordará, en una asamblea sostenida en el teatro *Colón*, que la eliminación de la prostitución pasa por el cambio de la sociedad.[29]

Fueron las redes de la trata de blancas lo que Albert Londres, famoso por su investigación sobre el presidio de Cayena, eligió estudiar en el

---

[28] Sebreli, pp. 118-120.
[29] Goldar, en Vázquez Rial, p. 243; Guy, pp. 96-97.

lugar de los hechos. Su pesquisa es facilitada por el respeto que su denuncia del sistema penitenciario le produjo en el ambiente. Sus informadores no son los polacos sino los franceses, divididos en dos clanes, los marselleses y los parisinos. En París, en el *Batifol* del suburbio Saint-Denis, Albert Londres conoce a rufianes que vinieron "de enganche", es decir, para conseguir mujeres. Y con uno de ellos, a quien sigue una chica dócil y despreocupada, atraviesa el Atlántico. Su amigo le enseña que las menores son embarcadas clandestinamente y viajan ocultas en una caldera apagada, en un baúl de boyas, o vestidas de fogoneros. Nunca ven la luz del día. Cuando el paquebote lanza el ancla en Montevideo, los proxenetas bajan los "paquetes", para eludir los controles de la trata impuestos desde las intervenciones de Palacios. La travesía final del estuario sobre los barcos de Mihanovich es un juego de niños, máxime cuando los traficantes sobornaron a la policía portuaria.

"Buenos Aires es un interminable campo plantado de casas, hectárea por hectárea. Estrechos surcos separan cada una de esas hectáreas construidas: son las calles. Recorrer Buenos Aires no es caminar, es jugar a las damas con los pies."[30] Estas consideraciones nos parecen muy severas, pero el objetivo de Londres no es el turismo, y su campo de batalla lo obliga a alojarse en hoteles sórdidos de 25 de Mayo. Como otros, lo impacta la muchedumbre masculina que camina a grandes pasos sin reír. Luego de la secular belleza de las mujeres, ¿la angustia de los hombres no estaría por convertirse en una nueva trivialidad? En busca de un rufián indispensable para su investigación, Londres desemboca en el cuartel general de los proxenetas, que se encuentra en una librería francesa del centro. Muy pronto, los vínculos nacionales pueden más que las reticencias iniciales. Bajo su pluma, las "casitas" de las francesas parecen menos siniestras y más caseras que las de los polacos dominadas por la Zwi Migdal. Pero detrás de su aspecto bonachón, los dos clanes competidores de chulos se revenden su botín sin problemas de conciencia y envían a las insumisas a los presidios de los burdeles de provincia.

Ese mundo equívoco también atrae a Roberto Arlt. "Con ese aire hastiado y la expresión canalla de su aburrimiento, tenía el aspecto de un hombre especializado en la trata de blancas", escribe en *Los siete locos*, y, más adelante, en el *Bar japonés* de Cerrito y Lavalle, el pequeño empleado de la Compañía Azucarera, el soñador Erdosain, observa a

---

[30] Londres, p. 47.

"tres rufianes polacos que llevan enormes anillos de oro en los dedos, hablando en su jerga de casas de citas y alcahuetas". Intrigado por la personalidad del "Rufián melancólico", que le fue presentado por un anarquista visionario, Erdosain pregunta al rufián si no deplora su oficio. "¿Por qué abandonaría a tres mujeres que me producen 2.000 pesos por mes sin costarme ningún trabajo?", le responde el otro. El cinismo del rufián está destinado a minar los principios de la burguesía. Por lo demás, de común acuerdo con sus amigos marginales, Erdosain proyecta constituir una suerte de "sociedad secreta", "un bloque donde puedan consolidarse todas las esperanzas humanas posibles", y piensa en pervertir a jóvenes bolcheviques más que a fascistas. El comercio del sexo impregna la atmósfera de la ciudad. Hasta el juicioso Saint-Exupéry se deja seducir por este ambiente: en la noche, el piloto "pensaba también que antes de una hora poseería a Buenos Aires".[31]

El tango sale del burdel

El tango, lo hemos dicho, es una música tocada y bailada en los medios sospechosos. Triunfó en París, y ese éxito lo legitimó en Buenos Aires. Por tanto, puede abandonar el círculo estrecho del burdel para conquistar a la "gente decente" y los artistas. En las salas del "biógrafo" –como llaman al cine– las orquestas de tangos acompañan los films mudos de Rodolfo Valentino, Mary Pickford y Pola Negri. Tras el cierre de Hansen, *El Armenonville* se especializa en el tango elegante; allí es donde el pianista Roberto Firpo, de smoking como todos los músicos, toca por primera vez *La Cumparsita*.[32] Las orquestas "típicas" inundan los salones de la ciudad y los cabarets. Las muy populares melodías de Julio De Caro están desprovistas de referencias a las casas de tolerancia; los ritmos pierden su mordacidad y expresan una melancolía tranquila. Nace una "nueva guardia", encarnada por Aníbal Troilo y Osvaldo Pugliese. En este linaje se inscribe la obra de Astor Piazzolla.

La burguesía se encanalla en cabarets elegantes y sensuales, pero a diferencia de la Belle Époque, donde los placeres estaban reservados a los hombres, las mujeres de la buena sociedad se atreven a rozar el mundo

---

[31] Saint-Exupéry, p. 95.
[32] Salas, pp. 135-137.

del vicio en "esta ciudad de locos", denunciada por el editorialista Juan José de Soiza Reilly. Se frecuentan los fumaderos de opio clandestinos y en los cabarets, de creer en las crónicas de la época, muchas mujeres ocultan cocaína en su polvera, que aspiran discretamente. El éter hace furor, y el colmo de la elegancia es pedir "frutillas a la rusa", espolvoreadas de azúcar y éter en lugar de crema o vino. "Hay gente que ha llegado a beber un litro de éter", señala un médico.[33]

La expansión del tango obedece tanto a esta lógica de la distinción, que lo consagró en París, y que el cine mudo difunde a través de Rodolfo Valentino y Carlos Gardel, como a la transformación de la obscenidad del burdel en drama personal que conmueve la sensibilidad popular. Esa hazaña que consiste en propulsar el mundo del burdel en la vida cotidiana, al tiempo que lo torna aceptable, se debe a la articulación de la melodía alrededor de un argumento. Había que encontrar a dos artistas geniales para lograr un género difícil: el letrista de talento es Pascual Contursi, el cantor Carlos Gardel. La protagonista principal de *Mi noche triste* es la ciudad de Buenos Aires, con sus penas y sus ideales pequeño burgueses. El hombre llora la partida de una francesa, a quien mantenía en un pisito decorado por la casa Maple –la que equipa a los matrimonios jóvenes que se instalan–. Se expresa en lunfardo, pero la fluidez de su frase le quita toda sospecha de vulgaridad. El bribón despreciativo cede su sitio a un pobre tipo, un cornudo acunado por una mujer de mala vida. Inútil decir que *Mi noche triste* logra un éxito estrepitoso e inaugura un género de canciones que son una verdadera crónica urbana.

A través de estas canciones, la prostitución se convierte en una fatalidad, más digna de piedad que de desprecio. Historias de chicas que se echaron a perder hacen llorar a las modistillas y los contables: la costurerita que "dio el mal paso", la chica que nació en la promiscuidad del conventillo, que "tropieza" por frivolidad, el marido engañado por su mejor amigo y que mata a los adúlteros, la costurera de París que abandona su país por amor a un bello argentino, que resulta ser un rufián –los relatos de Albert Londres transpuestos en una tonalidad sentimental–, la gallega honesta, cuya virtud se funde "como una bola de nieve al sol", la fumadora de opio que espera a su hombre, y la inolvidable Milonguita, "flor de la noche y del placer", envilecida por los

---

[33] *Caras y Caretas*, Nº 1102, 1919.

hombres.³⁴ El lenguaje del ambiente proxeneta sale de la clandestinidad: los rufianes son *bacanes* o *cafishios;* las chicas de la vida son *minas,* término que con el tiempo designará a todas las mujeres, sean o no honestas.

A pesar del éxito de *Mi noche triste,* Carlos Gardel todavía no es un mito, pero los principales ingredientes de su leyenda ya están presentes. Ante todo, el misterio de su nacimiento. ¿Es francés o uruguayo? El cantor se dio el gusto de embarullar las pistas, aunque parece admitido que nació en Tolosa, de padre desconocido. Sin embargo, ¿podía confesar abiertamente sus orígenes franceses sin ser considerado desertor? Y ¿cómo explicar que su madre, la humilde planchadora Berthe Gardès, haya abandonado Francia por una ciudad como Buenos Aires, con una reputación tan detestable? En la escuela primaria de Balvanera, el barrio de los caudillos radicales, el niño Carlos se relaciona con Ceferino Namuncurá, un indio araucano que será famoso por sus milagros. Tendrá una novia oficial con quien jamás se casará, y, en la cúspide de su gloria, se le adjudicarán amantes entre las más bellas estrellas del cine, pero el hombre parece preferir la amistad al amor, su barrio porteño al oropel hollywoodense. Cualquiera que sea la verdad, lo esencial es que de sus orígenes modestos y de su condición de hijo natural Gardel extrae una gran parte de su popularidad. Los hijos de inmigrantes y los marginales pueden identificarse con él; los ricos también, porque este hombre del Río de la Plata triunfa en Europa y en América, se codea con los grandes de este mundo y se viste con elegancia.³⁵

La hora de la espada

La efervescencia cultural no borró las tensiones políticas. Así como lo predijo, Hipólito Yrigoyen es elegido nuevamente en 1928, y la muchedumbre enloquecida vuelve a la cita, para saludar al ídolo, convertido en un anciano sin iniciativa, que debe hacer frente a una coyuntura económica mundial inquietante. Los cuadros del ejército le son hostiles, y un sector de la sociedad sería favorable a una intervención militar para evitar el caos.

---

³⁴ Salas, pp. 149-150.
³⁵ Ibíd., pp. 118-119.

Leopoldo Lugones, antaño amigo de Borges, se ha convertido en un militante nacionalista tentado por el fascismo. En Lima, durante el centenario de la batalla de Ayacucho, pronuncia un discurso que tiene una fuerte repercusión. Refiriéndose a los acontecimientos de Perú, declara: "Para felicidad del mundo, la hora de la espada ha sonado una vez más, y los gobiernos militares han echado a la democracia, el pacifismo y el colectivismo, porque los militares valen mucho más que los políticos. Designados por el destino, gobiernan en virtud del derecho innato conferido a las elites, con la ley o contra ella".[36] Estas ideas son compartidas por otros. En Buenos Aires, grupos conservadores se vuelven hacia Mussolini y Charles Maurras. *La Nueva República* y *La Fronda* son portavoces de esas tendencias.

Los cuarteles se agitan, temiendo la demagogia de Yrigoyen, pero el general Agustín Justo, ministro de Guerra del gobierno de Marcelo de Alvear, se niega a intervenir. La Gran Depresión de 1929 precipita el golpe de Estado. Para la oligarquía, el derrumbe de los precios agrícolas, la desocupación y la inflación tienen una causa: la incompetencia de Hipólito Yrigoyen. Los nacionalistas descubren un general retirado, José Félix Uriburu, apodado "von Pepe" debido a su admiración por el ejército prusiano. El 6 de septiembre de 1930, una columna militar avanza hacia el centro. Sobre los muros de la ciudad han pegado pancartas que reclaman la dimisión del presidente para evitar "la guerra". Uriburu inaugura una tradición, la de la utilización del ejército contra un gobierno legal, legitimado por la amenaza de una hipotética guerra civil.

En verdad, cuando los tanques ocupan el centro, nadie sale a la calle para defender al jefe de Estado. Peor aún, la gente ovaciona a los rebeldes y saquea los comités radicales así como la casa del presidente. Entre los ocupantes de la Casa Rosada se encuentra un capitán, Juan Perón, que se pasa la jornada y parte de la noche patrullando la ciudad. Más tarde pretenderá haber salvado del incendio varias casas. Al día siguiente de la revolución, Perón es designado ministro de Guerra, cargo que ocupa poco tiempo.[37]

Por primera vez desde el gobierno de Rosas, la prensa es amordazada; el diario *Crítica* es prohibido en 1930 y su director, Natalio Botana, enviado al exilio. Pero en el seno del ejército, las ideas de extrema

---

[36] Romero, I. L. y L. A., 1983b, p. 118; Cortanze, p. 88.
[37] Page, pp. 44-45.

derecha de Uriburu no son unánimes, y el general se ve obligado a convocar a elecciones para fines de 1931. Escrutinio defectuoso desde el vamos, ya que la Unión Cívica Radical está prohibida. Los conservadores forman entonces una coalición con algunos radicales no "personalistas" y socialistas. Recurriendo al fraude electoral, Agustín Justo vence, inaugurando lo que se llamó "la Década infame".

Luego del golpe de Estado de Uriburu, Yrigoyen es encerrado en una nave de guerra, que lo deposita sobre la isla Martín García, donde permanece dos años, pese a su edad avanzada y el respeto debido a su cargo. Amnistiado, vuelve a Buenos Aires, donde la muchedumbre lo acompaña hasta su "madriguera". Esta tregua es de corta duración: lo vuelven a detener y enviar al medio del estuario. Pero el presidente agoniza, y lo autorizan a volver a su casa. Muere en su residencia de la calle Brasil, donde un seguidor sale al balcón y grita a la multitud: "¡Acaba de morir el más grande defensor de la democracia en América!". Durante dos días y medio, el pueblo desfila delante de su ataúd, a la luz de miles de antorchas; llantos y oraciones se mezclan a los slogans radicales, con el fondo del himno nacional. Mucho tiempo después de su desaparición, las mujeres siguen encendiendo cirios ante su retrato. Habrá que esperar la muerte de Eva Perón para volver a ver escenas similares.[38]

---

[38] Quijada, 1987, p. 58, pp. 149-154.

10. LA HORA DE LOS DESCAMISADOS
(1932-1952)

> Él es el condor que vuela, alto y lejos, entre las cimas, cerca de Dios.
>
> Eva Perón, *La razón de mi vida*.

"¡Qué desencanto profundo¡ ¡Qué desconsuelo brutal!" El tango de Enrique Santos Discépolo, precisamente titulado *Decepción*, habla de la tristeza de los años de crisis que siguen a la caída de Yrigoyen. Luego de tantas esperanzas puestas en la participación de las masas en la política, el golpe de Estado militar contra "la ignominia", la Gran Depresión y su cortejo de inflación, de sopas populares y de desocupación agobian a los porteños en la depresión. Discépolo no deja de recordar, en *Yira Yira*, "la indiferencia del mundo, que es sordo y es mudo", la ausencia de solidaridad y la confusión de los valores. "Da lo mismo el que labura, el que vive de los otros, el que mata, el que cura o está fuera de la ley." En ocasiones, esta morosidad se convierte en desesperación: Alfonsina Storni, Leopoldo Lugones y el narrador Horacio Quiroga ponen fin a sus días. Roberto Arlt sigue denunciando la podredumbre social antes de ser llevado, a los 40 años, por una crisis cardíaca.

Las razones de esa disolución de los valores no son sólo económicas. Los dados del juego electoral están trucados. Al fraude electoral, erigido en principio, se añade el gangsterismo político, que concierne tanto a los conservadores como a los radicales. En su tiempo, Evaristo Carriego había ya evocado a esos bribones –idealizados, cierto es– al servicio de los caudillos del barrio. La necesidad de hacer frente a la agitación obrera favorece el recurrir a "rompehuelgas" y a hombres de armas llevar. Uno de ellos, Juan Ruggero, llamado "Ruggerito", muerto durante un enfrentamiento con los radicales, adquiere cierta fama antes de convertirse en el héroe de un film. Buenos Aires no es Chicago, pero muchos indicios dan fe de esas fuerzas subterráneas que apuntan a minar toda impugnación social organizada.

En adelante, los militares son los árbitros de toda decisión. El fascista Uriburu, sostenido por el sector nacionalista, tenía previsto reformar la Constitución liberal de 1853, suprimir el Congreso y formar una cámara corporativa. Como ese programa atemorizaba al ala más liberal del ejército, Uriburu debe convocar a elecciones de las que sale ganador el general Agustín Justo, no sin algunas manipulaciones del escrutinio. Las veleidades antiimperialistas de Yrigoyen, el "héroe de Ginebra", están caducas. Cuando Gran Bretaña decide privilegiar a los países miembros del Commonwealth, Argentina, para evitar el derrumbe de sus mercados, firma con el Reino Unido un tratado que otorga a los inversores ingleses considerables ventajas a cambio de la reanudación de la exportación de materias primas. En vísperas de la Segunda Guerra Mundial, los británicos retienen el monopolio de los transportes.[1]

El hombre de la sonrisa eterna

La sonrisa de Carlos Gardel atraviesa la pantalla, y su voz, que fluye sin esfuerzo, atenúa la amargura destilada por Discépolo. Gardel, quintaesencia del porteño, triunfó en el extranjero, de donde sólo regresa de tanto en tanto para "volver a las fuentes". En los Estados Unidos, el cantor se ha convertido en una estrella; en Francia rueda *Luces de Buenos Aires*, una contribución a la mitología de una ciudad cuyo nombre permanece ligado al desenfreno y la trata de blancas, aunque ésta fue suprimida legalmente en 1930. Sin renegar los giros argóticos que lo lanzaron a la fama, Gardel depura su lenguaje, considerado demasiado hermético para imponerse en la escena internacional. Logra la hazaña de crear un tango universal sin cortarlo de sus raíces porteñas. Uno de los más famosos, *Silencio*, se inspira en el drama de la Sra. de Paul Doumer, que perdió a sus hijos en la Gran Guerra. Francia y la guerra están presentes, a la manera de una imagen difuminada en la memoria de un inmigrante. Lo esencial se condensa en torno de cinco hermanos, los hijos de una "santa", que "parten" todas las mañanas al taller. No vacilarán en cumplir con su

---

[1] Romero, I. L. y L. A., 1983b, pp. 119-126. Es el tratado Roca-Runciman firmado con Gran Bretaña en 1933.

deber de ciudadanos cuando su patria esté en peligro –cosa que el propio cantor se negó a hacer– y la "pobre vieja" se quedará sola "con sus cinco medallas". Con *Volver,* el tango del "retorno", su obra más pura, Gardel se vuelve para siempre el poeta de los desarraigados.

Carlos Gardel parecía eterno, sin edad ni preocupaciones. La noticia de su desaparición, en un accidente de avión en Medellín, Colombia, el 24 de junio de 1935, llena de estupor a los porteños. Las circunstancias de este drama son confusas. ¿Mató al piloto, al querer tirar sobre su letrista, Alfredo Le Pera, con quien acababa de pelearse? ¿Estaba borracho el piloto en el momento del despegue? ¿O bien hubo un error de pilotaje debido a una mala transmisión? Estas preguntas espesaron el misterio de una vida ya marcada por enigmáticos orígenes.

Los restos de Gardel recorren las rutas colombianas hasta el puerto de Buenaventura, y de allí son transportados en barco hasta Montevideo, donde llegan en febrero de 1936. Luego de una parada en la capital del Uruguay, el cuerpo es transportado a Buenos Aires. Miles de personas acuden para rendir un postrer homenaje a su ídolo. Hay atropellamientos, sollozos, crisis de histeria, y muchos deben quedarse en la calle sin poder entrar en la capilla ardiente instalada en el estadio del Luna Park, en el inicio de Corrientes. Al día siguiente, un coche negro, tirado por ocho caballos, conduce los restos de Gardel a lo largo de la calle Corrientes hasta el cementerio de Chacarita. Gauchos a caballo se unen al cortejo funerario. Toda la ciudad llora la muerte del cantor, con excepción de Borges, que nunca lo quiso. La multitud es tan numerosa como la que se reunió durante los funerales de Yrigoyen, dos años antes.

Al igual que "el Peludo", el fervor popular transforma la figura de Gardel en mito. Su rostro eterno es utilizado en los contextos más sorprendentes, anticipando la supervivencia iconográfica de Marilyn Monroe y el Che Guevara. "Carlitos" anuncia las publicidades de gomina y yerba mate; la estatua de la Libertad toma su efigie en oportunidad de una emisión consagrada a los argentinos de Nueva York; se lo ve tanto en traje de gaucho como de príncipe árabe. Gracias a los montajes, se verá su rostro sonriente en el medio de los Beatles. Y aunque era más bien de derecha, aparecerá sobre los muros de Montevideo con una barba de guerrillero comunista. El mejoramiento de las grabaciones producirá un último milagro, el de hacerlo "cantar cada día mejor".[2]

---

[2] Spinetto, pp. 6-23, presenta ejemplos divertidos de esta iconografía. Véase Salas, pp. 168-190.

En 1995, me paseaba por esa inmensa ciudad de los muertos que es la Chacarita, una réplica silenciosa de la ciudad con sus cuadras, sus calles y sus casitas de mármol con ventanas provistas de cortinas. La estatua de Gardel, enarbolando una sonrisa radiante, se erguía en una esquina. Alrededor de la bóveda, desde el año fatídico de 1936, numerosas placas conmemorativas habían sido fijadas. A esas marcas oficiales –clubes de tango, asociaciones, estudios cinematográficos–, los visitantes habían agregado las suyas, a la manera de antiguos exvotos. Con el tiempo, la gente se había contentado con garabatear sobre la pared enlucida su nombre y un pequeño mensaje: para agradecerle por su ayuda en un asunto del corazón, para alabar a la pobre Berthe Gardès, para pedirle un milagro, para solicitar su protección. Algunos días antes de mi visita –las inscripciones siempre estaban fechadas– una mano temblorosa había escrito: "Vos que estás Allá con mi Leo, cuidálo". La gente se recogía ante el monumento, murmuraba una oración. Un poco más lejos, una vestal voluntaria de las tumbas de los santos curanderos, entre los cuales están los muy milagrosos Madre María y Pancho Sierra, me explicó que "Carlitos", hombre de luz, traía la dicha, a pesar de la tristeza de su vida, y así hacía milagros. Ambas lo evocamos, con respeto; luego, ella me ofreció imágenes de todos esos seres resplandecientes.

El Gran Buenos Aires

La crisis y la desocupación ponen fin a la inmigración europea, que volverá a empezar con Juan Perón entre 1947 y 1954. Para paliar el derrumbe de los precios agrícolas consecutivo a la Gran Depresión, el general Justo adopta medidas económicas intervencionistas que favorecen la industrialización e inician la reanudación de las actividades. Como se necesita mano de obra, los jóvenes que viven en las regiones subpobladas y atrasadas del país se vuelcan hacia Rosario y, sobre todo, Buenos Aires, que vuelven a dar trabajo para hacer girar las fábricas. La Boca, Barracas y Avellaneda eran barrios obreros desde hacía varias décadas. Con el impulso dado a la industria, se extienden hasta Quilmes, acercándose a aquellos que se desarrollan alrededor de Ensenada, en la zona de los frigoríficos de Berisso, a unos sesenta kilómetros de Buenos Aires. La apertura y la mejora de los ejes ruteros permiten la expansión de las fábricas hacia el oeste, y un "cinturón negro" obrero comienza a ceñir la capital, que ahora tiene límites materializados por el camino de circunvalación, la avenida General Paz, que prolonga la barrera natural del Riachuelo.

Abrazados a la capital surgen los suburbios proletarios Lanús, La Matanza, San Martín, así como zonas residenciales al norte que unen, en un continuo, Belgrano y San Fernando-Tigre, a través de Vicente López, Olivos y San Isidro, encantadores suburbios arbolados a lo largo de la ribera. Sobre esta parte de la costa, la gente acomodada tiene pequeños puertos deportivos y organizan regatas; a lo largo de las playas, los guindos dan al conjunto un pequeño aspecto vacacional.

A comienzos de la década de 1940, la capital drena cerca del 70% de los empleados y obreros de todo el país. Es una verdadera "cabeza de Goliat", denunciada por el ensayista Ezequiel Martínez Estrada. El Gran Buenos Aires está formado por esas zonas periféricas industriales o residenciales, puestas bajo la jurisdicción de la provincia de Buenos Aires, cuya capital es La Plata. La "provincia", pues, es una extensión de la capital o, en rigor, su anexo rural. Nada que ver con el vasto país del "interior", que pertenece a América Latina y no a la civilización del Río de la Plata.

Desde el punto de vista de la urbanización, la frontera rutera no rompe la continuidad entre los suburbios satélites y los barrios de la capital, con excepción de las zonas inundables y de esos intersticios donde los últimos vestigios de la pampa vienen a morir en el límite del asfalto. Alrededor del Puente Alsina, uno de los tres puentes que unen el Riachuelo con los suburbios industriales del Sur, el "barrio de las Ranas" es absorbido por Nueva Pompeya. A algunos metros del arroyo y sus miasmas, una iglesia neogótica confiere respetabilidad a ese barrio popular, y lo abre al mundo exterior por los peregrinajes que suscitan su Virgen y las aguas milagrosas de la fuente del claustro. Pero las calles del pasado, "el perfume de yuyos y de alfalfa, el paredón y más allá la inundación, la luz tenue de un almacén" alimentan la inspiración poética de Homero Manzi, sostenida por la música de Aníbal Troilo. Su tango *Sur* evoca "las calles y las lunas suburbanas", así como el cielo estrellado, que ya no puede iluminar los paseos apacibles de los enamorados en las noches de Pompeya. Buenos Aires aparece siempre como el reflejo decadente de un pasado que ya no volverá.

El año del Centenario

En 1936 se inicia una recuperación económica, y el presidente Justo puede celebrar el cuarto centenario de la fundación de Buenos Aires por Pedro de Mendoza. Es la ocasión de acabar o continuar los trabajos de reacondicionamiento del centro. Viejas calles de burdeles y bailongos son arrasadas para abrir la avenida 9 de Julio. En el cruce de Corrientes, que fue ensanchada, un obelisco marca el nuevo centro de la ciudad, en el corazón de calles aún animadas y bohemias. Algunos rascacielos dan al conjunto un aire "americano", con algunas notas caprichosas, como ese chalet suizo construido sobre la terraza de un duodécimo piso, que realiza el sueño de todos: una casita individual dominando Corrientes. Más lejos, "la avenida más ancha del mundo" corta "la calle más larga", la interminable Rivadavia, vieja ruta colonial del Alto Perú que se prolonga hasta Morón, urbanizando así el campo de batalla de Caseros, donde el general Urquiza venció a Rosas.

El palacio Barolo ya no tiene el privilegio de ser el edificio más alto de Buenos Aires. Sobre la Plaza San Martín se alza el edificio Kavanagh. Con sus treinta pisos, sus 120 metros, su volumen escalonado y su situación dominando el parque, el rascacielos es digno de los de Chicago y no desluce por la vecindad de los palacios a la francesa ni por ese Big Ben porteño que es la torre de los Ingleses. Más allá de la estación de Retiro, el parque de atracciones reúne una fauna popular que fascina a los últimos bohemios. Las "diagonales", cuya arquitectura monumental no deja de recordar las construcciones mussolinianas, finalmente son terminadas. Sobre todo la Facultad de Derecho, en la parte baja de la Recoleta, y, más tarde, la Fundación Eva Perón, sobre Paseo Colón, que exhiben líneas neoclásicas un poco pesadas, pero salvadas del aplastamiento por el entorno verdoso.

La supresión de la prostitución legalizada señala el fin de una época. Los cabarets sospechosos y los music halls reemplazan a los burdeles; las chicas ahora son "artistas" de variedad, pero otras aún trabajan bajo las arcadas de la avenida Leandro Alem, la antigua Alameda, que llaman "el bajo", y su prolongación sur, el Paseo Colón. Al caer la noche, los marineros de juerga siguen animando el paseo, separado por algunas calles apenas de la Universidad de Buenos Aires y la Facultad de Letras. Dos mundos que se codean sin mezclarse y que comparten un territorio común, delimitando sus marginalidades respectivas.

Aún existen pensiones miserables en las calles del centro; lindan con los cafés, las librerías, los teatros y los cines, que constituyen la gran innovación. Muchas salas fueron construidas en el centro, y un trozo de Lavalle está dedicado al séptimo arte. El sábado a la noche, a la salida del cine, hay que dejarse arrastrar por la multitud hasta encontrar una vía de salida. Sobre Corrientes, ya rica en teatros y cabarets, se abren dos salas inmensas: el *Ópera,* cuyo vestíbulo es de mármol y la sala, decorada como un palacio hollywoodense, está cubierta por una cúpula estrellada, y, enfrente, su rival, el *Gran Rex*. En todos los barrios hay cines, que dan hasta cuatro films en continuado, y que hacen las delicias de los porteños. Los menos elegantes se parecen al que Fellini mostró en *Roma:* se come, se charla, se pelea y se deja que los niños hagan pipí en las filas para no perderse el hilo de la historia.

Como en todas partes, las estrellas de Hollywood encandilan a las multitudes. Pero en la década de 1930, la industria cinematográfica argentina es la más importante de todos los países en lengua española. Los cineastas Mario Soffici y Lucas Demare ruedan temas sociales o históricos. A comienzos del decenio de 1940, la belleza de Zully Moreno no tiene nada que envidiar a las más hermosas estrellas de América. Otras artistas nacionales son admiradas e imitadas, y las revistas especializadas mantienen la ilusión de compartir con esos ídolos un poco de su intimidad.

Esas fábricas de sueños no adormecen a las militantes feministas. Gracias a una campaña conducida por la Unión de Mujeres Argentinas, fundada por Victoria Ocampo, el proyecto de ley que debía quitar a la mujer los privilegios adquiridos en la época del gobierno radical, y colocarla bajo la tutela de su padre, su marido o su hijo, fracasa.

Días de radio

Los aparatos de radio, aún escasos en la década de 1920, ahora son asequibles. Su multiplicación acarrea la difusión, en gran escala, de una cultura radiofónica que da referencias comunes a gente salida de los horizontes más diversos. La radio se convierte en un objeto del que uno no puede abstenerse. Muy pronto, en efecto, las frecuencias se desarrollan, las cadenas se especializan. El tango ya ganó el desafío de las ondas. El *Glostora Tango Club,* al tiempo que difunde grabaciones de Gardel, consagra nuevos talentos, como Aníbal Troilo y Osvaldo Pugliese.

En una ciudad donde la multiplicidad de acentos forma parte de la vida cotidiana y da lugar a todo tipo de equívocos, los imitadores tienen un gran éxito. Se espera con impaciencia la emisión de Pepe Arias por sus ocurrencias. Niní Marshall crea el personaje de Cándida, una gallega analfabeta dotada de una razón a toda prueba, cuyo hablar sin rodeos desencadena un sinfín de carcajadas. En 1937 le inventa una compañera, la inefable Catita, que habla sin complejos el lenguaje incorrecto de los chicos "cocoliches". En la década de 1940, Cándida y Catita lastimarán las orejas refinadas de los militares: se reprochará a la actriz que "deforma el castellano" y ejerce una influencia deletérea sobre el pueblo, el cual, como es sabido, carece de discernimiento. Por consiguiente, Niní Marshall será prohibida en la radio y se convertirá en una de las primeras víctimas de la censura. En cuanto a Pepe Arias, caerá en desgracia debido a la semejanza impactante de su voz con la de Juan Perón. Pero los artistas puestos en el índex fácilmente pueden emitir de la vecina Colonia. Como en la época de Rosas, Uruguay sirve de refugio a los perseguidos por las dictaduras militares.

Otro placer de los auditores es desgranar las perlas de los locutores. El misterio de las ondas parece favorecer la subversión del lenguaje, en tiempos normales refrenados por las conveniencias del buen gusto. A despecho de los presentadores, el registro de lo obsceno suministra un campo inagotable de lapsus burlescos. De noche, alrededor de la radio, se acecha la lengua que se traba, y algunas expresiones dan vuelta a la ciudad, lascivas o inocentes como "en medio del incendio, el perro saltó transformado en una antorcha humana", o bien "uno de los muertos sobrevivió", o también "el muerto buscó refugio en el corredor, luego de un terrible tiroteo". Un surrealismo al alcance de todos, que alienta la tendencia porteña a las invenciones verbales y las fórmulas alambicadas. La idea de introducir llamados telefónicos en las emisiones tiene un enorme éxito y, todavía hoy, pese a la competencia de la televisión, las intervenciones del público sobre temas frívolos, culturales o políticos hacen de la radio un verdadero barómetro de la sociedad porteña.

El decenio de 1940 también es la edad de oro del radioteatro. Luego de las emisiones de tango, el programa más escuchado es el interminable folletín *Los Pérez García,* historia conformista de una familia acomodada con sus conflictos y sus problemas, donde el amor triunfa sobre los prejuicios de clase ya que la criada, chica honesta y trabajadora, termina por desposar al rico heredero.[3] Eva Duarte, una chica joven y pobre de Junín, que llega a Buenos Aires para hacer una carrera artística, logra que la contraten en la radio. Su voz y su entusiasmo dan el punto justo. En 1943 le proponen interpretar a las heroínas de la historia, mujeres famosas cuyo destino hace vibrar a las modistillas y madres de familia. Su chanza atempera un texto ampuloso, y la joven actriz adquiere cierta celebridad.

La cultura mediática prolonga ese gusto popular por las poesías, sentencias y agudezas. Las palabras de Homero Manzi conmueven y moldean la expresión de los sentimientos. Las revistas retoman o inventan nuevos tipos urbanos, los compadritos de la década de 1940 y las chicas con cintura de avispa de los dibujos de Guillermo Divito; las historietas publicadas en los periódicos inventan "antihéroes" de la vida cotidiana: hombres vueltos a la infancia, bribones, pequeño burgueses sentenciosos, arpías con palos de amasar... Uno de los más famosos es Patoruzú: ese indio tosco, descendiente de los pampas, resulta un hombrecito taimado, cuyo sentido común siempre puede más que la sofisticación ciudadana. Patoruzú ilustra el deseo nacionalista de volver a las fuentes –imaginarias, ya que los indios de la Patagonia, en su mayoría, fueron diezmados– así como la tendencia antiintelectual que se desarrolla en las cavernas. El dibujante francés Goscinny comprendió el alcance simbólico de Patoruzú, que le inspiró el personaje de Obelix.

La transmisión de los partidos de fútbol requiere una elocución particular. Los comentadores de los partidos saben crear el suspenso para hacer subir la excitación de los auditores hasta la explosión final. La radio no es un sucedáneo del estadio, pero forma parte de él; y aún hoy se siguen las imágenes televisadas acompañándolas con comentarios radiofónicos. El fútbol se convierte en una manifestación de masas, cuyas implicancias políticas no escaparon a Roberto Arlt y Ezequiel Martínez Estrada. Los estadios son campos de batalla, donde se lanzan naranjas podridas sobre los partidarios del equipo contrario. Ocupar las gradas superiores permite orinar sobre los rivales o lanzar bolas de papel encendidas. Los equipos son alentados con cantitos. El enfrentamiento deportivo es como una prueba divina, que permite afirmar una

---

[3] Merkin y Panno, Tijman y Ulanovsky, pp. 112-114.

virilidad constantemente amenazada por la sospecha de homosexualidad que flota sobre esa asamblea masculina.[4]

La guerra de España y el Río de la Plata

Desde hace tiempo, los porteños se han reconciliado con España. Al consagrar el "día de la Raza" feriado nacional, Hipólito Yrigoyen oficializó el sentimiento afectivo que une a la Argentina y la "madre patria". Decenas de miles de inmigrantes provenientes de la península Ibérica están integrados en la población. Muchos salieron adelante y se convirtieron en pequeños empresarios o incluso en profesionales acomodados. España tuvo el cuidado de enviar a embajadores culturales que, por su proyección intelectual, dan una imagen positiva. Ya mencionamos a José Ortega y Gasset, Manuel de Falla y Federico García Lorca. El teatro español también ofrece espectáculos de gran calidad desde el impulso dado por María Guerrero, seguida por actrices talentosas, como Margarita Xirgu y Lola Membrives. En el campo de la danza, Antonia Mercé, apodada "la argentina", por haber nacido en el país, ofrece al público de Buenos Aires la cumbre del flamenco.

En virtud de la proximidad con España, las noticias de la rebelión de Franco contra el gobierno legal de la República tienen una enorme repercusión en el Río de la Plata, que supera el marco de los partidos políticos y de la comunidad inmigrante. El gobierno de Justo, que veía con simpatía la cruzada de los "nacionales" contra el "comunismo internacional", defiende la política de la no intervención, que justifica por la importancia de la comunidad española en la Argentina –la más cuantiosa de toda América Latina– y por la necesidad de no desgarrarla. La oligarquía conservadora del Jockey Club, más asustada por el peligro rojo que seducida por las ideas de Franco, desea el triunfo de los rebeldes. Pero Victoria Ocampo, aunque miembro de la "alta sociedad", tiene el coraje de declarar: "Si el fascismo triunfa en España, en América estamos perdidos". Los nacionalistas argentinos, nostálgicos del fascismo, conducen una campaña encarnizada a favor de Francisco Franco. El antisemitismo, que se había manifestado a comienzos de los años veinte, vuelve a la superficie. En un dibujo publicado por la revista antisemita

[4] Guy, pp. 190-192.

Clarinada, la "revolución judeo comunista" es representada con la forma de un pulpo cuyos brazos están formados por la Federación Universitaria Argentina, el Partido Socialista Obrero, los sindicatos rojos, los comités antifascistas y los comités de ayuda a los republicanos.[5]

Éstos cuentan con el apoyo de las organizaciones y los partidos de izquierda, así como con la simpatía del pueblo. Organismos regionales, mutuales y asociaciones como el Centro Gallego, el Centro Asturiano y el Centro Republicano, para no citar sino los principales, organizan colectas y animan una propaganda continua en favor del régimen legal. Grupos que no están ligados a la inmigración española, como la Comisión Israelita de ayuda al pueblo español y el Patronato Italiano de ayuda a las víctimas antifascistas, se comprometen en esa acción de apoyo recolectando donaciones en especies y en dinero. Muchos mitines se realizan en los locales de Unione e Benevolenza.

La CGT y los sindicatos obreros independientes sostienen la República Española. Para los socialistas, la causa de Madrid se confunde con la de la democracia; antaño, los partidarios de Garibaldi se habían ubicado junto a los nacionales argentinos contra los caudillos separatistas del interior. Las bases de los militantes radicales también son favorables al gobierno legal: el joven dirigente Arturo Frondizi –que será presidente de la Argentina en 1958– se destaca por su defensa vibrante de la causa republicana. Con mucha eficacia, el Partido Comunista centraliza una gran parte de la ayuda recibida. Algunos militantes argentinos se unen a las Brigadas Internacionales; otros, como Vittorio Codovilla, el secretario general del PCA, ejercen altas responsabilidades en la organización de las Brigadas junto a André Marty.[6] El diario *Crítica* se compromete a fondo en favor de la República Española. A fines de 1939, Natalio Botana, su director, fue en persona a recibir a los refugiados. Mis padres, como muchos otros exiliados, pudieron aprovechar su ayuda para encontrar trabajo. Uno de ellos, Clemente Cimorra, llegó a ser un periodista famoso de *Crítica*. Personaje de una sabrosa truculencia, reconocible por el eterno clavel en su ojal, es indisociable de la bohemia política española.

---

[5] El estudio de Mónica Quijada (1991) constituye una fuente fundamental para comprender el impacto de la guerra civil sobre la población de Buenos Aires. En cuanto a lo esencial seguimos su argumentación, que completamos con otras fuentes e informaciones que hemos recibido de los republicanos en el exilio; Vázquez, pp. 144-145.

[6] Quijada, 1991, pp. 135-136 y p. 230 y ss.

A partir de 1936, la avenida de Mayo es un ruedo donde se expresan los disensos entre ambos campos. El cuartel general de los profranquistas se encuentra en el café *El Español;* enfrente, los republicanos han invadido el *Iberia*. A la salida de los editoriales, exhibidos en las vitrinas de los diarios, la muchedumbre se reúne para seguir la progresión de la guerra. El día en que un campo logra una victoria, sus partidarios se abalanzan sobre sus adversarios del café de enfrente; los golpes llueven, los tiestos sirven de matracas y, ocasionalmente, se sacan armas blancas. El teatro también padece esas escisiones, y los actores se dividen a ejemplo de lo que ocurre en España: Margarita Xirgu y Lola Membrives encarnan respectivamente la República y Franco. Al final de la guerra, los fieles del *Iberia* abandonan el café. Pero con la llegada de los refugiados republicanos, las tertulias se reanudan. Como los "rojos" son los más numerosos, las peleas no superan los intercambios verbales. Durante años, hasta que la muerte los siega uno por uno, los españoles siguen rehaciendo el mundo en los cafés de la avenida de Mayo y esperando, con una confianza mesiánica, la caída del dictador, que, para ellos, llegará demasiado tarde.[7]

La diáspora republicana renueva el aporte cultural de los españoles. El medievalista Claudio Sánchez Albornoz, más tarde profesor en la Universidad de Buenos Aires, representa al gobierno vencido en el exilio. Juan Ramón Jiménez, León Felipe, Dámaso Alonso, Fernando de los Ríos y muchos otros residen en Buenos Aires, donde ya viven Rafael Alberti y María Teresa León, así como muchos otros intelectuales y artistas. Todos se integran al ambiente porteño, aunque su corazón permanezca atado a su país natal. La ciudad, "que a millones de hombres había dado un suelo y sueños", los conquista, a su despecho.[8] Mi padre, el pintor Gori Muñoz, que tuvo un éxito real en la escenografía teatral y cinematográfica, amaba el pequeño mundo de los vendedores ambulantes y los límites imprecisos entre el asfalto y el campo; sus dibujos dan fe de ello. Editoriales instaladas en Buenos Aires difundían en toda América a los escritores de lengua española, tanto de la península Ibérica como de todo el continente. El derrumbe de la República Española fue una oportunidad para la Argentina, así como también para México.

---

[7] Ibíd., pp. 239-248.
[8] Son los mismos términos de María Teresa León, p. 330.

Ruidos de botas

El 17 de diciembre de 1939 –yo acababa de llegar a Buenos Aires–, el submarino *Graf Spee* se hundía voluntariamente en la ensenada de Montevideo. Bruscamente, la guerra se acercaba. Los oficiales alemanes encontraron asilo en Argentina, donde una gran fracción del ejército simpatizaba con la política del Eje. Pero los partidarios de los Aliados, incluso aquellos que desconfiaban de los "rojos" de la República Española, tomaron conciencia del peligro. En 1939, Borges escribía en *Sur:* "Es posible que una derrota alemana sea la ruina de Alemania; es indiscutible que su victoria sería la ruina y el envilecimiento del universo".[9] La tensión creció algunos meses más tarde, cuando el presidente Roberto Ortiz, un radical que trataba de sanear el mundo político, atacado por una enfermedad incurable, dimitió. El vicepresidente Ramón Castillo, un hombre de extrema derecha, lo reemplazó.

Con Chile, la Argentina era uno de los dos únicos países de América Latina que no había roto con los países del Eje. Muchos militares eran germanófilos, y algunos pronazis. El general Justo, que conservaba el ascendiente sobre el ejército, era favorable a los Aliados. Una tercera vía, encarnada por un grupo de oficiales, el GOU, preconizaba la neutralidad, siguiendo así el precedente de 1914; el GOU no era indiferente a la ideología fascista, pero subordinaba sus simpatías por Mussolini al realismo político. La eminencia gris de esta organización era el coronel Juan Perón. La muerte del general Justo, en 1943, le abrió un espacio inesperado.

Una mañana, los porteños se enteraron por la radio de que el presidente Castillo acababa de ser derrocado por un golpe de Estado militar. El hombre no era querido y nadie lo lamentó, pero la inquietud invadió a la población civil, que, una vez más, comprobaba que el ejército se inmiscuía en la política y escarnecía las instituciones. Tras un intermedio chusco en el que un general se autoproclamó presidente durante dos días, el general Ramírez, jefe de "la revolución del 4 de junio de 1943" y del GOU fue promovido a la más alta función. Otro general, Edelmiro Farrell, fue puesto a la cabeza del Ministerio de Guerra, asistido por el coronel Perón. Un nazi notorio, Luis Perlinger, recibió el Ministerio del Interior. Finalmente, en el Ministerio de Instrucción

---

[9] Borges, 1993, LXXII.

Pública, el presidente nombró a un antisemita virulento, Gustavo Martínez Zuviría, que, con un seudónimo, había perpetrado una novela de inspiración fascista. La Universidad, que reclamaba el retorno a las vías democráticas, fue puesta bajo tutela.

Pero ni Gran Bretaña ni los Estados Unidos estaban dispuestos a dejar instalarse en Argentina un gobierno favorable al Eje. El general Ramírez, que jamás había ocultado sus simpatías por Alemania, no logró que América diera curso a un pedido de armamento, mientras que el Brasil de Getulio Vargas –que se había unido al campo de los Aliados– se había beneficiado con una importante asignación. Para compensar el desequilibrio militar que desfavorecía a la Argentina, Ramírez se volvió hacia Berlín y envió una nave argentina con un mediador. El barco fue interceptado por los ingleses, a la altura de Trinidad, y se descubrió que el intermediario en cuestión era un espía nazi. La intervención alemana en los asuntos argentinos era flagrante; la presión británica forzó a Ramírez a romper las relaciones con Alemania y declarar la guerra a los países del Eje a comienzos de 1944.

La Argentina salía ridiculizada de este asunto, y Ramírez debió dimitir. Fue reemplazado por Farrell, y Perón se convirtió en vicepresidente. Con una habilidad indiscutible, éste se desembarazó progresivamente de los ultranacionalistas, que se habían vuelto molestos, al tiempo que trataba con consideraciones a amigos alemanes como Ludwig Freude. La declaración de guerra tardía no impidió que el gobierno de Farrell llevara a cabo una política represiva respecto de los opositores de izquierda. El film de Chaplin *El gran dictador* fue prohibido y, en agosto de 1944, la manifestación en la Plaza Francia para celebrar la liberación de París fue dispersada con violencia por la policía.

Perón buscó el sostén de las masas obreras desde el primer momento de la revolución de 1943. Seguía el ejemplo de quien siempre había sido su modelo y del que jamás renegó: Mussolini. Las razones por las cuales los trabajadores ligaron su destino a un militar son complejas, y aquí no podemos sino bosquejar las líneas generales de una alianza que debía cambiar de arriba abajo, de manera irreversible, el porvenir de la Argentina. El hastío de los ciudadanos por la política, lo hemos dicho, quedaba justificado por los tejemanejes, el fraude y el gangsterismo electoral. Yrigoyen, el hombre de las clases medias, había permitido la represión del movimiento obrero de la "Semana trágica", así como el de los peones agrícolas de la Patagonia. En el curso de la "Década infame", la composición de la clase obrera se había modificado, no solamente porque nuevas generaciones entraban en el mundo del trabajo sino también porque los emigrantes venían ahora de provincias donde sus condiciones de vida eran de las más precarias.

El presidente Castillo, antes de dimitir de sus funciones, había querido instalar a un candidato a la presidencia de la República, Robustiano Patrón Costas, propietario de miles de hectáreas de caña de azúcar en el noroeste del país. Pero este hombre era detestado por los obreros en virtud de la brutalidad de sus métodos. En 1964, cuando yo era estudiante y hacía mi doctorado de antropología sobre los indios de las plantaciones, pude recoger de sus propios labios relatos terroríficos sobre ese Patrón Costas, transformado por la tradición oral en monstruo devorador de trabajadores. ¿Cómo gente proveniente de esas regiones del noroeste de la Argentina, y que había vivido una explotación semejante, no habría aprobado la "revolución" militar contra Castillo?

Durante la "Década infame", la miseria de los obreros de Avellaneda se había incrementado. Las disensiones entre comunistas y socialistas habían provocado una escisión en la CGT, que representaba a menos de un tercio de los obreros. Perón comprendió el partido que podía extraer de esta situación y asumió como secretario de Trabajo y Previsión Social. Su programa de política social que expuso en la radio se apoyaba en tres pilares: los obreros, la patronal y el Estado. Para destruir la influencia comunista en los sindicatos, incitó a los trabajadores no federados a formar corporaciones; luego, gracias a su talento para la manipulación, logró eliminar al dirigente comunista de los frigoríficos y apoyarse en un líder autónomo, Cipriano Reyes, que iba a ayudarlo en su ascenso político. También hizo aprobar medidas sociales sobre el alojamiento, los salarios y las vacaciones.[10]

En 1944, el temblor de tierra que destruyó la provincia de San Juan, al pie de la cordillera de los Andes, suministró a Perón la ocasión de acrecentar su popularidad. El coronel participa activamente en las operaciones de apoyo, y su nombre queda asociado a la lucha en favor de las víctimas de la catástrofe. Acompañado de su adjunto, el coronel Domingo Mercante, asiste al mitin en favor de los damnificados que se realiza en el Luna Park, al que fueron invitadas personalidades del mundo del espectáculo, así como dirigentes militares. En este escenario, Perón

[10] Page, I, pp. 83-91.

conoce a la estrella principiante Eva Duarte. La historia del peronismo retuvo ese momento histórico que selló el destino de la pareja. A la manera de una heroína de la radio, ella le dijo: "Gracias por existir".[11]

Últimas marchas de la oposición

El Buenos Aires de 1945 es la escena donde se representa la última partitura de la oposición. Por el momento, Perón no es más que un coronel que puede contar con el apoyo de una fracción de los obreros. En el seno del ejército, la presencia a su lado de una Eva Duarte cada vez más invasora y dispuesta a favorecer a sus amigos y a su hermano suscita muchas reticencias. La otra clave del conflicto reside en las simpatías fascistas del gobierno de Farrell. Lo hemos dicho, Perón trató de librarse de ellos, porque quiere dar de sí una imagen diferente de la de Ramírez y el presidente.

Sin embargo, aquí entra en escena Spruille Braden, nombrado embajador de los Estados Unidos en Argentina, quien exige la apertura de los archivos diplomáticos alemanes, la liquidación de las propiedades nazis en el país y el arresto de los principales activistas. También pide, en nombre de los Estados Unidos, la libertad de los prisioneros políticos y el levantamiento de la censura –la de la radio está puesta bajo la responsabilidad de Eva Duarte–. Las relaciones entre Braden y Perón muy pronto asumen un giro personal. Excediéndose en sus funciones, el embajador se instituye en el portavoz de la democracia ante la oposición argentina y critica abiertamente el gobierno de Farrell. Perón denuncia el poder del imperialismo yanqui sobre los asuntos internos de la Argentina. La situación se envenena a tal punto que Braden es llamado a Washington y algunos periodistas americanos son maltratados.

Los militares hostiles a Perón ven con buena cara la organización de una marcha por la Constitución y la Libertad, que reagrupa a toda la oposición democrática. Pero Perón, temiendo que el edificio sindical que construyó se desplome, pone en guardia a los obreros contra toda provocación y les recomienda ir "de casa al trabajo y del trabajo a casa", expresión que permanecerá en los anales del peronismo. Alrede-

---

[11] Entre las numerosas biografías sobre Eva Perón, preferimos la de Dujovne-Ortiz, que refiere la famosa frase.

dor de medio millón de personas, sin embargo, se reúnen ante el Congreso, esgrimiendo retratos de San Martín, banderas argentinas y carteles reclamando el fin del gobierno militar y la transferencia del poder a la Corte Suprema, en espera de las elecciones. Al son de *La Marsellesa* y del himno nacional, la procesión pasa ante el Ministerio de Guerra y abuchea el nombre de Perón, que hace la siesta. Ramírez, que mira por la ventana, es reconocido e insultado. El cortejo desemboca en la plaza Francia, símbolo de la democracia.[12]

A comienzos del mes de octubre, los estudiantes ocupan todas las universidades del país. Los dirigentes universitarios son detenidos y encarcelados. Doscientos cuarenta profesores que firmaron un manifiesto antigubernamental son exonerados. Ante al Círculo Militar, que ocupa el palacio construido por la familia Paz, la oposición reitera el pedido de transferencia del poder supremo a la Corte. Se grita "Votos sí, botas no". Alguien pega un anuncio frente al edificio: "En alquiler". La policía efectúa disparos para desalojar la plaza, produciendo un muerto y varios heridos. Así se termina lo que el peronismo llamará más tarde "el picnic de la Plaza San Martín", burlándose del atuendo burgués de los participantes.[13]

La primavera de los proletarios

Ante la presión militar, reforzada por la agitación de la calle, Perón dimite; es detenido y conducido a la isla Martín García, inevitable terminal de los políticos. Los sindicatos temen un retorno del garrote y la pérdida de sus adquisiciones sociales. Domingo Mercante, el hombre de confianza de Perón, entra en los suburbios para extender la noticia de su arresto. Fue en esas jornadas cruciales cuando Eva Duarte habría ido de suburbio en suburbio para volver a amotinar a los proletarios. Por lo menos es la versión que más tarde dará la propaganda peronista de un papel que, por el momento, parece limitarse al de una mujer enamorada que quiere defender a su hombre.

---

[12] Hemos utilizado los datos de Page, pp. 131-135, para reconstruir acontecimientos que luego fueron deformados por la propaganda. La cifra de 500 mil manifestantes no corresponde a las estimaciones de Farrell, por supuesto. Contrariamente a lo que se afirmó, Braden no parece haber participado en esta manifestación, aunque la alentó.

[13] Ibíd., I, p. 17.

El principal artesano del retorno de Perón es Cipriano Reyes, que posee un ascendiente sobre los obreros de Berisso, centro ligado a la industria de la carne, muy cerca del puerto de Ensenada. El 17 de octubre, los frigoríficos están en huelga y las masas, tras algunas incursiones en la ciudad de La Plata, se dirigen hacia la capital. Para detener a la "plebe", que afluye ya hacia el centro de la capital, el gobierno levanta los puentes sobre el Riachuelo, pero los obreros atraviesan el río en barcos o a nado. Un cortejo alborozado impresionante rodea la Casa Rosada. Sobre la plaza ondulan estandartes con la efigie de Perón y banderas argentinas. Los manifestantes entonan melodías populares. Fatigados por la larga marcha, muchos se refrescan en las fuentes, gesto de "barbarie" que espanta a la burguesía. Desfilan por las calles en mangas de camisa; algunos llevan trajes de gauchos y otros están ataviados como para un carnaval. De hecho, la explosión obrera tiene que ver con la transgresión y la fiesta. Los proletarios de octubre no cantan ya *La Internacional* sino melodías populares con fondo de bombos, los famosos bombos, indisociables, desde esas jornadas, de las manifestaciones peronistas. Las paredes y estatuas están cubiertas de inscripciones; se pisotea, se mancha, se ensucia con una rabia que revela la inmensa amargura de una clase marginada. La mayoría de los manifestantes son jóvenes que no vivieron las luchas de sus mayores, ni la "Semana trágica", habitantes de la periferia suburbana e industrial excluida del centro de la capital, de la que finalmente toman posesión.[14]

Perón, que fue traído de Martín García y relegado en el Hospital Militar, es solicitado para que calme a la multitud. Del balcón de la casa presidencial, el coronel se dirige al pueblo, que lo ovaciona durante quince minutos. Los obreros han ganado, y el desenlace de la jornada muestra la fuerza de Perón. La CGT anuncia una huelga general para el día siguiente, pero la multitud no obedece sus consignas y grita: "Mañana es San Perón; ¡que trabajen los patrones!". En adelante, Perón concederá la jornada feriada suplementaria a los proletarios.

Los grupos desbordan la plaza. Ante la universidad, que siempre manifestó su antimilitarismo, los manifestantes expresan una hostilidad que seguirá presente durante toda la época peronista. Dando vuelta una intervención de los socialistas, que reclamaban libros e instruc-

---

[14] Véase el artículo de Daniel James en Torre, 1995, pp. 83-129, sobre el 17 de octubre en Berisso, y las nuevas formas de impugnación.

ción para luchar contra la proletarización, se grita: "¡Alpargatas sí, libros no!". Más inquietante es el slogan lanzado por la fracción fascistizante, la Alianza Libertadora Nacionalista, que, desde el comienzo, apoya al coronel: "Haga patria, mate un estudiante". Una columna se dirige hacia la sede de *Crítica*, que siempre denunció a Perón como fascista. Bajo la mirada pasiva de la policía, los manifestantes lanzan piedras contra los periodistas, que replican, y estalla un tiroteo, provocando una víctima entre los nacionalistas.

Los comunistas rechazan la índole carnavalesca de esas manifestaciones, calificando a los participantes de compadritos. El diario socialista *La Vanguardia* denuncia a esos "falsos obreros" cuyas acciones están más cerca del candombe que del militantismo responsable, así como las violencias ejercidas respecto de personas cuyo único pecado es llevar zapatos lustrados. ¿Cómo no pensar en el cuento de Echeverría, donde el populacho rosista de los mataderos extermina a un joven elegante porque parece un "unitario"?

Ritualizaciones

La jornada del 17 de octubre de 1945 va a propulsar a Perón sobre el escenario. En el siguiente mes de febrero gana con facilidad, y sin fraude, las elecciones presidenciales. También aquí, la torpeza de los Estados Unidos viene en su ayuda. Desde Washington, Braden multiplica sus esfuerzos para derrotar a Perón, llevando a cabo una campaña abierta contra él. Durante el último mitin electoral que se realiza alrededor del obelisco, el coronel culmina su discurso con una arenga contra el ex embajador. La elección es simple, concluye: "Braden o Perón". Era una manera hábil de hacer desaparecer a sus adversarios demócratas tras el espectro del imperialismo.

Con Perón presidente, la ciudad se convierte en el marco de rituales que reaniman la adhesión de las masas a su jefe. Las conmemoraciones se desarrollan en la plaza, donde se concentra la multitud, y en el balcón de la Casa Rosada, que domina a la "plebe". El carisma del hombre es innegable. Habla bien, tiene la sonrisa de Gardel y una picardía criolla. En el primer aniversario del 17 de octubre, el Partido Trabajador, constituido por los partidarios obreros del que ahora es general, celebra la manifestación por su lado, señalando así su independencia cordial respecto del presidente. Pero dos años más tarde, esas celebraciones ya no se realizan, porque Perón se adueñó de esa fecha simbólica, que se compara con la del 25 de mayo de 1810. Insensiblemente, una versión oficial de los hechos borra el papel de los sindicatos e insiste en el carácter espontáneo de la manifestación. Paralelamente, "Evita" –como ya se la llama– ocupa un sitio más importante en el desarrollo de las jornadas que permitieron el retorno triunfal de Perón. A partir de 1947, su participación en las grandes misas conmemorativas junto a la CGT es preponderante,[15] ahora que el Partido Trabajador ha sido disuelto. En 1948 Cipriano Reyes es detenido, acusado de querer fomentar un complot contra Perón y su mujer, con la connivencia de John Griffiths, un diplomático norteamericano destacado en Montevideo: un "torpedo" de Braden. El sindicalista es torturado, y permanecerá en prisión hasta 1955.

Perón puso la mano sobre la CGT, que adhiere al programa del partido del presidente y renuncia a las otras corrientes que habían contribuido a su retorno.[16] El régimen se esfuerza por crear la imagen del consenso, a través de la propaganda que trata de oponer el pueblo a la oligarquía. Los que no son peronistas son "vendepatrias". Aquí se encuentra el eco antiimperialista despertado por el recuerdo de Braden. El peronismo se apropia de los símbolos nacionales: el himno, la bandera, la comparación del 17 de octubre con el 25 de mayo de 1810. Perón es presentado como el heredero del general San Martín, y el año 1950 es consagrado al culto del libertador. ¿Es menester recordar que este último había rechazado todos los honores?

Otras festividades permiten la glorificación del gobierno, en la cual participan la CGT y Evita. El desfile del 9 de julio, que celebra la independencia de la Argentina, es presidido por el general, que monta un soberbio caballo tordo; el 4 de junio ofrece la ocasión de un ritual de apoyo a Perón. El 1° de mayo, antaño festejado por los obreros socialistas y comunistas, se convierte en la "fiesta del Trabajo", de donde queda alejada toda referencia al internacionalismo. En la ciudad, el peronismo se afirma mediante letreros, anuncios publicitarios, inscripciones que alientan el culto a la personalidad de la pareja presidencial. Fuera del peronismo no hay salvación. Tras el encierro de Re-

---

[15] Sobre estos aspectos, véanse los excelentes artículos reunidos ibíd.
[16] M. Plotkin, ibíd., pp. 171-217.

yes, otros obreros son torturados, como esos cuarenta y tres empleados de la Compañía de Teléfonos, que se negaron a adherir al partido peronista.

Entre los gestos simbólicos que marcan la apropiación peronista de los espacios urbanos, uno de los más notorios es la apertura del *Colón* a las masas; de hecho, a los dirigentes sindicales. Una multitud poco educada frecuenta ahora los salones dorados y los delicados sillones de terciopelo de la sala. El 26 de noviembre de 1946, los bombos peronistas resuenan en el *Colón* para festejar la nacionalización de los ferrocarriles proclamada por Perón, en mangas de camisa. En las calles, camiones repletos de gente que aúlla: "¡Los ferrocarriles son nuestros!". El repertorio lírico debe abrirse a músicas populares, y conjuntos folklóricos tocan por primera vez en escena. Se toma entonces la costumbre de aclamar a un buen cantor o a un músico de tango gritando: "¡al *Colón!*". El popular Osvaldo Pugliese –que por otra parte simpatiza con el Partido Comunista– será así ritualmente ovacionado. En 1985, a los 80 años, aquel que debutó en un café de Maldonado finalmente podrá satisfacer el deseo del público.[17]

Evita y sus "grasitas"

De 3 millones y medio de habitantes en 1936, Buenos Aires pasó a cerca de 5 millones en 1946. En esa fecha, una gran parte de la clase obrera viene de las provincias del interior.[18] Estos inmigrantes, en su mayoría, son mestizos andinos o guaraníes. Siempre estuvieron presentes, pero en pequeño número, pues estaban sumergidos por la ola inmigrante europea. En adelante, se los ve por las calles, y su apoyo incondicional al peronismo inquieta a la burguesía. La visión de esos rostros oscuros enmarcados por cabellos de azabache remite a la imagen de una América Latina que se han esforzado por negar. Los descendientes de africanos han desaparecido, y su lugar, que permanecía vacante, ahora está ocupado por esos indios cruzados con blancos. Ellos pagan los costos de un racismo que no puede expresarse abiertamente. Los llaman "cabecitas negras" o, con mayor desprecio, "la negrada".

---

[17] Salas dedica un capítulo a este músico, pp. 311-315.
[18] Gutman, pp. 168-173.

Los "cabecitas negras" están presentes en todas las manifestaciones políticas; el domingo, muchos de ellos se reúnen alrededor del monumento a Garibaldi, en la Plaza Italia, donde hay un baile popular con múltiples orquestas: a las de tango se añaden conjuntos folklóricos del Noroeste o de la música del Litoral. Julio Cortázar, en su cuento "'Las puertas del cielo", describe a esos "monstruos" a través de la visión que de ellos tiene un abogado: "Las mujeres casi enanas y achinadas, los tipos como javaneses o mocovíes [...] el pelo duro peinado con fatiga, brillantina en gotitas [...] jopos enormes [...] no se concibe a los monstruos sin ese olor a talco mojado contra la piel". En otro cuento, los "cabecitas negras" –que jamás son nombrados– ocupan una vasta mansión habitada por un hermano y su hermana, que deben abandonar el lugar. Los mestizos han reemplazado a las "narices ganchudas" y la mirada "degenerada" de los napolitanos de fines del siglo XIX.[19]

Estos inmigrantes vienen a aclamar a Perón desde lejanas provincias. Cuando Evita comienza a aplicar su programa de justicia social afluyen a la capital para pedirle un favor, tras largas colas que en ocasiones duran días enteros. Para aquellos que vivieron en una extrema penuria, Evita es más que una madre, es una verdadera santa venerada. Sus reclamos son razonables: una prótesis para un enfermo, una máquina de coser, una casita para reemplazar la que se incendió, un puesto de maestra para una hermana desocupada... La Argentina acumuló reservas importantes luego de la guerra. La desgracia de Europa fue su prosperidad –sus divisas pasaron de 1.300 millones a 5.640– y su situación sigue mejorando hasta 1950, gracias a las buenas cosechas y la escasez que reina en Europa.[20]

Fortalecida por esas riquezas, Evita actúa, atropellando las lentitudes del pasado. No solamente se desvive sin reparar en nada –y es difícil no admitir que su acción trae un bienestar real a los más carecientes–, sino que acelera reformas y leyes sociales: el voto femenino, pensiones para los jubilados, hospitales, escuelas, regalos para los niños pobres, colonias de vacaciones... Está investida de una verdadera misión en favor de aquellos a quienes llama sus "grasitas". Las escenas, que tienen más que ver con el registro religioso que con el político, se multiplican: besos a los sifilíticos, caricias a los niños sarnosos y a los

---

[19] Los dos cuentos forman parte del libro *Bestiario*.
[20] Tomamos estas cifras de Romero, I. L. y L. A., 1983b, pp. 132-133.

ancianos desencarnados. Como lo sugiere Alicia Dujovne-Ortiz, es verosímil pensar que ella ya sabe que sus días están contados y que debe proceder con rapidez.

En la década de 1940, esos emigrantes se instalan en los intersticios de la ciudad. Bajo el puente de Palermo, campamentos de familias viven en la mayor indigencia. En zonas más alejadas construyen villas miseria con materiales recuperados. Eva Perón visita esas ciudades miserables. En Villa Soldati, conmovida por el horror, les anuncia que reacomodará a todo el mundo y les ordena que dejen el lugar en el momento, sin llevarse nada. En cuanto los ómnibus se los llevan, Evita hace quemar todo y espera que el fuego haya consumido los últimos vestigios para que nadie se sienta tentado a volver. Trabaja sin descanso, haciendo construir alojamientos sociales, ciudades de tránsito, viviendas de bajo alquiler en la periferia de Buenos Aires, ciudades obreras pronto estropeadas por la incuria.[21] También crea centros deportivos para los jóvenes desarraigados y recibe el apoyo de un campeón, Juan Manuel Fangio.

La cultura al margen

El régimen de Perón sofoca la oposición crítica al tiempo que deja algunas playas de libertad vigilada. Los diarios fueron comprados por Evita. *La Nación,* diario conservador, es uno de los escasos periódicos "libres". Los intelectuales, masivamente hostiles a Perón, son el blanco del régimen. Algunas medidas que apuntan a humillar los grandes nombres de la cultura golpean a hombres como Borges, que es despedido de su puesto en la Biblioteca Municipal para ser "promovido" a la inspección de aves y conejos en los mercados públicos. Para sobrevivir, el escritor da cursos de literatura inglesa en establecimientos privados. La Universidad, por su parte, es sofocada, y la ley de octubre de 1947 suspende las conquistas de la reforma.

La represión policial apunta a las actividades de los opositores al régimen, y se invoca el plan militar de defensa del orden interno, el plan Conintes, para justificar esos controles. Los mitines de los partidos políticos son prohibidos. La vida cívica, antaño tan efervescente, es puesta

---

[21] Dujovne-Ortiz, pp. 172-173.

entre paréntesis. La discusión es reemplazada por el adoctrinamiento. El libro atribuido a Eva Perón, y que fue redactado por un partidario, *La razón de mi vida,* se convierte en lectura obligatoria en las escuelas. La censura peronista a menudo adopta posiciones extravagantes. María Teresa León narra cómo el oficial que se ocupaba de la censura en la radio se opuso a que ella declamara una poesía de Rubén Darío, "Canto a la Argentina", porque la palabra "libertad" se repetía veinte veces. En otra circunstancia se le pidió, a propósito de un poema de García Lorca, que reemplazara la palabra "cama", considerada demasiado obscena, por el poético "lecho".[22]

A pesar del antiperonismo de la revista *Sur,* ésta siguió apareciendo, financiada por la fortuna de Victoria Ocampo. Gracias a esta publicación de calidad, América Latina pudo descubrir la literatura extranjera del siglo XX, Joyce, Malraux, Graham Greene, Virginia Woolf, Sartre... *Sur* también edita *Las letras francesas,* cuyo primer cuaderno aparece en 1941 bajo la dirección de Roger Caillois. El consejo de redacción reúne a los literatos más talentosos de la Argentina: Ernesto Sabato, Julio Cortázar, Adolfo Bioy Casares, autor de *La invención de Morel.* Fue Victoria Ocampo la que presentó a ese joven escritor a Borges. Entre los dos hombres se anuda una profunda amistad que engendra una larga colaboración: seducidos por los enigmas policiales, inventan a un autor doble, Bustos Domecq, cuyos relatos encantan a toda una generación embrutecida por la propaganda peronista.

A Witold Gombrowicz no le agradan "el opresivo olor de los millones" de Victoria Ocampo, ni Borges, ni la revista *Sur,* aunque sienta simpatía por Ernesto Sabato, que la dirige durante un tiempo. Este hombre extravagante, fascinado por los bajos fondos del Retiro, desdeña a los intelectuales vueltos hacia París.[23] Al llegar en 1939 a bordo de una nave polaca como corresponsal de su país, debía pasar apenas algunas semanas en el Río de la Plata. La guerra lo sorprendió en Buenos Aires y decidió quedarse. Permanecerá en la Argentina veinticuatro años, la mayor parte de ellos en una gran pobreza material. Gombrowicz frecuenta los bares de Corrientes, donde los jóvenes lo escuchan, fascinados por su talento de narrador y por la intransigencia de sus palabras. Se lo ve regularmente en el primer piso del café *Rex,* al lado del

---

[22] León, pp. 273-274.
[23] Gombrowicz, pp. 61-65.

cine del mismo nombre, donde su amigo Paulino Frydman organiza una sala de ajedrez en el primer piso. En este ambiente bohemio, Gombrowicz decide traducir su novela *Ferdydurke*, que logró un éxito de prestigio en Polonia. Pero el escritor habla mal el español y nadie, aparte de Frydman, conoce el polaco. Para superar el escollo lingüístico, organiza en *El Rex* una traducción colectiva llevada a cabo en una sala del café, en la cual participan unas quince personas, la mayoría salidas de otros países latinoamericanos, jóvenes estudiantes a los que se unen jugadores de billar u otros clientes ocasionales. El libro aparece finalmente en 1947 en Argos, un editor confidencial.

Precisamente esta traducción sorprendente es la que se convertirá en el texto de referencia para las posteriores versiones francesa, inglesa y alemana de esas "fantásticas aventuras de un hombre infantilizado", y que garantizarán el éxito de Gombrowicz en Europa. El texto se caracteriza por la invención de palabras nuevas, a la manera de Joyce. En la traducción, esta inventiva es acentuada por la presencia de palabras latinoamericanas de diferentes orígenes, y por el hecho de que a Gombrowicz le atraen sonoridades del español que le gustan y adopta tales palabras. Luego de la publicación de *Ferdydurke* funda la revista *Aurora*, título escogido por irrisión, con el subtítulo de "Revista de la Resistencia", y que constituye un manifiesto *underground*, donde critica la literatura argentina, que encuentra inauténtica. Como un verdadero aguafiestas, en esa década de 1940 Gombrowicz encarna la polémica literaria. En Buenos Aires redacta, en polaco, los textos que le darán un renombre internacional, *Transatlántico*, *El matrimonio* y *La pornografía*.

Días tranquilos en Palermo

La exacerbación de los conflictos entre peronistas y oligarcas no impregnaba todas las esferas de actividades. El barrio seguía siendo un lugar de convivencia, donde subsistían vestigios de los tiempos antiguos. El mío se extendía entre las cinco cuadras de la calle Lafinur entre Las Heras y la avenida Libertador, que separa el barrio del Parque de Palermo, allí donde la casia de Manuelita enfrenta al monumento de los Españoles. Salvo excepciones, entonces las casas de Lafinur eran todas bajas. Las más señoriales databan de 1920. Tres líneas de tranvía unían el barrio con el centro y el sur de la capital. Las ruedas chirriaban contra los rieles, soltando un olor a chatarra quemada que a mí me parecía agradable. Al llegar a la esquina, el chofer agitaba la campanilla para anunciar su paso y, sobre todo, para prevenir a los chicos que jugaban a la pelota. Los tranvías desaparecerían en la década de 1950, echados por el automóvil.

Todos estábamos convencidos de que Buenos Aires era "una de las más bellas ciudades del mundo", pero nadie se sorprendía de la supervivencia, en lo que ya era un barrio "del centro", de islotes arcaicos, como la herrería, donde se herraban los caballos de tiro, porque aún eran numerosos los coches a caballo que recorrían la ciudad para proponer mercancías diversas: escobas, plumeros y baldes apilados, sillas de mimbre, espejos, vidrios, frutas y legumbres –los vendedores eran sobre todo calabreses y napolitanos–, cántaros de leche –comercio monopolizado por los vascos–, sin contar los botelleros y los basureros, que generalmente eran mestizos de las provincias. A dos cuadras de nuestra casa, y lindando con la moderna avenida Las Heras, podía verse todavía un huerto, fragmento de campo olvidado por el crecimiento urbano. En el medio de ese campo, en una barraca improvisada, vivía un hortelano vestido con bombachas de gaucho, que vendía papas y puerros. La huelga desencadenada por los vendedores del Mercado Central durante el advenimiento de Perón hizo la felicidad de este campesino, que poco tiempo después desapareció con su "rancho" y sus legumbres, para ceder el lugar a un edificio imponente de la Marina.

En la esquina de Lafinur y Las Heras, allí donde hoy se yerguen un supermercado y apartamentos de lujo, un edificio grisáceo y heterogéneo era utilizado como dancing. El sábado a la noche, las criadas del barrio se daban cita con muchachos de pelo engominado, un pañuelo de seda blanca al cuello y pantalones oscuros, muy subidos, y por tanto provistos de una interminable bragueta abotonada. Los días de baile, pese a la prohibición de nuestros padres, bordeábamos esos muros de mala fama contando los preservativos. Bajo el primer gobierno de Perón, el salón fue cerrado y transformado en el club deportivo de Correos y Telecomunicaciones, abierto para todos, antes de desaparecer a su vez. Ya adolescentes, los chicos de Lafinur conocieron las emociones de las competencias, y soñaron con convertirse en campeones.

En ese decenio de 1940, la calle todavía era un lugar de vida. Un agente de tránsito, plantado en la esquina de nuestra casa, vigilaba a los niños que jugaban en bandas sobre las veredas. Como señal de gratitud, una madre o una abuela le daba un sandwich o una galletita, que ningún reglamento, al parecer, le impedía devorar. Uno de los lugares de reunión de los chicos era la esquina de Lafinur y Cabello, delante del taller de un zapatero croata, amurallado en su lengua, que en ocasiones estallaba en imprecaciones incomprensibles cuando una pelota rozaba su vitrina. El zapatero tenía una chiquita rubia encantadora, que le había inspirado el nombre de su taller, *La Princesita*, a cuyo alrededor daban vueltas los chicos de la esquina: los temibles "corderos", que debían su apodo a su pelo rizado, y otros granujas llamados "el moreno", "el gordo", "los turcos". Pertenecían a la "segunda generación" de los inmigrantes, provenientes de las regiones más diversas del planeta. A una calle de allí, una familia de gitanos ocupaba una vieja vivienda porteña, todo a lo largo, y de mañana, a través de los vidrios, podían verse los edredones de colores vivos apilados unos sobre otros; los gitanos no se mezclaban con los otros chicos del barrio, salvo cuando había que reclutar para el fútbol.

En la esquina opuesta a la zapatería, un viejo almacén, regentado por gallegos, también hacía las veces de taberna y venta de cigarrillos, *La Flor de Mondoñedo*. En esa tienda poco atractiva se encontraba de todo: jamones italianos colgados de ganchos, chorizos, sopresatas, tarros de pepinillos y ajíes, escabeche, gorgonzola bajo una campana de vidrio, golosinas de todo tipo y dulce de batata, la cual, acompañada de una tajada de queso, constituía un plato muy apreciado, llamado "postre vigilante". La esquina de la taberna era el alma del *Mondoñedo*, ese "bar querido, que es lo que más se parece a mi vieja", según Enrique Santos Discépolo. El domingo, los hombres jugaban a las cartas y los dados, apostaban a los caballos –que llamaban "los burros"– y discutían de fútbol. Muchos dejaban clavos muy pesados y los propietarios terminaron por cansarse de vender a pérdida. Luego del letrero fatídico "¡Aquí no se fía!", el patrón declaró públicamente: "¿Quieren tabaco? ¡Fumen hostias!". Cuando Perón tomó el poder, la taberna se convirtió en una unidad básica de su partido. El núcleo de parroquianos permaneció tras la huida del dictador y sólo desapareció con el local y los propietarios. Las noches de verano se oían insultos y discusiones; el olor a fieras, tenaz y sensual, subía del zoológico vecino. "Huele a puma, va a haber tormenta."

Esas voces no eran las únicas que animaban la calle. Las noches de luna llena –por lo menos era lo que pretendían los adultos– una pareja de gallegos recorría la calle aullando maldiciones bíblicas que nos hacían temblar. Corría el rumor de que su hijo había sido fusilado en España por Franco y desde ese día funesto ambos habían perdido la razón; ella se paseaba, desgreñada, con los ojos desorbitados, y él hacía molinetes con los brazos o esgrimía el puño (¿amenaza o recuerdo de una vieja militancia?). Los desdichados terminaron por agotarse; los echaron del cuarto que alquilaban en una casa colectiva y, a todas luces, terminaron en el asilo de alienados. Otros personajes extraños deambulaban, como Guido, sumido en un mutismo total, que calentaba su reumatismo al sol, plantado sobre la vereda del zapatero, mientras contaba infatigablemente sus dedos.

A una cuadra de Las Heras se levantaba una bella casa de estilo neocolonial que parecía un palacio de Extremadura. Ese centro para no videntes fue consagrado como hogar de tránsito dirigido por la rama femenina del peronismo. Con el tiempo, el revoque se cascó, los rosales desaparecieron y las inscripciones recubrieron las paredes de la casa. Aunque esa sede atrajera cierta cantidad de gente, la mayor agitación era el domingo durante los grandes partidos, cuando los hinchas de River Plate pasaban en camión, aullando su victoria, o bien cuando los comentadores anunciaban en la radio: "*Goool...*", ese grito interminable que tardaba en esfumarse en el aire y que daba escalofríos. También estaba el llamado del botellero, juntando las botellas viejas en su carreta, la ocarina del afilador de cuchillos, el organillo del vendedor de helados, las voces y las risas, pero también las peleas, que se alzaban de los patios, "bruja", "cerdo", nombres propios, llamados, sollozos. Eran sonidos familiares, modulados por el viento, que escandían las horas de la jornada. Sin que uno se diera cuenta, esos rumores urbanos y variados desaparecieron poco a poco, ahogados por los tubos de escape y el despliegue automovilístico.

Algunos ruidos anormales estremecían el barrio: un auto que se estrelló contra la cortina de hierro del zapatero; una bomba que estalló a doscientos metros de ahí en un local de la Marina pero, mucho antes de ese atentado –el primero de una larga serie–, un horrible clamor nos heló de espanto. Dalia, la elefanta del zoológico, se había vuelto loca –como los gallegos– a fuerza de vivir encerrada. Tras haber lanzado un bramido espeluznante que los vecinos aún recuerdan, el animal torció los barrotes con su trompa y logró abandonar su encierro, y poco faltó para que aplastara al guardián. Los policías tuvieron que matarla, no sin trabajo, y los niños lloraron mucho tiempo a su vieja amiga, sobre cuyo lomo todos se habían paseado. La reemplazó un paquidermo triste, que jamás dio que hablar.

Otros acontecimientos transformaron esa calle apacible en pesadilla. Era en el momento de las epidemias de poliomelitis, que se sucedieron a partir de la década de 1940, con el reemplazo progresivo de los caballos –huéspedes privilegiados del virus– por los automóviles. Los primeros signos comenzaban con el calor de diciembre; en el mejor de los casos, la epidemia duraba apenas algunas semanas, pero en ocasiones continuaba todo el verano, e incluso más allá, sembrando el terror en los hogares. La calle no se salvaba, y un día vimos al pequeño polaco de la lechería *La Martona* arrastrando una pierna que parecía de palo. Uno de los "turcos" también fue atacado y estuvo a las puertas de la muerte. Se salvó de milagro –por lo menos es lo que afirmó su madre– y pudo volver a jugar al fútbol sin demasiadas dificultades. En tiempos de epidemia, los chicos se quedaban en su casa y los empleados de la municipalidad pintarrajeaban la parte baja de los plátanos con un baño de cal para sanear el aire. Toda la ciudad se escondía.

Además de los gallegos, españoles, napolitanos, croatas, polacos, judíos de Europa central, sirios, gitanos, la calle albergaba ingleses, que habían construido una linda casa blanca sobre los escombros de una vieja vivienda colectiva y que poseían un lebrel llamado Boy, el perro más aristocrático del barrio. A dos puertas de ahí se levantaba la morada más vieja de la calle, construida a fines del siglo XIX, petit hotel de fachada recargada que se designaba como la Casa del Niño, siendo empleado aquí Niño en el sentido de "hijo de buena familia". Ese individuo, cuyo nombre todo el mundo ignoraba, vivía en esa extraña vivienda en compañía de tres gobernantas de origen indio, de gran belleza. Una de ellas vino a la casa para ayudar en los quehaceres; una amistad se anudó entre ella y nuestra familia y un día nos hizo visitar su casa repleta de muebles antiguos, cuadros y libros. Por desgracia, el Niño tuvo un día la mala idea de casarse y las tres hermanas volvieron a su provincia natal. Todo el mundo las extrañó. El Niño murió sin descendencia, y hoy el petit hotel se convirtió en la embajada de Ucrania.

Las tres hermanas indias estaban entre los pocos autóctonos que vivían en la calle. Aunque nacidas en la Argentina, no eran más porteñas que el vendedor de diarios calabrés o el almacenero del *Mondoñedo*. Las distancias, la incomodidad de los transportes, la inexistencia del turismo, fuera de algunos lugares de veraneo, y el desprecio del porteño por la lentitud provincial y su aburrimiento habían reforzado el carácter insular de la ciudad, que se reconocía más en las luces parisinas que en la somnolencia de Gualeguaychú o de Catamarca. En esa época, los barrios aún eran cosmopolitas y socialmente mezclados: nuestra calle tenía sus clases medias y sus hogares populares, flanqueados por la zona de la gran burguesía de Libertador. Muchos de nuestros vecinos hablaban en "cocoliche", pero eso parecía normal, y los viejos inmigrantes gustaban contar que habían desembarcado "con una mano atrás y otra adelante", uniendo a esas palabras un gesto púdico pero sugestivo. Y los argentinos remataban: "Los hombres descienden de los monos y nosotros de un barco".

Muerte de Evita

El destino de Evita, carcomida por un cáncer y extenuada por su tarea, es bien conocido. En esa época, el drama se desarrolla en los rumores, por lo menos para todos aquellos que no están en el secreto de los poderosos. La televisión casi no existe. Los porteños descubren el rostro demacrado de Eva Perón, a quien dicen atacada de leucemia, en las actualidades cinematográficas. Y ahí también es donde puede seguirse la tensión dramática del "día del Renunciamiento". Ese día, a instancias de Perón y del ejército, Evita debe renunciar a presentarse en las elecciones de 1952 junto a su marido. La CGT se lo pidió y los clamores obreros que se elevan de la plaza contrarían visiblemente al general Perón. Circulan rumores sobre su enfermedad. Se murmura "de fuente segura" que no tiene para mucho, que está "embromada". Durante su última aparición, el 4 de junio de 1952, su brazo esquelético sale de la manga de su abrigo, y la gravedad de su mal ya no puede ser ocultada. Pero se ignora que está atada a un soporte oculto bajo su abrigo, para poder tenerse en pie en su auto descapotable.

En los días siguientes, la muchedumbre se reúne alrededor del palacio presidencial y ruega por ella. Se elevan altares en las esquinas, semejantes a los que la religiosidad popular hace florecer para la Virgen del Valle o para Nuestra Señora de Luján. ¿No sería posible un milagro? La CGT organiza una misa pública ante el Obelisco. Ella muere el 26 de julio, y todos los espectáculos se interrumpen a las 20:25.

La explosión de dolor es conmovedora. Durante quince días, el pueblo se inclina ante el ataúd y le rinde un último homenaje. Los conscriptos son movilizados para distribuir bebidas calientes y sopas a miles de personas que hacen la cola a lo largo de kilómetros para decir adiós a su ídolo a través del vidrio de su ataúd. De las provincias más lejanas, aquellos a quienes la oligarquía llama los "cabecitas negras" llegan a la capital para prosternarse ante la que ya está aureolada como una santa. Al releer mi diario de adolescente, compruebo que mis impresiones de la época traducen ese sentimiento de injusticia ante la muerte y de respeto por esa mujer tan amada, cuya ideología jamás compartimos. No descorchamos el champaña –como otros– pero nos indignamos, como la mayoría de la gente, al enterarnos de que una mano anónima había escrito, en el muro del palacio presidencial: "¡Viva el cáncer!". Se habla del mausoleo que va a construirse en el Paseo Colón y del eminente especialista español que procedió al embalsamamiento de Evita, última faraona de un reino de obreros agradecidos.

Naufragio en el Río de la Plata, por Ulrico Schmidl, Levinus Halsius, Nuremberg, 1595.

Fundación de Buenos Aires por Juan de Garay, 1580, según José Moreno Carbonero.
© *Roger-Viollet.*

Primeros años de la independencia

Iglesia de Santo Domingo. © *Roger-Viollet.*

Plaza Mayor y Recova. © *Roger-Viollet.*

Tipos porteños bosquejados por César H. Bacle

Vendedor de escobas. Litografía.
© *Colección particular.*

Gaucho con lazo. Litografía.
© *Colección particular.*

La lavandera. Litografía.
© *Colección particular.*

Dama porteña vestida para ir a misa. El esclavo negro lleva el tapiz para que ella pueda arrodillarse: es el "servicio del tapiz". Litografía.
© *Colección particular.*

Escenas de la vida cotidiana...

Pulpería de campo. Litografía. © *Colección particular.*

Interior de una pulpería. Litografía. © *Colección particular.*

...*en la época de Juan Manuel de Rosas, vistas por C. H. Bacle*

Peinetas en el teatro. "Es imposible ver cualquier cosa con estas pantallas. Por eso prefiero dormir." Litografía. © Colección particular.

Entrecruzamiento de peinetas. "¡Jesús! ¡Separáos! —¡Dejadme pasar, por el amor de Dios! —¡Ay, me lo rompéis!". Litografía. © Colección particular.

General José de San Martín. © *Roger-Viollet.*

Partida de Juan Manuel de Rosas. © *Roger-Viollet.*

Antes del arreglo de Puerto Madero

Desembarco. Dibujo de Weber. © *Roger-Viollet.*

Panorama desde la Plaza de la Aduana. © *Roger-Viollet.*

Buenos Aires...

Plaza de Mayo. La catedral y la pirámide. Dibujo de D. Lancelot. © *Roger-Viollet.*

En las orillas de la ciudad. Dibujo de G. Vuillier. © *Roger-Viollet.*

...en el siglo XIX

Las carretas de la pampa sobre la plaza del Mercado de lanas. Dibujo de G. Vuillier. © Roger-Viollet.

Calle San Martín. Dibujo de Taylor. © Roger-Viollet.

Buenos Aires...

Calle Bartolomé Mitre, el corazón de la City (1910). © *Roger-Viollet.*

Calle Florida. © *Roger-Viollet.*

...en el siglo XX

Plaza del Congreso. © *Roger-Viollet.*

La avenida de Mayo que une la Plaza de Mayo con el Congreso. © *Roger-Viollet.*

Concentración en torno del candidato peronista, I. Luder, octubre de 1983. © Sygma-Carrion.

Manifestación electoral de Raúl Alfonsín, el 26 de octubre de 1983. © Sygma-Carrion.

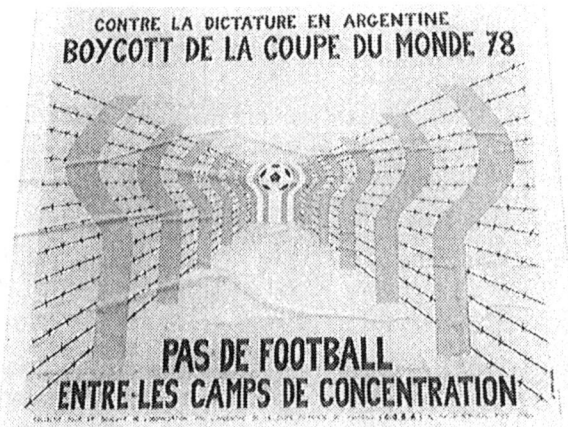

Afiche hostil a la organización por la Argentina de la Copa del Mundo de fútbol (1978). © Roger-Viollet.
"Contra la dictadura en Argentina. Boicot a la Copa del Mundo '78.
Nada de fútbol entre los campos de concentración."

IV

¿BARBARIE O CIVILIZACIÓN?

El oeste de Buenos Aires, a comienzos de la década de 1970.

11. BÚSQUEDAS DE IDENTIDAD
(1952-1966)

> De todos modos levanté el brazo para saludar a la muchedumbre invisible, como para tratar de decirle algo.
>
> DANIEL MOYANO, *El monstruo*.

Con Evita, Perón perdía su mejor carta, el capital simbólico representado por su mujer, venerada ahora como una santa. Su carisma le había sido necesario para consolidar su poder, a riesgo de ver que su popularidad declinaba en beneficio de "la Madona de los descamisados". Ahora debía ocupar el primer lugar en el corazón del pueblo. Pero su esposa, muerta, era tan molesta como viva. ¿Qué hacer con sus restos? El proyecto de construir el monumento funerario sobre la Plaza de Mayo, como ella misma lo había deseado, finalmente se descartó. El general prefirió edificarlo sobre la avenida Libertador, no lejos de la Recoleta, lo cual también era una manera de mofarse de la oligarquía de los bellos barrios. Había una estatua yacente de "la Señora"; se la reemplazó por la de un proletario con los puños cerrados, el cuello de la camisa abierto sobre el pecho, cuya cara se parecía a la de Perón.[1] El cuerpo de "la señora de la Esperanza" sería colocado en una cripta, abierta a los visitantes. En espera del fin de los trabajos del mausoleo, Evita descansaba en los locales de la CGT.

Al tiempo que multiplicaba las señales de dolor, Perón comenzó a librarse poco a poco del dominio de su mujer. El 17 de octubre siguiente hizo una lectura pública del testamento de su esposa, nombrándolo su heredero. En efecto, la difunta poseía cierta cantidad de inmuebles,

---
[1] Page, II, p. 43.

además de objetos personales y sumas de dinero depositadas en bancos. El documento, empero, había sido redactado en ausencia de testigos, y se insinuó que era falso; era nulo y sin valor frente a la ley, y se solicitaba la distribución de los bienes entre los dos herederos, su marido y su madre. Ésta se negó a renunciar en beneficio de su yerno. En virtud del chantaje ejercido sobre su hijo, Juan Duarte, entonces secretario del presidente, tuvo que obedecer.

Algunos meses más tarde, Juan aparecía muerto en su apartamento. Los diarios hablaron de suicidio; según el rumor, se trataba de un suicidio "a quemarropa". Algunos testigos habían oído tiros y visto a policías merodeando por el apartamento. El asunto fue sofocado, y se explicó la muerte del hermano de Evita por la enfermedad que lo afectaba desde hacía tiempo, y por la depresión que había seguido a la defunción de su hermana. El hombre era famoso por sus calaveradas y únicamente sus prójimos deploraron su desaparición. Pero su "suicidio" mostraba que el presidente quería librarse de la camarilla fiel a su esposa. Luego de Juan Duarte, los que habían rodeado a la Señora cayeron en desgracia, incluido el fiel Mercante.

El oro de los nazis

El misterio de la muerte de Juan Duarte volvía a poner en el candelero la cuestión de las relaciones entre la pareja Perón y los nazis, que ya había sido denunciada por Braden. A pesar de los esfuerzos del presidente para hacer olvidar sus amistades con los partidarios de Hitler, éstos siempre habían pesado sobre su reputación. Algunos rumores persistentes, nacidos en los años de la guerra, daban cuenta del desvío del tesoro de los nazis por Perón y aquella que aún era Eva Duarte. Ninguna prueba definitiva se pudo ofrecer, pero ¿acaso existen archivos para consignar tales estafas?

Antes del derrumbe del III Reich, Martin Bormann habría descubierto la existencia de un verdadero tesoro depositado en el Reichsbank de Berlín, consistente en joyas y lingotes de oro robados a los judíos enviados a los campos de exterminio. Ese botín habría sido encaminado hacia Argentina, país que ostentaba la neutralidad para con los beligerantes, al tiempo que testimoniaba simpatías por el régimen de Hitler. En efecto, Buenos Aires era uno de los tres destinos posibles, con Madrid y el Medio Oriente, para los nazis derrotados. Es casi seguro que Josef Goebbels habría colocado en 1942 una fuerte suma de dinero en un banco argentino; el ministro de Relaciones Extranjeras Joachim von Ribbentrop también transfirió sus fondos personales a bancos alemanes instalados en la capital porteña.[2]

Al final de la guerra, Perón guardó silencio sobre el genocidio, pero expresó la indignación que le inspiraba el tribunal de Nuremberg, al que consideraba incompetente para juzgar a militares. No obstante, no persiguió a los judíos, numerosos en la Argentina, y declaró que su designio era no destruirlos sino integrarlos. Los rumores sobre el oro nazi se forjaron en julio de 1945, cuando un submarino alemán se rindió a la marina argentina, en las costas de Mar del Plata. Los oficiales declararon que, habiéndose enterado de la capitulación, preferían rendirse a los argentinos antes que a los ingleses. Agregaron que no transportaban ni a Hitler ni a Eva Braun. Esta aclaración dio libre curso a las suposiciones más locas: durante todo el peronismo, algunos no descartaban la eventualidad de la presencia de Hitler en Argentina. En 1954, cuando yo pasaba unas vacaciones en casa de amigos judíos alemanes en la localidad andina de Bariloche –allí donde el responsable de la matanza de las fosas ardeatinas fue recientemente detenido–, creímos reconocer el rostro del Führer bajo los rasgos de un montañés germánico...

Un segundo submarino vino a rendirse a la Marina argentina, desembarcando cajones que, al parecer, contenían fondos destinados a ayudar a los refugiados nazis. Como había que depositarlos en un banco, en espera de la llegada de las personalidades importantes –entre ellas Martin Bormann–, se las colocó, o se las habría colocado, a nombre de Eva Duarte, para no comprometer la carrera política de Perón. Fue un amigo de la pareja, Ludwig Freude, probablemente un espía del Reich, quien los habría puesto en el secreto del asunto. Perón recibió una suma considerable de dinero al vender 8 mil pasaportes a los refugiados del Eje.

Durante su gira europea de 1947, Eva Perón se dirigió a Suiza, donde pasó algunos días, y se insinuó que entonces había depositado una parte de ese dinero en una cuenta a su nombre de soltera. Tras el deceso de su esposa, Perón, que no tenía la firma, habría enviado a Juan Duarte a Suiza para transferirlo, sin éxito. Varios indicios –pero no

---

[2] Dujovne-Ortiz, pp. 105-116.

pruebas– tienden a mostrar que Perón jamás pudo echar mano a ese hipotético tesoro.[3] En 1987, bajo la presidencia de Raúl Alfonsín, se descubriría que el cuerpo del general enterrado en el cementerio de la Chacarita había sido mutilado, y que le habían cortado las manos. Para explicar ese gesto extraño, se contó que Perón conservaba grabados en su anillo los números de la cuenta secreta. Las manos del "primer trabajador" alimentan las leyendas sobre los misterios de Buenos Aires.

Gracias a los pasaportes vendidos por Perón, criminales de guerra buscados en Europa pudieron instalarse tranquilamente en el país con nombres falsos. La red de croatas ustachis escogió Buenos Aires por ser la sede del gobierno del Estado independiente de Croacia en el exilio. Entre estos refugiados se encontraba el famoso Ante Pavelic, cuya crueldad con respecto a los serbios y los guerrilleros nadie ignoraba, que se convirtió en instructor de la policía. Otro ustachi, Mile Ravlic, con un nombre prestado, debía convertirse algunos años más tarde en un hombre de confianza de Perón y de su mujer Isabel. Desde la capital, el grupo organizó acciones terroristas contra yugoslavos. Pavelic emigró a España en 1957, tras haber escapado a un atentado, y murió un año después.[4]

El temible Otto Skorzeny llegó a Buenos Aires en 1948, y también fue instructor de la policía. Josef Mengele también parece haber vivido en Argentina hasta la década de 1960. En cuanto a Martin Bormann, el propietario del tesoro, algunos testigos aseguran haberlo visto en Buenos Aires a comienzos del decenio de 1950. El diplomático norteamericano John Griffiths afirmó que Bormann vivía en Argentina; en la época se vio en esto una difamación lanzada por Spruille Braden para desacreditar al presidente.

La presencia de nazis en Argentina, pues, es un hecho probado. Los nazis disponían de un diario en lengua alemana y difundían abiertamente su propaganda, como lo acreditan publicaciones impresas en Buenos Aires, que todavía pueden encontrarse entre las librerías de ocasión de la calle Corrientes.[5] Otros llevaban una existencia discreta, como Rudolf Eichmann, uno de los más altos responsables de la Shoah, detenido en 1960 por el Mossad, en el curso de una operación cuya audacia

[3] Ibíd., pp. 217-218.
[4] González Janzen, pp. 82-84.
[5] Wilfred von Oven: *Mit Goebels bis zum Ende,* Buenos Aires, Dürer-Verlag, 1950, 2 volúmenes. Puede consultarse en la BDIC de París-Nanterre.

sorprendió al mundo entero.⁶ Él vivía en el lejano suburbio de Escobar, en un alojamiento modesto. Al enterarse de su arresto, mi padre observó que la ventana de la casa del criminal daba al cementerio israelita.

Una jornada terrible

Perón había alejado a los partidarios de Evita, cuya popularidad le hacía sombra. En adelante, el movimiento estaba congelado en la burocracia y el servilismo de los cortesanos, ya que la exaltación militante de los primeros tiempos había dado paso a la rutina. En abril de 1953, la CGT organizó una manifestación de apoyo al presidente, quien por primera vez debía enfrentar dificultades económicas. Como de costumbre, las demostraciones se desarrollaban en la Plaza de Mayo. Sin embargo, apenas comenzado, el discurso de Perón fue interrumpido por un ruido de explosión, seguido por una segunda detonación. Las bombas sembraron el pánico y produjeron seis muertos y varios heridos. El general habló con desdén de las "bombitas"; luego, antes de despedir a la multitud, agregó que tal vez había vuelto el tiempo en que iba a ser necesario andar con alambre de púas en el bolsillo. El presidente reanudaba su táctica: jugar con dos barajas, empujar y retener, para luego aparecer como negociador.

La noche que siguió a la carnicería de la plaza fue terrible. Comandos de extrema derecha se dirigieron hacia la Casa del Pueblo, la sede del diario socialista *La Vanguardia,* prohibido desde hacía tiempo, a los gritos de: "¡Judíos, a Moscú!". Tras una lluvia de piedras lanzaron bolas de papel encendidas y regaron el lugar con nafta; en esa hoguera ardió la biblioteca formada por Juan B. Justo sobre la historia del movimiento obrero.⁷ Otro destacamento eligió como blanco el aristocrático Jockey Club de la calle Florida, donde hizo irrupción, prendiendo fuego a antiguas tapicerías y a cuadros de Goya y de Velázquez, irrisorio auto de fe, al que añadió los restos de una antigua estatua de Diana cazadora. Antes, los malhechores habían tenido el cuidado de saquear la bodega y llevarse las botellas. Según un testigo, que vio las mangueras pinchadas, los bomberos no hicieron nada.

⁶ Dujovne-Ortiz, p. 115, explica por qué Mengele fue perdonado por el Mossad.
⁷ Page, II, p. 17.

Varias personalidades de la oposición fueron detenidas: militantes socialistas y comunistas, intelectuales, como el filósofo Francisco Romero y Victoria Ocampo, que fue encerrada en una prisión para mujeres cerca de la iglesia de San Telmo. Gracias a una campaña internacional y a la intervención de Nehru, fue liberada dos meses más tarde.[8]

El atentado de abril ponía al desnudo la fragilidad del régimen de Perón. Un año antes de la muerte de Evita, un pronunciamiento militar de poca envergadura había sido sofocado, y el presidente había dado testimonio de su buena disposición hacia el ejército invitando a su esposa a renunciar a la vicepresidencia. Esta vez, la amenaza era más grave. Se designó al culpable, un modesto ingeniero militante radical, Roque Carranza, que pudo escapar al Paraguay. Mucho más tarde, mi madre se enteró de que el terrorista había sido nuestro vecino en la calle Lafinur y que preparaba sus máquinas infernales en el piso inferior.

Juventudes despreocupadas

Tras la desaparición de Evita, la comezón se adueñó de su esposo. Para distraerlo, y sin duda también para escapar a la purga de los evitistas, su ministro de Educación le propuso un plan para convertir a los adolescentes a la causa peronista. Así nació la Unión de Estudiantes Secundarios, cuyo objetivo era desarrollar en los alumnos el gusto por el deporte y las competencias.

Perón se aburría en su amplia residencia de Olivos, y propuso abrir el parque a reuniones deportivas de chicas, que serían invitadas alternativamente durante todo un día; además, las delegadas de la clase tenían el privilegio de compartir el almuerzo con el presidente: la comida se desarrollaba con buen humor, y las chicas llamaban al general por su apodo, "Pocho"; por su lado, él les enseñaba a andar en motoneta (que les ofrecía generosamente, y que los porteños llamaron "pochonetas"). La oposición no tardó en hablar de orgías y corrupción de la juventud. El hecho es que Perón se encaprichó con una joven de 13 años, Nelly Rivas, que vivió con él: "la Alegría del general" asistía a representaciones oficiales, a su lado. Además de esas alumnas del secundario, le adjudicaron otras conquistas, entre ellas la actriz Gina Lollobrigida, en

---

[8] Vázquez, p. 185.

la cumbre de su belleza, que había venido a la Argentina para un festival de cine. Las malas lenguas pretendieron que, sin saberlo la estrella, los fotógrafos la habían fotografiado con una película que dejaba adivinar, bajo su vestido, su cuerpo desnudo...

Una campaña muy dura fue llevada contra los homosexuales. Sin duda, su objetivo era hacer olvidar el escándalo de las alumnas de Olivos y oponerse a un principio de impugnación en el campo de la cultura. Grupos de jóvenes organizaban representaciones fuera del circuito comercial, con actores no profesionales. Esos pequeños teatros paralelos, pero no prohibidos, montaban obras contemporáneas, poniendo en circulación ideas no conformistas. Para luchar contra la amenaza que supuestamente representaban, volvió a hablarse de la necesidad profiláctica de abrir casas de tolerancia. La caída de Perón impidió el retorno a la prostitución legalizada.[9]

A mediados de la década de 1950, la juventud dorada de Florida se desplazó a Santa Fe e invadió el *Petit Café*. Su lenguaje y modales snobs le valieron el mote de *petiteros*. Los jóvenes de las clases medias los imitaron, y las elites les abandonaron el *Petit Café* por lugares más elegantes, alrededor de la Recoleta, como *La Biela* y *Via Veneto*. Los jeans habían hecho una aparición tímida; los que se fabricaban en Argentina sólo eran utilizados en el campo. Determinados signos de reconocimiento –ancho de los pantalones, longitud del saco, tipo de camisa– distinguían a los jóvenes. La elegancia de Evita servía de modelo a las militantes feministas, que se vestían sin fantasía pero con distinción, para escapar a la imagen proletaria que la oposición daba de ellas. Los "cabecitas negras" retomaban esas modas a su manera. Los porteños, en su conjunto, se vestían con una discreción rara en América Latina. En esos años del decenio de 1950, los ritos de pasaje aún existían: las fiestas de quince para las chicas, los noviazgos, los bailes al son de los boleros, y el romanticismo exacerbado.

La televisión había hecho sus tímidos comienzos en 1951, pero muy pocos hogares poseían aparatos; por el momento, reinaban en los salones de los cafés, sobre todo en las retransmisiones de partidos de fútbol. La radio seguía siendo el medio de difusión más importante. Fuera de las emisiones de tango, otras melodías inundaban los salones de baile y los hogares. El italiano Domenico Modugno y su *Blu dipinto di blu* se escuchaba en todas partes. Los españoles no se quedaban atrás: Lola Flores tuvo un éxito total, que un poco más tarde reiteró la bella Sarita Montiel,

---

[9] Guy, p. 180.

con el tango *Fumando espero*. Entre los jóvenes, el conjunto Los Plateros pulverizaba los records de escucha. Como en todas partes en Occidente, se adoraban sus canciones, que era posible descifrar a través de un código peronista. ¿Había que extasiarse con *Only you* o bien preferir *The Great Pretender*? El grupo se presentó en el teatro *Ópera* y no decepcionó.

América Latina también hacía irrupción en las ondas, encarnada por la estrella mexicana Miguel Aceves Mejía, luego del famoso Jorge Negrete, y por la música brasileña. La gran novedad era el ascenso fulminante de la Argentina profunda, la de los "cabecitas negras", que los conjuntos Los Chalchaleros y Los Fronterizos, así como la guitarra de Eduardo Falú, sublimaban. La gente se puso a cantar zambas, a rasgar la guitarra. La moda prosiguió tras la caída de Perón, desplazando incluso, en los ambientes más jóvenes, al tango. Surgieron muchos lugares donde se podía tomar una copa escuchando melodías de las provincias del noroeste. El retorno de Atahualpa Yupanqui, artista prohibido por la dictadura, reforzó ese entusiasmo.

Sí a Perón, no a los curas

Desde el comienzo de su mandato, el general Perón había dado seguridades a la Iglesia; se había prosternado ante Nuestra Señora de Luján y había hecho algunos gestos conciliadores. La jerarquía religiosa había tolerado la sacralización de la mujer del presidente, así como había cerrado los ojos sobre los cultos populares ofrecidos a otras personalidades carismáticas. Pero el dominio de Evita sobre la beneficencia, cuyo monopolio poseía el clero hasta ese momento, condujo a un vuelco en las relaciones entre el Estado y la Iglesia. Para compensar las numerosas festividades peronistas, el presidente suprimió varias fiestas religiosas tradicionales. Luego propuso un proyecto de ley sobre el divorcio. Por último, alentó la expansión de las sectas, lo cual era una manera de limitar los poderes de la Iglesia. Luego de la Escuela Científica Basilio, recibió a un curandero americano, Theodore Hicks, llamado "el hermano Tommy". Con gran acompañamiento publicitario, el hombre santo procedía a realizar curaciones milagrosas, y las ambulancias de la Fundación Evita le traían enfermos.[10]

---

[10] Page, II, p. 47. Que nosotros sepamos, queda por hacer un estudio sobre las relaciones del peronismo con las sectas, el ocultismo y el esoterismo en general.

A todas esas quejas contra el presidente se añadía el escándalo de Nelly Rivas y las "pochonetas". Los curas, invocando la dignidad de la familia, pidieron a los padres que no confiaran a sus hijos a la Unión de Estudiantes Secundarios. El poder contraatacó y puso en prisión a sacerdotes "subversivos"; la teología de la liberación aún no estaba difundida y, en su conjunto, la Iglesia era conservadora. En el curso de una manifestación, en el estadio del Luna Park, los militantes peronistas se inflamaron al grito de "¡Perón sí! ¡Curas no!". Luego, la joven Delia Parodi fue ovacionada cuando declaró: "Compañeros, si algunos caminos llevan a Roma, todos llevan a Perón".

En un país de tradición cristiana, atacar a la Iglesia era una operación arriesgada. Indignados por las palabras blasfemas de los peronistas, los católicos organizaron una marcha que reunió a unas cien mil personas. Era la primera vez, desde las jornadas de 1945, que la oposición tomaba posesión de la calle. En vano, Perón trató de crear una maniobra de diversión convocando al pueblo a recibir al campeón de box Pascual Pérez, de regreso al país tras una gira triunfal. Al año siguiente, en la fiesta de Corpus Christi, muy popular desde la época colonial, los católicos renovaron su conquista. La prensa peronista quiso ridiculizarlos, comparándolos con los que habían participado en el "picnic de la Plaza San Martín", y los acusó, sin duda injustamente, de haber quemado una bandera argentina. Dos obispos argentinos implicados fueron embarcados en un avión y despachados al Vaticano.

Estos conflictos con la Iglesia quebrantaron a la Marina y al Ejército, los garantes de la tradición, que desde hacía tiempo desconfiaban de Perón. El enfrentamiento con la Iglesia les ofrecía un excelente pretexto. Los rumores de golpe de Estado se amplificaron. En la radio, la emisión muy escuchada de Délfor Amaranto Dicasolo, *La Revista Dislocada,* inventó un personaje que canturreaba, con la guasa porteña: "Deben ser los gorilas, deben ser, que andarán por ahí". Esta frase absurda se convirtió en una suerte de señal que anunciaba un pronunciamiento. Cuando los "gorilas" llegaron, el término quedó asociado a los antiperonistas de la "Revolución Libertadora".

Así, pues, los "gorilas" terminaron por llegar, pero tan brutalmente que muchos de quienes los habían esperado, muy rápido empezaron a lamentarlo. El 16 de junio de 1955, tres aviones bombardearon la Plaza de Mayo. Era un poco menos de las 13:00 y, supuestamente, Perón debía seguir, desde la terraza del palacio, una ceremonia aeronaval para honrar "la bandera ultrajada". Las bombas no tocaron al general, pero destruyeron un trolebús repleto que circulaba por Leandro Alem. Tras una jornada confusa en comunicados y contracomunicados, la infantería permaneció fiel a Perón. Comandos armados de cócteles Molotov saquearon las iglesias del centro. Los agresores se pusieron casullas y dieron rienda suelta a escenas de transgresión ante los altares, antes de prenderles fuego. La curia, al lado de la catedral, ardió con sus archivos. Las iglesias coloniales de la Merced, el Socorro, San Ignacio, San Juan, la Piedad y San Francisco fueron devastadas. A diferencia de la década de 1870, el objetivo no era ya solamente una orden, sino el conjunto de los símbolos de la cristiandad.

El incendio de las iglesias provocó un enorme escándalo y Perón fue excomulgado. Durante tres meses, la ciudad permaneció suspendida de las negociaciones, los rumores, las promesas de apertura contrabalanceadas por amenazas. El presidente, recuperando el tono de la época de Evita, exclamó: "Por cada uno de los nuestros que caiga, caerán cinco de los suyos".[11] ¿Estaba la Argentina al borde de la guerra civil? Sin embargo, el presidente se negó a armar a los sindicatos y evitó el baño de sangre.

La "Revolución Libertadora" se realizó en septiembre. Cediendo a la amenaza de la Marina, que estaba dispuesta a bombardear las refinerías de petróleo de Ensenada, Perón dimitió y se refugió en una cañonera paraguaya –como antaño el temible Rosas había huido ante las tropas de Urquiza y abordado una nave inglesa– antes de recalar en Asunción. El golpe de Estado no encontró resistencias, salvo un tiroteo desencadenado por los nacionalistas de extrema derecha, partidarios de Perón. Su jefe, el fascista Patricio Kelly, fue detenido. El 22 de septiembre de 1955, el general Eduardo Lonardi fue nombrado presidente provisional.

La hora de la venganza

A lo largo de la calle Santa Fe hasta la Plaza San Martín –lugar simbólico de la oligarquía–, una marea humana saludó el fin de la dictadura. Todos aquellos que habían sufrido el gobierno autoritario de Perón se habían reunido allí, expresando su alegría ante la libertad recuperada

---

[11] Ibíd., pp. 67-69.

luego de tantos años de excesos peronistas. Los partidarios del régimen caído, agobiados por la derrota –y por la huida poco gloriosa del general–, no se mostraron. Pero de tanto en tanto, mujeres de condición humilde –domésticas o empleadas de los barrios acomodados– atravesaban el gentío en silencio, con los ojos llenos de lágrimas. Por el momento, la gente se regocijaba, y muchos esperaban que el nuevo presidente mantuviera sus promesas. ¿No había declarado que no habría "vencedores ni vencidos", retomando a su cargo la fórmula de Urquiza? Pero Lonardi, que fue reemplazado por el general Pedro E. Aramburu en noviembre del mismo año, pareció demasiado conciliador con el ala dura de la "Revolución Libertadora". El vicepresidente era el temible contralmirante Isaac Rojas. Su intransigencia iba a exacerbar las pasiones y provocar la resurrección del movimiento peronista.

Tras una breve estadía en el Paraguay, Perón pidió asilo a Panamá y dejó correr tranquilamente los días en los cabarets de la región, donde conoció a una bailarina de tercer orden, María Estela Martínez, llamada "Isabelita", que iba a alegrar su exilio. Durante ese tiempo, la "Revolución Libertadora" se echaba atrás respecto de las promesas de Lonardi –que había muerto cuatro meses después de su dimisión– y organizaba la represión del peronismo. La CGT fue puesta bajo el control del Estado y se disolvió el Partido Peronista. Restableciendo sus vínculos con el pasado, que había eliminado todas las huellas de Rosas, la Junta suprimió todo recuerdo material de Perón y Evita. Las ciudades, los barrios, las provincias, las calles, las estaciones y las plazas que, en todo el país, llevaban su nombre fueron rebautizadas, recuperando su apelativo anterior. Los retratos fueron destruidos, las estatuas desmontadas y las chicas que se llamaban Evita tuvieron que encontrar otro nombre. La Fundación Eva Perón fue cerrada. Aramburu llegó hasta demoler el palacio Unzué, cerca de Libertador, residencia privada del presidente. Para mostrar al pueblo la codicia de sus dirigentes, se expusieron los centenares de vestidos, zapatos, pieles, joyas, sombreros y accesorios de Evita, que le habían significado la reputación de ser una de las mujeres más elegantes del mundo. A eso se añadieron las motonetas de Perón. Pero esas exposiciones sólo convencieron a sus opositores. Los otros sabían desde siempre que los adornos de Evita eran tan bellos como los de Nuestra Señora de Luján. Los militares olvidaban el apego popular al cristianismo barroco: las perlas y doraduras jamás habían impedido que los seres más desprovistos veneraran sus imágenes.

A su vez, la "Revolución Libertadora" quiso remodelar la memoria histórica. Extrayendo sus referencias del pasado, el gobierno declaró que había puesto término a la "segunda tiranía". Los grandiosos funerales de Evita ¿no habían sido la repetición moderna de los de Encarnación Ezcurra, la esposa del Restaurador? A la tríada mítica formada por San Martín, Rosas y Perón, los militares oponían una filiación que iba de la Revolución de Mayo a la batalla de Caseros.[12] Años más tarde, el cineasta Fernando Solanas debía modificar el panteón histórico incluyendo al legendario Gardel: el espectro del cantor bienamado protege así a los exiliados peronistas en París, en compañía del venerable San Martín. Más que un bello film, *El Exilio de Gardel* es una versión contemporánea de esas mitologías de la memoria.

En esta campaña de extirpación del peronismo, la momia de Evita planteaba un problema difícil. Tras la huida de Perón, los restos permanecieron en la sede de la CGT bajo el cuidado del embalsamador, el doctor Ara. Pero el gobierno conocía la inclinación del pueblo argentino por los personajes carismáticos, y no podía asumir el riesgo de ver la emergencia de un culto. Para evitar los peregrinajes, finalmente se decidió ocultar los restos. Se le ordenó al coronel Eugenio Moori Koening que colocara a la difunta en un camión, recubierta por una lona, en espera de indicaciones más concisas. Al día siguiente, de creer en su propio testimonio, se descubrió que una mano anónima había depositado ante el vehículo una vela y un ramo de flores. Ése fue el inicio de una macabra deambulación, cuya primera etapa culminó en un cementerio de Italia, donde Evita fue inhumada con un nombre falso. Los porteños ignoraban los detalles de esta operación, y pensaban que los restos habían terminado en Martín García, o que habían sido incinerados en un basurero. Mujeres peronistas manifestaron en la Plaza de Mayo para pedir la restitución del cuerpo. Sólo más tarde se supo el amor necrofílico de Moori Koening por la ilustre difunta, su locura progresiva y la maldición que la momia hizo caer sobre todos aquellos que habían participado en su profanación.[13]

Como estaba prohibido pronunciar el nombre de Perón, se lo reemplazaba por expresiones como "el tirano prófugo". Estos giros, empero, en vez de hacerlo olvidar, le restituían un aura de misterio. Así, los

---

[12] Quattrochi-Woisson, pp. 347-350.
[13] El reciente libro de Tomás Eloy Martínez, *Santa Evita*, 1996, describe sus peripecias.

programas de radio hablaban de "el Hombre" o de "Él". Para escapar a la censura, que volvió a descargarse sobre los medios, se inventaban diálogos vacíos, cuyos silencios estaban cargados de sentido. Por ejemplo: "¿Vieron? —¿Qué? —¿Y bien? —Sí... —Ah... —Bueno." Tras años de dictadura, los porteños se habían recibido de maestros en el arte de evocarlo todo sin decir nada. Como siempre, los mitos restituían brillo a una realidad cotidiana taciturna, y los peronistas más fanáticos empezaron a soñar con un avión negro que un día traería de vuelta a su jefe bienamado.

Bruscamente, los acontecimientos adoptaron un giro trágico en 1956, cuando el gobierno desmanteló una operación subversiva dirigida por dos generales, Juan José Valle y Raúl Tanco, a la cual se unieron algunos peronistas. Durante doce horas, la agitación llegó a los cuarteles, y luego recayó, por falta de émulos. Valle y Tanco se rindieron, pero en lugar de ponerlos en prisión, destino reservado a todos aquellos que tenían veleidades de pronunciamientos, Aramburu los hizo fusilar en el acto. La represión también llegó a los civiles comprometidos en esta operación; una unidad peronista de Avellaneda padeció la misma suerte, así como varios obreros, cuyo único error era apoyar a Perón. Otros líderes fueron detenidos, y John William Cooke, que sostenía una línea de izquierda, escapó por un pelo al pelotón de ejecución.

Por lo demás, ese año había comenzado con malos auspicios. En verano, la poliomielitis golpeó a más de 2 mil niños de la capital. Muchos se quedaron paralíticos de por vida; algunos murieron. Era el último sobresalto de un flagelo al que la vacuna Salk iba a poner fin.

El retorno de los intelectuales

Durante una década, la crítica no había podido ejercerse fuera de círculos muy confidenciales. Tras la caída de la dictadura, las cuestiones que se habían planteado los escritores del grupo de Boedo resurgían en términos nuevos. ¿Cuál era el sitio del intelectual? ¿Qué papel representaba en los conflictos que dividían a la ciudad? Y sobre todo, ¿cómo superar las visiones partidarias para analizar un fenómeno compuesto de elementos contradictorios? También aparecían otras interrogaciones referentes a la identidad de una generación: su compromiso, su filiación, su arraigo de clase. Repensar la significación del peronismo también suponía reflexionar sobre la integración de los inmigrantes, sobre los componentes nacionales del movimiento obrero y sobre los rasgos europeos de la ciudad.

La revista *Sur*, que todavía reunía a la elite ilustrada de la Argentina, dedicó un número al peronismo. Ernesto Sabato, que siempre había combatido la dictadura, tuvo el coraje de denunciar las torturas que padecían los militantes obreros detenidos por Aramburu. Se alzaba contra la diabolización de los partidarios de Perón e incitaba a los intelectuales a recuperar el movimiento de masa de la "pesadilla peronista". "En cada argentino –escribía– se oculta un fragmento de Perón." Borges no quiso saber nada con lo que le parecía una rehabilitación de la dictadura. Atacó el texto del sociólogo Juan José Sebreli, que insistía en los componentes anticonformistas del peronismo: una ideología encarnada "por un aventurero y una mundana" era portadora de una impugnación en potencia, decía; también introducía el tema de la represión sexual que se ejercía fundamentalmente sobre los homosexuales.

Una nueva revista literaria, *Contorno*, debía representar un papel mayor. Dirigida por un escritor combativo, David Viñas, secundado por su hermano Ismael, que intentaba formar un grupo de izquierda que superara las antiguas divisiones, se oponía a la ideología de *Sur* y a aquella difundida por el suplemento literario de *La Nación*. "Somos los herederos de la nada", declaraba Ismael Viñas. Otros redactores se definían como "la generación ausente" y se interrogaban sobre su marginalidad.[14] Para comprender al peronismo había que salir de los esquemas preconcebidos; ese análisis ponía al descubierto una mala conciencia sartreana que David Viñas no ocultaba: "Ahora, la culpa es de todos nosotros. Hay que escribir y vivir como culpables".[15]

Por cierto, sería excesivo reducir el deseo de compromiso a la sola culpabilidad, pero esos aspectos subjetivos llevaron a la acción a miles de jóvenes, sobre todo a aquellos de la siguiente generación. En esa época, reflexionar sobre su responsabilidad en el seno de la colectividad traía aparejada una introspección que pasaba por el psicoanálisis. La Asociación Psicoanalítica Argentina, fundada en 1942, se había desarrollado lentamente durante los años de dictadura. Luego del retorno de la libertad de expresión, Buenos Aires se convirtió en un lugar

---

[14] Sigal, S., pp. 154-162.
[15] Viñas, citado por Sigal, S., p. 157.

destacado del pensamiento freudiano, lacaniano, kleiniano y de otras corrientes, enseñadas en la Universidad a partir de 1956, a todos los estudiantes de ciencias humanas. La cantidad de jóvenes que seguían un análisis era impresionante; ese éxito prosiguió durante décadas; sólo disminuyó con la crisis económica del decenio de 1990. En este momento, Buenos Aires cuenta con 5 mil psicoanalistas y más de 10 mil psicólogos, terapeutas y psiquiatras. Un barrio del viejo Palermo, alrededor de la Plaza Güemes, se llama "Villa Freud", en virtud de la densidad de los consultorios. Los psicoanalistas porteños se han dispersado por toda América Latina, Europa y hasta los Estados Unidos. Su influencia se refleja en el lenguaje corriente, que utiliza de manera banal los términos "somatizar", "reprimir", "fobia", "contener".[16]

Los intelectuales descubrían a Thelonius Monk, pero también a un compositor de origen argentino, que durante mucho tiempo había vivido en Nueva York, Astor Piazzolla, cuyo magnífico *Adiós Nonino* indignó a los tradicionalistas. El cine conoció sus mejores horas en esta ciudad que contaba con una cantidad impresionante de salas de espectáculo. A menudo se comparó la cinefilia de los porteños con la de los parisinos. En efecto, en ninguna parte se podían encontrar tantas opciones en las programaciones. Un cine de arte y ensayo sobre la calle Corrientes, el *Lorraine,* reponía los grandes clásicos y también presentaba films no comerciales. Era en estos lugares mal aireados donde todos los años íbamos a ver ritualmente *El acorazado Potemkin*. El *Lorraine* desapareció y fue reemplazado por el *Loire,* que retomó la programación de ciclos, consagrados a autores o temas.

Los porteños primero habían aplaudido el neorrealismo italiano, que sentían como cercano a su sensibilidad en virtud de la herencia de los inmigrantes. Luego, la incomunicabilidad de Antonioni reflejó los estados de ánimo de los intelectuales. La "nouvelle vague" francesa y los films de Ingmar Bergman añadían a esos tormentos individuales una apertura a la sexualidad, hasta entonces reprimida. *Un verano con Mónica* y *Los amantes* rozaron el escándalo. Ningún film era doblado, porque a la gente le gustaba oír las lenguas extranjeras, y se explicaba ese gusto por el acostumbramiento de los oídos porteños a las lenguas más diversas.

Por lo tanto, Buenos Aires recupera el sitio de faro cultural que tuvo en las dos primeras décadas del siglo. En 1959, André Malraux se

---

[16] Pirelli, p. 176.

aloja en la casa de San Isidro de Victoria Ocampo. Diez años antes, la visita de Albert Camus había pasado inadvertida, pues el escritor rehusaba participar en toda manifestación para no comprometerse con un gobierno antidemocrático.[17] Mientras que España, siempre bajo la dictadura de Franco, no desempeñaba un papel cultural, las editoriales como Espasa Calpe, Aguilar y Losada difundían a los escritores de lengua española. Gracias a esa expansión editorial, se crea un lazo entre escritores de diferentes países latinoamericanos, como Carlos Fuentes, Vargas Llosa, Julio Cortázar y García Márquez. *Cien años de soledad* es lanzado por una empresa argentina: es el inicio de un movimiento literario, más tarde conocido como el "Boom". En otro registro, la lectura del semanario *Tía Vicenta,* suerte de *Canard enchaîné* porteño, aporta una nota de humor a tantos debates graves.

Contrastes ciudadanos

El centro de la ciudad es una colmena, cuyo zumbido resuena en los numerosos cafés. Corrientes y Florida permanecen animados día y noche. Entre Callao y la avenida 9 de Julio, librerías de ocasión y otras proponen obras extranjeras. Sobre Viamonte, la librería francesa *Galatea,* gracias a la cultura de Félix Gattegno, introduce ante el público porteño a Saint-John Perse, Sartre y Lévi-Strauss. Las tiendas de discos inundan la calle con su música, y las agencias de turismo hacen su aparición, así como las casas de cambio.

Esta efervescencia contrasta con la degradación visible en todo cuanto concierne a la vialidad y los espacios públicos. La ciudad está mal cuidada. El césped del parque de Palermo está cubierto de papeles grasosos, los arriates son pisoteados y las aguas de las fuentes están estancadas. Las veredas del centro están rotas; hay agujeros en el asfalto, y carteles que anuncian trabajos cuyo fin jamás se ve. Las lluvias taponan alcantarillas que no fueron modernizadas desde comienzos de siglo.

El tufo acre del Riachuelo no impide las incursiones turísticas de los intelectuales y las clases medias a La Boca. Ya no se toca el tango en las tabernas sospechosas, y los genoveses que habían convertido a ese barrio en una república "independiente" han envejecido o están muer-

---

[17] Vázquez, p. 181, p. 186.

tos. Pero los colores chillones de las casas de madera o chapa y las tabernas de la calle Necochea atraen a esos lugares a muchos porteños. De noche, a lo largo del codo del río, la Vuelta de Rocha, uno se siente desorientado, aunque casi no haya talleres marítimos ni vida portuaria. El viejo puente en desuso y la silueta metálica del Puente Avellaneda, que inspiraron a tantos artistas, siguen presentes, así como las barcas de remos que conducen a la otra orilla por un precio irrisorio. La calle Caminito, repintada de todos los colores del arco iris, se ha vuelto peatonal, y los fines de semana se representan obras de Goldoni, utilizando el decorado natural, las *mammas* en el balcón, las cuerdas de tender ropa, las idas y vueltas en los corredores alambicados, los farolitos de las terrazas... Al dejar la callejuela por el extremo opuesto a la orilla, se desemboca en Garibaldi. De allí, si se siguen los viejos rieles recubiertos de malezas, se llega a ese lugar destacado del fútbol que es "la Bombonera", el estadio de Boca Juniors, donde se juega el honor de la nación.

Las inundaciones siguen siendo la pesadilla de los barrios situados junto al río, o sobre las orillas del Riachuelo. Hasta el Maldonado rebasa en ciertas ocasiones. Las calles de La Boca y sobre todo la isla Maciel están regularmente bajo el agua. La situación es más dramática en las villas miseria. Estas ciudades, fabricadas con cartones, chapas, trapos y algunos ladrillos, se desarrollaron desde la década de 1940. A comienzos de la "Revolución Libertadora" se da la cifra de cincuenta y cinco aglomeraciones precarias, pero la cantidad de habitantes sólo es conocida de manera aproximada. ¿Son cien mil, como lo pretenden las fuentes oficiales, o más? Esas villas miseria son lugares cerrados donde a la policía no le gusta aventurarse. Callejuelas embarradas separan las casuchas, cuya disposición sigue lógicas conocidas únicamente por los habitantes: primeros ocupantes, redes de parentesco y clientelismo.

La población obrera de origen inmigrante sigue viviendo en los conventillos, pero éstos desaparecen rápidamente con el aumento del precio de los terrenos y la renovación inmobiliaria que acentúa la segregación espacial entre el centro y las zonas suburbanas.[18] La población oficial de las ciudades de emergencia se duplica en algunos años, y las cifras se disparan en el decenio de 1970. Al lado de la Reina del Plata, un mundo subterráneo de excluidos comienza a proliferar ante la indife-

---

[18] Facciolo, p. 560.

rencia de los poderes públicos. Solamente los militantes estudiantiles se esfuerzan por traer algún consuelo a esos menesterosos.

El renacimiento universitario

El régimen peronista había ubicado a la Universidad bajo tutela, suprimiendo las conquistas de la reforma y nombrando profesores poco competentes. También había reprimido la impugnación y encarcelado a los dirigentes más influyentes. La "Revolución Libertadora", pues, fue para la enseñanza superior el inicio de una verdadera renovación intelectual y política. Se restituyó la autonomía y personalidades eminentes recuperaron sus cátedras, o las ganaron presentándose a los concursos. En la calle Viamonte, donde estaba radicada la Facultad de Filosofía y Letras, se divisaba la silueta vacilante de Jorge Luis Borges, ya ciego a medias, que acababa de ser nombrado profesor de Literatura Inglesa. Los centros estudiantiles se desarrollaron. En cuchitriles superpoblados, los militantes se activaban, imprimiendo fotocopias, fichas de lectura y folletos, orientando a los recién llegados. Los delegados de los estudiantes, que pertenecían a listas políticas diversas, intervenían en la vida de la Universidad, pues la reforma de 1918 había instaurado un régimen tripartito entre profesores, ex alumnos y estudiantes.

La Universidad era gratuita, y un examen de entrada garantizaba el nivel de los estudiantes, en su mayoría surgidos de las clases medias; entre ellos nietos de inmigrantes, polacos, rusos, italianos, alemanes. En letras, muchos trabajaban para ganarse la vida: había maestros, secretarias de empresas, vendedores, traductores en editoriales, y los más suertudos podían obtener, por concurso, un puesto de ayudante o asistente en la Facultad. Muchos cursos se dictaban de noche para permitir que todo el mundo accediera a ellos. Literatos y científicos invadían preferentemente los cafés repletos de humo como *El Cotto* y *El Querandí,* donde la suerte del mundo parecía jugarse entre dos express.

Nuevamente en uso de la palabra, la voluntad de reconstruir la Universidad es compartida por todos, aunque no haya unanimidad en los medios concretos. Ésta implica una reflexión acerca de los fundamentos de las enseñanzas, que anticipa en varios años los debates de Mayo del sesenta y ocho en Francia. Las facultades se convierten en lugares de vida, donde las discusiones corren a la par con una exigencia de calidad. En las materias literarias, las discusiones superan el marco disciplinario para alimentar una interrogación sobre el sitio del saber en el contexto de esos años. Los medievalistas José Luis Romero y Reyna Pastor, a través de la historia social, ofrecen cuadros de análisis que esclarecen fenómenos sociales más recientes. Las ciencias sociales, desarrolladas por Gino Germani, tienen un sitio esencial en el acercamiento de la Universidad a los problemas del país; y aportan respuestas que, a su vez, engendran debates sobre la integración de los inmigrantes, sobre la formación de la nación y el lugar del movimiento obrero. El cuestionamiento general se relaciona con el de *Contorno;* de hecho, los lazos entre unos y otros son muy estrechos.

Para los estudiantes de antropología, el cuestionamiento de la identidad pasaba por el descubrimiento de las diferencias étnicas. Ellos fueron los primeros que exploraron el interior de la Argentina profunda e intentaron comprender las realidades latinoamericanas yendo más allá de las fronteras nacionales. El puente de La Quiaca, entre la Argentina y Bolivia, marcaba bien esos diferentes círculos concéntricos que separaban la ciudad de sus provincias y éstas del continente. Allí era donde los mestizos bolivianos eran rociados con DDT por los aduaneros argentinos. Entre esos estudiantes, sensibilizados por los problemas agrarios, los ideales de la revolución cubana podían más que las elucubraciones peronistas. Fue en un bar mugriento en la esquina de Moreno y Defensa donde uno de ellos exhortó a sus compañeros a unirse a un grupo de guerrilla en el noroeste. La proposición parecía descocada, y nadie le dio importancia. Más tarde, cuando ese compañero y varios guerrilleros fueron diezmados, nos enteramos que se trataba de un movimiento conducido por Jorge Masetti, amigo del Che Guevara.[19]

Por el lado de la extrema derecha nacionalista, el tiempo era propicio a las reconversiones. Esa tendencia siempre había existido bajo el régimen de Perón, a través de la Alianza Libertadora Nacionalista dirigida por Kelly. Tras una débil resistencia en el momento de la "Revolución Libertadora", que había significado el encarcelamiento del conductor, el movimiento se había reconstituido poniendo de manifiesto su anticomunismo. Así, el grupúsculo Tacuara, de orientaciones claramente fascistas, defendía ideas nacionalistas y predicaba la lucha contra

---

[19] Sigal, S., pp. 141-151, para un análisis de la *intelligentsia* argentina en esa época.

la infiltración castrista. Sus militantes tenían sus cafés, como *El Blasón,* o la *Santa Unión,* sobre Santa Fe, cerca de la librería *Huemul.* Entre ellos se observaban nombres patricios, como el de su jefe, Ezcurra Uriburu; a ellos se unían jóvenes surgidos de la clase media, visceralmente antisemitas y deseosos de llegar a las manos. Organizaban "ciudadelas" en los barrios y atacaban instituciones judías, teatros independientes u otras "guaridas subversivas". Entre sus hechos de armas se cuentan una granada lanzada el día del estreno del film *Morir en Madrid* y una agresión contra una estudiante comunista, a quien marcaron con una esvástica en el pecho. Hubo asambleas tumultuosas que reunieron a todas las facultades. La prensa minimizó los hechos y la opinión pública se mantuvo al margen de esta agitación. Tacuara desapareció en la época de Onganía y se dividió en varias ramas, algunas de las cuales bifurcaron hacia el izquierdismo.

Perón conduce el juego

La "Revolución Libertadora" había prometido convocar a elecciones, prohibiendo la representación del peronismo. Para los radicales, desterrados desde hacía décadas de la vida política, era posible reconquistar el poder a condición de conseguir un acuerdo previo con Perón, que, desde su exilio madrileño, recuperaba el gusto por las intrigas. El ex presidente era el único que podía orientar el voto de los sindicatos. Desde la época de Yrigoyen, dos facciones se enfrentaban en el seno del radicalismo: los que eran partidarios de una política de izquierda en las huellas del "Peludo" y los que habían combatido el "personalismo" del viejo líder y buscado alianzas a la derecha. La vencedora, con el consentimiento de Perón, es la primera corriente, encarnada por Arturo Frondizi.

El nuevo presidente, a pesar de sus orientaciones prolaicas, preparó un proyecto de enseñanza privada, llamada "libre", que lanzó a todos los estudiantes y alumnos del secundario a la calle durante varias semanas. Frondizi se comprometió también en un programa de recuperación económica que provocó la desconfianza de los sindicatos. Mediante operaciones de malabarismo, trataba de conciliar sus convicciones de izquierda y su apoyo al programa de la Alianza para el Progreso, alentado por John Kennedy. Así, en 1961, recibió al Che Guevara en su residencia de Olivos y la Argentina se abstuvo de votar contra la expulsión de Cuba de la Organización de Estados Americanos. No hizo falta nada más a los militares para ver en Frondizi a un peligroso comunista. Fuertes presiones obligaron al presidente a romper relaciones diplomáticas con Cuba.

Al zigzagueo de Frondizi se añadían las tensiones en el seno del peronismo, favorecido por la liberalización de la vida política. Algunos dirigentes pensaban en reorganizar el partido, relegando a Perón a un sitio simbólico. Esto ocurrió con Augusto Vandor, una de las figuras centrales de la poderosa Unión Obrera Metalúrgica. Otros, como William Cooke, querían dirigir al movimiento en la línea de la revolución cubana. Desde Madrid, Perón veía con mala cara esas corrientes divergentes; mostrando un sentido de la intriga totalmente florentino, el ex presidente volvió a hacerse cargo de sus tropas y tiró hábilmente de los hilos que algunos ambiciosos habían intentado liberar para su propio uso. Los militares, detrás de la bandera de la Unión Popular, organizaron una concentración "a la antigua" en Avellaneda, para preparar la campaña electoral de las legislativas. Nuevamente se oyeron los bombos y la *Marcha peronista*, y personalidades del pasado, como Domingo Mercante y Delia Parodi, volvieron a la superficie. En marzo de 1962, la Unión Popular triunfó en una gran cantidad de provincias. Los militares reprochaban a Frondizi su flojera y lo obligaron a dimitir. Por supuesto, fue relegado en Martín García, donde se quedó un año.

Perón mantenía su reputación tercermundista, en una época en que las luchas antiimperialistas conocían una amplitud sin precedentes, al tiempo que evitaba dejarse arrastrar por la ola castrista. De hecho, se suponía que la Argentina siempre obedecía a lógicas propias. Fue en ese contexto que dio la orden a sus militantes de aclamar al general de Gaulle durante su visita a Buenos Aires, en octubre de 1964. En esa ocasión, las calles del centro resonaron con los gritos de: "De Gaulle y Perón, un solo corazón". ¿Iba a volver Perón a la Argentina para poner orden en los asuntos del país? Isabelita, que se había convertido en su mujer, vino a Buenos Aires para recordar a los militantes que el general seguía siendo el único jefe y que Vandor debía volver a las filas. Fue recibida fríamente en el *Alvear Palace*. Se organizó una operación de retorno del ex presidente para mantener la mística peronista, pero la escapada se detuvo en Brasil, desde donde el líder fue devuelto a Madrid. Sus partidarios jamás verían sobre el cielo de la ciudad el avión negro de sus esperanzas.

La "Noche de los Bastones Largos"

Los estudiantes, por tradición, eran profundamente antimilitaristas. ¿Qué joven, fuera de aquellos de los grupúsculos de extrema derecha, podía sentirse identificado con los valores de orden y tradición defendidos por los generales? Desde años atrás se sabía que los gobiernos de Frondizi, luego de Illia, su sucesor, gozaban de un breve aplazamiento; las declaraciones de los generales no dejaban ninguna duda en cuanto a su intención de acabar con ese reducto de subversivos que eran las universidades.

Bajo el gobierno de Illia, los estudiantes primero hicieron algunos puntos. Así, en el quincuagésimo primer aniversario de la muerte del general Roca, cuya estatua ecuestre se levanta al inicio de la Diagonal Sur, delante de la Facultad de Ciencias, el gobierno y el ejército organizaron una conmemoración delante del monumento; pero apenas había comenzado, una lluvia de monedas cayó desde lo alto del balcón de las salas de matemáticas. Así, los estudiantes decían a los militares que eran unos vendidos. Y éstos no tardarían en vengar esa afrenta.

El 28 de junio de 1966, el general Onganía derrocaba el régimen muy titubeante de Illia: se erigía contra la debilidad del gobierno, que había autorizado la visita de Isabelita a la Argentina y posibilitado el retorno del dictador. En la Universidad, la "Revolución Argentina" fue experimentada de inmediato como el final de la autonomía. "La Morsa", apodo de Onganía por sus bigotes, se declaró defensor de un catolicismo fundamentalista y se erigió en guardián de la moral. Una noche de sábado del mes de julio, grupos comando demolieron en dos horas cuarenta y seis carritos donde se comía parrilla a lo largo de la Costanera Norte. El pretexto eran las condiciones de higiene. De hecho, las parejas cenaban al borde del agua y luego buscaban momentos de intimidad en los parques de los alrededores; esa parte de Palermo había sido apodada *Villa Cariño*. El general Onganía la emprendió también con las minifaldas y el pelo largo, y obligó a las mujeres casadas a utilizar el patronímico de su esposo, lo cual no era la costumbre.

Las facultades eran el blanco principal. La invasión norteamericana a Santo Domingo había desencadenado una movilización importante. Muchos mitines fueron organizados para impedir que la Argentina participara en las fuerzas interamericanas de intervención. Frente al Congreso se reunieron más de 7 mil personas, representando la extrema izquierda nacionalista. Al final de los discursos hubo escaramuzas en cuyo transcurso un estudiante fue muerto, probablemente por Tacuara. A fines del mes de julio, rumores incesantes anunciaban la intervención del Estado en los asuntos universitarios y la supresión de las autonomías. Una vigilia de armas se efectuó en la Facultad de Ciencias, que el decano de izquierda Rolando García había transformado en un centro de excelencia.

El 5 de agosto a la tarde, el Consejo Universitario mantuvo una última reunión. Los estudiantes habían permanecido en el edificio, y habían atrancado una de las dos puertas que daban sobre la calle Perú. De pronto, dos carros de la policía hicieron irrupción y lanzaron gases lacrimógenos. Siguió una confusión generalizada, y los policías sacaron sus bastones, golpeando a los estudiantes y los docentes. Rolando García invocó su calidad de decano. "No sos más que un cerdo", le respondieron, golpeándolo en la cabeza. Los universitarios pasaron ante una fila de policías que golpeaban a más y mejor. Los alinearon contra la pared del patio y alguien anunció la llegada del pelotón. ¿Realmente iban a fusilarlos? Durante veinte minutos, los aullidos de "sucios judíos, sucios comunistas" resonaron en la Facultad. Luego, todos fueron embarcados para la comisaría, de donde salieron al día siguiente.

Muchos estudiantes habían consagrado su energía a esa Facultad que era su casa. La intervención de la policía enterró sus ilusiones. Una gran cantidad de ellos encontraría refugio en el extranjero. En los Estados Unidos, en Europa o en otros países de América Latina, los científicos argentinos humillados por Onganía ocuparían cargos de gran responsabilidad. "La Universidad puede ser destruida en un día –declaró Rolando García–, pero se necesitarán por lo menos treinta años para reconstruirla." ¿Solamente treinta años? Tras esa "Noche de los Bastones Largos", todo el país se hundía en las tinieblas.

12. LA CIUDAD DE LOS AUSENTES
(1966-1983)

> Hijo que nadie volverá a hacer, golpeo a las
> puertas de la muerte para alejarte de esos hechos
> que no eran para ti.
>
> JUAN GELMAN, *Nota XX*.

Los estudiantes, que creían que toda la ciudad iba a defender la autonomía de las universidades, se equivocaban. Sus incursiones en el subte o a la salida de las oficinas para explicar su situación a la población tropezaron con la indiferencia o, a lo sumo, con una escucha cortés. Mucho tiempo antes, Roberto Arlt había descripto ese rasgo típico del porteño: "No te metás"; se trata de evitar toda complicación eventual. La población desconfiaba de esa juventud contestataria, sospechando que nunca hay fuego sin humo. So pretexto de modernizar los establecimientos de la enseñanza superior y descongestionar el centro, las facultades fueron reagrupadas en la Ciudad Universitaria de Núñez, en un terreno ganado al río. En el corazón de la capital no quedaban más que algunos centros e institutos de investigación dispersos.

El presidente Onganía reivindicaba la moral cristiana. La prensa fue vigilada y el semanario *Tía Vicenta,* que había lanzado la caricatura de la Morsa, tuvo que cerrar sus puertas. Para calmar la opinión, el general reanimó los sentimientos nacionalistas. Durante el campeonato mundial de fútbol, el árbitro sancionó a un jugador argentino conocido por sus golpes deshonestos. Era suficiente para que la prensa declarara: "Inglaterra nos robó las Malvinas y ahora el título del campeonato". O incluso: "Londres se escribe con *l,* como ladrón".

Últimos resplandores

Resultaba difícil hacer recaer la efervescencia cultural de los años sesenta. Como en otras partes, los *sixties* de Buenos Aires estaban marcados por el descubrimiento de la libertad sexual y la destrucción del academicismo. El Instituto Di Tella, creado con fondos de la empresa Siam Di Tella en 1958, palió las carencias de la Universidad y de los fondos públicos financiando centros científicos y manifestaciones artísticas. Una vanguardia de pintores y creadores plásticos, encarnada por Marta Minujín, organizó *happenings*, representaciones teatrales y exposiciones de pintura contemporánea que siguieron dando vida a Florida, donde tenía su sede el instituto, así como a Corrientes, sobre todo alrededor del teatro *San Martín*. Este movimiento duró hasta 1971, fecha en que desapareció el Di Tella.

Astor Piazzolla seguía renovando el tango, transformando el ritmo de las frases. Gracias a la magia de su bandoneón, sus composiciones, que definía como "música de Buenos Aires", superaban los límites de la ciudad sin renegar jamás de las raíces porteñas. El saxofonista Gerry Mulligan y el acordeonista Ricardo Galliano, en su compañía, debían ser llevados por un hálito de una rara intensidad. Por el momento, y bajo la *pax onganiana* de la Morsa, Piazzolla compuso una pequeña ópera estructurada como una cantata, titulada *María de Buenos Aires*. En esta obra, el músico y su letrista rendían homenaje a su ciudad, integrando a su fondo tradicional los múltiples mestizajes que había conocido; el antiguo y el nuevo, el guitarrero sucesor de los gauchos, las nostalgias de los inmigrantes, el jazz, los Beatles, los barrios con calles pavimentadas y las torres se entremezclaban. La protagonista principal, María, navegaba entre el cabaret y las whiskerías.

En efecto, la ciudad se modernizaba, y algunos barrios cambiaban de fisonomía, sobre todo las zonas residenciales. La construcción de la Ciudad Universitaria desarrolló la Costanera Norte de Núñez, donde se abrieron parrilladas para reemplazar los carritos. Una red de diques permitía que los paseantes gozaran la frescura del río. En Belgrano, el más bello de los barrios de Buenos Aires, con árboles suntuosos y viejas casas rodeadas de jardines, las torres se pusieron a crecer como hongos, y el precio del terreno pudo más que las viejas casonas. Así, bajo la picota, pereció el Colegio Francés, compuesto de varios "chalets" y petit hoteles rodeados de magnolias y araucarias, esas coníferas majestuosas del sur de Chile. La desnivelación que separaba el corazón del barrio de los terrenos bajos –antaño bajo el agua–, llamada Las Barrancas, y urbanizada a principios de siglo por el paisajista Thays, fue aplastada bajo los rascacielos.

Supermercados y otros comercios comenzaron a invadir las principales arterias, barriendo los viejos almacenes. En otros lugares, bares, cafés y pequeños comercios resistían. Pero con las nuevas construcciones en altura, la cantidad de habitantes por manzana creció en forma geométrica, y en adelante resultó difícil tejer lazos de vecindad. Calles enteras se transformaban en lugares anónimos. La avenida Cabildo siempre había sido muy concurrida; la circulación, los letreros, los olores de pizza y su arquitectura heteróclita ahora la convertían en una mezcolanza. El espíritu del viejo Belgrano se refugiaba en algunos rincones olvidados. Uno de ellos era una plaza plantada con jacarandaes, árboles originarios del nordeste, cuyas flores azules anuncian la llegada del buen tiempo. Esta plaza estaba situada ante el edificio que albergó durante algunas semanas al gobierno provisional de la nación. La iglesia, en rotonda, de la Inmaculada Concepción, de construcción relativamente moderna pero en un estilo colonial, aportaba una nota de otras épocas. Precisamente en estos lugares preservados Ernesto Sabato situó una de las puertas que conducen al mundo subterráneo de los ciegos.[1]

La intervención en la Universidad no agotó la sed de saber que se había manifestado desde la caída de Perón. Grupos de estudio, pago accesible mediante, se formaron en toda la ciudad; eran más de dos mil en vísperas del golpe de Estado de 1976. En esos círculos se discutía sobre Freud, Lacan, Lévi-Strauss y Foucault, pero también sobre marxismo y la teoría foquista elaborada por Régis Debray. La revolución cubana aportaba un lenguaje común a los marxistas y a los peronistas revolucionarios. Se vibraba con las noticias de la agitación de los campus norteamericanos y las barricadas de Mayo del sesenta y ocho. Los jóvenes humillados por los bastones de Onganía sentían que ya no estaban solos. De hecho, la destrucción de la Universidad de la reforma por Onganía tuvo por efecto radicalizar a los estudiantes. Tanto en ciencias como en letras, en adelante parecía ilusorio distanciarse de la presión popular, encarnada por la corriente peronista. En todas partes se pusieron a reflexionar acerca de la mejor manera de utilizar el saber

---

[1] El "Informe sobre ciegos" está incluido en *Sobre héroes y tumbas*.

al servicio de la causa revolucionaria. Muchos aceptaron renunciar a la gloria académica –de todos modos comprometida por el golpe de Estado– para consagrarse al cambio de la sociedad.[2]

Esta radicalización, hasta el exceso, no podía favorecer el desarrollo de corrientes literarias y artísticas vueltas hacia la creación. Victoria Ocampo, octogenaria y enferma, dejó constancia de ello en el último número de *Sur*, resignándose a ponerle fin. No obstante, la militante feminista puso su energía en la impugnación, consagrando tres números de su revista a la causa de las mujeres. Entre otras contribuciones notables, se encontraba la memoria de una gran dama olvidada de la política, Alicia Moreau de Justo. Aquella que André Malraux había apodado "la Emperatriz de la pampa" legó su vivienda de San Isidro a la Unesco y su vida se extinguió en 1979. Con ella desaparecía el Buenos Aires cosmopolita.

Luchas urbanas

La política sigue siendo el alma de Buenos Aires. El golpe de Estado de Onganía no hace sino exacerbar las tensiones entre los tres grupos en lucha por el poder: los sindicatos, el movimiento peronista y las fuerzas armadas. Pero en el interior de cada uno de estos cuerpos, diferencias ideológicas y divisiones hacen el juego infinitamente más complicado. La CGT se rompió en dos grupos: uno, fiel a Perón, que imparte sus directivas de Madrid: la CGT de los argentinos; el otro, controlado por Vandor, que quiere convertirse en el líder de los sindicatos, sin por ello romper con el viejo general, a quien desea confinar en un papel simbólico. Los conflictos entre esas dos facciones dan lugar a huelgas y ocupaciones de fábricas que socavan poco a poco el gobierno de Onganía.

La influencia de la revolución cubana, la muerte del Che y el contexto internacional son favorables a una solución por las armas de los conflictos sociales. Por supuesto, estas ideas extremistas sólo son compartidas por jóvenes militantes, pero son ellos los que van a crear un clima particular donde la esperanza, la exaltación del "hombre nuevo" y la ceguera desordenarán los datos de la situación política. En la vecina Montevideo, siempre cercana a Buenos Aires, la guerrilla muy popular de los Tupamaros y sus acciones espectaculares hacen soñar a la juventud pe-

---

[2] Sigal, S., p. 230 y pp. 271-273.

ronista y marxista. En Córdoba y Rosario, en Argentina, insurrecciones urbanas, con barricadas, autos incendiados, cargas de policía y muertos, muestran que en América Latina los motines no son fiestas, como en París, cuya revuelta de Mayo, por lo demás, constituye una referencia.

En el seno de la juventud militante, diversas corrientes buscan una salida en la violencia. La confusión reina en cuanto a las pertenencias ideológicas. En la extrema derecha, algunos militantes son seducidos por la intransigencia guevarista: un ex de Tacuara, Joe Baxter, habría ido a combatir con el Vietcong. Entre las juventudes peronistas, algunos grupúsculos predican la resistencia armada, otros juegan la carta de la legalidad. Del seno de la Iglesia, hasta ahora tradicionalista, surge el movimiento de sacerdotes del Tercer Mundo, que trabaja con las familias indigentes de las villas miseria. En junio de 1969 el sindicalista Augusto Vandor es asesinado, probablemente por peronistas revolucionarios que le reprochan sus ambiciones personales. Por órdenes de Madrid, es reemplazado por José Rucci, cuya misión es alejar todo elemento marxista del movimiento obrero. Onganía declara el estado de sitio, mientras que Perón, desde su exilio dorado, alienta a los jóvenes a la acción, pues la inestabilidad del régimen sirve a sus intereses. Atentados y secuestros entran a formar parte de la vida cotidiana de la ciudad.

La violencia sube un punto en 1970, cuando un grupo, los Montoneros, secuestra al ex presidente Aramburu. Se trata de jóvenes guerrilleros surgidos de medios católicos, ex miembros de partidos de extrema izquierda pero también castristas peronistas herederos de William Cooke. Ellos integraron la retórica marxista al nacionalismo antiimperialista y al culto de Perón. Su denominación misma muestra su filiación con las milicias a caballo utilizadas por Rosas para combatir a los unitarios; también es una referencia nacional, que contrabalancea algunos elementos marxistas. En un comunicado, los Montoneros anuncian que Aramburu será juzgado por un tribunal revolucionario por el asesinato del general Valle, la profanación del cuerpo de Evita, la supresión de las conquistas obreras y la sumisión del patrimonio nacional a los capitales extranjeros. "Perón o muerte" es su divisa. Tres meses más tarde, el cadáver de Aramburu es descubierto. El Ejército entra entonces en el ruedo, destituye al incapaz Onganía y lo reemplaza por el general Roberto Levingston.

Los Montoneros constituyen el grupo clandestino más importante. Pero surgen otros frentes de guerrilla, todos de obediencia peronista, con una sola excepción, el ERP –Ejército Revolucionario del Pueblo–, de filiación marxista. La Juventud Peronista, una federación de organizaciones de jóvenes, padece la influencia de los Montoneros, que reclutan bajo la consigna de "Evita guerrillera". La ejecución de otro líder sindical tras la de Vandor, considerado como un "traidor", inquieta a los sectores moderados del peronismo. A las grandes empresas se les exigen contribuciones, y en las grandes ciudades reina una situación caótica.

Resulta difícil imaginar la fiebre revolucionaria que inflama a jóvenes que no conocieron ni a Evita ni al peronismo. Para ellos, Perón es la solución de izquierda a los problemas del país, la versión nacional de Salvador Allende, que entonces triunfa en Chile. Los militantes se entregan a la exégesis de los textos del ex presidente, adjudicándole intenciones ocultas y considerándolo como el campeón sudamericano del tercermundismo. En este contexto, la "Revolución Libertadora" es un episodio reaccionario y antiobrero. La lucha contra los "gorilas" se impone como una prioridad absoluta. Sin contar con que, en la otra orilla del Río de la Plata, los Tupamaros son acosados y torturados, tras la ejecución de un torturador de la CIA.[3] Los revolucionarios porteños creen que ha llegado el momento de tomar el relevo, y su fe no se doblega, aun cuando rumores inquietantes dejan constancia de las crueldades infligidas a los militantes detenidos.

Para los cineastas revolucionarios, la cámara es un fusil. Fernando Solanas rueda *La hora de los hornos,* obra de barricada de cuatro horas. El film ilustra la intensidad de los compromisos políticos de la época a través de una ficción. El mensaje que transmite es demasiado subjetivo, pero impacta al espectador asestándole testimonios, documentales sobre la violencia cotidiana, la miseria del campo y las villas miseria, las comodidades de la oligarquía, las bellas viviendas y el analfabetismo rampante. Acabado en 1968, es prohibido, pero proyectado clandestinamente en Buenos Aires. En la versión original culminaba con un plano fijo sobre la cara del Che muerto; en 1973 será readaptado, en el momento del triunfo electoral del peronismo; la cabeza del Che será entonces suprimida, en beneficio de un mensaje exclusivamente peronista.[4]

[3] Se trata de la condena a muerte del funcionario norteamericano Dan Mitrione, que había instruido a los policías y militares uruguayos en la contrarrevolución con la utilización sistemática de la tortura.
[4] Mahieu, pp. 129-133.

El vals de los generales continúa, y, en marzo de 1971, Levingston cede su lugar al general Alejandro Lanusse. Éste ha comprendido que es imposible seguir proscribiendo a Perón y su partido; piensa que invitándolo a participar en el juego político podrá aislarlo mejor de la base revolucionaria. Descartando mediante argucias legales su candidatura en las elecciones, Lanusse, sin embargo, le propone nombrar a su candidato a las presidenciales de 1973. A manera de conciliación, le entrega, en su residencia madrileña, la momia de Evita. En agosto de 1972, un grupo guerrillero ataca la penitenciaría de Rawson, en la Patagonia, y libera a prisioneros que pertenecían a todos los grupos armados. Seis se refugian en el Chile de Allende; otros dieciséis son atrapados y encerrados en la prisión de la Marina en Trelew, donde son ejecutados. Ese baño de sangre une a la izquierda, hasta el momento dividida.

Ese mismo año, el general Lanusse permite que Perón resida en Buenos Aires. El ex presidente, acompañado de Isabelita y algunos fieles, aterriza en Morón, para evitar concentraciones de la muchedumbre en el aeropuerto internacional de Ezeiza. Entre sus cercanos se encuentra su secretario, el temible López Rega. Este ex policía se ha convertido en Madrid en el hombre de confianza de la pareja, sobre todo de su esposa. Lo llaman "el Brujo", en virtud del interés que tiene por el ocultismo, y ya se dice que se esfuerza por transmitir la energía que emana del cadáver de Evita a la insignificante Isabelita. La izquierda peronista desconfía de ese charlatán, que sostiene un discurso de extrema derecha sobre "el internacionalismo judío" y "el complot universal del capitalismo y el comunismo soviético". Pero Perón, jugando con dos mazos al mismo tiempo, vuelve a mezclar las cartas nombrando secretario general del movimiento a Juan Manuel Abal Medina, hermano del montonero que participó en el asesinato de Aramburu.

Isabel alquiló una casa en el barrio residencial de Vicente López, del otro lado de la avenida General Paz. El líder se muestra regularmente en el balcón de la calle Gaspar Campos, en compañía de su esposa, que tiene con ambas manos un retrato de Evita. "Se siente que Evita está presente", grita, y la gente retoma el slogan a coro. Pero los bombos ahora piden reivindicaciones más urgentes: se exige la verdad sobre la matanza de Trelew y se recuerda al general su último discurso, aquel de los "cinco de ellos por cada uno de los nuestros". Sobre las paredes de ese apacible chalet se escriben con aerosol las siglas de los movimientos guerrilleros. Antes de irse, Perón designa a su candidato, Héctor Cámpora, y expone sus ideas, cercanas a las elucubraciones de López Rega, sobre los peligros de la "sinarquía internacional", esa coalición del capitalismo americano y el comunismo soviético, supuestamente manipulada desde las Naciones Unidas que, a su juicio, se coligó contra la Argentina en 1946.[5]

El mes de Cámpora

La ciudad ha sido recubierta por letreros electorales, y para muchos es grande la esperanza de ver triunfar una corriente revolucionaria que podrá resolver los problemas infinitos de un país cuyas desigualdades crecen de año en año. Perón se ha retirado de la escena. De hecho, controla todo desde Madrid, o casi todo, pues la amplitud de la impugnación de la juventud se le escapa. El trabajo de zapa de las guerrillas permitió el retorno del peronismo, pero esas "fuerzas especiales", deseosas de llegar hasta el extremo, no entran en sus planes.

Cámpora gana con facilidad. El 25 de mayo de 1973, aniversario de la revolución de 1810, aquel a quien llaman afectuosamente "el Tío" debe mostrarse en la Casa Rosada. Los grupos clandestinos emergen a plena luz, seguros de su victoria. Todo el mundo está sobre la plaza, las juventudes peronistas y sus letreros, las banderas de los diferentes grupos de guerrilla, y hasta la estrella roja del ERP. Los Montoneros, con su cinta sobre la frente –una evocación gauchesca– se ubican en una posición privilegiada. Al son de los bombos, acompasan: "Duro, duro, duro, aquí están los Montoneros que mataron a Aramburu". Alguien escribió sobre la pared rosada del palacio presidencial: "casa montonera". En la tribuna, Cámpora invitó a dos personalidades de izquierda, Osvaldo Dorticós, el presidente de Cuba, y Salvador Allende, que son ovacionados por la multitud. ¿Argentina va a inclinarse hacia la izquierda? ¿Van a deponer sus armas los guerrilleros ahora que triunfaron en las urnas? El nuevo presidente saluda a la "juventud maravillosa" que supo responder con violencia a la violencia del Estado. Los militantes ven en esta frase una aprobación de su accionar; seguros de ser oídos, reclaman venganza por los asesinatos de Trelew.

Durante la tarde tiene lugar un episodio que todos los testigos de la época, peronistas o no, coinciden en calificar de exaltante. Galvaniza-

---

[5] González Janzen, p. 92.

dos por la victoria y por el discurso de Cámpora, los militantes se dirigen en cortejo hasta la penitenciaría de Villa Devoto para exigir la liberación de los prisioneros políticos. El río de manifestantes es demasiado poderoso para resistirlo, y el presidente decreta la amnistía general. Es el momento de la fraternidad recuperada, el de la "gran noche" que acuñó tantas ilusiones. Los guerrilleros deponen las armas, las juventudes peronistas esperan participar en la reconstrucción del país y sueñan con destruir todos los bolsones de pobreza. Únicamente el ERP no se desarma, desconfiando de la debilidad de Cámpora, apretado entre la espada y la pared, forzado por Perón a incluir en su equipo ministerial a López Rega, encargado de Bienestar Social. "El Brujo" propone hacer construir un inmenso altar de la patria, de mármol y granito, cerca de la Facultad de Derecho y del antiguo palacio Unzué, demolido por la "Revolución Libertadora". Precisamente en este mausoleo deben reposar todos los patriotas: San Martín, Rosas, Yrigoyen, Aramburu, Evita y Perón, cuando muera. Los vientos soplan para el lado de la reconciliación nacional.

Las semanas que siguen al advenimiento de Cámpora están marcadas por una gran actividad de los militantes. La propaganda insistió en los grupos armados, las formaciones especiales, olvidando el trabajo de hormiga de centenares de idealistas. En los barrios carecientes, la gente se organiza, discute, trata de transformar las condiciones de vida; a pesar de las divisiones de los diferentes grupos, está la esperanza que da la acción. Trabajadores sociales, psiquiatras, médicos, sacerdotes, maestros, empleados y obreros se ven llevados por ese vértigo de la acción, para terminar con los alojamientos precarios, los chicos de la calle, el analfabetismo, la soledad. Comités, comisiones, unidades básicas, círculos, células que reúnen a gente surgida de horizontes diferentes, que creen que la bandera peronista puede promover cambios de la sociedad. El mes de Cámpora es un espejismo.

La masacre de Ezeiza

20 de junio de 1973: Perón está de regreso, esta vez para siempre. Se sabe que las concesiones que Cámpora hizo a la izquierda lo han irritado, así como la simpatía de que goza el nuevo presidente ante la juventud. Como "el Tío" siempre declaró que se eclipsaría delante del

general, éste tiene la intención de recuperar el poder y poner orden en sus tropas. Perón envejeció, está enfermo y depende cada vez más de su entorno. Isabelita y López Rega filtran a los visitantes y lo aíslan cada vez más de las realidades. Se dice que "el Brujo" revitaliza al viejo general insuflándole energías que sólo él puede captar. A su esoterismo, López Rega añade concepciones fascistas que inculca a Isabel. Para ellos, no se puede ni hablar de abandonar el peronismo a los izquierdistas. Los guerrilleros y sus amigos fueron útiles para desestabilizar la nación y empujar a Lanusse a las elecciones. Ahora, hay que eliminarlos. El Ejército comparte su punto de vista. Juiciosamente, espera que Perón y los suyos limpien la plaza.

El aeropuerto internacional de Ezeiza está situado a varias decenas de kilómetros de la capital, más allá de la aglomeración obrera de Lanús. La ruta nacional se escurre en los suburbios, bordea inmensas villas miseria y se interna en medio de los campos, donde antaño los españoles de Pedro de Mendoza enfrentaron a los indios en una batalla terrible, que le dio el nombre de La Matanza. En tiempos de Evita se construyeron chalets y piscinas para los sindicatos, cerca de las pistas de aterrizaje. Los árboles plantados en esa época han crecido y disimulan las ciudades miserables del distrito, pero las instalaciones del aeródromo han envejecido, y dirigirse allí tiene algo de expedición.

El anuncio de la llegada del general desencadena el entusiasmo, y millones de personas se disponen a recibirlo. El gobierno prepara un gran espectáculo político que debe enlazarse con las jornadas de 1945. En un puente cercano al aeropuerto se instala una enorme plataforma donde el jefe y los principales dirigentes podrán mostrarse al pueblo. Un gigantesco retrato de Perón, de 30 metros de alto, flanqueado por dos más pequeños de Evita e Isabelita, mira en dirección a Buenos Aires. A su llegada a Ezeiza, la pareja será llevada allí en helicóptero; una orquesta interpretará el Himno Nacional, seguido de la Marcha Peronista. Tras un minuto de silencio en homenaje a Evita, la manifestación será inaugurada con una suelta de palomas. Por primera vez, Perón hablará en el interior de una caja de vidrio a prueba de balas.

Desde el día anterior, columnas de gente emprenden camino a Ezeiza para ocupar los mejores lugares alrededor de la gran tribuna. A pesar de la llovizna invernal, están decididos a pasar allí la noche. Se encienden fuegos para esperar la mañana. La jornada del retorno de Perón fue declarada feriado, y el transporte es gratuito. Mujeres, vendedores ambulantes distribuyen bebidas calientes, naranjada, salchichas, escarapelas y banderines. También hay una multitud de globos multicolores, banderas y banderolas. Es la concentración más importante de toda la historia argentina, pero el aire de fiesta es engañoso.[6]

El estrado y sus alrededores son ocupados por tropas de extrema derecha, que están dispuestos a no ceder terreno a los izquierdistas. Las juventudes, en efecto, fueron excluidas de la recepción, pero se han movilizado en cada barrio y, también ellas, se disponen a saludar a su líder y a recordarle que su retorno debe mucho a su militancia. Los Montoneros también han venido, con armas. A comienzos de la tarde, cuando el aterrizaje es inminente, una explosión, seguida de un tiroteo, interrumpe la transmisión de música folklórica. Es el pánico. La gente corre por el campo, buscan refugio en las casas vecinas, pero tiradores, apostados sobre los árboles, tiran al blanco. Se propaga el rumor de que el ERP y todas las fuerzas de la guerrilla preparaban un atentado contra Perón, que acaba de ser desbaratado. La verdad es más sencilla. Para impedir que los peronistas de izquierda tomaran posición sobre el estrado, la guardia pretoriana abrió fuego.

Mientras el ex presidente, su mujer y sus acólitos desembarcan en Morón y llegan a la capital por otro acceso, los tiroteos prosiguen, y producen varios centenares de muertos, aunque oficialmente sólo se reconoce una veintena. Mercenarios de extrema derecha –españoles franquistas pero también tres agentes de la OAS– se apoderan de izquierdistas, los llevan al hotel del aeropuerto y los torturan. El ajuste de cuentas entre revolucionarios y oficialistas acaba de comenzar, facilitado por la desinformación. En el diario *La Opinión*, Arnaldo Rascovsky, uno de los fundadores del psicoanálisis en Buenos Aires, califica la masacre de rito sacrificial de la juventud.[7]

Por la noche, Perón pronuncia un discurso donde agradece al pueblo por su caluroso recibimiento pero pasa por alto el tiroteo de Ezeiza. Sólo más tarde denunciará todas las formas de terrorismo así como la influencia perniciosa de las doctrinas extranjeras, siempre marxistas, jamás fascistas. Como estaba previsto, Cámpora renuncia a su mandato y se organizan nuevas elecciones. Los militantes se ven divididos entre

[6] Page, II, p. 253.
[7] Citado ibíd., p. 257. Acerca de los mercenarios, véase González Janzen, p. 100-101.

la lealtad a su jefe y el sentimiento de que con la partida del "Tío" se evapora la última chance de transformar la sociedad. Perón (¿o su entorno?) quiso renovar la fórmula antigua, la de un poder simbólico dual donde la virilidad del conductor se ve realzada por la presencia, a su lado, de una esposa consagrada a su causa. Una mujer que, como Evita, tiene un pasado turbio redimido por su abnegación. Así es como se impone la fórmula Perón-Perón; en Argentina, el vicepresidente es un personaje clave, ya que aquí la edad del general confería a su reemplazante una posición de fuerza indiscutible. Pero Isabelita no es Evita. No posee ni su carisma, ni su sinceridad, ni su energía, y las comparaciones con la difunta siempre la perjudican.

En octubre de ese mismo año de 1973, Juan Perón es elegido presidente por tercera vez. Pero el contexto ha cambiado. Algunas semanas antes, Salvador Allende fue asesinado en Santiago, y Chile se hunde en la dictadura. La elección del viejo general no desencadena las esperanzas inauditas que había liberado la de Cámpora. Dos días después, el sindicalista José Rucci, secretario de la CGT, considerado como traidor a la causa revolucionaria, es acribillado. Los Montoneros han reanudado el combate.

En noviembre pasé algunas semanas en Buenos Aires, cuando la exaltación de la liberación de los prisioneros de Villa Devoto aún estaba presente en todas las memorias. Isabel y López Rega conducen el juego, mientras que en la televisión y la radio una propaganda insulsa y conformista anima al nuevo régimen. Conmovida por los acontecimientos de Chile, apenas creo a un compañero que se dispone a hundirse en la clandestinidad para hacerse olvidar: cambiar de nombre, de vida y de oficio en una ciudad cualquiera de provincia, esperar que pase la tormenta. "Aquí –me dice– será mucho peor que con Pinochet. Porque aquí se matará en la sombra." Asisto a un mitin organizado por todas las fuerzas de izquierda en el Luna Park con el sentimiento de que es el último. En el estadio, la tensión es insoportable. Los bombos rugen. Los Montoneros están ahí, con sus cintas, sus hijos, sus amigos; las juventudes también, sacerdotes obreros, intelectuales, estudiantes, a cara descubierta. La asamblea acompasa consignas revolucionarias, rinde homenaje a Allende y rechaza el nombre de Isabel: "¡Evita hay una sola!". Si la manifestación fue autorizada, fue para fotografiar mejor a los militantes antes de la arremetida final.

La Triple A

Las villas miseria siguieron extendiéndose, y, a fines de la década de 1960, la cantidad de habitantes de esas ciudades precarias es, oficialmente, de 600 mil personas. Las obras de las autopistas atraen una mano de obra que se instala en los intersticios del tejido urbano. Otras ocupaciones del suelo son más antiguas y parecen casi integradas al paisaje de la ciudad. En el curso de los años de militancia, las zonas de San Martín, Lanús, Quilmes, Avellaneda, atrajeron a numerosos grupos de izquierda, que llevaron a cabo campañas de alfabetización, de "toma de conciencia" y de solidaridad, en diversas formas.[8] El Ministerio de Bienestar Social, dirigido por López Rega, ve con mala cara esos focos populares de agitación. El delegado de una de esas villas miseria, el peronista Alberto Chejolán, se dirige a la Casa Rosada para protestar contra la política de expulsión, pero es asesinado en pleno corazón de la ciudad.[9] Poco tiempo después le toca el turno al sacerdote obrero Carlos Mugica.

Los grupos paramilitares ya causaron estragos en la concentración de Ezeiza. En Brasil, los conocen con el nombre de "escuadrones de la muerte", y operan paralelamente a la policía oficial. Tras el fallecimiento de Perón adoptan la sigla de la "Triple A" ("Alianza Anticomunista Argentina"). A comienzos de 1974 –el jefe todavía está vivo– se perfila el designio de ejecutar en la sombra a los militantes de izquierda para evitar las presiones internacionales. La ingenuidad de la Juventud Peronista, que clama por la manipulación del general por López Rega e Isabel, hoy parece apenas creíble. Sus delegados piden una audiencia al presidente y denuncian los secuestros y los asesinatos perpetrados por los hombres de López Rega, así como las torturas que siguen siendo practicadas sistemáticamente. Perón tranquiliza las cosas, sugiere a todos esos grupos que se unifiquen, bajo su ala, en un partido único.

Al presidente no le queda mucho tiempo de vida, y los atentados se han reanudado, arrastrando al país, y sobre todo a Buenos Aires, en el engranaje del terrorismo y la represión. Para la fiesta del 1° de Mayo, Perón se dirige al pueblo desde su balcón de la Casa Rosada. Los militantes revolucionarios no fueron invitados, y queda prohibida toda bandera que indique una filiación con uno de esos grupos. La Plaza de

---

[8] Facciolo, p. 560.
[9] González Janzen, pp. 13-116.

Mayo está repleta de gente. Una vez que ocuparon el sitio, los grupos despliegan sus estandartes y gritan su fidelidad a Perón. ¿Acaso creen poder doblegar al viejo líder y separarlo de los comandos de la Triple A? Perón los increpa duramente, los trata de "imberbes", "insensatos" y "mercenarios al servicio del capital extranjero". La ruptura entre la base militante y el conductor ha sido formalizada; más de 100 mil manifestantes repliegan sus banderas, vuelven la espalda al general y abandonan la plaza: "Antes éramos jóvenes magníficos, hoy somos infiltrados", dice un jefe montonero. De manera más prosaica, se la toman con "el brujo, la puta y el cornudo" que gobiernan. Pero el cornudo, como lo afirman los tangos, es un buen tipo engañado, y de la desilusión renace una esperanza en todos aquellos que no pueden admitir que fueron embaucados.

La muerte de Perón, en julio de 1974, instaura una tregua. Todo el mundo llora al general, hasta el jefe de la oposición radical, su eterno enemigo. El pueblo se siente desamparado por la muerte de aquel que designan afectuosamente como "el viejo". Él, que jamás creyó en la democracia, es velado en el palacio del Congreso. La Juventud Peronista y los Montoneros desfilan ante sus restos haciendo la V de la victoria. ¿Cuál? La de Isabel, en todo caso, que se convierte en la primera mujer presidente de la historia argentina, cosa que se le había negado a Evita.

La Triple A intensifica su acción. El periodista Ignacio González Janzen, que escapa por poco a una emboscada, establece un lazo entre esta organización y la Liga Patriótica de la Semana Trágica. Más que los componentes de extrema derecha de los dos grupos, lo que impacta es la impunidad de que gozan los asesinos y torturadores al servicio del Estado. Los abogados protestan contra las trabas que se ponen a la justicia, pues una bomba ha destruido los locales del Colegio de Abogados de Buenos Aires. Entre julio y septiembre se cuentan 220 atentados, casi tres por día, 60 asesinatos y 20 secuestros. Entre las víctimas hay abogados, periodistas, obreros, diputados, como Rodolfo Ortega Peña, caído en pleno centro de Buenos Aires, o Silvio Frondizi, hermano del ex presidente, abogado trotskista, cuyo cuerpo es encontrado en un bosque de Ezeiza, acribillado. Refugiados chilenos y uruguayos que habían encontrado asilo en la capital también son asesinados.[10]

[10] Ibíd., pp. 125-134.

La liquidación de las fuerzas de izquierda es bien vista por el Ejército. Pero la incompetencia notoria de López Rega le significa ser despedido por los militares. No se lo volverá a ver. Mientras tanto, una desaparecida famosa vuelve a Buenos Aires. Es Evita, conservada en Madrid, y que los Montoneros han intercambiado por la restitución del cuerpo de Aramburu, que han exhumado. La llegada de la momia es discreta. Isabel la coloca en la residencia de Olivos, donde permanecerá hasta el golpe militar de la Junta, que la entregará a las hermanas Duarte. Por fin, éstas podrán darle una sepultura definitiva en el panteón de la familia paterna, en la Recoleta, en ese cementerio de la oligarquía a la que ella tanto combatió. Por lo tanto, no se reunirá con Perón, que, por su parte, descansará en la Chacarita, necrópolis que compartirá con Carlos Gardel y Augusto Vandor, a los que vendrán a unirse centenares de "desaparecidos" enterrados subrepticiamente en fosas comunes.

El Proceso

En marzo de 1976, una Junta militar, presidida por el general Jorge Rafael Videla, suspende las funciones de Isabel Perón y la coloca bajo residencia vigilada en la Patagonia. Solamente espíritus ingenuos pueden creer que la Junta pondrá un término a las exacciones de la Triple A. La partida de López Rega no significa en modo alguno el fin del terrorismo de Estado. Muy por el contrario, éste va a recrudecer de manera sistemática, para extirpar toda forma de impugnación y, más allá, toda expresión crítica. En el período 1976-1983, una represión implacable se ejerce sobre todas las capas de la población, no perdonando a ninguna edad. Lo llaman el "Proceso", en el sentido de desarrollo de una acción en el tiempo. En el curso de esos años, los más siniestros de la historia argentina, la gente desaparece, padecen los tormentos más crueles –la imaginación de los verdugos se ha superado en la invención de suplicios indecibles–, familias enteras son exterminadas, sin que ningún cuerpo del Estado –Justicia, Parlamento o asociaciones caritativas, Iglesia, prensa– intervenga para detener las matanzas.

Por cierto, en el curso de los primeros meses de la dictadura, periodistas valerosos denuncian los secuestros cotidianos de ciudadanos. Rodolfo Walsh es uno de ellos. Este escritor y poeta, que pertenece a una familia de folkloristas, escribió la primera obra que narra el viaje obsceno de la momia de Evita y la locura de su guardián Moori Koening. Redacta un informe muy documentado en forma de carta abierta a la Junta, donde deja constancia de cadáveres arrojados al mar y que la corriente deposita sobre las playas del Uruguay. Durante un viaje a la capital, donde va a entregar su informe, es asesinado, y su casa y sus papeles son destruidos. Su muerte no pasa inadvertida. Walsh es un hombre conocido y respetado, y los militares acusan a los terroristas de haberlo matado.

Entre todos los diarios, el mejor informado es *La Opinión*, hostil a todas las formas de violencia y partidario de los derechos humanos. Su fundador es un hijo de inmigrantes judíos, Jacobo Timmerman. Antes de ser detenido a su vez, y torturado, conoce a un responsable de la Marina, a quien plantea la cuestión de los desaparecidos. Éste no disfraza su respuesta: "Si los exterminamos a todos, instalaremos el miedo durante varias generaciones".[11] El oficial justifica la operación "Gran Silencio" para evitar toda condena del Vaticano, que las muy católicas fuerzas armadas no soportarían; por lo demás, ninguno de los torturadores de la Junta será excomulgado. Esta "Noche y Niebla" a la argentina se traga a todos aquellos cuyas "ideas no corresponden a los ideales occidentales y cristianos", según las palabras del general Videla, interrogado por periodistas ingleses.[12] Sacerdotes obreros y tercermundistas, considerados como enemigos de la Iglesia, son exterminados. En las mazmorras de la Marina desaparecen, sin dejar huellas, misioneros irlandeses y las religiosas francesas Alice Domon y Léonie Duquet.

Los ideales nazis se han reencarnado en estos militares, que en modo alguno recusan esta filiación, como surge de los testimonios recogidos entre los supervivientes, así como de las declaraciones de los propios interesados. El general Camps, famoso por su ferocidad, está persuadido de que la Tercera Guerra Mundial ha comenzado y que, en este enfrentamiento universal, Argentina representa un papel estratégico de alta importancia. El 16 de septiembre de 1976, un grupo de estudiantes de secundario, que reclamaban reducciones del transporte escolar, son eliminados a pesar de su juventud. Esta operación da en llamarse la "Noche de los Lápices". Años más tarde, durante el proceso hecho por el gobierno de Alfonsín a los militares, el general Camps de-

---

[11] Timmerman, p. 78.
[12] *Nunca más*, p. 342. Esta entrevista fue publicada en varios diarios argentinos de diciembre de 1977. Es citada a propósito de la desaparición de una inválida, en Barrancas de Belgrano.

clarará que había concebido el proyecto de "limpiar" también las escuelas primarias, pero que sus camaradas se habían opuesto.

La mayoría de las víctimas no son terroristas. Éstos mueren en el campo de batalla o se suicidan. El ERP es diezmado y desaparece de la escena urbana. La caza de brujas involucra tanto a quienes tienen ideales revolucionarios como a personas sensibles al desamparo humano, sus padres, amigos, amigos de los amigos, niños, bebés.[13] La Junta se encarniza particularmente con los jóvenes, para eliminar todo germen de impugnación futura. Los recién nacidos que no son muertos son entregados a familias de militares para su adopción. "Personalmente –afirma el general Camps–, yo no eliminé a ninguno. A veces entregué algunos a organismos caritativos para que éstos les encontraran una nueva familia. Los padres subversivos educan a sus hijos en el espíritu de la subversión. Y eso hay que impedirlo."[14] El balance de la represión es terrible. Según las primeras estimaciones, incompletas, establecidas por la comisión de investigación de 1983, se contabilizaron 8.960 desaparecidos, pero esa cifra corresponde a las denuncias hechas por las familias en las comisarías. Parece ser que en la mayoría de los casos, por miedo a las represalias, los padres no señalaron las desapariciones a la policía. Sobre la base de informaciones de primera mano, la muy seria Asociación de Madres de Plaza de Mayo declara la cantidad de 30 mil desaparecidos.

Topografía del mal

El inframundo de los verdugos tiene una topografía. Ciertos umbrales, en ocasiones banalizados, conducen a las víctimas a ese espacio preliminar que se despliega al margen de la muerte. Pero previamente, antes de entrar a esos abismos de los que se sale excepcionalmente, hay que arrancar a la víctima del mundo exterior. En la tranquilidad de la noche, a veces un barrio despierta sobresaltado por proyectores enfocados sobre una casa y exhortaciones repercutidas por el megáfono,

---

[13] De una manera general, hemos utilizado la documentación reunida en el *Nunca más* por la Comisión Nacional sobre la Desaparición de Personas, creada por el presidente Alfonsín en 1983, y presidida por el escritor Ernesto Sabato. El informe fue entregado nueve meses después.
[14] Barki, p. 241.

invitando a sus ocupantes a rendirse. La violencia del dispositivo utilizado por hombres de civil –granadas, bazookas, camiones– contrasta con la insignificancia de las personas buscadas. Esos asaltos pueden ser precedidos por un corte de corriente o por un desvío de la circulación. Se embarca a los "subversivos" en Fords Falcon desprovistos de chapas patente, que los porteños aprendieron a reconocer. El domicilio es saqueado y los hombres se llevan combinados estereofónicos, aparatos de televisión, vajilla u otros enseres. En Buenos Aires, estos individuos operan a cara descubierta, protegidos por el anonimato de la ciudad. Para que la operación "Gran Silencio" sea eficaz, es preciso que el rumor pueda injertarse sobre algunos hechos que se filtren.

A la destrucción de los oponentes se añade el terror que se esparce en la población, y que aniquila en germen toda veleidad de protesta. De las casas vecinas se oyen los gritos de las víctimas, se sabe que se han llevado de rehenes a viejos y niños. Los comandos también actúan a pleno día, en los lugares de trabajo, a la salida de una pizzería, o simplemente en la vía pública. Entonces, la víctima apenas tiene tiempo de gritar que lo secuestran antes de desaparecer. En ocasiones algunos caminantes se interponen, entorpeciendo la circulación durante algunos instantes, cosa que permite que el individuo acorralado se escape. Pero de una manera general, el secuestro paraliza a los testigos. Los prisioneros son "chupados", y antes de padecer suplicios infinitos se les declara su muerte civil, para quebrar toda esperanza: "Aquí vos no existís –se les dice en cuanto llegan a los lugares de arresto–. Aquí, nosotros somos Dios".

En el mundo de los vivos se sabe que ocurren cosas anormales, y muchos prefieren creer en ajustes de cuentas entre guerrilleros. Se ignora la vida subterránea de la represión, el espacio del mal que linda con los barrios serenos y sus puertas de acceso, no solamente debido al Gran Silencio sino también porque cada rama del Ejército tiene sus propios prisioneros. En el perímetro de la capital y el Gran Buenos Aires existen varias entradas a esa nada. Generalmente se accede a partir de un edificio de las fuerzas armadas o una comisaría. El informe establecido por la comisión de investigación sobre las desapariciones suministra los planos exactos de esas casas que, sin excepción, incluyen cuartos de tortura. En el lenguaje de la represión, esos lugares donde se deja de ser pero se sigue sintiendo se llaman "pozos". Los hay en los suburbios y los alrededores de Buenos Aires, en Banfield, o en Quilmes. Los prisioneros son encapuchados, privados de todo punto de referencia.

El rostro, que en todas las civilizaciones es el componente inmediato de la persona, aquí es encerrado tras una máscara que nunca se abandona. Quedan los ruidos, las voces, ínfimos puntos de referencia que los raros supervivientes han descripto.

Otros abismos se abren más cerca del centro de la ciudad, como el que lleva el nombre pomposo de "Olimpo", en el apacible barrio de Floresta. La puerta principal es de acero, pintada de rojo. En un lado, una imagen de la Virgen pretende ser tranquilizadora. "El Vesubio" está situado en una casa neocolonial de La Matanza, construida en la época de Evita. Tras la fachada, el agujero. En Villa Martelli, junto a la avenida General Paz, uno se comunica con el inframundo a través de un edificio del ejército. En el distrito residencial de San Isidro, otros sepulcros vivientes fueron acondicionados en una comisaría. En la esquina de Juan de Garay y Paseo Colón, a algunos metros del Parque Lezama, las puertas de vidrio del Club Atlético dan acceso a un edificio banal; una puerta trampa disimulada conduce a un subsuelo sin ventilación ni luz natural, donde se arroja a los "desaparecidos". Sobre el sótano, los oficiales juegan al ping-pong. En el edificio de la Policía Federal, situado en la calle Moreno, un ascensor a la antigua sube lentamente hasta el tercer piso. Allá, en un laberinto de corredores, fueron acondicionados calabozos minúsculos de dos metros por uno, que se llaman "tubos". En la época de la comisión de investigación, las paredes, de ladrillo verde, conservaban huellas de sangre y arañazos. Los "desaparecidos" eran hundidos en la oscuridad total.

Campo de Mayo está situado en el gran suburbio de Buenos Aires. Allí es donde se encuentra el Comando General del Ejército. Cuando los cuarteles se agitan, mala señal, la población porteña sabe que debe esperarse una demostración de fuerza, que se traduce por la ocupación de los principales ejes de la ciudad con tanques. Lo que ignora es que en su hospital ocurren cosas siniestras; pero ¿cómo impedir que enfermeras y personal civil murmuren? Allí es donde las "subversivas" encintas son conducidas para dar a luz. Ellas dan la vida con las manos y los pies atados a los barrotes de su cama, los ojos vendados; sin tener siquiera el derecho a mirar a su hijo, se los quitan y las llevan a los hangares del cuartel. Según las declaraciones de algunos testigos del personal hospitalario, un avión de transporte deja la pista por la noche y parte en dirección sudeste. En los servicios se interrogan y suponen que los vuelos llevan a las prisioneras para arrojarlas al mar. ¿Muertas o vivas? ¿Con los pies lastrados en un bloque de cemento? Por desgracia, tales suposiciones resultan ciertas. Y se sabe que no se han precipitado cadáveres al vacío, sino cuerpos con vida. Un testimonio tardío, el de un marino enloquecido por el remordimiento, confirmará lo que Walsh y otros ya sabían.

El lugar más temible es la Escuela de Mecánica de la Armada (ESMA), en el barrio de Núñez. Del exterior, el edificio blanco decorado con las insignias de la Armada es más bien afable. En la época sólo se sabe que allí se tortura a los prisioneros. Se ignora la organización del presidio, oculto tras fachadas banales, las celdas disimuladas en los desvanes, donde decenas de prisioneros son amontonados en la oscuridad. El periodista Miguel Bonasso, a partir de los testimonios de los sobrevivientes, reconstruyó el ambiente irreal de ese lugar que los marinos llaman "Capucha". Tras padecer innumerables crueldades, los prisioneros desaparecen de una vez por todas, es decir, que son "transportados" en aviones desde donde los arrojan vivos al mar. Entre las cuantiosas víctimas retengamos el caso de un muchacho de 14 años, Floreal Avellaneda, cuyo cuerpo mutilado por los malos tratos deposita la corriente en una playa del Uruguay. El poder instalado quiere borrarlo todo, incluyendo los cadáveres, crueldad suplementaria para con un pueblo que testimonia un verdadero culto a sus muertos. En los cementerios, fosas comunes reciben restos anónimos; otros son incinerados o sepultados en el cemento con que se construyen las autopistas.

De tanto en tanto, algunos prisioneros "recuperados" reaparecen en la superficie de la ciudad. El objetivo es tranquilizar a los periodistas extranjeros y las denuncias de Amnesty International. Esos individuos quebrados proclaman su autocrítica y, tras ese acto de contrición, anuncian a la prensa la desaparición de los movimientos subversivos. Es una manera de desalentar a los militantes que no pudieron ser localizados. Luego, cantidad de esos "recuperados" fueron testigos de cargo importantes. Una ínfima cantidad de prisioneros colabora directamente en la represión; otros son escogidos por sus habilidades intelectuales, y se los ocupa en traducir los comunicados de prensa extranjeros. Al parecer, la táctica consistente en liberar algunos centenares de prisioneros, mientras se condena a muerte a millares, es obra del almirante Emilio Massera, que tiene ambiciones políticas y quiere utilizar a montoneros arrepentidos para conciliarse con los peronistas.

Otras personalidades deben su supervivencia a la movilización internacional, como Jacobo Timmerman o Adolfo Pérez Esquivel, quien recibe el premio Nobel de la Paz cuando está detenido, lo que le salva la vida. A mediados de 1979, la Comisión Interamericana de los Derechos del Hombre, sobrecogida por tantas quejas, visita la Argentina y pide inspeccionar los locales de la Escuela de Mecánica de la Armada. Pero los oficiales desplazan a los secuestrados a otros escondites del norte de Buenos Aires y encierran a cierta cantidad en una isla del Tigre. Los pocos detenidos que quedan son vestidos de uniforme y ese organismo no puede probar nada. En ciertos casos, el secuestro es oficializado y el detenido entra en una prisión, como delincuente de derecho común, lo que para él constituye cierta garantía. Pero algunas personas encerradas en la cárcel también pueden ser "chupadas" y desaparecer en el inframundo, adonde conducen todos los caminos de la represión.

En la superficie de la tierra, la vida cotidiana se desarrolla con tranquilidad. Los atentados se rarifican, luego desaparecen; ya no se roban bancos, ya no se gritan slogans que producen pavor, y la vida vuelve a prevalecer. Por cierto, ya no hay efervescencia, los rostros están tensos, los cafés se vacían. Las librerías de Corrientes permanecen abiertas toda la noche, pero las estanterías están medio vacías, pues se quitó toda la literatura subversiva. La purga se llevó las obras de Freud, que habían encontrado miles de lectores en Buenos Aires. La vida cultural se apaga, y los que pueden viajan al extranjero, favorecidos por un dólar muy bajo, que confiere a los argentinos una riqueza ficticia. En los Campos Elíseos, fortalecidos por sus divisas, se abalanzan sobre los negocios, compran todo lo que pueden y evitan cuidadosamente los quioscos de diarios donde periódicos en todas las lenguas denuncian la represión en la Argentina. "¿Por qué no nos quieren?" preguntan, indignados por las denuncias de los diarios europeos.

Al tiempo que se aplican medidas de austeridad para "liberalizar" una economía que en gran parte descansaba en el Estado, los militares organizan grandes trabajos destinados a dar a Buenos Aires una imagen moderna. En efecto, en la ciudad debe desarrollarse el campeonato mundial de fútbol. Además de la renovación de los estadios de River Plate y de Vélez Sarsfield, se agranda el aeródromo municipal frente a la Costanera Norte; precisamente de allí, pero eso se ignora, parten los "vuelos" destinados a aligerar de subversivos la ESMA. Autopistas sobreelevadas transforman el tejido urbano, destripan el norte de San Telmo, a la altura del Parque Lezama, y el barrio de Constitución; ahora el lejano Ezeiza se une con el centro de la ciudad a través de vías de acceso. Europa destruye fragmentos de esas autopistas sobreelevadas debido a los perjuicios que ocasionan, pero Buenos Aires se enorgullece de esas transformaciones. Cuando el "Gran Silencio" se desplomó sobre la ciudad, ésta se llena de ruidos.

Las Madres de Plaza de Mayo

Aunque horroroso, el "Gran Silencio" tiene sus puntos débiles. El del Proceso radica en una reacción que el gobierno no previó: las madres de los desaparecidos, que ya no tienen nada que perder, se lanzan, con cuerpo y alma, en busca de la verdad. Su coraje ejemplar es el único resplandor de esperanza que brilla en este período sombrío. Al comienzo, algunas mujeres desesperadas, salidas de todos los medios sociales, buscan a sus hijos desaparecidos. A fuerza de recorrer las comisarías y los corredores del Ministerio del Interior, se conocen, se cuentan sus historias y se organizan. Su táctica es sencilla e imparable: para pasar el tiempo, oran por sus niños en voz alta, cosa que los católicos militares toleran, pero en sus oraciones señalan que fueron asesinados.

A pesar de las amenazas cotidianas, las madres toman la costumbre de reunirse en la Plaza de Mayo, delante de la casa presidencial. Todos los jueves, a las 3 de la tarde, se apiñan sobre los bancos, en medio de nubes de palomas. Cualquiera que circule por la City no puede dejar de ver esa reunión pacífica bajo las ventanas del presidente Videla. Allí es donde se intercambian informaciones y se adoptan estrategias para los días venideros: reuniones en iglesias, participación en procesiones religiosas, irrupciones relámpago durante una ceremonia oficial...

A pesar del miedo, las madres no ceden. Tomaron la costumbre de sentarse sobre los bancos de la plaza, frente a la casa presidencial. Cuando son cerca de sesenta, la policía las obliga a levantarse a bastonazos y les ordena circular. Eso es lo que harán hasta el día de hoy: girar en silencio alrededor de la Pirámide, el pelo oculto bajo un pañuelo blanco, señal distintiva que, al principio, hacen con el primer pañal de su hijo que conservaron, con los dientes de leche y un mechón de pelo. Entre esas mujeres notables, Hebe de Bonafini hace el papel de líder. Uno de los mayores riesgos que corren es ser denunciadas desde el interior. El siniestro capitán Astiz logra hacerse pasar por el hermano de una víctima y denuncia a una de ellas, Azucena Villaflor, que cae con las religiosas francesas. Siempre desalojadas por gases lacrimógenos, perros y garrotes, las Madres luchan por conquistar algunos metros cuadrados de plaza, porque saben que su hostigamiento es la única manera de hacer salir a las víctimas del olvido, de hacer emerger a los desaparecidos. Durante el campeonato mundial de fútbol, la represión se acentúa, pero ellas resisten. Mientras tanto, algunas logran viajar al extranjero y contactar a personalidades internacionales. Y los periodistas extranjeros que vinieron a cubrir la Copa, primero se dirigen a la plaza y las fotografían. El movimiento se desarrolla, y las abuelas de desaparecidos también se movilizan, para recuperar a los niños que los militares colocaron en familias adoptivas.

Tras una represión muy dura, las Madres recuperan la plaza en 1980. Ahora cuentan con una solidaridad internacional. En esa época –la Junta sigue presente– definen su consigna: "Aparición con vida", para salir al paso de toda tentativa de sofocar la verdad proclamando su muerte, sin haber explicado su desaparición. Bajo la dictadura de Viola se atreven a organizar la Marcha de la Resistencia, luego ocupan la catedral de Quilmes –la de la antigua reducción jesuita– donde ayunan diez días. Nadie sabrá si su gesto trae un poco de consuelo a quienes pierden su vida a fuego lento en el "pozo" de esta ciudad.

La nueva invasión inglesa

Las Madres ganaron una partida de su lucha. Su acción, conocida en todo el mundo, desacredita a la Junta en el extranjero. Mientras tanto, la política económica de los militares sumió al país en una crisis económica que no hace sino aguzar las discrepancias internas de las fuerzas armadas. La ambición de Massera acarrea la dimisión de Videla, pero esos cambios no son importantes para la población. Más graves para los obreros y el sector público son la liquidación de las industrias nacionales y la disminución drástica de los gastos del sector público. A la Argentina le cuesta trabajo entrar en la economía liberal, y la inflación destruye las últimas esperanzas. Como el resto de los países de América Latina, es incapaz de reembolsar los intereses de la deuda contraída con los bancos internacionales.

Es entonces cuando el general Galtieri concibe un plan capaz de fusionar la opinión pública al Ejército. El 2 de abril de 1982, un destacamento argentino ocupa las islas Malvinas, siempre bajo mandato británico. Esa estratagema ya fue utilizada en el siglo XVIII por Francisco de Paula Bucareli, que así quería borrar la expulsión brutal de los jesuitas. Los generales de la Junta parecen haber olvidado que el gobernador español había debido restituirlas casi de inmediato a los ingleses, a quienes no les faltaba poco para desprenderse de ellas. Durante algunas semanas –el tiempo que necesitó el gobierno de Margaret Thatcher para equipar la flota destinada a recuperar el archipiélago–, Buenos Aires cae presa de una gran exaltación. Los militares despertaron la fibra patriótica que dormita en todo porteño. El paralelo con las invasiones inglesas de comienzos del siglo XIX es exaltante. La gente se pone escarapelas celestes y blancas, se colocan banderas nacionales en las ventanas, se teje para los soldados, se hacen paquetes para vestir a los conscriptos que, en gran parte, vienen de las zonas tropicales del país: la reserva de "cabecitas negras". Cuando la flota británica se interna en el Atlántico Sur, algunas mentalidades tristes prevén el bombardeo de Buenos Aires por los ingleses. Los países latinoamericanos expresan su solidaridad para con la Argentina. Solamente las Madres de Plaza de Mayo y algunas personas sensatas vislumbran, en esta mascarada militar, la salida tan esperada.

Buenos Aires no es atacada, y los ingleses recuperan las Malvinas. En la batalla, centenares de conscriptos, mal preparados para la guerra, perecieron a causa de la irresponsabilidad de los generales. Estelas conmemorativas, semejantes a aquellas que, en Washington, conservan la memoria de los combatientes en Vietnam, se yerguen hoy en la Plaza San Martín, frente a la Torre de los Ingleses. La derrota recae sobre el conjunto de las fuerzas armadas. Como consecuencia, el desastre de las Malvinas pone al desnudo la incompetencia de aquellos que se arrogaron el privilegio de gobernar, y todo el edificio se desploma. Cuando se creía que la dictadura estaba instalada por toda la eternidad, las elecciones presidenciales dan una victoria aplastante a Raúl Alfonsín, candidato del Partido Radical. Antes de que el nuevo presidente asuma sus funciones, se desmantelan los centros de detención, se vacían los "agujeros" y los "pozos", olvidando borrar en el apuro las manchas de sangre y otros indicios. Pero es demasiado tarde para volver al Gran Silencio. Una comisión oficial de investigación, presidida por Ernesto Sabato, reúne toda la documentación referente a la represión. El resultado es una obra abrumadora cuyo título, por sí solo, resume la voluntad de extirpar la bestia inmunda: *Nunca más*.

13. LA MEMORIA O EL OLVIDO
(1983-1996)

> ¿Hay acaso un olvido que no contenga un recuerdo? ¿Hay un olvido absoluto? ¿No sería el olvido un recuerdo enquistado?
>
> Roberto Juarroz,
> *Duodécima Poesía vertical,* 1993.

Que se vayan ellos, que se vayan ellos,
los que encarcelaron, los que torturaron,
los que asesinaron,
los que prohibieron el grito de libertad.

La voz de Piero, un hijo de inmigrantes italianos que llegaron a Buenos Aires en la década de 1950, recuerda la de Jim Morrison. La sala del estadio Obras Sanitarias silba, y el clamor ensordece las guitarras eléctricas. "¡Que se vayan!" repite en coro la muchedumbre, hasta el delirio. Es la fiesta de los jóvenes, a la medida de la inmensa esperanza que suscita el retorno de la democracia, un régimen político que la mayoría de ellos no conoció. La explosión juvenil prosigue durante los dos primeros años del gobierno de Alfonsín. Las grandes reuniones están ahora autorizadas, y un concierto monstruo reúne en el Luna Park a los mejores músicos y cantantes argentinos. Para expresar esta alegría, las poesías de Pablo Neruda, que fue víctima de la dictadura de Pinochet, son las que más convienen:

Estoy muerto, estoy asesinado,
pero voy a vivir otra vez,
porque ha salido el sol.

El catalán Joan Manuel Serrat, los cubanos Silvio Rodríguez y Pablo Milanés llegan para dar su voz y saludar el retorno de la vida. La época es de fraternización y recuperación de los ideales de unión latinoamericana. "Me preguntaron cómo vivía antes –ataca Víctor Heredia–, sobreviviendo, dije, sobreviviendo." En la oscuridad de la sala, centenares de encendedores se prenden por cada uno de los desaparecidos. Siguen queriendo cambiar el mundo, pero prefieren las canciones a las bombas.

Una democracia frágil

Nunca más. El informe de la Comisión Nacional de Investigación sobre la Desaparición de Personas –conocida con la sigla de CONADEP– examina etapa por etapa los engranajes de la represión. Los miembros de las tres juntas militares son juzgados y condenados a largas penas de prisión, pero no pierden su arrogancia, seguros de la legitimidad de su misión. Con terquedad, el almirante Massera sigue negando los hechos, a pesar de las evidencias agobiantes. La soberbia de los militares en el banco de los acusados subleva a los ciudadanos. En los cuarteles, los hombres rugen. No, no habrá un Nuremberg en Buenos Aires. En Pascuas de 1987, un grupo de oficiales se rebela contra el presidente, exige la suspensión de los procesos. Los porteños salen a la calle, llenan las plazas, y el presidente en persona se dirige a Campo de Mayo para negociar la rendición de los que se llaman *carapintadas,* porque tienen la cara camuflada.

Esta vez, los insurgentes se rinden; dos veces más renuevan sus amenazas y ejercen sobre el gobierno un chantaje indigno. El presidente Alfonsín finalmente debe ceder a la presión de las fuerzas armadas. La Ley de "Punto Final" pone un término a los procesos, seguida de la de "Obediencia Debida", que absuelve a los subordinados, so pretexto de que obedecieron órdenes. Es una versión moderna y más dramática de la Ley de "Olvido", promulgada por Rivadavia en la década de 1820 para dar comienzo a la reconciliación nacional. El capitán Astiz, buscado por las policías de Francia y Suecia, en virtud de sus crímenes cometidos sobre naturales de esos dos países, se salva por ese sobreseimiento. Es una derrota para la sociedad civil.

Las Madres han luchado hasta el final para que el presidente castigue a los culpables. Para impactar a la opinión, confeccionan siluetas humanas que representan a los desaparecidos, llevan letreros con el nombre de cada uno de sus hijos, acompañado de fotos surgidas de otro mundo: una cena de cumpleaños, una cara sonriente, una reunión familiar... En junio de 1985, ocupan la Casa Rosada mientras el presidente asiste a una velada en el *Colón* en homenaje a Gardel. Se quedan veinte horas, con sus colchones y sus viandas. No quieren ni exhumaciones ni reparaciones económicas, ni homenajes póstumos para sus hijos. Lo que reclaman lo han inscripto en los centenares de globos soltados para repudiar la Ley de Punto Final: "¡No a la impunidad!". Siguen siendo muchos los que corean tras ellas: "No hubo errores, no hubo excesos. Son todos asesinos los milicos del Proceso".

Para detener la inflación, que asume proporciones alarmantes, Alfonsín lanza el *Plan Austral*. Se cambia de moneda, pero eso no basta para revertir la tendencia. Se lanzan otros programas, más utópicos que realizables, como el que apunta a descongestionar Buenos Aires creando una nueva capital en Viedma, al sur de la provincia y a la entrada de la Patagonia. ¿Puede imaginarse que la Reina del Plata pierda su corona, ella que siempre luchó en el curso de sus dos siglos de independencia para conservar su preeminencia? ¿Hay algún porteño dispuesto a abandonar la ciudad por ese "caserío" ventoso? Nadie cree en eso, aunque el plazo haya sido fijado para 1989. Es sabido que no funcionará. El sucesor de Alfonsín, Carlos Menem, enterrará el proyecto.

Los últimos meses de Alfonsín desembocan en una catástrofe económica. La Argentina, endeudada por las juntas en el poder, ya no puede reembolsar, y el *austral* pierde su valor de día en día. La hiperinflación arruina a las clases medias y populares, y el país se precipita en un abismo. Entre las 10 de la mañana y las 6 de la tarde, los precios se triplican y ya no tienen relación con nada. ¿Qué hacer con el papel moneda? ¿Decorar las paredes del salón? Los supermercados son saqueados y la democracia se hunde en el caos inflacionario. Alfonsín es vencido en las elecciones. El peronista Carlos Menem, un abogado de origen "turco" –sirio, de hecho–, lo reemplaza. Él también sufrió la represión, lo que le da cierta legitimidad. El nuevo presidente, originario de La Rioja, lleva patillas como los caudillos del siglo XIX, lo que gusta a los nacionalistas. A su lado, una bella esposa, Zulema Yoma, que podría retomar las tareas de asistencia y beneficencia de Evita.

Carlos Menem y el FMI logran detener la inflación y estabilizar la moneda. Tras el fracaso del austral, Argentina recupera su unidad monetaria, el peso, que hoy es el equivalente del dólar. Pero Zulema no será una segunda Evita, pues la pareja presidencial se desgarra ante las cámaras de televisión, y termina por separarse. El presidente cambia su *look*, se corta las patillas a lo Facundo Quiroga y contempla con optimismo el porvenir: es reelegido en 1995 y, sin duda, especula con un tercer mandato, cosa que, desde el punto de vista constitucional, es imposible. Única nube, la muerte de su hijo en un accidente de helicóptero. ¿Realmente se trata de un accidente? Zulema lo hace enterrar en el cementerio musulmán, cuya existencia descubren los porteños en esa ocasión. Luego impugna la versión oficial de los hechos, sugiere que hubo asesinato, denuncia a la mafia ligada con el poder y prosigue, hasta el momento actual, una lucha de la que aún se ignora si es producto de un espíritu desquiciado por el dolor o un grito de verdad que tratan de sofocar.

La libertad de expresión será respetada por Menem, pero la corrupción continuará con total impunidad. La hermana de Zulema Yoma es acusada en España de pertenecer a una red de narcotraficantes. La droga, en todas sus formas, se infiltra en todas las capas de la sociedad. La prensa revela la existencia de "aduanas paralelas", eufemismo cuyo arte poseen los porteños, para designar el desvío de ciento cincuenta contenedores, hecho que renueva los lazos con la tradición secular del contrabando. Las industrias que Perón había desarrollado, el sector público, los sistemas de asistencia, las jubilaciones, los hospitales estatales, las escuelas, se hunden. Las transacciones financieras y los negocios de todo tipo, en cambio, crean en ciertos sectores una prosperidad segura. El país entra de lleno en la economía liberal. El Buenos Aires de los noventa se aleja a toda velocidad de un futuro promisorio.

Buenos Aires City

De los tiempos pasados, Lafinur conservó sus plátanos, suntuosos en verano, sus empedrados y algunos edificios, entre ellos aquel donde yo crecí. Hoy se ha vuelto más "viva", es decir, que la circulación se ha centuplicado y que el rugido de los ómnibus a menudo impide que los vecinos sigan un debate televisado o una simple conversación familiar. Hilos eléctricos y cables, chapuceados en espera de créditos municipales, están suspendidos sobre la calzada y se entrecruzan; algunas torres construidas a fines de los años setenta dieron a la calle un "standing" que no siempre tuvo, condenando los patios de las pocas casas bajas a una oscuridad casi permanente. Lo que fue jardín oculto que olía a jazmín se ha convertido en patiecito donde se almacenan cartones, cajas y todas esas antiguallas que atiborran las casas: sus archivos. La polución venció la palmera que se divisaba desde nuestro primer piso, pero la pintura y la restauración hicieron maravillas sobre la fachada de la casa Túdor, ahora habitada por un banquero. Varias peluquerías elegantes, un solarium, un supermercado a la americana, una pastelería refinada, una tienda *New Age* que promueve el aceite de mosqueta, que supuestamente elimina las arrugas más tenaces y, a dos pasos, una librería de moda, sin contar las tiendas de videocasetes, de aparatos y de artículos de decoración, dan fe de las transformaciones de la calle.

Hace años que la vieja penitenciaría de Las Heras fue demolida, y el vasto terreno en pendiente se ha convertido en un parque plantado de palmeras. No lejos de ahí, subiendo por Coronel Díaz, se llega al más grande centro comercial de Buenos Aires, Alto Palermo, construido en el emplazamiento de una vieja cervecería. Desde fines de los ochenta, la ciudad se entregó a la moda de los *shoppings*. El primero, el Shopping Sud Avellaneda, construido en el lugar de un viejo frigorífico, fue inaugurado bajo el gobierno de Alfonsín en ese suburbio obrero que había sido la reserva de los proletarios de Perón. Apartado de este vasto conjunto siguen existiendo calles de tierra, que llevan al Riachuelo, y olores a cueros curtidos aún flotan en esas esquinas, pese al cierre de numerosos talleres.

Con Menem, la construcción de *shoppings* se ha desarrollado, tanto en la capital como en el Gran Buenos Aires. Esos oasis urbanos, apartados de los decibeles y los gases de escape, son lugares agradables, donde reina una atmósfera algodonada con fondo de "música ligera". Los porteños tienden a abandonar el paseo semanal a través de las calles del centro por esas ciudades protegidas; allí se encuentran tiendas de lujo o de artefactos, boutiques, salas de cine, bares, salones de té y otras instalaciones, sobre el modelo de los *malls* americanos. La mayoría de estos *shoppings* supieron adaptar las nuevas funciones comerciales a una estructura que ya existía, que les confiere una atmósfera particular. El elegante Patio Bullrich, por ejemplo, fue acondicionado en la vieja casa de remates, sobre la avenida de las arcadas, Leandro Alem. Las Galerías Pacífico, que atraviesan en cruz una manzana comprendida entre Florida y San Martín, Viamonte y Córdoba, datan de fines del siglo XIX. Tras un largo período de decadencia, fueron rehabilitadas, valorizando la bóveda central, decorada por Spilimbergo, Berni, Castagnino, Urruchúa y Colmeiro, que le dieron un sello intelectual.

Frente a la estación de Retiro, el barrio de los bajos fondos y los marinos de juerga se transformó en un conjunto de torres de acero y vidrio donde las empresas más poderosas instalaron su sede: son las Catalinas, única realización de estos últimos años que ha cambiado total y radicalmente el paisaje. La influencia norteamericana sobre la ciudad se observa también en la creación de *countries,* esas residencias de fin de semana construidas en medio de la vegetación, en el interior de un recinto vigilado. A menudo, como en Pilar, esas islas lindan con una villa miseria, invisible detrás del muro. La costumbre de partir a esos enclaves campestres transformó la sociabilidad de las clases medias y la burguesía. Ahora, los domingos son jornadas muertas en el centro de la ciudad.

Como en otras partes, McDonald's invadió el centro y los barrios. Un *fast food* reemplazó incluso el muy elegante *Hermès,* situado en el comienzo de la calle Florida, en el barrio de los palacios de la Belle Époque. Como la cantidad de pizzerías de Buenos Aires era muy superior a la de su país de origen, el mercado de la comida barata permanece estable. En el centro –llamado abusivamente *downtown* por las guías turísticas– las casas de cambio y los bancos aniquilaron a lugares más acogedores. En vano se buscarían los cafés tan apreciados por Gombrowicz y los estudiantes, como *El Rex* y *La Fragata,* que parecían indisociables de la vida porteña. En cambio, la *Confitería Ideal,* con un decorado un poco artificioso, donde antaño tocaban conjuntos de "música típica", fue preservado. A pesar de las lamentables desapariciones, los cafés siguen siendo el alma de Buenos Aires y le impiden convertirse en una ciudad del tipo norteamericano.

La calle Lavalle, donde la multitud que salía de los cines formaba una masa compacta, ya no tiene las bellas salas de antes. Los grandes cines, poco rentables, fueron fraccionados, y sólo algunos palacios como el *Gran Rex* o el *Ópera* conservan su capacidad original. Muchos fueron cerrados directamente o transformados en tiendas de video o salas de videojuegos. Allí es donde los solitarios de hoy, en vez de parar en la esquina de Esmeralda como en el tiempo de Scalabrini Ortiz, consumen sus jornadas en espera de los milagros de los *jack-pots.* En Corrientes, las viejas librerías siguen ahí, y sus estanterías vuelven a estar llenas. Cerca del teatro *San Martín,* la librería *Gandhi,* con su bar y su foro, reúne a los intelectuales de este fin de siglo. Muy cerca, la calle Libertad, donde el Zwi Migdal había ubicado a decenas de polacas y billares sospechosos, se ha convertido en una arteria de enorme circulación, dedicada a la compra de oro y a la venta de joyas y relojes.

Por todas partes, los anuncios saturan el espacio urbano. A lo largo de la ruta de San Isidro, los letreros se suceden hasta el vértigo. Sin embargo, desde el crepúsculo, las luces transforman esa sobreabundancia vulgar de signos en espectáculo de magia. Aquí también hay lugar para algunas notas porteñas, y una retórica más cercana a las tradiciones de la ciudad impregna las publicidades del subte y los barrios populares. Así, un anuncio para champú se acompaña de una leyenda de estilo netamente porteño: "¡Vos decís que ya no quedan hombres! –exclama un macho–. Pero vos, ¿qué hiciste con tu pelo?". O incluso, esa propaganda del Unicef para el amamantamiento materno, que muestra un sostén a la antigua, con esta frase: "La mejor leche para su bebé se encuentra en este envase". Sin hablar del eterno Carlos Gardel, que siempre hace vender.

El rock se impuso con ritmos extranjeros, pero los cantantes porteños no se expresan en inglés. Las palabras de sus músicas narran historias de todos los días, ancladas en el barrio eterno, el verdadero terruño del habitante de Buenos Aires. También retoman, invirtiéndolos, los temas tradicionales del tango. En la cautivante composición *La Bifurcada*, que toca el conjunto Memphis la Blusera, el hombre abandonado por su mujer declara: "Si te vas, no, no voy a matarme, no voy a llorar, si querés agarrá la tele, pero dejame el colchón. No, chuchi, no te voy a extrañar". En nuestros días, la queja de los cornudos ya no es aceptable.

A pesar de la competencia de la televisión, la prensa escrita es abundante. Los quioscos de diarios, llenos de revistas, pósteres, imágenes, libros, mapas, casi no han cambiado, y el consumidor paciente puede descubrir maravillas, con tal de aguzar su mirada. Así, en una de esas tiendas minúsculas de la Plaza Italia, allí donde antaño Julio Cortázar había observado sin amabilidad a los "cabecitas negras" de un dancing, yo encontré un CD-rom sobre los sistemas de parentesco medievales... *La Nación* aún existe, así como su suplemento. Entre la prensa de opinión, *Página/12* es el mejor garante de la democracia. A pesar de la crisis económica, en Buenos Aires se publican varias revistas de poesía, un mensuario cultural de gran calidad, *La Maga,* que ha dedicado números especiales tanto a Borges como a Carlitos Gardel, y un periódico sorprendente, *Actualidad Psicológica*, que ofrece al lector, y en un estilo muy claro, casos clínicos comentados por psicoanalistas y psicólogos.

Recuerdos enquistados

A la hora de la mundialización y el turismo, la modernización de la ciudad pasa por la rehabilitación de los viejos barrios y su transformación en centros históricos. Buenos Aires tiene el suyo: ese barrio que antaño se llamaba "el sur de la catedral", y que fue devastado por la epidemia de fiebre amarilla. Su interés no reside tanto en sus monumentos coloniales, modestos, sino en sus calles grises intemporales, que no tienen bancos ni tiendas, ni torres ni *shoppings*. Defensa no tiene nada de notable. Sin ser antigua, es apenas vieja, lo que basta para distinguirla. Su trazado rectilíneo y sin árboles sigue siendo el cordón umbilical que vincula la plaza central con su río, el Riachuelo. En el sur de la ciudad, una casa deteriorada puede ocultar otra: así, el taller con fachada de hierro vidriado y coronado por la estatua de un herrero que golpea sobre su yunque, vestigio pasado de moda de la arquitectura industrial, fue construido a comienzos del siglo XX sobre los escombros de la vivienda de Vicente López y Planes, el autor del himno nacional.

Muy cerca de allí, una minúscula plaza lleva el nombre de Haroldo Conti, escritor "desaparecido" bajo la tortura, durante el Proceso. Muchos conventillos no fueron demolidos y albergan pensiones sórdidas con corredores interminables. Otros fueron tomados por marginales, recuperados por algunos artistas, ocupados por un restaurante o un cambalache o, muy simplemente, abandonados. Las malezas crecen entre las balaustradas de las terrazas y las plantas trepadoras se introducen en el yeso resquebrajado. Como las operaciones de rehabilitación fueron aminoradas por la crisis económica, el embellecimiento de ciertos rincones no siempre acarreó la expulsión de los viejos habitantes y la inevitable conversión en museo.

En otros rincones del barrio sur, la explotación turística de los lugares es más evidente, sin que el conjunto haya sido desnaturalizado. La Facultad de Ciencias, donde se desarrolló la "Noche de los Bastones Largos", se ha convertido en un centro administrativo integrado a la "Manzana de las Luces". Los estudiantes abandonaron el lugar, pero los alumnos del Colegio Nacional Buenos Aires tomaron el relevo alrededor de las mesas del café *El Querandí,* donde se reúnen también los nostálgicos de los años sesenta. Este liceo, el más prestigioso de la ciudad, fue construido en el antiguo terreno del colegio de los jesuitas de San Carlos, allí donde los misioneros redactaron las gramáticas de las lenguas indígenas del Litoral. A algunos pasos de allí, el Museo Etnográfico, transformado durante décadas en trastero arqueológico, recuperó su vocación, en salas renovadas con gusto. En cambio, el Museo Municipal, frente a la antigua vivienda de María Josefa Ezcurra, amenaza con derrumbarse en cualquier momento.

En el corazón de San Telmo, la placita Dorrego se anima todos los domingos gracias a los pintores, los vendedores de libros viejos, las orquestas de tango y los cambalaches, donde todavía se pueden conseguir bellos objetos, testigos de esplendores pasados. A los turistas, nunca muy numerosos, les gusta mucho vagar por ahí. Pero para llegar al Parque Lezama hay que pasar bajo la autopista de Ezeiza y atravesar los espacios hostiles de Juan de Garay y Brasil, donde tenía su "madriguera" el "Peludo" Yrigoyen. La iglesia ortodoxa rusa, cuyas cúpulas sorprenden en ese entorno urbano, sigue ahí, coronando un espacio imaginario sepultado bajo el asfalto: la playa donde desembarcó don Pedro de Mendoza en 1536.

Si se sigue el paseo hasta La Boca, se desemboca en la Vuelta de Rocha y la calle Caminito, convertida en una callecita de tarjeta postal. Desde la época de la dictadura, las representaciones teatrales han cesado. Allí hay una feria artesanal que atrae a los turistas en busca de sabor local. Únicamente algunos viejos conservaron el recuerdo de los genoveses, pero sus descendientes y los recién llegados siguen viviendo en las casas de chapa sobre pilotes. En la isla Maciel, territorio tradicional de truhanes y bribones, hoy vive una comunidad originaria del Cabo Verde. Los negros porteños han desaparecido, pero esos africanos recién llegados vuelven a dar su color original a ese sitio.

A algunas cuadras de allí se extienden los docks de Puerto Madero, transformados en apartamentos de lujo y restaurantes. Más bellos que los de Saint Katherine en Londres, con los que sin embargo conservan una semejanza, debido a la arquitectura de ladrillos y hierro, constituyen el más bello paseo de Buenos Aires. En el muelle, la fragata *Sarmiento* –velero de la Marina que dio varias veces la vuelta al mundo– es hoy un museo, visitado por escolares. A lo largo de las dársenas fuera de uso, jóvenes con uniforme deportivo hacen jogging. El rumor de la ciudad apenas llega a esos lugares donde, antaño, millones de inmigrantes descubrían el suelo de la tierra prometida.

El Museo de Bellas Artes, sobre la avenida Libertador, también fue modernizado para valorizar algunos cuadros notables, como una serie de Goya, un Greco, un muy bello retrato de Rembrandt a su hermana, un Patinir y un Pourbus. En una gran sala, un cuadro de David Winckboons, *La lucha contra la Muerte y el Tiempo,* representa a un anciano alado, llevando sobre su cabeza un reloj de arena, y secundado por el arquero de la Muerte. Ambos siegan a los habitantes llenos de pánico de una ciudad medieval, confundidos todos los estados y condiciones. Resulta difícil dejar esta alegoría, de no ser para admirar la bella colección de pintura argentina, que extrae su inspiración de La Boca, los barrios populares y los temas obreros. Reinando en medio de las telas, Manuela Rosas, con su vestido punzó, posa una mirada grave sobre el visitante.

El trencito costero, suprimido desde hacía años, fue rehabilitado para el turismo. Se repintaron las estaciones de madera y los puentes suspendidos sobre las vías, y las nuevas generaciones descubren su ciudad, aquella que se extiende más allá de la barrera publicitaria de las rutas. Para mi generación, la residencia de Olivos conservó el lejano eco del petardeo de las "pochonetas". En San Isidro se accede a través de escalones a la plaza de la catedral. Desde ahí, el horizonte del río da la ilusión del mar. Este paisaje es el que contemplaba Victoria Ocampo, cuya casa está muy cerca, y mucho antes que ella Mariquita Sánchez, que había inaugurado el trayecto costero en vaporcitos. En esos tiempos, pequeñas playas salvajes, donde venían a morir los camalotes arrastrados por el Paraná, se extendían entre la capital y San Fernando. Yo frecuentaba todavía la del Ancla, rincón olvidado de la vida urbana, transformado hoy en un cementerio de botellas.

La Plaza Once, la de los inmigrantes judíos, de los sueños de Macedonio Fernández y de las primeras locomotoras, la Miserere del siglo XIX, donde Liniers galvanizó a sus tropas, el antiguo parque de animales en el linde de la ciudad, hoy está inundada de tiendas de aparatos domésticos. Letreros en caracteres chinos reemplazan las leyendas en yiddisch. A la derecha de la antigua estación, el deterioro del hotel *Pueyrredón* y las arcadas, a pesar de tantas agresiones visuales y auditivas, dan al conjunto un extraño encanto. *La Perla del Once,* el café mítico de Macedonio Fernández y de Borges, muerto en Ginebra en 1986, fue reemplazado por un supermercado miserable. El vendedor de diarios ya no se acuerda de la desaparición de ese salón secreto. Para él, cuatro años son un siglo, y, por lo demás, otro bar tomó el nombre del antiguo. ¿Puede imaginarse a Buenos Aires sin los cafés? En el centro de la plaza, el mausoleo a Rivadavia lleva esta inscripción: "Creador de la policía".

Para ir a Boedo, la ruta no es larga. Este barrio conservó sus edificios de los años veinte, coronados de cúpulas y alegorías. El tango todavía frecuenta ese sitio y se instala en un minishopping, de apariencia calamitosa, que anuncia una academia y una sala de baile abierta los fines de semana. La esquina legendaria de San Juan y Boedo, inmortalizada por Roberto Goyeneche en el tango *Sur*, está flanqueada por algunos bancos, entre ellos una sucursal de la Sociedad General. Placas conmemorativas evocan el recuerdo de Homero Manzi y "la Academia Porteña del Lunfardo", el argot de Buenos Aires. Frente a la Banca de Crédito, la tienda *El Malevo* es una guiñada posmoderna al folklore de los bajos fondos.

Los cafés siguen ofreciendo un refugio al caminante, como el *Margot*, modernizado y decorado con afiches de films argentinos de los años cincuenta, donde descubro, en los créditos, el nombre de mi padre salvado del olvido. El viejo *Alabama* conservó sus recubrimientos de madera, sus espejos deslustrados, sus neones implacables y su patio embaldosado, estropeado a medias. En una pared, un fresco dedicado al maestro Osvaldo Pugliese, el primer músico de tango que tocó en el teatro *Colón*. Jubilados del barrio arrastran sus jornadas en ese lugar mágico, que sirvió de decorado a Fernando Solanas para su film *Sur*. Un poco más lejos, el mercado cubierto de San Juan casi no cambió desde hace años, y el hormigueo de gente, las múltiples vituallas, los colores y olores me remiten la imagen fugaz de la vieja parroquia de los indios de la ciudad, del siglo XVII. La población ya no es la misma, pero una misteriosa continuidad reúne esos dos momentos.

En su novela más famosa, *La invención de Morel*, publicada a comienzos de los años cuarenta, Adolfo Bioy Casares concibe una máquina diabólica que transforma los seres vivos en realidades virtuales, fijando para siempre sus gestos y apariencia, para abolir la muerte.[1]

---

[1] *La invención de Morel* es el título de una novela de Adolfo Bioy Casares que se desarrolla en una isla poblada de fantasmas, que resultan ser proyecciones de seres reales y muertos. Esta novela plantea ya el problema de la realidad virtual.

En Buenos Aires, algunos barrios parecen tener que ver con una eternidad comparable, y, con la utopía de Morel, comparten una insularidad tranquilizadora. A partir de la avenida Caseros, superviviente del desastre de Constitución, se entra en Barracas, donde se encuentran los empedrados, las luces tenues, las casas bajas, los bares en las esquinas, con los quesos bajo campanas, y el ruido de los pasos de antaño. Pese a la proximidad de Puerto Madero, el tiempo se ha detenido en ese barrio, marginado por las autopistas. Al subir hacia Nueva Pompeya, cerca del estadio de Huracán, en la humilde e insignificante calle Beazley, los viernes a la noche un cafetucho cantante recibe a los "amigos" a quienes les gusta el tango y quieren cantar sus estrofas. "El Chino" recibe a los clientes, a quienes prefiere llamar sus invitados, asistido por un mozo con peinado "afro". Por una suma irrisoria se puede comer carne, pastas y dulce de leche, con vino o cerveza. La sala, saturada de humo, se llena al sonar la medianoche, y personas provenientes de otras edades se animan y cantan hasta el alba, con voces roncas y cascadas, otras más afinadas, todas verdaderas y, por eso, conmovedoras. "Aquí, lo lindo es que uno puede vaciar su corazón", comenta una mujer sola, a mi lado. Sobre las paredes agrietadas, Carlos Gardel en póster sonríe a la asistencia, rodeado de jugadores del equipo de Huracán.

La historia de la ciudad está ligada a la del ganado: sueltas de vacas, encierros, saladeros, mataderos y frigoríficos acompañaron las grandes etapas de su desarrollo. Al oeste de la ciudad, muy cerca de la autopista periférica General Paz, Mataderos es un enclave campestre en la ciudad, el lugar de llegada de miles de animales transportados en camiones desde las estancias de la provincia. Una vez desembarcados, los animales son conducidos a parques por hombres a caballo, antes de ser muertos. A partir de las 7 de la mañana comienzan las transacciones sobre los precios de la carne. Sobre la plaza en media luna que se extiende ante la entrada a los parques, una feria artesanal –peste de los tiempos modernos– presenta, todos los domingos, artefactos gauchescos sin gran valor. Más interesantes son las danzas folklóricas al aire libre, en las que el público puede participar. Precisamente en este marco se celebra la "fiesta de la Tradición", con gauchos y guitarristas, como Eduardo Falú, que en 1996 seguía tocando. El tema de los mataderos, tan del gusto de los viajeros y escritores del siglo XIX, sigue siendo una fuente de inspiración. Un conjunto de música rock, la Mississippi Bagayo, creó su *Mataderos Blues*, retomando metáforas de antaño. Como en los tiempos pasados, los mataderos costean zonas marginales, como esa "Ciudad Oculta", que se extiende entre Lisandro de la Torre y avenida del Trabajo, una zona que es mejor evitar.

Siempre se reprochó a los porteños que tenían la memoria corta. De hecho, a pesar de las discontinuidades muy marcadas, los hilos que tejieron la historia de la ciudad siempre terminan por reaparecer. A fines de 1991, en un contexto político poco llevadero, Rafael Alberti vuelve a Buenos Aires, donde había vivido veinticuatro años después de la guerra de España. Para rendirle homenaje se escogió el más hispánico de los teatros, el *Cervantes*, que está lleno de bote en bote. Todo el mundo de izquierda está presente: los republicanos sobrevivientes, los viejos militantes de la época de Frondizi, los de la década de 1970, latinoamericanos, víctimas del Proceso, como Jacobo Timmerman y Hebe de Bonafini, jóvenes estudiantes. En el curso de esta reunión dedicada a la memoria y al recuerdo, los intervinientes evocan la bohemia de la avenida de Mayo, las luchas entre los cafés, los recitales de poesía en los locales de Unione e Benevolenza, las molestias de la censura. Una ovación sostenida saluda al primer orador, Ernesto Sabato, el viejo amigo de Alberti y presidente de la CONADEP. Durante una velada particularmente calurosa, las luchas de unos y otros se unen. El mismo día en que Buenos Aires recibía a su viejo poeta andaluz, en Madrid, Adolfo Bioy Casares recibía el premio Cervantes, la más alta distinción concedida a un escritor de lengua española.

El crepúsculo de los trabajadores

Bajo el gobierno de Menem, lo que quedaba del Estado protector –obras sociales, hospitales, escuelas– se deterioró probablemente de manera irreversible. Fue entonces cuando un nuevo tipo de manifestantes apareció en las calles de Buenos Aires: los jubilados. Reclamaban el pago de sus pensiones, y fueron maltratados por la policía por disturbios al orden público. En noviembre de 1996, viejos y viudos extenuados protestaron contra la pobreza, se acostaron en la vereda, bajo banderolas y letreros, al son de un bombo, vestigio sonoro de las reuniones populistas de antaño. En la indiferencia más total, los empleados de la City saltaban por encima de esos desdichados o los rodeaban. Esa gente era inconveniente, molestaba con su miseria y su fealdad. Las maestras también salieron a la calle para protestar contra el desmantelamiento de la escuela pública de Domingo Faustino Sarmiento, la mejor de todo el continente americano. En otra ocasión, todos los sectores amenazados por la economía liberal expresaron su descontento apagando las luces de las casas y golpeando cacerolas u objetos metálicos, sumiendo a la ciudad en un estruendo grandioso.

Las villas miseria ya no están circunscriptas a barrios determinados, e invaden cualquier terreno baldío. Detrás de la estación de Retiro, en el momento de la construcción de una autopista, surgió una villa en pleno corazón de la ciudad, a dos pasos de las Catalinas. A lo largo de las playas de la ribera norte, al lado de casonas señoriales, otros ocupantes se instalaron, así como en el muy elegante San Isidro. Estos agrupamientos miserables llevan nombres que traducen sueños de ascenso social, como *Esperanza*, *Progreso* o *Villa Tranquila*. Otros recuerdan el de un santuario venerado, como *Itatí*, en Quilmes, donde también viven indios, santos populares como *San José Obrero*, héroes de la historia, como *Libertador San Martín* o *Juan Domingo Perón*. Los acontecimientos de estos últimos años también marcaron a la población marginal: una de las villas se llama *Malvinas Argentinas*. Nadie sabe exactamente la cantidad de habitantes que se amontonan en esas aglomeraciones precarias. Según las últimas estimaciones oficiales, habría más de un millón de personas.[2]

A algunas cuadras del estadio de Vélez Sarsfield, construido en la época del Proceso para recibir el campeonato mundial de fútbol, una iglesia está consagrada a San Cayetano, personaje muy popular porque ayuda a todos los que buscan trabajo. En otros tiempos escuchó las demandas de los inmigrantes, y el relato de sus milagros se esparció por todo el país. Ahora, los desocupados son demasiado numerosos para que pueda actuar, pero los peregrinos siempre esperan, y su número aumenta de año en año. Al acercarse la fiesta patronal, el 7 de agosto, los fieles se instalan en tiendas y abrigos, a lo largo de la calle Cuzco, que conduce al santuario. Pero la muchedumbre está cada vez más descontenta, contra la televisión, que hace dinero sobre sus espaldas, contra los sacerdotes, que cruzan la calle sin mirarlos. Con la crisis económica, las tiendas de los alrededores, especializadas en estatuillas, imágenes y

---

[2] Gutman, p. 250-252.

amuletos religiosos, también están al borde de la quiebra. Apenas si todavía se puede comprar un cirio para ofrecerlo a San Cayetano.

Las emisiones de radio y televisión, a pesar de las reticencias de los peregrinos, desempeñan un papel positivo: no se limitan a testimoniar acerca de la situación –lo que de por sí es considerable–, sino que constituyen suertes de "bolsas" de trabajo, dirigiéndose a particulares capaces de dar trabajo. Los animadores de tales programas son, de alguna manera, Cayetanos electrónicos. En otros programas, los descendientes de los inmigrantes expresan su amargura respecto de lo que aparece como una estafa del Estado: la supresión –o la disminución extrema– de las pensiones de aquellos que pagaron durante toda su vida: "Mis abuelos decían que se habían sacrificado por nosotros". El ocaso económico de la Argentina, correlato de la prosperidad de Europa, produjo una inversión de los esterotipos forjados en la época de la inmigración a gran escala. Las asociaciones organizan encuentros entre intendentes de ciudades y pueblos europeos e inmigrantes, o sus descendientes. Cuando el intendente de Reggio habla de la Calabria actual ante un auditorio porteño que, en la memoria, sólo tiene pueblos atrasados de comienzos del siglo, cuesta trabajo que se establezca el diálogo.[3] Hasta la lengua no es ya comprensible, y a menudo se necesita un traductor. El terruño de origen no existe ya fuera del espacio interior del recuerdo, y Europa se aleja de Buenos Aires.

Pese a las difíciles condiciones, otros inmigrantes siguen afluyendo a Buenos Aires. Para los habitantes de los países fronterizos, la ciudad sigue conservando su reputación de "Reina". Los contingentes más numerosos son los paraguayos y los bolivianos, a quienes, no sin desprecio, se llama "bolitas". Se instalaron cerca de Nueva Pompeya, en el bajo Flores, en un barrio que lleva el nombre –norteamericanización obliga– de "Boliviatown". Como sobre el lago Titicaca, allí la Virgen de la Candelaria es celebrada el domingo que precede al 12 de octubre. Ese día, conjuntos de flautas de Pan y de charangos, esos instrumentos de cuerdas metálicas, resuenan en todo el barrio. Se bebe chicha, se come cochinillo y se ofrecen cigarrillos a los *ekekos,* personajes mágicos que encarnan la abundancia. Habituadas a vender productos en la calle –tanto frutas y legumbres como bombachas y jabones–, las bolivianas

---

[3] Schneider, 1996 b, describe este encuentro, en una reunión organizada por el consejo del COEMIT, en el Gran Buenos Aires.

han invadido las veredas del centro; los porteños, que, desde siempre, detestaron esas costumbres indias, aprovechan ese pequeño comercio útil y abordable.

La otra comunidad extranjera que se desarrolló durante estos últimos años agrupa a los asiáticos: chinos y, sobre todo, coreanos, con sus "Chinatown" en Belgrano, alrededor de la calle Arribeños, y "Koreatown", cerca de la villa boliviana. Algunos japoneses vivían en Buenos Aires desde 1930, monopolizando las tintorerías y los talleres de planchado. Ahora, los inmigrantes chinos y coreanos trabajan en el rubro agro alimentario y la confección. Los términos ingleses utilizados para designar las concentraciones de población revelan una tendencia a la segregación étnica, a la cual las grandes masas migratorias del pasado habían escapado.[4]

La crisis y el liberalismo asestaron un golpe a los sindicatos y los partidos políticos, ya sometidos a una ruda prueba durante los años del Proceso. Tras la alegría de la democracia recuperada, las dificultades cotidianas y la corrupción provocaron una gran desilusión. El fútbol, que ya ocupaba un sitio considerable en la sociedad, vino a colmar el vacío. En 1978, durante el campeonato mundial, la excitación de la Copa hizo olvidar la tragedia de los desaparecidos. Los estadios de Buenos Aires tienen sus "hinchas", llamados "barrabravas", surgidos en los años sesenta. Para formar parte hay que "golpear por amor al club", pero a menudo las peleas degeneran. La televisión rindió homenaje a una de las víctimas de esta pasión, cuyas cenizas fueron esparcidas en el estadio Gimnasia y Esgrima: sus amigos hablan de él como un "Robin Hood" que hacía cantar a los muchachos. Porque los refranes y cancioncitas –las de Boca Juniors toman los acordes de la Marcha Peronista, las de River aluden a Maradona y la cocaína– son tan importantes como el juego. No obstante, se lamenta la corrupción del ambiente deportivo y la aparición, en esas barras, de drogados y de "mercenarios pagados por los dirigentes". Asistir a un partido importante es peligroso y puede terminar muy mal.

El fútbol suministra temas de conversación inagotables a los desconocidos, pues cada uno se define con referencia a un club, a jugadores, y sueña con una Argentina triunfante de la hostilidad internacional, finalmente admirada por la virilidad de sus jugadores, cuyo ídolo indis-

---

[4] Gutman, p. 231.

cutido es Diego Maradona. El arresto del hombre más popular de la Argentina en el marco de la lucha contra la droga tuvo el efecto de una bomba. Desde hacía años corría el rumor de que el campeón tomaba cocaína. Una denuncia puntual y otros intereses en juego conducen a la policía al domicilio de Maradona, en Caballito, donde se encuentran bolsitas comprometedoras, que, según otras versiones, habrían sido puestas por policías. El hijo de la villa miseria, convertido en rey de los estadios gracias a su talento, se derrumba, y su caída evoca la de otro campeón surgido de las clases populares, el boxeador Carlos Monzón, recluido por haber lanzado por la ventana a su mujer, liberado bajo caución y muerto en un accidente de la ruta.

Maradona vuelve a ser pasto de la actualidad en 1996. Esta vez se encuentra en el corazón de un escándalo que adopta aspectos de folletín. Durante más de dos meses, los porteños siguen en directo las confesiones de unos y otros sobre su participación en orgías y su consumo de drogas. En la pantalla, Maradona defiende con una lealtad convincente a su manager, inculpado de tráfico de estupefacientes. Las principales protagonistas de este asunto son en realidad dos jóvenes de 21 años, estrellas de la noche porteña, Samantha Farjat y Natalia Denegri. La televisión, en su carrera por el rating, transforma a esas chicas insolentes y cínicas, especialistas en falso testimonio, en heroínas de la pantalla chica. Samantha, que había colocado la droga en un jarrón para inculpar al propietario por la policía, se convierte en una vedette a quien se pide autógrafos en los *shoppings*. Natalia insulta a su amiga, posa desnuda y hace circular la foto. Al mismo tiempo, las amas de casa descubren que en una sola noche estas chicas tuvieron más experiencias sexuales que las que ellas conocieron durante toda su vida. La sociedad es "samantizada", según las palabras del presidente. Esta atracción del público por los escándalos de sexo, droga y corrupción contrasta con las reacciones violentas, el año anterior, contra el rodaje del film *Evita*. Con voz unánime, los porteños rehusaban a Madonna, "mujer de mala vida", el derecho de encarnar a la Madona de los descamisados.

En los ambientes adinerados, como en los barrios populares, la droga es banalizada. En 1996, el concierto ofrecido por el grupo de rock La Renga, que reúne a un ex plomero, un mecánico y un chofer de taxi, atrae a jóvenes surgidos de los cien barrios porteños. Al son de una música integrada por el blues y el *heavy metal,* la juventud popular agita banderas argentinas blancas y celestes, carteles donde figuran los nombres de los barrios más representados, Ciudad Evita, Mataderos, Valentín Alsina o Nueva Chicago. Pero también se ven estandartes rojos con el retrato del Che y banderas negras con una planta de cannabis en el medio. Esta nueva generación proletaria se burla del cordón policial cantando el *Blues de Bolivia,* un tema prohibido a causa de su refrán: "Cocaína, marihuana, me espera mi boliviana". La impugnación asumió formas diferentes.

Otros ahogan sus ilusiones en el alcohol. "Un golpe para ver mejor", cantan los Mississippi Bagayo, nostálgicos del mundo tranquilizador de los pequeño burgueses:

Hice lo mejor que pude,
la jornada me trató muy mal,
pero lo peor está detrás,
ahora quiero quedarme en casa,
quiero sentarme y mirar la puesta de sol,
filosofar y tomar.

En otra parte, en la Universidad, un grupúsculo llamado Quebracho se destaca en la escena urbana, a fines de 1993, reivindicando al Che Guevara, la lucha armada y los guerrilleros de la década de 1970. ¿Necesariamente debe escogerse entre la droga, el conformismo liberal y el extremismo?

El retorno de los demonios

El 18 de julio de 1994, una bomba explota en los locales de la Asociación Mutual Israelita Argentina (AMIA), en la calle Pasteur, en el barrio de Balvanera, y produce más de cien muertos. Este atentado es el segundo que se perpetra contra los judíos; en efecto, dos años antes, la embajada de Israel, en el centro de la ciudad, fue destruida por una deflagración muy poderosa. La prensa explica que estos atentados no son una señal de antisemitismo sino que se deben a la tensión internacional en el Cercano Oriente, y se acusa al fundamentalismo iraní. Pero jamás se descubrirá a los culpables, y el asunto llegará a un punto muerto. ¿Qué complicidades han permitido que los terroristas transportaran los explosivos y desaparecieran en la nada? Nuevamente, la impunidad de que se benefician los asesinos vuelve al banquillo de los acusados. Estos dos crímenes despiertan temores y viejas sospechas.

La bomba de 1992 coincidía con la apertura, por el presidente Menem, de los archivos referentes a las actividades nazis en la Argentina. Ningún gobierno había tratado de hacer la luz sobre esos episodios, se ha dicho. Tras una larga investigación, parecería que algunos investigadores de la AMIA habían encontrado la pista de Martín Bormann, cuya presencia en Argentina había suscitado graves polémicas desde las épocas de Spruille Braden. No obstante, el centro de documentación de la asociación fue destruido en el incendio, lo que acarreó la pérdida irreparable de los archivos referentes al período de la guerra y la posguerra.[5]

La presencia de efectivos del ejército israelí para conducir una investigación sobre los atentados volvió a poner en el candelero la polémica sobre la identidad de la comunidad judía de Buenos Aires. Con justa razón, ésta se consideraba argentina y no extranjera. Los inmigrantes judíos, echados de Europa por los pogromos y las persecuciones nazis, no tenían otra patria más que la Argentina, aunque entre ellos hubiera simpatizantes de la política sionista. El atentado de la AMIA, institución nacional, hacía temer una discriminación por parte de los habitantes de la ciudad, cuyas consecuencias podrían significar la segregación del grupo. Pero se alzaron voces para defender el tejido social desgarrado e invocar la solidaridad de todos frente a estos crímenes.

Sin embargo, si la sociedad civil reacciona de manera positiva a esta amenaza, el hecho de que los atentados permanecieran impunes volvía a la memoria el antisemitismo de ciertos medios. Los militares del Proceso, por ejemplo, se habían mostrado más crueles para con los judíos: la documentación del informe *Nunca más* lo acreditaba, así como el testimonio de Jacobo Timmerman, el periodista detenido y finalmente liberado. Ningún debate de la sociedad, como lo reclamaban los intelectuales, estaba previsto sobre esas graves cuestiones. Sin percatarse del alcance de sus palabras, un presentador de la pantalla chica comentó en estos términos las cifras de las víctimas de la explosión de la AMIA: "Hay muertos que no tienen nada que ver", lo que presuponía la culpabilidad de algunos. Sin embargo, sólo eran culpables los que habían puesto la bomba.[6]

---

[5] Dujovene-Ortiz, p. 116.
[6] *Página/12*, 24 de julio de 1994; el diario publica artículos interesantes sobre estos debates.

La tragedia de la AMIA no es el único acontecimiento que desestabiliza al gobierno en 1994. El mismo año, una torpeza del presidente desencadena un escándalo cuyos ecos no se han apagado. Todo comienza en vísperas de los feriados de Navidad, en 1993, cuando Menem firma pedidos de ascenso presentados por la Marina y referentes a cierta cantidad de oficiales. En la lista se encuentran los nombres de dos torturadores, Juan Carlos Rolón y Antonio Pernías. Este último ya fue arrestado en 1987, acusado de haber torturado por propia mano a cierta cantidad de detenidos, entre ellos las religiosas francesas Alice Domon y Léonie Duquet. El oficial es vuelto a arrestar pero lo sueltan poco después, en virtud de la Ley de Obediencia Debida. En cuanto a Rolón, convicto por crímenes similares, se beneficia con la Ley de Punto Final y recupera sus actividades. La Marina observa que estos oficiales se beneficiaron con un sobreseimiento y, por consiguiente, pueden ser promovidos.

Sin duda, el asunto habría sido sofocado sin el encarnizamiento de la prensa en acosar a los torturadores liberados. Astiz, por ejemplo, fue sorprendido en una discoteca por periodistas, que denuncian el escándalo de la impunidad. Pero esta vez, los hechos adoptan un giro inesperado. El escándalo provocado por los ascensos de Pernías y Rolón y la intervención de Alain Juppé, entonces Ministro de Relaciones Extranjeras de Francia, obligan al gobierno a anular las promociones. Ambos oficiales, sintiéndose abandonados, pasan a las confesiones. Pernías reconoce haber practicado la tortura, como otros, de manera sistemática; también reconoce su participación en el rapto y asesinato de las religiosas francesas. Rolón revela que toda la Marina estaba comprometida en la represión. El público conocía los hechos a través del informe de la CONADEP, pero, por primera vez, los oficiales comprometidos salen de la negación para admitir su responsabilidad.

Los vuelos

Tras estas declaraciones, el golpe más fuerte es asestado por un ex capitán neurótico, Adolfo Scilingo, que narra al periodista Horacio Verbitsky cómo arrojó a treinta prisioneros desnudos, drogados pero vivos, al Atlántico. La existencia de esos vuelos era conocida, pero también aquí, ningún miembro de las fuerzas armadas lo había admitido jamás. Verbitsky consignó los hechos en su obra *El vuelo,* redactada a partir de las confesiones de Scilingo, que quería aliviar su conciencia. En la televisión, el público horrorizado pudo ver a este hombre común confesando actos terribles y dando detalles sobre una organización de la que no era más que uno de los engranajes. Él confesaba su culpabilidad, pero también denunciaba el conjunto de la represión, la cobardía de Videla y Massera, el silencio de los oficiales.

Las confesiones de Scilingo provocaron una verdadera conmoción y demostraron que la memoria de los crímenes nunca había sido sofocada por las diferentes leyes de amnistía. El presidente Menem afirmó que él también había visto arrojar detenidos al río, en el puerto de Buenos Aires, cuando él mismo era prisionero. Pero al periodista norteamericano Mike Wallace declaraba que machacar con el pasado no era de ninguna utilidad. "¿Por qué insistir con esos recuerdos dolorosos? Hay que pensar en el porvenir. Esas cosas son antiguas, tuvieron lugar hace dieciocho años", dice un joven empleado de banco, invitado a un debate televisado, expresando con esto una idea compartida por muchos. En 1996, la exposición de los instrumentos de tortura a través del tiempo, presentada por un español en la Facultad de Derecho, no suscitó ningún comentario alusivo. La historia es pasado muerto, después de todo. El perturbador tango de Astor Piazzolla *Oblivion*, palabra inglesa que significa "la condición de ser completamente olvidado", expresa esa muerte a corto plazo de la memoria, así como el duelo imposible.

Sin embargo, artistas e intelectuales retoman la antorcha de la memoria. En el teatro *San Martín*, Griselda Gambaro presenta su obra *Es necesario comprender un poco*, que trata acerca de las relaciones entre la vida cotidiana y la humillación, ya sea en un campo de concentración o en un asilo de locos. En un bello libro, el escritor norteamericano Lawrence Thornton vuelve a dar vida a los desaparecidos por la magia de las visiones de una suerte de chamán encarnado en un ciudadano. En México, Pilar Calveiro sostiene la primera tesis de doctorado sobre los campos de concentración en Argentina. Otras denuncias contra torturadores en libertad son publicadas por la prensa, sobre todo por *Página/12,* que regularmente dedica artículos a estas cuestiones. Todas las semanas, en este diario precisamente, se publican recuadros donde, bajo la foto de un "desaparecido", su familia recuerda las circunstancias de su muerte y pide el castigo de los asesinos. A las asociaciones ya existentes de las madres y las abuelas se agrega Hijos, que reúne a los hijos de los desaparecidos.

Ninguna sociedad puede resignarse a la impunidad. Las Madres de Plaza de Mayo jamás cedieron, a pesar de las amenazas y hasta los atentados, como aquel del que Hebe de Bonafini escapó por un pelo, cuando un auto estuvo a punto de aplastarla sobre la vereda. Gracias a su obstinación, la conciencia moral no desapareció en el torbellino frívolo que los medios oponen a la exigencia de la memoria. Algunos artistas internacionales han apoyado su lucha, como la actriz Liv Ullmann, que interpreta el personaje de una de ellas, Jane Fonda, los cantantes Sting y Pete Seeger, y el poeta Rafael Alberti, a pesar de su avanzada edad. "Nuestra herencia –dicen– es la lucha sin concesiones, la coherencia, la solidaridad, los ideales. Éste es el legado de nuestros hijos, de los treinta mil combatientes."

El duelo jamás podrá ser realizado sin que se haga justicia. Los muertos siempre vuelven, gritan las madres delante de la ESMA, tras las declaraciones sorprendentes de Scilingo. Sin embargo, las confesiones públicas de los torturadores, cualesquiera que sean sus motivaciones, son un primer paso hacia la solución simbólica de esta tragedia. Estamos en el mes de marzo de 1995. El verano se ha demorado y la velada es apacible en la Costanera Norte, cuando las madres y sus familias deciden lanzar al río flores y coronas para sus hijos desaparecidos. La corriente arrastra lentamente sus ofrendas, y, por primera vez, un sentimiento de paz puede más que el odio.

ANEXOS

CRONOLOGÍA

1516	Llegada de Juan Díaz de Solís al estuario del Río de la Plata.
1526	Expedición de Sebastián Gaboto, que remonta el Paraná en busca de la "Sierra de la Plata".
1532	Conquista del Perú por Francisco Pizarro.
1536	Primera fundación de Buenos Aires por Pedro de Mendoza.
1537	Fundación de Asunción en el Paraguay. Muerte en el mar de Pedro de Mendoza.
1539	Domingo de Irala, gobernador del Río de la Plata.
1541	Los españoles abandonan Buenos Aires y se repliegan sobre Asunción.
1556	Muerte de Irala.
1580	Segunda fundación de Buenos Aires por Juan de Garay.
1583	Muerte de Juan de Garay.
1617	Buenos Aires, capital de la Gobernación del Río de la Plata.
1680	Los portugueses se instalan en Colonia del Sacramento (Uruguay).
1726	Fundación de Montevideo.
1776-1810	Creación del Virreinato del Río de la Plata.
1806	Desembarco de los ingleses en Ensenada de Barragán. Santiago de Liniers organiza la reconquista.
1807	Segunda invasión inglesa, también rechazada por Liniers. Fuga del virrey Sobremonte. Santiago de Liniers es nombrado virrey.
1810	Proclamación de una Junta Revolucionaria que no reconoce ya la autoridad de la Corona.
1813	Asamblea Constituyente.
1816	Independencia de las Provincias Unidas del Sur.
1820	Autonomía de las Provincias Unidas.

1825	Victoria de Ayacucho (Perú), que señala el fin de la dominación española en América del Sur. Brasil declara la guerra a Buenos Aires.
1828	Ejecución del gobernador Manuel Dorrego, partidario de un gobierno federal, por el general Juan Lavalle.
1829-1832	Primer gobierno de J. Manuel de Rosas.
1835-1852	Dictadura de Rosas.
1852	Triunfo militar de Justo José de Urquiza en Caseros. Rosas abandona Buenos Aires.
1853	Secesión de Buenos Aires, que no vota la Constitución de la Confederación Argentina.
1862	Victoria militar del Estado porteño en Pavón contra Urquiza, presidente de la Confederación. Bartolomé Mitre, primer presidente de la nación.
1870-1871	Epidemia de fiebre amarilla.
1878	El general Julio A. Roca culmina la Campaña del Desierto, emprendida por él contra los indios insumisos.
1887	Se trazan los límites actuales de la Capital Federal.
1916	Hipólito Yrigoyen, candidato de la Unión Cívica Radical, presidente de la República Argentina.
1919	Represión del movimiento obrero conocida con el nombre de "Semana trágica". Cierre de las casas de citas.
1930	Golpe de Estado militar de José Félix Uriburu. Comienzo de la "Década infame".
1935	Muerte de Carlos Gardel.
1937	Inauguración de la avenida 9 de Julio.
1943	4 de junio: Golpe de Estado militar contra el presidente Ramón S. Castillo.
1945	17 de octubre: Movimiento popular en favor del coronel Juan Perón.
1946	Febrero: Juan Perón es elegido presidente.
1952	26 de julio: Muerte de Eva Perón.
1953	Abril: Atentado contra Perón. El Jockey Club es incendiado.
1955	16 de junio: "Revolución Libertadora". Huida de J. Perón.
1958	Arturo Frondizi gana las elecciones.
1966	Golpe de Estado militar de J. Carlos Onganía. En agosto, "Noche de los Bastones Largos": los militares irrumpen

	en la Facultad de Ciencias; la Universidad es puesta bajo control.
1973	20 de junio: Tras el triunfo de la candidatura del peronista Héctor Cámpora, Juan Perón vuelve a Buenos Aires. Masacre de Ezeiza.
1974	Julio: a la muerte de Juan Perón, su esposa Isabel Perón se convierte en la primera mujer presidente de la Argentina. Terrorismo de Estado ejercido a través de "la Triple A".
1976-1983	Dictadura militar, conocida con el nombre de "Proceso". Prosecución y agravamiento de la represión.
1982	Abril: Argentina ocupa las islas Malvinas. Comienzo de la guerra con Gran Bretaña. Derrota militar de la Argentina.
1983	Triunfo del candidato radical Raúl Alfonsín en las elecciones presidenciales.
1989	Triunfo del candidato peronista Carlos Menem en las elecciones presidenciales. La hiperinflación es dominada.
1995	Carlos Menem es reelegido.

GOBERNADORES, VIRREYES Y PRESIDENTES

Gobernadores tras la partición[1]

Hernando Arias de Saavedra (Hernandarias) (1618-1620)
Diego de Góngora (1620-1623)
Monzo Pérez de Salazar (1623-1624)
Francisco de Céspedes (1624-1632)
Pedro Esteban de Ávila (1632-1638)
Mendo de la Cueva y Benavídez (1638-1640)
Ventura Moxica (1640)
Pedro de Rojas (interino)
Andrés de Sandoval (1641)
Gerónimo Luis de Cabrera (1641-1646)
Jacinto de Laris (1646-1653)
Pedro Luis de Baygorri (1653-1660)
Alonso Mercaro y Villacorta (1660-1662)
Joseph Martín de Salazar (1662-1674)
Andrés de Robles (1674-1678)
Joseph de Garro (1678-1682)
Joseph de Herrera (1682-1691)
Agustín de Robles (1691-1700)
Manuel de Prado Maldonado (1700-1703)
Alonso Juan de Valdés Inclán (1703-1708)
Manuel Velasco (1708-1712)
Alonso de Arce y Soria (1712)
Baltasar García Ros (1713-1715)
Marqués de Salinas (1716)
Bruno de Zavala (1717-1734)
Miguel de Salcedo (1734-1742)

FUENTE: *Guía de forasteros del virreinato de Buenos Aires*, 1803, BN, 528.

Domingo Ortiz de Rozas (1742-1745)
José Andonaegui (1745-1755)
Pedro de Cevallos (1756-1766)
Francisco de Paula Bucareli y Ursúa (1766-1770)
Juan José de Vértiz (1770-1777)

Virreyes del Río de la Plata

Pedro de Cevallos (1777-1778)
Juan José de Vértiz y Salcedo (1778-1784)
Francisco Cristóbal del Campo, marqués de Loreto (1784-1789)
Nicolás Antonio de Arredondo (1789-1795)
Pedro Melo de Portugal y Vilhena (1795-1797), único virrey cuyo cuerpo descansa en Buenos Aires, en la iglesia San Juan, ex convento de los capuchinos.
Gabriel de Avilés y del Fierro, marqués de Avilés (1799-1801)
Joaquín del Pino y Rozas (1801-1804)
Rafael de Sobremonte (1804-1807)
Pascual Ruiz Huidobro (1807)
Santiago de Liniers y Brémont (interino, 1807-1809), un francés, el primer caudillo de la independencia, fusilado el 26 de agosto de 1810 por haber permanecido fiel a la causa realista.
Baltasar Hidalgo de Cisneros (1809-1810)

Gobierno revolucionario

Asamblea (Primera Junta): presidente, Cornelio Saavedra (1810-1811)
Triunvirato (1811-1812)
Asamblea Constituyente (1813-1814)
Directorio
  Gervasio A. de Posadas (1814-1815)
  Carlos María de Alvear (1815)
  Juan Martín de Pueyrredón (1816-1819)
  José Rondeau (1819-1820)

Gobierno provincial de Buenos Aires

Martín Rodríguez (1820-1824)
Las Heras (1824-1826)

Presidente de la Confederación de las Provincias Unidas

Bernardino Rivadavia (1826-1828)

Gobierno provincial de Buenos Aires

Manuel Dorrego (1828)
Juan Lavalle (1828-1829)
Juan Manuel de Rosas (1829-1832)
Juan Ramón Balcarce
Juan José Viamonte (1834)
Juan Manuel de Rosas (1835-1852)

Confederación Argentina

Justo José de Urquiza, director provisional (1852-1853)
Justo José de Urquiza, presidente (1854) (la capital de la Confederación es Paraná)

Estado de Buenos Aires

Valentín Alsina, gobernador (1852-1854) (1857-1862)

Presidentes de la República Argentina

Bartolomé Mitre (1862-1868)
Domingo F. Sarmiento (1868-1874)
Nicolás Avellaneda (1874-1880)

Julio A. Roca (1880-1886)
Miguel Juárez Celman (1886-1890)
Carlos Pellegrini (1890-1892)
Luis Sáenz Peña (1892-1895)
José Evaristo Uriburu (1895-1898)
Julio A. Roca (1898-1904)
Manuel Quintana (1904-1906)
José Figueroa Alcorta (1906-1910)
Roque Sáenz Peña (1910-1914)
Victorino de la Plaza (1914-1916)
Hipólito Yrigoyen (1916-1922)
Marcelo T. de Alvear (1922-1928)
Hipólito Yrigoyen (1928-1930)
José Félix Uriburu (1930-1932)
Agustín P. Justo (1932-1938)
Roberto M. Ortiz (1938-1942)
Ramón S. Castillo (1942-1943)
Pedro P. Ramírez (1943-1944)
Edelmiro J. Farrell (1944-1946)
Juan D. Perón (1946-1952; 1952-1955)
Eduardo Lonardi (1955)
Pedro E. Aramburu (1955-1958)
Arturo Frondizi (1958-1962)
José María Guido (1962)
Arturo Illia (1963-1966)
Juan Carlos Onganía (1966-1970)
Roberto Levingston (1970-1971)
Alejandro Lanusse (1971-1973)
Héctor Cámpora (1973)
Juan D. Perón (1973-1974)
Isabel Perón (1974-1976)
Jorge Rafael Videla (1976-1981)
Roberto Viola (1981)
Leopoldo Galtieri (1981-1982)
Reynaldo Bignone (1982-1983)
Raúl Alfonsín (1983-1989)
Carlos Menem (1989-1995; 1995-)

BIBLIOGRAFÍA

Archivos

Archivo General de la Nación (AGN), salas IX y X.
Biblioteca Nacional (BN)

Revistas, diarios

La Gaceta Mercantil.
Caras y Caretas.
La Nación.
Página/12.

Fuentes impresas

ACCARETTE [1670-?] (1992), "Relation des voyages du sieur d'Accarette [...] dans la rivière de la Plata et de là, par terre, au Pérou, et des observations qu'il y a faites", texto presentado por Jean-Paul Duviols, *La Route de l'Argent*, París, UTZ.

ALCEDO, ANTONIO [1786-1789] (1967), *Diccionario geográfico-histórico de las Indias Occidentales o América*, Madrid, Biblioteca de Autores Españoles, CCV.

ANDREWS, Joseph (1827), *Journey from Buenos Aires through the Province of Córdoba*, Londres.

ANÓNIMO INGLÉS [1825] (1986), *Cinco Años en Buenos Aires, 1820-1825, escrito por un Inglés*, Buenos Aires, Hyspamérica Ediciones.

AZARA, FÉLIX [1784-1806] (1943), *Memoria sobre el estado rural del Río de la Plata y otros informes*, Buenos Aires, Bajel, Biblioteca Histórica Colonial.

– [1847] (1943), *Descripción e Historia del Paraguay y del Río de la Plata*, Buenos Aires, Bajel, Biblioteca Histórica Colonial.

BEAUMONT, J. A. B. (1828), *Travel in Buenos Ayres and the Adjacent Provinces of the Río de la Plata*, Londres.

BOUGAINVILLE, LOUIS-ANTOINE DE [1771] (1980), *Voyage autour du monde avec la frégate La Boudeuse et la flûte L'Étoile*, París, François Maspero-La Découverte.

CALDLEUGH, ALEXANDER (1825), *Travels in South America during the Years 1818-20-21, Containing an Account of the Present State of Brazil, Buenos Ayres and Chile*, Londres.

"Carta de Bartolomé García al Real Consejo de Yndias..." [1556] (1974), en *Cartas de Indias*, II, Biblioteca de Autores Españoles, núm. 265, pp. 600-603.

"Carta de Domingo Martínez al Emperador don Carlos" [1556] (1974), en *Cartas de Indias*, II, Biblioteca de Autores Españoles, núm. 265, pp. 622-631.

"Carta de doña Isabel de Guevara a la princesa gobernadora doña Juana, exponiendo los trabajos hechos en el descubrimiento y conquista del Río de la Plata por las mugeres para ayudar a los hombres" [1556] (1974), en *Cartas de Indias*, II, Biblioteca de Autores Españoles, núm. 265, pp. 619-621.

CONCOLORCORVO [1773] (1942), *El Lazarillo de ciegos caminantes. Desde Buenos Aires a Lima*, Buenos Aires, Ed. Argentinas, Solar.

DÍAZ DE GUZMÁN, RUY [1612] (1986), *La Argentina*, edición de Enrique de Gandía, Madrid, Historia 16, núm. 23.

DOBRIZHOFFER, MARTÍN [1784] (1967), *Historia de los Abipones*, Universidad de Resistencia, tomos I y II.

Documentos históricos y geográficos relativos a la conquista y colonización rioplatense (1941), Buenos Aires, Publicaciones de la Comisión oficial del IV Centenario de la primera fundación de Buenos Aires, Ed. Peuser. tomo I: *Memorias y relaciones históricas y geográficas*, con una introducción de José Torre Revello; tomo II: *Expedición de Pedro de Mendoza*.

DUVIOLS, JEAN-PAUL (1992), cf. ACCARETTE.

ENSINCK, OSCAR LUIS (1990), *Propios y arbitrios del cabildo de Buenos Aires, 1580-1821*, Madrid, Monografías Economía Quinto Centenario.

ESTEVE BARBA, FRANCISCO (1964), *Historiografía indiana*, Madrid, Gredos.

FORBES, JOHN MURRAY [1820-1831] (1956), *Once Años en Buenos Aires, 1820-1831. Las crónicas diplomáticas*, Buenos Aires, Emecé.

GILLESPIE, ALEXANDER (1819), *Gleanings and Remarks Collected during many Months Residence at Buenos Aires and within the Upper Country*, Leeds.

Gran Atlas de Johannes Blaue. El mundo del siglo XVII (1991), edición anotada de John Gross, Madrid, Lisboa y Royal Geographical Society.

HAIGH, SAMUEL [1829] (1920), *Bosquejos de Buenos Aires, Chile y Perú*, Buenos Aires, La Cultura Argentina.

HEAD, F. BOND [1826] (1920), *Las Pampas y los Andes. Notas de viaje*, edición y traducción de Carlos Aldao, Buenos Aires, Vaccaro.

HUTCHINSON, THOMAS J. [1865] (1945), *Buenos Aires y otras provincias argentinas*, traducción de Luis V. Varela, edición establecida por J. Luis Trenti Rocamora, Buenos Aires, Ed. Huarpes, col. "Viajeros por América".

ISABELLE, ARSÈNE (1835), *Voyage à Buenos Ayres et à Porto Alegre, par la Banda Oriental, les missions d'Uruguay et la province de Río Grande do Sul*, El Havre.

KONETZKE, RICHARD (1962), *Colección de documentos para la historia de la formación social de Hispanoamérica, 1793-1810*, Madrid, CSIC, Instituto Jaime Balmés, vol 3.

Lettres édifiantes et curieuses des missions de l'Amérique méridionale, 1722-1755 (1993), edición abreviada presentada por Claude Reichle, París, UTZ.

LIZÁRRAGA, REYNALDO DE [1603-1609] (1968), *Descripción breve de toda la tierra del Perú, Tucumán, Río de la Plata y Chile*, Madrid, Biblioteca de Autores Españoles, tomo CCXVI, pp. 3-213.

MAC CANN, WILLIAM (1853), *Two Thousand Miles' Ride through the Argentine Province*, Londres. Edición española de 1939, de José Luis Busaniche: *Viaje a caballo por las provincias argentinas*, 2ª ed., Buenos Aires.

MANSILLA, LUCIO V. [1904] (1994), *Rozas. Ensayo histórico-psicológico*, Buenos Aires, A-Z Editora.

ORBIGNY, ALCIDE D' (1844), *Voyage dans l'Amérique méridionale*, París.

PARISH, WOODBINE (1835), *Buenos Ayres and the Provinces of the Río de la Plata*, Londres.

PAUCKE, FLORIAN [1749-1767] (1944), *Hacia allá y para acá. Una estada entre los indios Mocobíes*, traducción de Edmundo Wernicke, Universidad Nacional de Tucumán, Tucumán-Buenos Aires, vol 3.

PIGAFETTA, ANTONIO [1522] (1923), *Navigation et descouvrement de la Indie Supérieure faicte par moy Anthoyne Pigaphete Vincentin chevallier de Rhodes*, edición del texto francés por J. Denucé, Gust Janssens, París, Anvers y Ernest Leroux.

"Relación escrita por el escribano Pedro Hernández, sobre lo ocurrido en el Río de la Plata, desde el arribo de la expedición de don Pedro de Mendoza", en *Documentos históricos y geográficos*, II, pp. 392-409.

ROUSSIER, PAUL (1933), "Deux mémoires inédits des frères Massiac sur Buenos Ayres en 1660", *Journal de la Société des américanistes*, núm. 25, pp. 219-249.

SARMIENTO, DOMINGO FAUSTINO [1845] (1990), *Facundo*, Madrid, Cátedra, Letras Hispánicas.

– [1850] (1994), *Argirópolis*, prólogo de Félix Weinberg, Buenos Aires, Secretaría de Cultura de la Nación, A-Z Editora, col. "Identidad Nacional".

SCARLETT, P. CAMPBELL (1838), *South America and the Pacific*, Londres.

SCHMIDL, UTZ (Ulrich) [1567] (1985), *Relación del viaje al Río de la Plata*, Madrid, Historia 16, Crónicas de América 15, Alemanes en América.

TAULLARD, A. (1940), *Los Planos más antiguos de Buenos Aires*, Buenos Aires, Peuser Ed.

Trages y costumbres de la Provincia de Buenos Aires, Litografía de Bacle y Ca, Impresores Litográficos del Estado, Calle de la Catedral núm. 17, [1833] (1946), edición facsímil con un prólogo de Alejo González Garaño, Buenos Aires, Viau.

VÁZQUEZ DE ESPINOSA, ANTONIO [1628-1629] (1992), *Compendio y descripción de las Indias Occidentales*, edición de Balbino Velasco Bayón, Madrid, Historia 16, Crónicas de América, 68b.

VILAR, E. E. (1820), *Picturesque Illustrations of Buenos Ayres and Monte Video, Consisting of Twenty-Four Views; Accompanied with Descriptions of the Scenery, and of the Costumes, Manners and of the Inhabitants of those Cities and their Environs*, Londres.

ZAVALA, SILVIO (1977), *Orígenes de la colonización en el Río de la Plata*, México, Ed. Colegio Nacional.

Obras sobre la historia de Buenos Aires

ÁLVAREZ, JOSÉ S. (1943), *Cuentos de Fray Mocho*, Buenos Aires, Colección Mar Dulce.

ANDREWS, GEORGE REID (1980), *The Afro-Argentines of Buenos Aires, 1800-1900*, The University of Wisconsin Press. (Hemos utilizado la traducción española: *Los Afroargentinos de Buenos Aires*, Buenos Aires, Ediciones de la Flor, 1989.)

BAILY, SAMUEL (1982), "Las sociedades de ayuda mutua y el desarrollo de una comunidad italiana en Buenos Aires, 1858-1918", *Desarrollo económico*, vol. 21, núm. 84, 1982, pp. 485-514.

BAYÓN, DAMIÁN (1979), "La casa colonial porteña vista por viajeros y memorialistas", *Actes du XLIIe Congrès international des américanistes*, París, vol. 10, pp. 159-170.

BERENGUER CARISOMO, ARTURO, y Gori MUÑOZ (1960), *Cuando Buenos Aires era colonia*, Buenos Aires, Madrid, México, Ediciones Aguilar.

BOSSIO, JORGE (1972), *Historia de las pulperías*, Buenos Aires, Ed. Plus Ultra.

Buenos Aires, Buenos Aires. Guía de arquitectura (1994), Buenos Aires-Sevilla.

FACCIOLO, ANA MARÍA (1981), "Crecimiento industrial, expansión metropolitana y calidad de vida. El asentamiento obrero en la Región metropolitana de Buenos Aires desde principios de siglo", *Desarrollo económico*, vol. 20, núm. 80, enero-marzo, pp. 549-568.

GARCÍA JIMÉNEZ, FRANCISCO (1964), *El tango. Historia de medio siglo. 1880-1930*, Buenos Aires, Eudeba.

– (1976), *Memorias y fantasmas de Buenos Aires*, Buenos Aires, Corregidor.

GOLDBERG, MARTA (1976), "La población negra y mulata de la ciudad de Buenos Aires, 1810-1840", *Desarrollo económico*, núm. 16, pp. 75-99.

GONZÁLEZ BERNALDO, PILAR (1992), *La Création d'une nation. Histoire politique des appartenances culturelles dans la ville de Buenos Aires entre 1829 et 1862*, tesis de doctorado, Université París-I, vol 2.

GUTMAN, MARGARITA, y JORGE ENRIQUE Hardoy (1992), *Buenos Aires. Historia urbana del área metropolitana*, Madrid, Editorial MAPFRE.

GUY, DONNA J. (1991), *Sex and Danger en Buenos Aires; Prostitution, Family and Nation in Argentina*, Lincoln-Londres, University of Nebraska Press.

JOHNSON, LYMAN L., y Susan SOCOLOW (1980), "Población y espacio en el Buenos Aires del siglo XVIII", *Desarrollo económico*, vol. 20, núm. 79, pp. 329-349.

KONETZKE, RICHARD (1952), "La emigración española al Río de la Plata durante el siglo XVI", en *Miscelánea americanista (homenaje a don Antonio Ballesteros Beretta, 1880-1949)*, Madrid, CSIC, vol. 3, pp. 297-353.

LAFUENTE MACHAIN, RICARDO de (1962), *La Plaza trágica,* Buenos Aires, Cuadernos de Buenos Aires, núm. 17.

– (1978), *El barrio de Santo Domingo,* Municipalidad de Buenos Aires, Cuadernos de Buenos Aires, núm. 10.

– (1980), *Buenos Aires en el siglo XVII,* Municipalidad de Buenos Aires, IV Centenario.

LANUZA, JOSÉ LUIS (1967), *Morenada. Una historia de la raza africana en el Río de la Plata,* Buenos Aires, Ed. Schapire.

LLANES, RICARDO M. (1959), *Recuerdos de Buenos Aires,* Cuadernos de Buenos Aires, núm. 11, Municipalidad de Buenos Aires.

– (1969): *Dos Notas porteñas (la plaza y la manzana),* Cuadernos de Buenos Aires, núm. 33, Municipalidad de la Ciudad de Buenos Aires.

LONDRES, ALBERT (1927), *Le Chemin de Buenos Aires,* Albin Michel.

LONGO, RAFAEL E. (1994), *Cafés de Buenos Aires,* Interjuntas, Club del Tango.

LUQUI LAGLEYZE, JULIO (1994), *Sencilla historia de Buenos Aires-La Trinidad,* Buenos Aires, Librerías Turísticas.

MARTÍNEZ CUITIÑO, VICENTE (1949), *El Café de los Inmortales,* Buenos Aires, Kraft.

MUÑOZ, GORI (1970), *Toros y toreros en el Río de la Plata,* Buenos Aires, Ed. Schapire.

NAGERA, JUAN JOSÉ (1971), *Puntas de Santa María del Buen Aire,* Municipalidad de Buenos Aires, Cuadernos de Buenos Aires, IV.

NATALE, OSCAR (1984), *Buenos Aires, negros y tango,* Buenos Aires, Peña Lillo Editor.

OBLIGADO, PASTOR S., y Victor GÁLVEZ (1964), *Tradiciones de Buenos Aires,* Buenos Aires, Eudeba.

PORRO, NELLY R., J. E. ASTIZ, y M. M. ROSPIDE (1982), *Aspectos de la vida cotidiana en el Buenos Aires virreinal,* Universidad de Buenos Aires, Colección del IV Centenario de Buenos Aires.

PORRO, NELLY, RAQUEL GIRARDI, y ESTELA ROSA BARBERO (1944), *Lo suntuario en la vida cotidiana del Buenos Aires virreinal. De lo material a lo espiritual,* Buenos Aires, Prhisco-Conicet.

PUCCIA, ENRIQUE H. (ed.) (1986), *Definitiva Buenos Aires* (fotografías Archivo General de la Nación), J. C. Martínez.

ROMERO, JOSÉ LUIS y LUIS ALBERTO (1983), *Buenos Aires, historia de cuatro siglos,* Editorial Abril.
– (1983), *Buenos Aires criolla. 1820-1850,* Buenos Aires, Centro Editor de América Latina.
ROSELLI, JOHN (1990), "The opera business and the Italian immigrant community in Latin America, 1820-1930: the example of Buenos Aires", *Past and Present,* núm. 127, pp. 155-182.
SABATO, HILDA, y Ema CIBOTTI (1990), "Hacer política en Buenos Aires: los Italianos en la escena pública porteña, 1860-1880", *Boletín del Instituto de historia argentina y americana Dr. Emilio Ravignani,* Facultad de Filosofía y Letras, Universidad de Buenos Aires, núm. 2, pp. 7-46.
SALAS, HORACIO (1989), *Le Tango,* Actes Sud.
SCOBIE, JAMES R. (1977), *Buenos Aires, del centro a los barrios, 1870-1910,* Buenos Aires, Ed. Solar.
SEBRELI, JUAN JOSÉ (1965), *Buenos Aires, vida cotidiana y alienación,* Buenos Aires, Ed. Siglo XX.
SERRANO, MARIO ARTURO (1972), *Cómo fue la revolución de los orilleros porteños,* Buenos Aires, Plus Ultra.
SOCOLOW, SUSAN M. (1978), *The Merchants of Buenos Aires, 1778-1810. Family and Commerce, Cambridge Latin American Studies,* 30, Cambridge University Press.
– (1987), *The Bureaucrats of Buenos Aires, 1769-1810: Amor al real Servicio,* Durham-Londres, Duke University Press.
SPINETTO, HORACIO (1990), "Gardel, el mito cumple un siglo", *Todo es historia,* núm. 282, pp. 6-23.
STUDER, ELENA F. de (1984), *La Trata de negros en el Río de la Plata durante el siglo XVIII,* Montevideo, Libros de Hispanoamérica.
TORRE REVELLO, JOSÉ (1943), *Crónicas de Buenos Aires colonial,* Buenos Aires, Bajel.
VÁZQUEZ-RIAL, HORACIO (1996), *Buenos Aires, 1880-1930. La capital de un imperio imaginario,* Madrid, Alianza.
WALKER, ANA CARA (1987), "Cocoliche: the art of assimilation and dissimulation among Italians and Argentines", *Latin America Research Review,* vol 22, núm. 3, pp. 37-67.
WEINBERG, FÉLIX (1976), *Dos Utopías argentinas de principios de siglo,* Buenos Aires, Solar-Hachette.
WILDE, JOSÉ A. [1881] (1960), *Buenos Aires, desde 70 años atrás,* Buenos Aires, Eudeba.

Obras sobre la Argentina y el Río de la Plata

ANNINO, ANTONIO (1976), "El debate sobre la emigración y la expansión a la América Latina en los orígenes de la ideología imperialista en Italia (1861-1911)", *Jahrbuch für Geschichte von Staat, Wirtschaft und Gesellschaft Lateinamerika,* vol. 13, pp. 189-215.

ARNAUD, VICENTE GUILLERMO (1950), *Los Intérpretes en el descubrimiento, conquista y colonización del Río de la Plata,* Buenos Aires.

Baedeker de la República Argentina (1907), 3ª ed., Barcelona.

BARKI, IRENE (1988), *Pour ces yeux-là. La face cachée du drame argentin. Les enfants disparus,* La Découverte.

BONET, CARLOS (1961), "El Argentino de ayer, de hoy y de mañana", Buenos Aires, *Revista de humanidades,* 1er año, núm. 1, pp. 129-140.

CALZADILLA, SANTIAGO [1891] (1944), *Las Beldades de mi tiempo,* Buenos Aires, Estrada.

CANDIDO, SALVATORE (1976), "La emigración política italiana a la América Latina (1820-1870)", *Jahrbuch für Geschichte von Staat, Wirtschaft und Gesellschaft Lateinamerika,* vol. 13, pp. 216-238.

CARBONELL DE MASY, RAFAEL (1992), *Estrategias de desarrollo rural en los pueblos Guaraníes (1609-1767),* Barcelona, Monografías Economía Quinto Centenario.

CLEMENCEAU, GEORGES [1911] (1991), *Notes de voyage dans l'Amérique du Sud. Argentine, Uruguay, Brésil,* París, UTZ.

CRAVIOTTO, JOSÉ (1961), "El doctor Juan Mylam, un botánico del siglo XVIII", Buenos Aires, *Revista de humanidades,* 1er año, núm. 1, pp. 85-97.

DEFFONTAINES, PIERRE, "L'introduction du bétail en Amérique latine", *Les Cahiers d'outre-mer,* núm. 37, enero-marzo 1957, pp. 5-22.

– "Contribution à une géographie pastorale de l'Amérique latine: l'appropriation des troupeaux et des pacages", *Mélanges géographiques canadiens offerts à Raoul Blanchard,* Quebec, Presses universitaires Laval, 1959, pp. 479-491.

DEVOTO, FERNANDO J. (1994), *Le Migrazioni italiane in Argentina. Un saggio interpretativo,* Nápoles, L'Officina Tipografica.

DONOSO, RICARDO (1961), "La prohibición del libro del P. Lacunza", Buenos Aires, *Revista de humanidades,* 1er año, núm. 1, pp. 31-55.

DUJOVNE-ORTIZ, ALICIA (1995), *Eva Perón. La madone des sans-chemises,* París, Grasset.

FELCE, EMMA, y LEÓN BENARÓS (1944), *Los Caudillos del año XX*, Buenos Aires, Mar Dulce.
FRANCO, LUIS (1968), *El Otro Rosas*, Buenos Aires, Ed. Schapire.
FURLONG, GUILLERMO (1969), *Historia social y cultural del Río de la Plata*, tomo I: *El Trasplante social;* tomo II: *Ciencia*, Buenos Aires, Tipográfica Editora Argentina.
GALVES, LUCÍA (1990), *Mujeres de la conquista*, Buenos Aires, Planeta, col. "Mujeres Argentinas".
GARAVAGLIA, JUAN CARLOS (1993), "Los labradores de San Isidro", *Desarrollo económico*, vol. 32, núm. 128, pp. 513-542.
– (1995), "Tres estancias del sur bonaerense en un período de 'transición' (1790-1834)", IEHS, Tandil, en Mónica Bjerg y Andrea Reguera (ed.): *Problemas de la historia agraria. Nuevos debates y perspectivas de investigación*, pp. 79-123.
– y GELMAN, JORGE, "Rural history of the Río de la Plata, 1600-1850: results of a historiographical renaissance", *Latin America Research Review*, pp. 75-105.
GARIBALDI, GIUSEPPE (1981), *Mémoires d'un chemise rouge*, París, F. Maspero.
GELMAN, JORGE (1989), "New perspectives on an old problem and the same source: the Gaucho and the rural history of the colonial Río de la Plata, *Hispanic American Historical Review*, vol. 69, núm. 4, pp. 715-731.
GHIANO, JUAN CARLOS (1961), "Martiniano Leguizamón y el teatro", Buenos Aires, *Revista de humanidades*, 1er año, núm. 1, pp. 145-154.
GIANELLO, LEONCIO (1961), "Ideas económicas y sociales de Manuel Belgrano", Buenos Aires, *Revista de humanidades*, 1er año, núm. 1, pp. 65-76.
GOMBROWICZ, RITA (1984), *Gombrowicz en Argentina, 1939-1963*, París, Denoël.
GONZÁLEZ ARRILI, BERNARDO (1960), *Los Indios pampas. Bandoleros a medio vestir*, Buenos Aires, Stilcograf.
GONZÁLEZ JANZEN, IGNACIO (1986), *La triple A*, Buenos Aires, Contrapunto.
HALPERÍN-DONGHI, TULIO (1963), "La expansión ganadera en la campaña de Buenos Aires (1810-1852)", *Desarrollo económico*, 3 (1/2).
– (1976), "¿Para qué la inmigración? Ideología y política inmigratoria y aceleración del proceso modernizador: el caso argentino (1810-1914)", *Jahrbuch für Geschichte von Staat, Wirtschaft und Gesellschaft Lateinamerika*, vol. 13, pp. 437-489.

– (1983), "Comentario al artículo de Herbert Klein: 'The integration of Italian immigrants in the United States and Argentina: a comparative analysis'", *The American Historical Review,* vol. 88, núm. 2.
LAINÉ, JEAN (1980), *Les Argentins,* París, Arthaud.
LÓPEZ, ADALBERTO (1974), "The economics of *yerba mate* in seventeenth-century South America", *Agricultural History,* núm. 4, octubre, pp. 493-509.
LUNA, FÉLIX (1989), *Soy Roca,* Buenos Aires, Editorial Sudamericana.
MAHIEU, AGUSTÍN (1974), *Breve Historia del cine nacional,* Alzamor Editores.
MALAMUD, CARLOS (1987), *Juan Manuel de Rosas,* Madrid, Historia 16, Quorum.
MAMONDE, CARLOS (1986), *José de San Martín,* Madrid, Historia 16, Quorum.
MANRIQUE ZAGO (ed.) (1982), *Pioneros de la Argentina. Los inmigrantes judíos,* Buenos Aires.
– (ed.) (1985), *Los Españoles de la Argentina,* Buenos Aires.
MAYO, CARLOS (1991), "Landed but not powerful: the colonial estancieros of Buenos Aires (1750-1810)", *Hispanic American Historical Review,* vol. 71, núm. 4, pp. 762-779.
MERKIN, MARTA, Juan José PANNO, Gabriela TIJMAN y Carlos ULANOVSKY (1995), *Días de Radio. Historia de la radio argentina,* Compañía Editora Espasa-Calpe Argentina.
MITRE, BARTOLOMÉ [1906] (1960), *Episodios de la Revolución,* Buenos Aires, Eudeba.
Nunca Más. Informe de la Comisión Nacional sobre la Desaparición de Personas, (1984), Buenos Aires, Eudeba.
OTÁROLA, ALFREDO J. (1967), *Antecedentes históricos y genealógicos. El conquistador don Domingo Martínez de Irala,* Buenos Aires, Casa Pardo.
PAGE, JOHN (1984), *Perón,* Javier Vergara Ed., vol 2. (edición original en inglés, 1983).
QUATTROCHI-WOISSON, DIANA (1992), *Un nationalisme de déracinés. L'Argentine, pays malade de sa mémoire,* Tolosa, Éditions du CNRS.
QUIJADA, MÓNICA (1987), *Hipólito Yrigoyen,* Madrid, Historia 16, Quorum.
– (1991): *Aires de República, aires de cruzada: la guerra civil española en Argentina,* Barcelona, Sendai Ediciones.
RODRÍGUEZ MOLAS, RICARDO (1961), "Negros libres rioplatenses", Buenos Aires, *Revista de humanidades,* 1er año, núm. 1, pp. 99-126.

ROMERO, JOSÉ LUIS (1994), *Breve Historia de la Argentina*, 14ª ed., Ariel, Buenos Aires, Colección Temas Básicos.
SÁENZ QUESADA, MARÍA (1991), *Mujeres de Rosas,* Buenos Aires, Planeta.
– (1995), *Mariquita Sánchez. Vida política y sentimental,* Buenos Aires, Sudamericana.
SAGUÍ, FRANCISCO (1874), *Los Últimos Cuatro Años de dominación española en el antiguo virreinato del Río de la Plata, desde el 26 de junio de 1806 hasta el 25 de mayo de 1810,* ed. ilustrada, Buenos Aires, Imprenta Americana.
SALVATORE, RICHARDO, y JONATHAN C. BROWN (1989), "The old problem and rural society", *Hispanic American Historical Review,* vol. 69, núm. 4, pp. 733-745.
SÁNCHEZ GARRIDO, AMELIA (1961), "Documentación de peculiaridades lingüísticas rioplatenses en el teatro gauchesco primitivo", Buenos Aires, *Revista de humanidades,* 1er año, núm. 1, pp. 193-208.
SCHNEIDER, ARNDT (1996), "The two faces of modernity. Concepts of the melting-pot in Argentina", *Critique of Anthropology,* Londres, Sage, vol. 16 (2), pp. 173-198.
– (1996 b), "The transcontinental construction of European identities: a view from Argentina", *Anthropological Journal on European Cultures,* vol. 5 (1), pp. 95-105.
SIGAL, SILVIA (1996), *Le Rôle politique des intellectuels en Amérique latine,* L'Harmattan.
SLATTA, RICHARD W. (1985), *Los Gauchos y el ocaso de la frontera,* Buenos Aires, Sudamericana.
TIJERAS, EDUARDO (1987), *Juan de Garay,* Madrid, Historia 16, Quorum.
TIMMERMAN, JACOBO (1981), *Mémoires d'un "disparu",* París, Mazarine.
TORRE, JUAN CARLOS (ed.) (1995), *El 17 de octubre de 1945,* Ariel, Espasa-Calpe Argentina.
TORRE REVELLO, JOSÉ (1961), "Cómo se llegó a Mayo", Buenos Aires, *Revista de humanidades,* 1er año, núm. 1, pp. 11-28.
VÁZQUEZ, MARÍA ESTHER (1991), *Victoria Ocampo,* Buenos Aires, Planeta.
VERBITSKY, HORACIO (1995), *El Vuelo,* Buenos Aires, Planeta.
VOGEL, HANS (1991), "New citizens for a new nation: naturalization in early independent Argentina", *Hispanic American Historical Review,* vol. 71, núm. 1, pp. 108-131.

ZORRAQUÍN BECÚ, RICARDO (1967), "Movilidad indígena y mestizaje en Argentina colonial", *Jahrbuch für Geschichte von Staat, Wirtschaft und Gesellschaft Lateinamerikas,* tomo IV, pp. 61-85.

Obras generales citadas

BERNAND, CARMEN, y SERGE GRUZINSKI (1991), *Histoire du Nouveau Monde,* tomo I, París, Fayard.
– (1993), *Histoire du Nouveau Monde,* tomo II *Les métissages,* París, Fayard.
BRADING, DAVID (1991), *The First America. The Spanish Monarchy and the Liberal State, 1492-1867,* Cambridge University Press.
CUMMINS, JOHN (1995), *Francis Drake,* Londres, Weidenfeld & Nicolson.
DEMELAS, MARIE-DANIELLE (1992), *L'Invention politique. Bolivie, Équateur, Pérou au XIXe siècle,* París, Éditions Recherche sur les Civilisations.
EGAÑA, ANTONIO S. J. (1966), *Historia de la Iglesia en la América española. Desde el descubrimiento hasta comienzos del siglo XIX,* Madrid, Biblioteca de Autores Cristianos.
GIBSON, IAN (1990): *Federico García Lorca,* París, Seghers.
GRUZINSKI, SERGE (1996): *Histoire de Mexico,* París, Fayard.
GUERRA, FRANÇOIS-XAVIER (1989), "Le peuple souverain, fondements et logique d'une fiction", en *Quel avenir pour la démocratie en Amérique latine?,* Tolosa, CNRS, pp. 19-54.
HALPERÍN DONGHI, TULIO (1972), *Historia contemporánea de América Latina,* Madrid, Alianza.
KONETZKE, RICHARD (1974), *América Latina. La época colonial,* 3ª ed, México, Siglo XXI.
LEÓN, MARÍA TERESA (1970), *Memoria de la melancolía,* Buenos Aires, Losada.
LYNCH, JOHN (1993), *Caudillos en Hispanoamérica, 1800-1850,* Madrid, Ediciones MAPFRE.
SOLANO, FRANCISCO (ed.) (1986), *Historia y futuro de la ciudad iberoamericana,* Madrid-Santander, CSIC, Universidad Internacional Menéndez Pelayo.
– (1990), *Ciudades hispanoamericanas y pueblos de Indios,* Madrid, CSIC, Biblioteca de Historia de América.

TASSO, ALBERTO (1990): "La inmigración árabe en la Argentina", *Todo es historia*, VOL. 24, núm. 282, pp. 78-91.
TESCHAUER, CARLOS S. J. (1918), *Historia do Río Grande do Sul dos dois premeiros seculos*, tomo I, Porto Alegre.
VERDO, GENEVIÈVE (1993), "Constitutions, représentations et citoyenneté dans les révolutions hispaniques (1808-1830)", *Histoires et Sociétés de l'Amérique latine. Bulletin d'information*, núm. 1, Université París-VII, pp. 40-63.

Textos literarios

ARLT, ROBERTO [1929] (1981), *Les Sept Fous*, París, Belfond.
– (1933): *Aguafuertes porteñas*, compilación de los artículos aparecidos en *Crítica*.
BIOY CASARES, ADOLFO [1940] (1989), *L'Invention de Morel*, Les Langues modernes.
– [1969] (1995), *Diario de la guerra del cerdo*, Emecé Editores.
BORGES, Jorge Luis [1962] (1967): *L'Aleph*, París, Gallimard.
– (1993), *Œuvres complètes*, tomo I, París, Gallimard, col. "Bibliothèque de la Pléiade".
CORTANZE, GÉRARD DE (1983): *Une anthologie de la poésie latino-américaine contemporaine*, Publisud, col. "Transitions".
CORTÁZAR, JULIO [1951] (1967), *Bestiario*, Buenos Aires, Sudamericana.
FREITAS, NEWTON (1946), *Garibaldi en América*, Buenos Aires, Colección Mar Dulce.
GELMAN, JUAN, SZPUNBERG, ALBERTO, y LEMA, VICENTE ZITO (1983), *Il nous reste la mémoire*, Maspero-La Découverte.
GHIANO, JUAN CARLOS (1957), *Teatro gauchesco primitivo*, Buenos Aires, Ed. Losange.
HERNÁNDEZ, JOSÉ, *Martín Fierro*.
HUDSON, WILLIAM (1963), *Allá lejos y hace tiempo (Far away and long ago)*, Buenos Aires, Ed. Peuser.
LARRETA, ENRIQUE [1933] (1965), *Las Dos Fundaciones de Buenos Aires*, Buenos Aires, Ed. Kapelusz.
LÓPEZ, LUCIO V. [1884] (1983), *La Gran Aldea*, Buenos Aires, Abril.
MARECHAL, LEOPOLDO (1970), *Adan Buenosayres*, Buenos Aires, Sudamericana.

Molina, Enrique (1994), *Una Sombra donde sueña Camila O'Gorman*, Seix Barral, Biblioteca Breve (1ª ed., Losada, 1973).
Puig, Manuel (1973), *The Buenos Aires Affair*, Barcelona, Seix Barral.
Rivera, Andrés (1993), *La revolución es un sueño eterno*, Buenos Aires, Alfaguara (1ª ed., 1987).
– (1995), *En esta dulce tierra*, Buenos Aires, Alfaguara.
Sabato, Ernesto (1973), *La Cultura en la encrucijada nacional*, Buenos Aires, Crisis.
– (1975), *Sobre héroes y tumbas*, México, Fondo de Cultura Económica.
Saint-Exupéry, Antoine de (1941), *Vol de nuit*, Gallimard.
Scalabrini Ortiz, Raúl [1931] (1991), *El Hombre que está solo y espera*, Buenos Aires, Plus Ultra.
Sigal, León (1980), "Lecturas blancas de los negros del Plata", *Letterature d'America*, 1er año, 4-5, pp. 71-90.
Thornton, Lawrence (1988), *Les Fantômes de Buenos Aires*, París, Flammarion.
Viñas, David (1967), *Los Dueños de la tierra*, Buenos Aires, Ed. Schapire.

Guías

Buenos Aires. Guía de arquitectura. Ocho recorridos por la ciudad (1994), Buenos Aires-Sevilla. Muy bellas fotografías y planos de la ciudad pero también viviendas, con indicaciones muy útiles sobre las fechas, los arquitectos y los sitios exactos.
Pirelli (1993), *Buenos Aires, sus alrededores y costas del Uruguay*, Editorial Sudamericana. Esta guía notable fue redactada con el concurso de historiadores y arquitectos. Constituye una referencia indispensable.

Diccionario

Morínigo, Marcos (1966), *Diccionario de americanismos*, Buenos Aires, Muchnik Editores.

GLOSARIO

Adelantado: al comienzo de la conquista, la Corona española delegó sus poderes a *adelantados* que ejercían su autoridad en regiones alejadas. El *adelantado* podía delegar sus funciones en un teniente gobernador, como Juan de Garay.

Arrabal: suburbio.

Audiencia (Real Audiencia): organismo judicial y administrativo que comprendía un presidente y oidores, cuya cantidad variaba en función de la extensión de la jurisdicción. La *Audiencia* de Buenos Aires fue establecida en 1661, bajo el virreinato de Lima, suprimida en 1671 y restablecida en 1785.

Cabildo: consejo municipal.

Candombe: danza de origen africano.

Caudillo: jefe político carismático que basa su poder en el clientelismo.

Compadrito: nombre dado a los pillos de los barrios periféricos, que se caracterizan por su manera de hablar y su atuendo. Esta palabra surgió de *compadre*, término que alude en toda América a lazos de padrinazgo.

Conventillo: alojamientos colectivos donde se amontonaban los inmigrantes, y que en ocasiones reunía a un centenar de personas.

Criollo: en América hispánica, este término designa a los que nacieron en el suelo americano, sean españoles o negros.

Encomienda: institución castellana de origen medieval. Beneficio del trabajo de un grupo de indios concedido a un conquistador por una duración en principio limitada a dos generaciones. El *encomendero* debía encargarse de la evangelización y protección de los indígenas que le habían sido confiados. Los indios no eran jurídicamente esclavos, pero debían pagar un tributo que a menudo era muy elevado.

Estancia: bienes raíces consagrados principalmente a la cría.

Gaucho: nombre dado a los vaqueros. Los gauchos son el equivalente austral de los cow-boys americanos.

Lunfardo: argot de Buenos Aires; comprende muchos términos calabreses y napolitanos.

Milonga: aire y baile del Río de la Plata, anterior al tango, y de ritmo más vivo.

Montonera: milicia compuesta de gauchos y conducida por un *caudillo*.

Orillero: habitante de las orillas, sobre todo al borde del Riachuelo.

Porteño: persona nacida en Buenos Aires. Por su lenguaje, su acento característico y su comportamiento, el porteño se distingue de todos aquellos que nacieron en "el interior" del país, y se considera como la quintaesencia de la "argentinidad".

Pulpería: establecimiento donde se vendía todo tipo de artículos, sobre todo bebidas alcohólicas.

Quinta: propiedad en la periferia de la ciudad provista de un huerto.

Vecino: en la época colonial, habitante de una ciudad donde es propietario. En la época moderna, este término es sinónimo de habitante cercano, lindante. Sin embargo, *vecindad* implica casi siempre una referencia a un barrio pobre.

ÍNDICE DE NOMBRES DE PERSONAS

ABAL MEDINA, Juan Manuel, militante, 323
ACCARETTE DU BISCAY, viajero, 42, 43, 44, 47, 51
ACEVES MEJÍA, Miguel, cantante, 300
ACOSTA, Ángelo, zapatero, 63
ACOSTA, Gonzalo de, piloto e intérprete, 22
AGUIRRE, Juan Francisco, marino español, 80
AIGNASSE, Raymond, gastrónomo, 101
ALBERDI, Juan Bautista, escritor, 170, 171
ALBERTI, Rafael, poeta, 29, 270, 353, 362
ALCAIN, Magdalena, 121
ALEM, Leandro, político, 230, 231
ALFONSÍN, Raúl, presidente (1983-1989), 141, 222, 296, 332, 340, 341, 342, 343, 345
ALLENDE, Salvador, presidente de Chile, 322-324, 328
ALMEIDA, José Joaquín de, 121
ALONSO, Dámaso, 270
ALONSO, dibujante, 235
ALSINA, Valentín, político, 182, 184, 185, 197, 203, 232
ÁLVAREZ TEXERO, Fernando, albañil, 37
ALVEAR, Marcelo T. de, presidente (1922-1928), 244, 256
ALVEAR, Torcuato, intendente de Buenos Aires (1880-1887), 210, 211
ÁLZAGA, Martín de, vecino, 108, 112, 136, 160
ANCHORENA (familia), 136

ANCHORENA, Nicolás, estanciero, 144
ANCHORENA, Tomás, 164
ANGULO, María de, 21
ANSERMET, Ernest, músico, 247
ANTONIONI, Michelangelo, cineasta, 307
ARA, Pedro, médico, 304
ARAMBURU, Pedro E., presidente (1955-1958), 303, 305, 306, 321, 323, 324, 325, 331
ARÁOZ, Pedro, caudillo, 123
ARGERICH, Antonio, escritor, 222
ARGERICH, Francisco, director de escuela, 108
ARGERICH, Manuel, médico, 195
ARIAS DE SAAVEDRA, Hernando, gobernador *(véase Hernandarias)*
ARIAS, Pepe, actor, 266
ARLT, Roberto, escritor, 240, 244-246, 252, 259, 267, 317
ARREDONDO, Nicolás, virrey (1789-1795), 92
ARTIGAS, José Gervasio, caudillo, 117
ASCASUBI, Hilario, poeta y soldado (1807-1875), 181
ASTIZ, Alfredo, teniente, 338, 342, 360
ATANACIO, Joseph, esclavo, 88
AVELLANEDA, Floreal, 336
AVELLANEDA, Nicolás, presidente (1874-1880), 185, 205
ÁVILA, Teresa de, hermana de Rodrigo de Cepeda, 21-22
AYOLAS, Juan de, conquistador, 23, 24
AZARA, Félix de, cronista, 67, 82, 91, 95, 101, 128

AZCUÉNAGA (familia), 61, 136
BACLE, César Hypolite, litógrafo, 162-164, 202
BAKER, Joséphine, 244
BAKUNIN, 246
BALBOA, Vasco Núñez de, conquistador, 18
BALCARCE, Antonio, general, 112, 115
BALCARCE, Juan Ramón, gobernador, 150-151
BAND, músico, 202
BARA, soldado, 115
BARCO CENTENERA, Martín del, poeta, 31, 36, 38
BASAVILBASO, Domingo de, notable, 60
BAXTER, Joe, militante, 321
BEATLES, 261, 318
BEAUHARNAIS, Joséphine de, 116, 120
BELGRANO, Manuel, patriota, 96, 101, 109, 112, 113-115, 117, 118, 142, 151, 167
BEMBERG, María Luisa, cineasta, 179
BERESFORD, William, general, 102-104
BERGMAN, Ingmar, cineasta, 307
BERNI, Antonio, pintor, 346
BERNINI, 44
BERTRAND, Henri-Gratien, gran mariscal del Palacio de Napoleón I, 129
BERUTI, Antonio, patriota, 109
BEVANS, cuáquero, 131
BEZEMBAJER, Elena, prostituta, 199
BIANCHI, Giovanni Andrea, jesuita, 58
BIOY CASARES, Adolfo, escritor, 224, 282, 351, 353
BISMARCK, 228
BLANES, J. M., pintor, 195
BLAUE, Johannes, cartógrafo, 44
BOLÍVAR, Simón, libertador, 118, 139
BONAFINI, Hebe, Madre de Plaza de Mayo, 338, 353, 362
BONAPARTE, Caroline, 144
BONAPARTE, José, 107, 121
BONAPARTE, Letizia, 121
BONAPARTE, Napoleón, 101, 107, 110, 115, 116, 121, 129, 163

BONAPARTE, Pauline, 121
BONASSO, Miguel, periodista, 336
BONEO, Martín L., pintor, 169
BONPLAND, Aimé, naturalista, 120
BORGES, Francisco, militar, 179, 203
BORGES, Jorge Luis, escritor, 15, 17, 26, 121, 153, 160, 175, 203, 204, 216-218, 226, 241, 245, 246, 247, 249, 256, 261, 271, 281, 282, 306, 310, 347, 350
BORGES, Miguel, 121
BORMANN, Martín, 294-296, 359
BOTANA, Natalio, periodista, 256, 269
BOUCHARD, Hyppolyte, 121
BOUGAINVILLE, Louis-Antoine de, 69, 71
BRADEN, Spruille, diplomático, 274, 277, 278, 296, 359
BRAUN, Eva, 295
BROWN, Guillermo (William), almirante argentino, 97, 113, 121, 131, 145, 171, 191, 216
BUCARELI, Francisco de Paula, gobernador (1766-1770), 68-70, 340
BURKE, James, agente inglés, 100
BURMEISTER, Dr., 189
BUSTOS, Juan Bautista, caudillo de Córdoba, 106, 123
CABEZA DE VACA, Álvar Núñez, adelantado, 29
CABRAL, soldado, 115
CABRERA, Alonso, veedor, 27
CABRERA, Juan, tesorero, 90-91
CAILLOIS, Roger, escritor, 282
CALDERÓN DE LA BARCA, Pedro, 61, 84
CALDERÓN, María, 30, 31
CALFUCURÁ, jefe indio, 202
CALLAS, María, 213
CALVEIRO, Pilar, universitaria, 361
CAMBACERES, Eugenio, escritor, 220, 222
CAMPO, Sancho del, conquistador, 18
CÁMPORA, Héctor, presidente (1973), 323-325, 327
CAMPS, Ramón, general, 332-333

CAMUS, Albert, 308
CAÑETE, Pedro, artesano mulato, 116
CARLOS II, 50
CARLOS III, rey de España, 61
CARLOS IV, rey de España, 102, 107
CARLOS V, 21
CARRANZA, Roque, militante, 298
CARRIEGO, Evaristo, poeta, 218, 227, 247, 259
CARUSO, Enrico, 213, 216
CASIMIR I, Inca, 100
CASTAGNINO, Carlos, pintor, 346
CASTAÑEDA, Francisco de Paula, sacerdote, 120
CASTELLI, Angelita, 114
CASTELLI, Juan José, patriota, 101, 108, 110-112, 115, 120
CASTELLI, Pedro, 176
CASTILLO, Joseph del, pulpero, 63
CASTILLO, Ramón, presidente (1942-1943), 271-273
CATELIN, Prosper, arquitecto, 143
CATRIEL, jefe araucano, 225
CAZÓN, Juana, 135
CEBALLOS, Mariano "el Indio", torero, 86-87
CEPEDA, Rodrigo de, conquistador, 22
CÉSAR, Francisco, conquistador, 20
CÉSPEDES, Francisco de, gobernador, 50
CÉSPEDES, Martina, patriota, 106
CEVALLOS, Pedro, gobernador de B.A. (1756-1766) y primer virrey, 60, 68, 73, 103
CHALIAPINE, Fedor, 213
CHAPLIN, Charles, 272
CHEJOLÁN, Alberto, militante, 329
CHICHESTER, condesa de, 128
CHOMÉ, Ignacio, jesuita, 65, 68
CIMORRA, Clemente, periodista, 269
CISNEROS, Baltasar Hidalgo de, virrey (1809-1810), 82, 108, 109
CLEMENCEAU, Georges, 213, 216, 220
COCOLICCIO, Francisco, 221
CODOVILLA, Vittorio, político, 269
COLBERT, 43

COLMEIRO, Manuel, pintor, 346
CONCOLORCORVO, cronista, 61, 128
CONTI, Haroldo, escritor, 348
CONTURSI, Pascual, compositor, 227, 254
COOKE, John William, militante, 305, 313, 321
COROT, 215
CORTÁZAR, Julio, escritor, 240, 282, 308, 347
CUITIÑO, Ciriaco, torturador, 177, 182
DANTE, 247
DARÍO, Rubén, poeta, 212, 216, 243, 244, 282
DARWIN, Charles, 128, 149
DÁVILA, María, 21
DÁVILA, Pedro Esteban, gobernador, 51
DE ANGELIS, Pedro, literato, 144, 194
DEBRAY, Régis, 319
DE CARO, Julio, compositor, 253
DE GAULLE, Charles, 313
DEMARE, Lucas, cineasta, 265
DEMPSEY, Jack, boxeador, 243
DENEGRI, Natalia, vedette, 357
DESPOURRINS, compositor, 173
DÍAZ, Ana, vecina, 33
DÍAZ DE GUZMÁN, Ruy, cronista, 18, 25, 36, 86
DÍAZ DE MENDOZA, Fernando, actor, 213
DICASOLO, Délfor, productor de radio, 301
DIDEROT, 69
DISCÉPOLO, Armando, escritor, 209
DISCÉPOLO, Enrique Santos, letrista, 259, 260
DITTRICH, Julio Otto, obrero, escritor, 229
DIVITO, Guillermo, dibujante, 267
DOBRIZHOFFER, Martín, jesuita, 68, 76, 77, 166
DOMON, Alice, religiosa, 332, 360
DORREGO, Manuel, gobernador, 146, 147, 151, 156, 162, 214
DORTICÓS, Osvaldo, presidente de Cuba, 324

DOUMER, Paul (Sra. de), 260
DRAKE, Francis, corsario, 37
DRAKE, John, corsario, 37
DRIEU LA ROCHELLE, Pierre, 249
DROUET, Jean-Baptiste, miembro de la Convención, 129
DUARTE, Eva *(véase Evita)*
DUARTE, Juan, 294, 295
DUJOVNE-ORTIZ, Alicia, escritora, 281
DUQUET, Léonie, religiosa, 332, 360
ECHEVARRÍA, Vicente Anastasio, 111
ECHEVERRÍA, Esteban, escritor, 170, 174, 277
EICHMANN, Rudolf, 296
EINSTEIN, Albert, 241
ELCANO, Sebastián, marino, 19
ELIZABETH I, reina de Inglaterra, 37
ERASMO, 25
ERCILLA, 31
ESCALADA DE SOLER, María Demetria, 202
ESCALADA, Remedios, 115
ESSEX VIDAL, Emeric, pintor, 119, 128, 162
EUSEBIO, bufón, 160-179
EVITA, 152, 156, 158, 177, 203, 230, 232, 233, 257, 267, 274-275, 278-282, 288-289, 293-304, 321-332, 335, 343
EZCURRA, Encarnación, 122, 148, 150-152, 158-160, 167, 174, 177, 188, 304
EZCURRA, Marcos, 158
EZCURRA, María Josefa, 144, 151, 158, 349
FALKNER, Thomas, jesuita, 68
FALLA, Manuel de, 244, 268
FALÚ, Eduardo, cantante, 300, 352
FALUCHO, "el negro", patriota, 134
FANGIO, Juan Manuel, campeón, 281
FARJAT, Samantha, vedette, 357
FARRELL, Edelmiro J., presidente (1944-1946), 271
FELIPE II, 32
FELIPE, León, poeta, 270

FELLINI, Federico, 265
FENTON, Edward, corsario, 37
FERNÁNDEZ, Francisco, tabernero, 62
FERNÁNDEZ, Macedonio, escritor, 241, 245, 350
FERNÁNDEZ MORATÍN, dramaturgo, 102
FERNÁNDEZ MORENO, Baldomero, poeta, 245
FERNANDO VI, 61
FERNANDO VII, 107-110, 114, 116
FERREYRA, Martín, bandolero, 79
FILIBERTO, Juan de Dios, músico, 225
FIRPO, Luis Ángel, boxeador, 243
FIRPO, Roberto, músico, 253
FLORES, Lola, cantante, 299
FONDA, Jane, actriz, 362
FOPPA, Tito Livio, periodista, 228
FOUCAULT, Michel, 319
FOY, Maximilien-Sébastien, 129
FRAGONARD, 215
FRANCE, Anatole, 215
FRANCO, Francisco, 268, 270, 286, 308
FRANCO, Ramón, piloto, 239
FRAY MOCHO (José Álvarez), escritor, 215, 223
FRENCH, Domingo, patriota, 109, 111
FREUD, Sigmund, 319, 337
FREUDE, Ludwig, 272, 295
FRONDIZI, Arturo, presidente (1958-1962), 222, 269, 312-314, 353
FRONDIZI, Silvio, 330
FRYDMAN, Paulino, 283
FUENTES, Carlos, escritor, 308
FURTWÄNGLER, Wilhelm, músico, 213
GABOTO, Sebastián, marino, 20, 25, 30, 44
GAETA, cura, 162
GALLIANO, Ricardo, músico, 318
GALLO, Mario, cineasta, 214
GALTIERI, Leopoldo, presidente (1981-1982), 339
GÁLVEZ, Manuel, escritor, 245, 250
GAMBARO, Griselda, escritora, 361
GANDHI, Mahatma, 248

GARAY, Juan, conquistador, 16, 17, 30-36, 52, 134, 172, 210, 230
GARCÍA, Alejo, conquistador, 19, 20, 44
GARCÍA, Bartolomé, conquistador, 23
GARCÍA, Bibiana, jefa araucana, 225
GARCÍA, Diego, conquistador, 20, 22
GARCÍA LORCA, Federico, poeta, 244, 268, 282
GARCÍA MÁRQUEZ, Gabriel, escritor, 308
GARCÍA, Rolando, universitario, 315
GARDEL, Carlos, cantor, 17, 156, 158, 227, 244, 254, 255, 260-262, 265, 277, 304, 331, 347, 352
GARDÈS, Berthe, 255, 262
GARIBALDI, Giuseppe (1807-1882), 170-171, 190, 196, 228, 235, 242, 269, 280
GATTEGNO, Félix, librero, 308
GELMAN, Juan, poeta, 317
GÉRICAULT, 118
GERMANI, Gino, sociólogo, 311
GIUDICI, Reynaldo, pintor, 229
GOEBBELS, Josef, 295
GOETHE, 170
GOLDONI, 309
GOMBROWICZ, Witold, escritor, 282-283, 346
GÓMEZ, Carmen, 201
GONZÁLEZ BAYTOS, Diego, 25
GONZÁLEZ CASTILLO, José, músico, 233
GONZÁLEZ JANZEN, Ignacio, periodista, 330
GORKI, 246
GOSCINNY, dibujante, 267
GOYA, 87, 297, 350
GOYENECHE, Roberto, cantor, 351
GOYOSO, Fermín, esclavo, 88
GRECO, 215, 350
GREENE, Graham, 282
GREUZE, pintor, 215
GRIFFITHS, John, diplomático, 278, 296
GÜEMES, Martín, caudillo, 106
GUERRERO, María, actriz, 213, 268
GUEVARA, Ernesto "Che", 261, 311, 312, 320, 322, 358

GUEVARA, Isabel de, 21, 23, 26
GUIDO, Beatriz, escritora, 215
GÜIRALDES, Ricardo, escritor, 245
GUTH, Joseph, pintor, 120
GUTIÉRREZ, cura, 179, 192
GUTIÉRREZ, Eduardo, escritor, 204
GUTIÉRREZ, José María, escritor, 170, 171
HAIGH, Samuel, reportero, 118, 119, 127
HAKLUYT, Richard, geógrafo, 37
HAUSSMANN, Georges, barón, 210, 211
HAWKINS, Richard, marino, 37
HAYDN, 137
HEREDIA, Víctor, cantor, 342
HERNANDARIAS, 31, 37, 39, 43, 44, 49, 51, 53, 60, 94, 109
HERNÁNDEZ, Elvira, 21
HERNÁNDEZ, José, escritor, 204
HICKS, Theodore, curandero, 300
HIDALGO, Bartolomé, poeta, 116
HILARIO ARMANDO, esclavo, 106
HIPOLD, Enrique, tabernero, 131
HITLER, Adolfo, 294, 295
HONEGGER, Arthur, músico, 213, 249
HUDSON, William, escritor, 179
HUERGO, Luis Augusto, ingeniero, 211
HUIDOBRO, Vicente, poeta, 243
HUMBERTO I, rey de Italia, 212
IBARRA, caudillo de Santiago del Estero, 123
IGLESIAS, Segunda, 137
ILLIA, Arturo, presidente (1963-1966), 314
IRALA, Domingo Martínez de, conquistador, 24, 25, 27-30
ISABELLE, Arsène, viajero francés, 152
JEREZ, Hernando de, conquistador, 21
JIMÉNEZ, Juan Ramón, 270
JOYCE, James, 282
JUÁREZ CELMAN, Miguel, presidente (1886-1890), 231
JUARROZ, Roberto, poeta, 341
JUPPÉ, Alain, 360

Justo, Agustín P., presidente (1932-1938), 17, 256, 257, 260, 262, 264, 268, 271
Justo, Juan B., socialista, 232, 251, 297
Kameha-Meha, reyezuelo polinesio, 122
Kelly, Patricio, militante, 302, 311
Kennedy, John, 312
Keyserling, Hermann A., 248
Kick, Gabriela, prostituta, 199
Krause, C. K., filósofo, 234
Krauss, Johann, jesuita, 58
Lacan, Jacques, 319
La Cárcova, Ernesto de, pintor, 229
Lacunza, Manuel, jesuita, 70
La Maldonada, 26, 86
Lamartine, 136
Lanusse, Alejandro, presidente (1971-1973), 323, 326
La Paz y Figueroa, Antonia de, 70
Larreta, Enrique, dramaturgo, 17
Lavalle, Juan, general, 146-148, 178
Lavardén, Manuel José, dramaturgo, 86
Le Corbusier (Charles-Édouard Jeanneret, llamado), arquitecto, 103, 218, 239
Leiva, José Antonio, subteniente de caballería, 106
León, María Teresa, escritora, 270, 282
Le Pera, Alfredo, letrista, 261
Le Roy, estafador, 135
Levingston, Roberto, presidente (1970-1971), 321, 323
Lévi-Strauss, Claude, 308, 319
Lezica, Juan Antonio, vecino, 93, 120, 192
Liniers, hijo de, 105
Liniers y Brémont, Santiago de, virrey (1807-1809), 100, 103-105, 107-108, 111, 179, 350
Linneo, 65
Lizárraga, Reginaldo de, cronista, 39
Lollobrigida, Gina, actriz, 298-299

Lonardi, Eduardo, presidente (1955), 302, 303
Londres, Albert, escritor, 251-252, 254
Lope de Vega, 213
López, Estanislao, caudillo de Santa Fe, 106, 118, 123, 148
López, Lucio V., escritor, 185
López Maldonado, Pedro, "protector de los naturales", 39
López Rega, José, político, 323-326, 328-331
López y Planes, Vicente, patriota, 115, 135, 348
Lorea, Isidoro, 107
Loreto, Francisco Cristóbal del Campo, marqués de, virrey (1784-1789), 88
Los Chalchaleros, conjunto folklórico, 300
Los Fronterizos, conjunto folklórico, 300
Los Plateros, 300
Louis-Philippe, 165
Lozano, Pedro, jesuita, 68
Luca, Esteban de, hombre de letras, 120
Luca, Giuseppe de, cantante lírico, 213
Lugones, Leopoldo, escritor, 245, 256, 259
Luis XIV, 43, 48
Luis XV, 69
Mac Cann, William, viajero, 160, 166, 167, 175, 209
Mackay, Germán, compositor, 202
Madero, Eduardo, ingeniero, 211
Madonna, actriz, 357
Madre María, curandera, 262
Magallanes, Hernando de, marino, 19
Malatesta, Enrico, libertario, 229
Malraux, André, 282, 307, 320
Mamani, Plácido, indio chiriguano, 130
Manet, 215
Manrique, Jorge, poeta, 25

Mansilla, Lucio V., escritor, 156, 164
Manuela la Tucumana, 104
Manzi, Homero, poeta, 263, 267, 351
Maradona, Diego, jugador de fútbol, 224, 356, 357
Marinetti, 244
Marmier, Xavier, viajero, 170, 172-174
Mármol, José, escritor, 169
Marshall, Niní, actriz, 266
Martel, Julián, escritor, 222
Martínez de Salazar, José, gobernador, 54
Martínez, Domingo, "estudiante", 23
Martínez Estrada, Ezequiel, escritor, 263, 267
Martínez Zuviría, Gustavo, político, 272
Marty, André, 269
Marx, Karl, 199, 246
Masetti, Jorge, militante, 311
Massera, Emilio, almirante, 336, 339, 342, 361
Massiac, Barthélemy de, viajero, 41, 43, 45-48, 51
Massoni, director de orquesta, 137
Mattos, Ana de, 54
Maurras, Charles, 256
Maza, Manuel Vicente, abogado, 154
Mazzini, Giuseppe, 170, 171, 195, 196, 228
Meano, Vittorio, arquitecto, 213
Medrano, Pedro, notable, 60
Melo de Portugal, Pedro, virrey (1795-1797), 87, 90, 214
Melo, Leopoldo, radical, 234
Membrives, Lola, actriz, 268, 270
Mendeville, Jean-Baptiste Washington de, cónsul de Francia, 136, 147, 171
Mendizábal, Rosendo Cayetano, músico, 228
Mendoza, Gonzalo de, conquistador, 25
Mendoza, Pedro de, conquistador, 16, 17, 18, 21, 22, 23, 24, 29, 264, 326, 349

Menem, Carlos Jr., 158
Menem, Carlos, presidente (1989-1995; 1995-), 180, 222, 343, 344, 346, 353, 359, 360, 361
Mengele, Josef, 296
Mercado y Villacorta, Alonso de, gobernador, 43, 49
Mercante, Domingo, coronel, 273, 275, 294, 313
Mercé, Antonia, bailarina, 268
Mihanovich, Nicolás, hombre de negocios, 211, 225, 252
Mila de la Roca, Juan, comerciante, 103
Milanés, Pablo, cantante, 342
Minujín, Marta, artista, 318
Miranda de Villafañe, Luis, poeta, 25
Miranda, Francisco de, libertador, 101
Miranda, Lucía, 86
Mitre, Bartolomé, presidente (1862-1868), 185, 193, 197, 198, 205, 216, 231
Modugno, Domenico, cantante, 299
Molière, 137
Molina, Enrique, escritor, 179
Monk, Thelonius, músico, 307
Monroe, Marilyn, 261
Monteagudo, Bernardo de, 114
Montesdoca, Francisco, maestro, 37
Montesquieu, 96
Montiel, Sarita, actriz, 299
Montijo, Eugenia de, 190
Monzón, Carlos, boxeador, 357
Moori Koening, Carlos E., general, 304, 332
Mora, Lola, escultora, 211, 216, 239
Morantes, Ambrosio, dramaturgo, 115
Moreau de Justo, Alicia, 251, 320
Moreira, Juan, gaucho, 204, 221
Moreno Carbonero, José, pintor, 16
Moreno, Mariano, patriota, 101, 108, 109, 110, 113, 120, 142
Moreno, Zully, actriz, 265

MORETO Y CABAÑA, Agustín, dramaturgo, 61
MORRISON, Jim, cantante, 341
MOYANO, Daniel, escritor, 293
MOZART, 137
MUGICA, Carlos, sacerdote, 329
MULLIGAN, Gerry, músico, 318
MUÑOZ, Francisco, vecino, 38-39
MUÑOZ, Gori, 270
MUSSOLINI, Benito, 256, 272
MYLAM, John, médico, 65
NAHUELQUIR, Nancuche, jefe araucano, 225
NAMUNCURÁ, Ceferino, 255
NAPOLEÓN III, 190
NEGRETE, Jorge, cantante, 300
NEGRI, Pola, 253
NEHRU, Jawaharlal, 298
NEITHARD, Sebastián, banquero, 21
NERUDA, Pablo, poeta, 244, 341
NEWTON, Isaac, 68
NEWTON, Ricardo, estanciero, 176
NÚÑEZ, Juan, conquistador, 21
OBLIGADO, Pastor S., escritor, 115, 181, 184
OBLIGADO, Rafael, escritor, 104
OCAMPO, caudillo, 123
OCAMPO, Victoria, escritora, 247, 248, 265, 268, 282, 298, 308, 320, 350
O'GORMAN, Ana María *(véase Perichon de Vandeuil, Anne-Marie)*
O'GORMAN, Camila, 100, 178-179, 192
O'GORMAN, Miguel, médico, 82, 89
O'GORMAN, Thomas, negrero, 100
ONGANÍA, Juan Carlos, presidente (1966-1970), 312, 314-321
ORAMÁS, Rosendo de, agricultor, 53, 54
ORBIGNY, Alcide d', naturalista, 136, 167
ORIBE, Manuel, presidente del Uruguay, 155, 171
ORTEGA, Juan de, conquistador, 27
ORTEGA PEÑA, Rodolfo, abogado, 330

ORTEGA Y GASSET, José, 244, 245, 247, 248, 268
ORTIZ BASUALDO (familia), 215
ORTIZ DE ROZAS, León, estanciero, 108, 158
ORTIZ DE ZÁRATE, Juan, adelantado, 30
ORTIZ DE ZÁRATE, Juana, 30, 117
ORTIZ, Roberto, presidente (1938-1942), 271
PACINI, Regina, cantante, 244
PALACIOS, Alfredo, político, 251, 252
PALAZUELOS, José, músico, 201
PANCALDO, León, comerciante, 26, 27
PARERA, Blas, músico, 115
PARISH, Woodbine, cónsul, 128, 169
PARODI, Delia, militante, 301, 313
PARRAVICINI, Florencio, actor, 214
PASO, Juan José, miembro de la Primera Junta, 108
PASTOR, Reyna, historiadora, 311
PATINIR, pintor, 350
PATRÓN COSTAS, Robustiano, terrateniente, 273
PATTI, Adelina, cantante, 213
PAUCKE, Florian, jesuita, 68-70
PAULA Y SANZ, Francisco de, intendente, 77, 81, 83, 88
PAVELIC, Ante, 296
PAZ (familia), 215, 275
PAZ, José María, general, 148, 171
PELLEGRINI, Carlos, presidente (1890-1892), 144, 191, 232
PELLEGRINI, Charles Henri, pintor, 144, 162
PEÑA, Juan Bautista, patriota, 108-109
PERALTA BARNUEVO Y ROCHA, José, obispo, 62
PÉREZ, Catalina, 21
PÉREZ ESQUIVEL, Adolfo, premio Nobel de la Paz, 336-337
PÉREZ, Pascual, boxeador, 301
PERICHON DE VANDEUIL, Anne-Marie, 100, 111, 179, 193
PERLINGER, Luis, político, 271

PERNÍAS, Antonio, oficial de marina, 360
PERÓN, Juan, presidente (1946-1952; 1952-1955; 1973-1974), 156, 230, 235, 256, 262, 266, 271-281, 284, 285, 288, 293-306, 311-313, 319-330, 344, 345, 354
PERÓN, María Estela Martínez de, llamada Isabelita, presidenta (1974-1976), 296, 303, 313, 314, 323, 326-331
PERÓN, María Eva Duarte de *(véase Evita)*
PETRAY, Celestino, actor, 221
PEYNOT, Émile, escultor, 215
PIAZZOLLA, Astor, músico, 253, 307, 318, 361
PICKFORD, Mary, 253
PIERO, cantante, 341
PIGAFETTA, Antonio de, cronista, 19
PINEDA, Elvira, 21
PINELO, León, jurista, 42
PINOCHET, Augusto, general, 328, 341
PINZÓN, Vicente Yáñez, marino, 18
PIRANDELLO, Luigi, 171
PITT, William, 100
PIZARRO, Francisco, conquistador, 21
PIZARRO, Hernando, conquistador, 21
PODESTÁ, José, actor, 221
POURBUS, pintor, 350
POZO, procurador, 63
PRIMOLI, Gian Battista, jesuita, 58
PUERTO, Francisco del, intérprete, 18, 20, 51
PUEYRREDÓN (familia), 88
PUEYRREDÓN (hermanos), 103
PUEYRREDÓN, Juan Martín de, patriota, 104, 108
PUEYRREDÓN, Prilidiano, arquitecto y pintor, 159, 247
PUGLIESE, Osvaldo, músico, 253, 265, 279, 351
QUINQUELA MARTÍN, Benito, pintor, 225, 244, 245
QUIROGA, Facundo, "el Tigre de los llanos", caudillo, 144, 148, 149, 152, 153, 162, 174, 180, 344

QUIROGA, Horacio, escritor, 259
QUIROULE, Pierre (de nacimiento Joachim Falconnet), 230
RACINE, 148
RAMÍREZ, Francisco, caudillo, 118, 123
RAMÍREZ, Pedro, presidente (1943-1944), 271, 272, 274
RAMOS MEXÍA, Ildefonso, 178
RASCOVSKY, Arnaldo, psicoanalista, 327
RAVEL, Maurice, 248
RAVLIC, Mile, ustachi, 296
REMBRANDT, 350
REYES, Cipriano, sindicalista, 273, 276, 278-279
RIBBENTROP, Joachim von, 295
RIEGO, Rafael, militar, 123, 141
RIGLOS, Miguel de, comerciante, 52
RÍOS, Fernando de los, 270
RIVADAVIA, Bernardino, presidente (1826-1828), 109, 113, 134, 138, 141-148, 162, 167, 189, 342
RIVAS, Nelly, 298, 301
RIVERA, Andrés, escritor, 127
ROBLES, Agustín de, gobernador, 50, 63, 65, 87
ROCA, Julio Argentino, presidente (1880-1886 y 1898-1904), 202-203, 205, 209, 211, 215, 216, 219, 225, 229, 314
RODRÍGUEZ FRANCIA, José Gaspar, dictador del Paraguay, 117, 144
RODRÍGUEZ PEÑA, Nicolás, patriota, 101, 191
RODRÍGUEZ, Silvio, cantante, 342
ROJAS, dramaturgo, 84
ROJAS, Isaac, contralmirante, 303
ROLÓN, Juan Carlos, oficial de marina, 360
ROMERO, Francisco, filósofo, 298
ROMERO, José Luis, historiador, 311
ROQUE, liberto, 136
ROSAS (Rozas), Juan Manuel de, el Restaurador, 114, 122-123, 127, 142, 144-182, 188, 189, 197, 199,

202, 204, 217, 230, 236, 256, 264, 266, 302, 304, 321, 325
Rosas, Prudencio, 176
Rosas y Belgrano, Pedro, 114, 150
Rosas y Ezcurra, Manuela (Manuelita), 159, 160, 161, 168-169, 179, 180, 190, 194, 283, 350
Rosquellas, Pablo, artista, 137
Rousseau, Jean-Jacques, 86, 110
Rubinstein, Arthur, 244
Rucci, José, sindicalista, 321, 328
Ruggero, Juan ("Ruggerito"), maleante, 259
Ruiz Galán, Francisco, gobernador, 24, 26, 27, 36
Saavedra, Cornelio, 109, 113, 114
Saavedra (familia), 60
Sabato, Ernesto, escritor, 15, 41, 45, 282, 306, 319, 340, 353
Saborido, Enrique, músico, 226
Sáenz, Antonio, rector, 135
Sáenz Peña, Roque, presidente (1910-1914), 232
Sáenz, Roque, médico, 195
Sainte-Colombe, señor de, hermano de Barthélemy de Massiac, 41, 43, 44
Saint-Exupéry, Antoine de, 239, 253
Saint-John Perse, 308
Salazar de Espinosa, Juan de, conquistador, 24
Sanabria, Diego de, adelantado, 30
Sanabria, Juan, adelantado, 29, 30
Sánchez Albornoz, Claudio, presidente de la República española en el exilio, 270
Sánchez de Velazco, Cecilio, negociante, 75, 101, 115
Sánchez, Florencio, escritor, 222, 231
Sánchez Labrador, José, jesuita, 68
Sánchez, Mari, 21
Sánchez, Mariquita, 75, 95, 101, 102, 104, 114, 115, 120, 136, 138, 141, 144, 147, 152, 158, 169, 170, 190, 192, 193, 247, 350

San Martín, José de, libertador, 115, 116, 117, 118, 119, 134, 138, 139, 146, 165, 167, 190, 202, 204, 205, 216, 220, 275, 304, 325
Santillana, María de la Candelaria, 81
Sarmiento, Domingo Faustino, ensayista, presidente (1868-1874), 142, 146, 153-157, 161, 165, 174, 175, 178, 180-183, 185, 189, 193, 197, 217, 231, 354
Sartre, Jean-Paul, 282, 308
Sastre, Marcos, literato, 167, 170
Satie, Erik, músico, 244
Scalabrini Ortiz, Raúl, escritor, 244, 346
Schamun, Alejandro, periodista, 242
Schmidl, Ulrich, cronista, 22, 23, 25
Schmidt, Josef, jesuita, 58
Scilingo, Adolfo, oficial de marina, 360-362
Sebreli, Juan José, ensayista, 306
Seeger, Pete, cantante, 362
Sergent, René, arquitecto, 214
Serrat, Joan Manuel, cantante, 342
Shakespeare, 170
Sierra, Pancho, curandero, 262
Skorzeny, Otto, 296
Smith, Joseph, administrador de restaurante, 167
Sobremonte, Rafael (marqués de), virrey (1804-1807), 86, 102, 104-105
Soffici, Mario, cineasta, 265
Soiza Reilly, Juan José de, escritor, 254
Solanas, Fernando, cineasta, 304, 322, 351
Solís, Juan Díaz de, marino, 18, 22
Southern, cónsul británico, 159
Spilimbergo, Lino Eneas, pintor, 346
Sting, cantante, 362
Storni, Alfonsina, poetisa, 244, 259
Stravinski, Igor, 213
Subercasseaux, Pedro, pintor, 116

SUCRE, Antonio José, libertador, 139
TAGLE, Gregorio, 142
TAGORE, Rabindranath, 248
TAMBURINI, Francisco, arquitecto, 213
TANCO, Raúl, general, 305
TANNI, Angelina, cantante, 137
TAYLOR, Clara (la inglesa), 100, 151
TEBALDI, Renata, cantante, 213
TEJEDOR, Carlos, político, 205-206
TERRERO, Máximo, 190
THATCHER, Margaret, 340
THAYS, Charles, paisajista, 217, 218, 319
THIERS, Adolphe, 164
THOMPSON (familia), 115, 120
THOMPSON, Martín, 102, 114, 128, 136
THORNTON, Lawrence, escritor, 361
TIEMPO, César (Israel Zeitlin), 241, 246
TIMMERMAN, Jacobo, periodista, 332, 336, 353, 359
TIPAHÉ CUPA, reyezuelo maorí, 130
TITTA RUFFO, barítono, 213
TOLEDO, Francisco, virrey del Perú, 30
TOMÁS, Antonio, colono, 31
TORRE NILSSON, Leopoldo, cineasta, 215
TORRES DE VERA Y ARAGÓN, Juan de, adelantado, 30
TOSCANINI, Arturo, músico, 213
TRILLO, Magdalena, 104
TROILO, Aníbal, músico, 253, 263, 265
TRONCOSO, Manuel, torturador, 182
TUPAC AMARU, 95, 100, 108, 112
UGARTE, Francisco Ignacio, notable, 89-90
ULLMANN, Liv, actriz, 362
URIBURU, José Félix, presidente (1930-1932), 256, 257, 260
URIÉN, coronel, 143
URQUIZA, Justo José de, presidente, 179, 181, 182, 183, 185, 189, 264, 302, 303

URRUCHÚA, Demetrio, pintor, 346
VADILLO, Catalina, 21
VALDIVIA, Marcelo, falsificador, 135
VALENTINO, Rodolfo, 253, 254
VALLE, Juan José, general, 305, 321
VALVERDE, Ana, 36
VANDEMER, Francisco, músico, 61
VANDOR, Augusto, sindicalista, 313, 320-322, 331
VARELA, Héctor, llamado "Orión", 200
VARGAS, Getulio, presidente de Brasil, 272
VARGAS LLOSA, Mario, escritor, 308
VEGA, Diego de, banquero, 52
VELÁZQUEZ, 297
VERA, Diego, comerciante, 60
VERBITSKY, Horacio, periodista, 360
VERDI, 213, 225
VERGARA, Juan, comerciante, 50-52, 60
VERNE, Julio, 229
VÉRTIZ Y SALCEDO, Juan José de, gobernador de B. A. (1770-1777), y virrey, 62, 63, 77-80, 82-84, 91, 95, 120, 132, 133, 138
VESPUCIO, Américo, navegante, 18
VIAMONTE, Juan José, gobernador, 147
VIDELA, Jorge Rafael, presidente de la Junta, 331, 332, 338, 339, 361
VIERA, cantante de ópera, 137
VIEYTES, Hipólito, patriota, 101
VIGÉE-LEBRUN, pintor, 215
VILA, Nicola, tabernero, 141
VILLAFLOR, Azucena, Madre de Plaza de Mayo, 338
VILLOLDO, Ángel, músico, 227
VIÑAS, David, escritor, 235-306
VIÑAS, Ismael, ensayista, 306
VIOLA, Roberto, presidente, 339
VIRGILIO, 25
VISCARDO Y GUZMÁN, Juan Pablo de, jesuita, 100
VITERBO, Beatriz, editora, 17
VITRUBE, 32
VOLTAIRE, 69, 86, 148

WALLACE, Mike, escritor, 361
WALSH, Rodolfo, escritor, 331, 336
WELSER, Jacobo, banquero, 21, 22
WHITELOCKE, general, 105, 106, 140
WILDE, Eduardo, político y escritor, 219, 231
WILDE, José Antonio, médico y escritor, 202, 204
WILDE, Santiago, 120
WILMART, Raymond, militante socialista, 199
WINCKBOONS, David, pintor, 350

WOOLF, Virginia, escritora, 282
XIRGU, Margarita, actriz, 268, 270
YOMA, Zulema, esposa de Carlos Menem, 343, 344
YRIGOYEN, Hipólito, presidente (1916-1922; 1928-1930), 158, 231-237, 239, 242, 243, 255-261, 268, 272, 312, 325, 349
YUPANQUI, Atahualpa, compositor, 300
ZAMORA, Hernando de, médico, 21
ZEBALLOS, Estanislao, escritor, 203
ZOLA, Émile, 246

ÍNDICE DE BUENOS AIRES

Apodos de lugares

Altos de Carretas *(véase* plaza Dorrego), 35, 53, 106
Altos de San Pedro, 37
Altos de San Telmo, 53, 106
Barrio de las Ranas, 46, 225, 263
Boca del Trajinista, 80
Boliviatown, 355
Chinatown, 356
Ciudad Oculta, 353
Cruz Grande, 64
Hueco de Cabecitas, 188
Hueco de doña Engracia, 188
Koreatown, 356
La Calera, 160
Puerto de los Tachos (Boca), 140
Punta Gorda, 26
Tasca del pobre diablo, 193
Tierra del Fuego, 80, 218, 250
Villa Cariño, 314
Villa Freud, 307
Vuelta de Rocha, 309, 349

Arroyos, ríos

Granados, 186
Las Conchas, 60, 67, 104, 143
Luján, 42, 44, 51, 53, 216
Maldonado, 32, 160, 188, 191, 193, 218, 228, 239, 240, 279, 309
Manzo, 32, 188
Matorras, 32, 33, 186
Reconquista, 104, 143, 216
Riachuelo, 17, 18, 22, 27, 31, 32, 33, 36, 45, 46, 60, 64, 80, 84, 102, 139, 167, 172, 191, 194, 205, 224, 225, 250, 263, 276, 308, 309, 345, 348

Asociaciones, sindicatos, clubes (véase también *Partidos)*

Asociación de Madres de Plaza de Mayo, 333, 338-339, 342-343, 362
Asociación Mutual Israelita Argentina (AMIA), 241, 358-360
Centro Asturiano, 269
Centro Gallego, 242, 269
Centro Republicano, 269
CGT, 273, 276-278, 288, 293, 297, 303, 304, 320
Circolo Napoletano, 228
Club de los 40, 250
Club del Plata, 190
Club del Progreso, 190
Colegio de Abogados, 330
Federación de Sociedades Italianas, 242
Federación Universitaria Argentina (FUA), 269
Federación Universitaria de Buenos Aires (FUBA), 237
Glostora Tango Club, 265
Hijos, 361
Jockey Club, 214, 268, 297
Logia Lautaro, 115
Nazionale Italiana, 196

Pen Club, 244
Republicana degli Operai Italiani, 196
Sociedad de los Negros, 190
Sociedad Literaria, 149
Sociedad Patriótica, 144
Sociedad Rural Argentina, 189
Sociedad Tipográfica, 198
Tigre Club, 216
Unión de Estudiantes Secundarios, 298, 301
Unione e Benevolenza, 196, 269, 353
Unione Meridionale, 228
Unión Obrera Metalúrgica, 313
Unión Tipográfica, 198
Varsovia, 250, 251
Vorwärts, 228
Zwi Migdal, 251, 252, 347

Barrios, suburbios, gran Buenos Aires, alrededores

Acasusso, 35
Almagro, 185
Avellaneda, 80, 139, 250, 262, 273, 305, 313, 329
Balvanera, 184, 219, 220, 230, 231, 232, 233, 246, 255, 258
Banfield, 240, 334
Barracas, 45, 102, 105, 139, 145, 147, 166, 174, 175, 184, 186, 191, 225, 228, 352
Belgrano, 160, 191, 193, 200, 205, 223, 263, 318, 319
Berisso, 262, 276
Boedo, 246, 305
Caballito, 141, 185, 228, 357
Campo de Mayo, 335, 342
Caseros, 179, 203, 264, 304
Catalinas, 77, 84, 346, 354
Chacarita, 104, 223, 235
City (Centro), 33, 104, 192, 353
Ciudad Evita, 238, 358
Coghlan, 223
Escobar, 297
Ezeiza, 23, 323, 326-327, 329, 330, 337, 349
Floresta, 184, 185, 223, 335
La Boca, 17, 140, 166, 172, 184, 185, 191, 211, 219, 224, 225, 227, 235, 243, 245, 251, 308, 309, 349, 350
La Matanza, 23, 35, 59, 92, 204, 263, 326, 335
Lanús, 263, 326, 329
Liniers, 216, 223
Lomas de Zamora, 240
Luján, 54, 59, 95, 185
Maciel (isla), 172, 245, 309, 349
Magdalena, 67, 70, 175
Martín García (isla), 18, 37, 113, 183, 203, 257, 275, 276, 304, 313
Mataderos, 352, 358
Monserrat, 168, 195, 201
Monte Grande, 26, 35
Morón, 179, 204, 264, 323, 327
Nueva Pompeya, 140, 263, 352, 355
Núñez, 223, 224, 317, 318, 336
Olivos, 263, 298, 299, 312, 331, 350
Palermo, 135, 159-161, 181, 182, 188, 215, 219, 224, 250, 281, 283, 314
Palermo Chico, 161, 218
Palermo Viejo, 218, 307
Pavón, 185, 196, 197, 203
Pilar, 346
Quilmes, 175, 216, 262, 329, 334, 339, 354
Recoleta, 75, 79, 80, 264, 299
San Cristóbal, 184
San Fernando, 141, 144, 185, 217, 263, 350
San Isidro, 26, 35, 59, 62, 75, 90, 104, 141, 248, 263, 308, 320, 335, 347, 350, 354
San José de Flores (Flores), 141, 185, 191, 195, 200, 223, 355
San Martín, 263, 329
San Telmo, 68, 133, 195, 219, 298, 337, 349

Santo Domingo, 60, 61, 76, 133, 160, 167, 168, 177, 195
Santos Lugares, 179
Tigre, 104, 141, 185, 189, 193, 240, 263, 337
Valentín Alsina, 358
Vicente López, 263, 323
Villa Crespo, 220, 223, 240-241, 243
Villa del Parque, 223
Villa Devoto, 223, 228, 325, 328
Villa Lugano, 240
Villa Martelli, 335
Villa Soldati, 240, 281

Cafés, cervecerías, confiterías, 62, 63, 77-78, 81, 87, 92, 105, 131, 172, 223, 253, 264

Alabama, 351
Aue's Keller, 212, 238, 244
Bar japonés, 252
Bella Italia, 188
Café de la Comedia, 101
Café de la Victoria, 136
Café de los Angelitos, 246
Café de los Catalanes, 101, 136
Café Parisien, 250
Confitería del Águila, 212
Confitería del Gas, 212
Confitería Ideal, 346
Confitería París, 212
El Cotto, 310
El Blasón, 312
El Español, 270
El Querandí, 84, 310, 349
El Rex, 283, 346
Hansen, 217, 227
Iberia, 270
La Biela, 299
La Fragata, 346
La Perla del Once, 245, 350
Marcos, 114
Margot, 351
McDonald's, 212, 346

Modern Saloon, 212
Munich, 9, 239
Petit Café, 299
Royal Keller, 244
Santa Unión, 312
Sun Tavern, 129
Tortoni, 212, 244
Via Veneto, 299

Calles y avenidas

25 de Mayo, 33, 129, 188, 191, 211, 252
Almirante Brown, 191
Alsina, 69, 84
Alvear, 250
Arribeños, 356
Artes, 192
Austria, 32
Avenida 9 de Julio, 17, 215, 264, 308
Avenida del Trabajo, 353
Avenida de Mayo, 211-213, 229, 238, 244, 270, 353
Avenida General Paz, 263, 323, 335, 352
Avenida Quintana, 79
Ayacucho, 192
Balcarce, 194
Beazley, 352
Belgrano, 9, 33, 60, 106, 136, 143, 214
Billinghurst, 250
Boedo, 191, 351
Bolívar, 186
Brasil, 64, 232, 257, 349
Cabello, 285
Cabildo, 160, 319
Callao, 143, 184, 186, 198, 211, 308
Calle Larga, 140, 145, 173, 175, 186, 191
Calle Sola, 173, 175
Caminito, 225, 309, 349
Cangallo, 101, 211
Caseros, 352
Cerrito, 192, 252

Chacabuco, 77, 177, 186, 211
Charcas, 212
Córdoba, 33, 143, 211, 345
Coronel Díaz, 159, 345
Corrientes, 17, 33, 143, 184, 188, 212, 235, 244, 245, 261, 264, 265, 282, 296, 307, 308, 318, 337, 346
Cuyo, 106
Cuzco, 354
Defensa, 33, 37, 188, 192, 311, 348
Diagonal Norte, 238
Diagonal Sur, 314
Entre Ríos, 143
Esmeralda, 192, 212, 244, 346
Estados Unidos, 177, 188
Florida, 33, 75, 104, 130, 192, 212, 214, 238, 245, 297, 299, 308, 318, 345
Garibaldi, 309
Gaspar Campos, 323
Honduras, 218
Independencia, 33, 143, 177, 188, 211
Juan B. Justo, 239
Juan de Garay, 17, 335, 349
Lafinur, 283-288, 298, 344
La Pampa, 160
Las Heras, 79, 80, 217, 218, 242, 283, 284, 286, 345
Lavalle, 184, 252, 265, 346
Leandro Alem, 264, 302, 345
Libertad, 33, 192, 347
Libertador, 215, 283, 288, 293, 303, 350
Lisandro de la Torre, 353
Maipú, 211
Martín García, 191
Medrano, 191
México, 37
Montes de Oca, 140
Moreno, 202, 237, 311, 335
Necochea, 309
Paraguay, 192
Paseo Colón, 9, 264, 289, 335
Pasteur, 358
Patagones, 143

Patricios, 166
Pecado (calleja del), 87
Pedro de Mendoza, 17
Perú, 69, 106, 135, 167, 189, 192, 315
Piedras, 238
Pueyrredón, 80
Reconquista, 86, 104, 192
Rivadavia, 141, 179, 192, 212, 264
Rivera, 191
Salguero, 159
Salsipuedes, 186
Salta, 33
San Juan, 143, 351
San Lorenzo, 186
San Martín, 101, 104, 167, 192, 345
Santa Fe, 143, 186, 211, 212, 214, 299, 302, 312
Serrano, 218
Suipacha, 186, 192, 212
Tres Sargentos, 32, 186
Tucumán, 167, 192
Viamonte, 186, 308, 310, 345
Victoria, 163, 167, 186, 189, 190, 192, 198, 214

Compadritos, 152, 174, 175, 184, 201, 218, 231, 233, 246, 247, 267, 277

Contrabando, 39, 42, 44, 50, 51, 55, 64, 74, 75

Conventillos, 195, 214, 219-223, 230, 234, 240, 242, 254, 309, 348

Diarios, revistas

Actualidad Psicológica, 348
Argos, 142
Assalam, 242
Aurora, 283

Caras y Caretas, 215, 223, 226, 235, 237, 246
Clarinada, 269
Contorno, 306, 311
Crítica, 240, 244, 256, 269, 277
Deutsche La Plata Zeitung, 212
El Archivo Americano, 145
El Diario Español, 212
El Grito del Sur, 114
El Hogar, 223
El Lucero, 145
El Nacional, 88, 168
El Proletario, 199
El puente de los suspiros, 199, 249
El Telégrafo Mercantil, 101
Estrella del Sur-Southern Star, 105
Gaceta Mercantil, 129, 137, 142, 145, 165, 168
Gazeta de Buenos Ayres, 110
La Abeja Argentina, 142, 149
La Fraternal, 199
La Fronda, 256
La Juventud, 199
La Maga, 347
La Nación, 194, 198, 247-248, 281, 306, 347
La Nueva República, 256
La Opinión, 327, 332
La Patria degli Italiani, 212
La Prensa, 198, 201, 212, 244
La Protesta, 229, 230
La Raza Africana, 199
La Tribuna, 186, 197-198
La Vanguardia, 229, 277, 297
Le Courrier de La Plata, 212
Los Derechos del Pueblo, 151
Los Intereses Argentinos, 193
Museo Americano, 163
Página/12, 347, 361
Semanario de Agricultura, Industria y Comercio, 101
Sur, 247, 249, 271, 282, 306, 320
The Standard, 212
Tía Vicenta, 308, 317
Unionista, 200

Esclavos, véase *Negros*

Fiestas, 52-53, 61, 83, 93, 107, 138-139, 141

Carnaval, 83, 138, 139, 169, 190, 194, 221, 239, 277
Corpus Christi, 25, 52-53, 301
Corridas de toros, 79, 86-87, 138
Fiestas africanas, 80, 86-87, 90, 132, 138, 139, 169, 190, 200-201
Fiestas patrióticas, conmemoraciones políticas, 17, 106, 115, 118, 138-139, 149, 153, 154, 169, 184, 215-216, 229, 242, 268, 277-278, 288, 293, 324, 329-330, 352
Moros y Cristianos, 66

Fútbol, 224, 243, 267, 285, 286, 317, 337, 339, 356-357

Atlanta, 243
Boca Juniors, 225, 243, 309, 356
Forwards Club, 224
Huracán, 352
Independiente, 243
Racing, 243
River Plate, 224, 286, 337, 356
Vélez Sarsfield, 337, 354

Gauchos, 86, 92, 94, 104, 116, 127, 138, 140, 143, 146-149, 152, 156, 174, 177-178, 184, 204, 215, 221, 222, 244, 261, 276, 284, 318, 352

Hoteles, alojamientos

Albergue de los Tres Reyes, 100
Alvear Palace, 313
Comercial, 129
Faunch, 129
Gran Hotel Argentino, 191, 204

Hotel Castelar, 244
Hotel del Gallo, 129
Hotel de los Inmigrantes, 188, 195, 234
Hotel Plaza, 248
Keen, 129
Pueyrredón, 350
Tigre Hotel, 216

Indios (en Buenos Aires y los alrededores), 19, 36, 48, 52, 63, 70, 92, 93-94, 130, 140-141, 146-147, 152, 166, 351, 354

Araucanos, 66, 203, 225, 255
Frontera india, 101, 128, 148-150, 176, 202, 203
Guaraníes, 16, 25, 36, 48, 51, 67, 68, 76, 93
Pampas, 39, 47, 66, 68, 70, 94, 122-123, 149, 202-203, 267
Querandíes, 15, 22, 23-29, 36
Quilmes, 49, 52, 175

Inmigración, 38, 50, 142, 148, 183, 209, 210, 228, 229-230, 233-235, 239, 254-255, 260-261, 268, 269, 273, 279, 280, 288, 306, 311, 356

Africanos, 210, 349
Alemanes, 200, 228, 229, 240, 241, 310
Bolivianos, 355
Calabreses, 195, 218, 284
Catalanes, 75
Chinos, 356
Coreanos, 356
Franceses, 62, 129, 140, 147, 188, 230, 252
Gallegos, 75, 172, 195, 200, 204, 209, 210, 240, 242, 244, 254, 266, 285, 287
Genoveses, 17, 62, 141, 191, 225, 240, 308, 349

Ingleses, 128, 129, 140, 166, 172, 188, 287
Italianos, 170, 188, 193-201, 210, 220-222, 228-229, 240, 310
Japoneses, 356
Judíos, 166, 192, 210, 219, 220, 235, 240, 241, 249, 287, 297, 315, 332, 350, 359
Napolitanos, 200-201, 220, 228, 280, 284, 287
Negros norteamericanos, 167, 200
Paraguayos, 355
Polacos, 192, 241, 249-252, 282, 283, 287, 310, 347
Serbiocroatas, 285, 287, 296
Turcos (árabes del Imperio Otomano), 210, 220-222, 241, 242, 285, 287
Vascos, 75, 172, 173, 175, 209, 284

Jesuitas, 40, 49-52, 58, 63, 65-71, 76-77, 82, 93, 100, 103, 162, 198, 216

Lenguaje, 48, 131, 137, 201-202, 214, 219, 220, 221, 227, 240, 242, 243, 254, 255, 260, 266-267, 282-283, 288, 299, 308, 351, 355

Literatura, 15, 17, 25, 26, 31, 45-46, 82, 102, 115, 116, 119, 120, 148, 169, 174, 201-204, 212, 218-223, 224, 229-230, 231, 235-236, 243-249, 270, 280, 281-283, 306, 308, 319, 351, 353, 360-361

Mataderos y saladeros, 80, 139-140, 171, 172, 216, 277

Convalecencia, 152, 174, 188
Nueva Chicago, 216

Mitología (referente a la ciudad y los personajes), 11, 17-20, 31-32, 51, 114,

153, 174-175, 193-194, 231-232, 245, 246, 254-255, 257, 260-262, 300, 304, 305, 350-351

Monumentos, iglesias, palacios, museos, universidades

Ateneo, 145, 163
Barolo, 238, 243, 264
Biblioteca Nacional, 142
Cabildo, 32, 35, 36, 37, 39, 50, 52, 60, 62, 63, 75, 78, 79, 90, 103, 106, 109, 111, 114, 133, 142, 143, 152, 186, 192, 210, 238
Cárcel de Las Heras, 193
Casa de la Virreina Vieja, 106, 135, 214
Casa del Pueblo, 246, 297
Casa Rosada (Palacio presidencial), 33, 210-212, 232, 256, 276, 277, 324, 329, 343
Catedral, 32, 58, 61, 133, 144, 166, 192, 205, 230, 302
Cementerio de la Chacarita, 234-235, 261, 262, 296, 331
Cementerio de la Recoleta, 158, 180, 331
Círculo Militar, 215, 275
Ciudad Universitaria, 317
Colegio de los jesuitas, 51, 68, 197-198
Colegio Francés, 318
Colegio Nacional Buenos Aires, 348
Colegio San Carlos, 68
Congreso, 212, 275, 314, 330
ESMA (Escuela de Mecánica de la Armada), 336, 337, 362
Estatua de Garibaldi, 171, 242, 280
Facultad de Ciencias, 241, 314-315, 348
Facultad de Derecho, 237, 264
Facultad de Ingeniería, 193
Facultad de Letras, 264, 310
Fundación Eva Perón, 264, 303

Galería Güemes, 238
Hospital Militar, 276
Hotel Errázuriz, 214
Inmaculada Concepción (La Rotonda), 319
Instituto Di Tella, 318
Kavanagh, 264
La Merced, 54, 58, 84, 104, 137, 192, 302
Luna Park, 261, 273, 301, 328, 341
Manzana de las Luces, 133, 189, 241, 348
Monumento al almirante Brown, 216
Monumento de los Españoles, 283
Museo de Arte Decorativo (Hotel Errázuriz), 214
Museo de Bellas Artes, 350
Museo de las Telecomunicaciones, 10
Museo Etnográfico, 237, 349
Museo Fernández Blanco, 238
Museo Histórico Nacional de Bs. As., 116
Museo Municipal, 349
Nereidas, 211, 238
Nuestra Señora del Pilar, 58, 62, 79, 138, 144, 193
Obelisco, 17, 264, 277, 288
Once Mil Vírgenes, 33
Palais de Glace, 215
Piedad, 59, 302
Puente Alsina, 249, 263
Puente Avellaneda, 309
Puerto Madero, 9, 211, 349, 352
Puerto Nuevo, 211
Retiro (estación ferrroviaria), 264, 346, 354
San Cayetano, 354, 355
San Francisco, 33, 58, 60, 194, 302
San Ignacio, 58, 302
San Juan, 53, 302, 351
San Martín (hospital), 33, 37
Santa Úrsula, 33
Santo Domingo, 33, 58, 60, 84, 104, 106, 115, 134, 142, 189, 201
Socorro, 59, 179, 192, 302

Torre de los Ingleses, 216, 264, 340
Tribunales, 213, 249
Unzué (palacio), 303, 325

Negros, 53, 54, 59, 60, 63, 65, 66, 69, 77, 80-81, 82, 84, 90, 91, 92, 151, 158, 166, 180, 195, 227-228, 349

Actores, 137
Artesanos, 116
Asociaciones, academias, 199-202
Candombes, 168, 169, 200, 201, 202, 226-227, 276, 277
Emancipación, 96, 101, 103, 106, 113, 199, 200
Esclavos domésticos, 46, 48, 76, 81, 84, 101, 160
Libertos, 81, 86, 113
Milicias, 105, 113, 134, 146-147, 168
Músicos, 88, 136, 137, 200, 228
Naciones, 90, 168
Panaderos, cocineros, 88, 167
Toreros, 86-87
Trata, 21, 36, 38, 41, 48, 50, 64, 65, 100, 145, 250

Partidos, movimientos y grupos políticos

Alianza Anticomunista Argentina, 329-331
Alianza Libertadora Nacionalista, 277, 311
Anarquistas, 213, 225, 228-230, 234-235
Autonomistas, 205
ERP (Ejército Revolucionario del Pueblo), 322, 324, 327, 333
Federación, 151, 157, 162, 166, 169, 174-181
Francmasones, 96, 108, 113, 115, 142, 205
Juventud Peronista, 323-331
Laboristas, 273, 276

Legión Valiente, 197
Liga Patriótica, 235, 236, 330
Mazorca, 177, 178, 182
Montoneros, 321-324, 325-331
Movimiento de sacerdotes del Tercer Mundo, 321, 332
Nazis, 271-273, 274-275, 294-297, 332, 358
Partido Peronista, 278, 279, 281, 301, 304-305, 312
Partido Socialista, 225, 229, 232, 251, 257, 269, 273, 278, 297
PCA (Partido Comunista Argentino), 269, 273, 278, 279, 298, 311, 312, 313, 315
Tacuara, 311, 315, 321
Unión Cívica Radical, 230-232, 256-257, 260, 312
Voluntarios de la Libertad, 197

Pintura, 16, 17, 61, 85, 88, 116, 119, 144, 159, 162, 163, 169, 195, 225, 229, 245, 270, 318

Plazas, parques, paseos, playas

Alameda, 59, 131, 132, 138, 167, 238, 264
Balneario Municipal, 9, 11, 216, 238-239
Barrancas de Belgrano, 319
Constitución, 185, 206, 227, 352
Costanera Norte, 314, 318, 337, 362
Costanera Sur, 9, 211, 216, 238, 244
El Ancla, 350
El Rosedal, 217
Jardín botánico, 217
Jardín zoológico, 217, 285, 286
Libertad, 188
Lorea, 107, 188, 198
Miserere, 105, 184
Monserrat, 59, 77, 87, 107, 188
Once, 105, 184, 188, 213, 219, 220, 223, 241, 245, 350

Palermo *(véase Parque Tres de Febrero)*

Parque Lezama, 32, 88, 188, 335, 337
Parque Rivadavia, 192
Parque Tres de Febrero, 217, 308
Paseo de Julio (véase Alameda), 167
Piedad (véase Lorea), 107
Playa, 131, 132, 194, 238
Plaza de la Fidelidad *(véase Monserrat)*
Plaza de la Victoria, 107, 109, 111, 119, 127, 133, 135, 139, 143, 148, 152, 153, 165, 169, 182, 188-192, 198, 205
Plaza del Parque, 184, 213
Plaza de Mayo (véase Plaza Mayor, Victoria), 238, 293, 297, 301, 304, 329-330, 338
Plaza Dorrego, 35, 349
Plaza Francia, 215, 272
Plaza Haroldo Conti, 348
Plaza Italia, 171, 280, 347
Plaza Lavalle *(véase Plaza del Parque)*
Plaza Mayor, 32-33, 52, 58, 61, 75, 78, 79, 106, 107, 133
Plaza Nueva, 59, 77
Plaza San Martín, 104, 192, 214, 217, 264, 275, 301, 302, 340
Recoleta, 58, 138, 144, 160, 188, 193, 293
Recova (avenida Leandro Alem), 264, 345
Recova (paseo Colón), 9
Recova (sobre la plaza de la Victoria), 79, 194, 210
Retiro, 63, 64, 87, 105, 107, 115, 131, 135, 138, 178, 185, 198, 214, 217, 250, 282

Prostitución, 86, 131, 151, 186, 192, 199, 218, 226, 227, 249-255, 264

Psicoanálisis, 46, 224, 245, 306-307, 327, 337

Tango, 45, 62, 87, 175, 199, 200, 216, 219, 225, 227, 244, 251, 252-255, 259, 261, 263, 264, 267, 300, 308, 318, 347, 349, 352-353

Adiós Nonino, 307
Cafetín de Buenos Aires, 285
Decepción, 259
El Choclo, 227
El Entrerriano, 228
El negro chicoba, 201, 226
Fumando espero, 300
Griseta, 233
La Cumparsita, 253
Mi noche triste, 227, 254, 255
Oblivion, 361
Silencio, 260
Sur, 263, 351
Volver, 261
Yira Yira, 259

Teatros, cines (salas y espectáculos), 52, 61, 163, 215, 218, 226, 245, 253, 254, 260, 268, 270, 274, 299-300, 304, 307, 308, 312, 322, 351

Alcázar, 190, 250
Argentino, 86, 137, 139, 201
Avenida, 213
Cervantes, 238, 353
Coliseo, 213
Coliseo Chico, 86, 101
Colón, teatro lírico, 184, 188, 213, 215, 225, 244, 249, 279, 343, 351
Doria, 214, 246
Gran Rex, 265, 346
Loire, 307
Lorraine, 307
Mayo, 213
Ópera, 265, 346
Politeama, 213, 249
Ranchería, 84, 137, 213
San Martín, 318, 346, 361
Variedades, 198

Victoria, 167, 201, 226

Tiendas y centros comerciales
Alto Palermo, 345
Casa Escasany, 240
El Malevo, 351
Galerías Pacífico, 345
Gath y Chaves, 214

Harrod's, 214
Hermès, 346
Patio Bullrich, 345
Shopping Sud Avellaneda, 345

Villas miseria, 35, 141, 223, 225-226, 280-281, 309-310, 321, 322, 329, 346, 352-353

ÍNDICE GENERAL

Prefacio 9

I. Fundaciones 13

1. "Un campo en medio del cataclismo universal" 15

El Río de la Plata, 18. Primera fundación de Buenos Aires, 21. Abandono de Buenos Aires, 24. Asunción, madre de Buenos Aires, 27. Segunda fundación de Buenos Aires, 31. Un comienzo modesto, 35. Colonos, indios y vacas, 38.

2. Vaqueros, contrabandistas, misioneros (1618-1777) 41

Los primeros contrabandistas, 41. Un pueblo "totalmente abierto", 43. Porteños de todas las condiciones, 46. "Obedecer sin ejecutar", 49. Facetas del cristianismo, 52. Un lento despegue, 54. Las alegrías de la ciudad, 61. Tráfico de esclavos en el Río de la Plata, 63. Esbozo de una frontera, 66. La expulsión de los jesuitas, 68.

3. Luces de una gran aldea (1777-1804) 73

Administradores y negociantes, 74. Luminarias y empedrados, 77. La Plaza Mayor y las orillas, 79. La urbanización de los esparcimientos, 83. Reivindicaciones negras, 88. La cuestión de la tierra, 91. Un soplo de libertad, 95.

4. El estrépito de las rotas cadenas (1805-1820) 97

Rumores y panfletos, 100. Las invasiones inglesas, 102. Liniers, héroe de la Reconquista, 103. Una situación irreversible, 107. Un grito de libertad, 109. Símbolos de la nación, 114. San Martín, "agente del destino", 116. Buenos Aires, cuna de la "argentinidad", 118. Corsarios de la revolución, 121. Retorno a la pampa, 122.

II. ¿Civilización o barbarie? 125

  5. La revancha de la tierra (1820-1835) 127

  Buenos Aires, encrucijada de Europa y otras partes, 128. Tras el torbellino revolucionario, 130. Fechorías y felonías, 133. El Buenos Aires de la "gente decente", 135. Alegrías populares, 138. Los confines de la ciudad, 139. Luces republicanas, 141. Rivadavia, un presidente progresista, 143. Hacia la guerra civil, 146. La campaña del desierto, 148. Encarnación Ezcurra y la revolución de los restauradores, 150. La muerte de Facundo, 152.

  6. Federación o muerte (1835-1852) 155

  El Restaurador, 155. Rosas y las mujeres, 157. El ángel y el demonio de Palermo, 159. La Iglesia y el Restaurador, 161. Bacle y la ciudad, 162. Rosas, matón del imperialismo europeo, 164. Escenas de la calle, 165. Tambores de candombes, 168. Focos de oposición en las dos orillas del Plata, 169. Inmigraciones, 172. Las orillas de los mataderos, 173. Más allá de los arrabales, 175. Terrorismo de Estado, 177. Fin de un reinado, 179.

  7. El gran vuelco (1853-1880) 181

  Una utopía urbana, 182. La conquista de las distancias, 183. Domesticar el suelo de la ciudad, 186. La cita de los elegantes, 189. Nuevos límites, 191. Fiebre amarilla, 194. Sobre las huellas de Mazzini y Garibaldi, 195. Nacimiento del tango, 199. El fin de los indios, 202. Nostalgias alrededor de 1880, 204. Belgrano, capital por algunos días, 205.

III. La reina del Plata 207

  8. El crisol argentino (1880-1916) 209

  Sobre las huellas del barón Haussmann, 210. El París austral, 214. Los tres Palermos, 217. Los conventillos, encrucijadas entre la mugre y la fraternidad, 219. ¿Suburbios o barrios?, 223. El tango: de las orillas a los salones, 226. Luchas y utopías, 228. Del escarpín a la alpargata, 230.

  9. La ciudad de las ilusiones (1916-1931) 233

  Semanas trágicas, 234. Tiempos modernos, 237. Culturas urbanas, 239. Bohemios de Buenos Aires, 243. La Gioconda de la pampa, 247. La ciudad del pecado, 249. El tango sale del burdel, 253. La hora de la espada, 255.

10. La hora de los descamisados (1932-1952) 259

El hombre de la sonrisa eterna, 260. El Gran Buenos Aires, 262. El año del Centenario, 264. Días de radio, 265. La guerra de España y el Río de la Plata, 268. Ruidos de botas, 271. Últimas marchas de la oposición, 274. La primavera de los proletarios, 275. Ritualizaciones, 277. Evita y sus "grasitas", 279. La cultura al margen, 281. Días tranquilos en Palermo, 283. Muerte de Evita, 288.

IV. ¿BARBARIE O CIVILIZACIÓN? 291

11. Búsquedas de identidad (1952-1966) 293

El oro de los nazis, 294. Una jornada terrible, 297. Juventudes despreocupadas, 298. Sí a Perón, no a los curas, 300. La hora de la venganza, 302. El retorno de los intelectuales, 305. Contrastes ciudadanos, 308. El renacimiento universitario, 310. Perón conduce el juego, 312. "La Noche de los Bastones Largos", 314.

12. La ciudad de los ausentes (1966-1983) 317

Últimos resplandores, 318. Luchas urbanas, 320. El mes de Cámpora, 324. La masacre de Ezeiza, 325. La Triple A, 329. El Proceso, 331. Topografía del mal, 333. Las Madres de Plaza de Mayo, 338. La nueva invasión inglesa, 339.

13. La memoria o el olvido (1983-1996) 341

Una democracia frágil, 342. Buenos Aires City, 344. Recuerdos enquistados, 348. El crepúsculo de los trabajadores, 353. El retorno de los demonios, 358. Los vuelos, 360.

Anexos 363
Cronología 365
Gobernadores, virreyes y presidentes 369
Bibliografía 373
Glosario 387
Índice de nombres de personas 389
Índice de Buenos Aires 401

Se terminó de imprimir en el mes de mayo de 2000
en Companhia Melhoramentos de São Paulo,
Rua Tito 479, San Pablo, Brasil.
Se tiraron 3000 ejemplares.

www.ingramcontent.com/pod-product-compliance
Lightning Source LLC
Chambersburg PA
CBHW031130160426
43193CB00008B/90